Ich betrat unser Haus. Mir bot sich ein Anblick der Verwüstung. Die Männer des Sheriffs hatten sämtliche Möbel umgestoßen oder an einen anderen Platz gerückt. Das liebevolle Heiligtum, das wir uns mit so viel Mühe geschaffen hatten, war geschändet worden. Doch das war nicht das Einzige. Mein Glaube, dass uns hier nichts Schlimmes widerfahren könnte, war zutiefst erschüttert worden. Sie hatten sich viel Mühe gegeben, einen größtmöglichen Scherbenhaufen zu hinterlassen. Sie schienen mir sagen zu wollen: »Schauen Sie doch nur, das können wir mit Ihnen machen. Und Sie können absolut nichts dagegen unternehmen.«

»... diese Geschichte lässt Ihnen das Blut in den Adern gefrieren. Brad Parks ist ein Meister darin, spannende, hoch-emotionale Thriller zu schreiben, die Ihnen den Atem rauben.«
Suspense Magazine

Brad Parks ist ein amerikanischer Schriftsteller, der als Einziger die drei wichtigsten amerikanischen Krimi-Preise Shamus, Nero und Lefty erhalten hat. Er arbeitete viele Jahre als Journalist bei der »Washington Post«, bevor er sich ganz dem Schreiben widmete. Der Autor lebt mit seiner Familie in Virginia.

Irene Eisenhut studierte Anglistik und Germanistik. Nach einem Auslandsaufenthalt in den USA, lebt und arbeitet sie seit mehreren Jahren als freie Übersetzerin in Bonn.

Weitere Informationen finden Sie auf www.fischerverlage.de

BRAD PARKS

ICH VERNICHTE DICH

THRILLER

Aus dem Amerikanischen
von Irene Eisenhut

FISCHER Taschenbuch

Aus Verantwortung für die Umwelt hat sich der S. Fischer Verlag zu einer nachhaltigen Buchproduktion verpflichtet. Der bewusste Umgang mit unseren Ressourcen, der Schutz unseres Klimas und der Natur gehören zu unseren obersten Unternehmenszielen.

Gemeinsam mit unseren Partnern und Lieferanten setzen wir uns für eine klimaneutrale Buchproduktion ein, die den Erwerb von Klimazertifikaten zur Kompensation des CO_2-Ausstoßes einschließt.

Weitere Informationen finden Sie unter: www.klimaneutralerverlag.de

Erschienen bei FISCHER Taschenbuch
Frankfurt am Main, März 2022

Die amerikanische Originalausgabe erschien 2018 unter
dem Titel »Closer than you know« im Verlag Dutton,
an imprint of Penguin Random House LLC, New York, USA.
© 2018 by MAC Enterprises Inc.
© 2018 by Brad Parks

Für die deutschsprachige Ausgabe:
© 2018 S. Fischer Verlag GmbH, Hedderichstr. 114,
D-60596 Frankfurt am Main

Satz: Pinkuin Satz und Datentechnik, Berlin
Druck und Bindung: GGP Media GmbH, Pößneck
Printed in Germany
ISBN 978-3-596-70294-7

Für Alice Martell – mit Dank für ihr Talent,
ihre Hingabe, ihre Weisheit
und ihre unendliche Liebenswürdigkeit

1. KAPITEL

Er trug seinen besten Anzug, der normalerweise Beerdigungen vorbehalten war.

Sie hatte ihre Perlen angelegt, da sie sich dadurch mütterlicher fühlte.

Arm in Arm gingen sie über den zementierten Weg zum Sozialamt des Shenandoah Valley, das in dem metallverkleideten Gebäude untergebracht war. Die Umgebung war nicht begrünt, nicht ausgeschmückt, es gab keinen Versuch, sie einladender zu gestalten. Als kommunale Behörde war das Sozialamt weder gewillt, solche gestalterischen Verschönerungen vorzunehmen, noch verfügte es über einen Etat hierfür. Ihre Klientel kam nicht freiwillig her.

Der Mann blieb vor der Eingangstür stehen.

»Vergiss nicht: Wir sind perfekt«, sagte er zu seiner Frau.

»Das perfekte Paar«, erwiderte sie.

Er öffnete die Tür, und sie gingen durch einen kahlen Betonziegelgang zum Hauptwartebereich. Auf einem Schild stand geschrieben: HINWEIS: KEINE WAFFEN.

Vor den Wänden des Raums, den sie bald darauf betraten, standen ringsherum blaue Kunstlederstühle, und überall hingen Warnungen, die darauf hinwiesen, keinen Betrug mit Essensmarken zu begehen. Ein paar Menschen, deren Los es war, in Familien geboren worden zu sein, die schon über mehrere Generationen hinweg in Armut lebten, blickten auf und starrten sie an. Männer in Anzügen und Frauen mit Perlenketten waren an diesem Ort kein üblicher Anblick.

Ohne den anderen Wartenden Beachtung zu schenken, durch-

7

querten der Mann und die Frau den Raum und meldeten sich bei einer Empfangsdame, die verschanzt hinter einer dicken, durchsichtigen Scheibe aus Plastik saß. Ihre Arbeit konnte schwierig sein: Sie reichte von der Bewilligung von Zuschüssen und der Ablehnung von Anträgen bis hin zur Abholung missbrauchter und vernachlässigter Kinder aus der eigenen und deren Unterbringung in eine andere Familie. Derlei Vorfälle hatte es gegeben.

Nach zirka einer Minute empfing die zuständige Familiensachbearbeiterin den Mann und die Frau. Die Sachbearbeiterin trug eine eckige Brille und einen straff gebundenen Pferdeschwanz. Sie begrüßte den Mann und die Frau mit Namen, lächelte dabei herzlich und umarmte sie.

Ihr heutiges Treffen unterschied sich völlig von ihrer ersten Begegnung, die etwa drei Monate zurücklag und in der es lediglich ein nüchternes Händeschütteln und berechtigtes Misstrauen gegeben hatte. Ehepaare wie diese betraten nicht einfach so das Sozialamt von Shenandoah Valley und meldeten sich freiwillig als Pflegeeltern. Ehepaare wie diese – die über finanzielle Mittel und Verbindungen verfügten und deren Auftreten nahelegte, dass sie es nicht gewöhnt waren, auf das zu warten, was sie haben wollten – wandten sich entweder an private Adoptionsagenturen oder reisten ins Ausland, um sich Kinder zu besorgen: nach Osteuropa, wenn sie ein weißes Kind haben wollten; nach Afrika, Asien oder Südamerika, wenn es ihnen egal war.

Im Ernst, was machen Sie hier?, hatte die Sachbearbeiterin sie fragen wollen.

Doch dann hatte sie mit ihnen ein Gespräch geführt, und die beiden hatten sie überzeugt. Sie erzählten ihr von den vergeblichen Versuchen, schwanger zu werden, und von den Tests, die offenbarten, dass sie nie eigene Kinder bekommen könnten.

Aber sie wollten unbedingt eine Familie haben und hatten deshalb entschieden, ein Kind vor Ort zu adoptieren. Warum ins Ausland fahren, wenn es bedürftige Kinder hier in der eigenen Gemeinde gab? Sie wollten die Liebe, die in ihnen war, weitergeben.

Die Familiensachbearbeiterin versuchte, ihnen zu erklären, dass es bei dem von ihnen gewählten Weg keine Garantien gab. Es könnten Monate oder sogar Jahre vergehen, bis ihnen ein Kind zugeteilt werden würde. Selbst dann könnte es sein, dass sie es nur zur Pflege bekamen und es später wieder an die leibliche Mutter zurückgeben müssten. Adoption sei immer nur die letzte Option. Vorrangiges Ziel für die Sozialämter sei es – ganz zu schweigen von den in Virginia geltenden Gesetzen –, die Kinder mit ihren leiblichen Eltern wieder zusammenzuführen.

Als die Frau das hörte, kaute sie an ihren Fingernägeln. Der Mann wirkte unbeirrt.

Nach dieser ersten Unterhaltung hatte das Elternorientierungsgespräch stattgefunden, dem die Schulungen gefolgt waren. Sie hatten sich Notizen gemacht, Fragen gestellt und sich so verhalten, als wollten sie diese Schulungen als Klassenbeste abschließen.

Der Rundgang in ihrem Haus, bei dem sämtliche Räumlichkeiten auf ihre Tauglichkeit zur Unterbringung eines Kindes hin überprüft worden waren, hatte zu keinerlei Beanstandungen geführt. Es war alles vorhanden gewesen, von den Kindersicherungen bis hin zu den Rauchmeldern.

Und das Kinderzimmer? Mustergültig. Ein Kinderbett, das den üblichen Standard weit übertraf. Die Windeln, ordentlich gestapelt. Die Wände, frisch in Hellblau gestrichen.

»Blau?«, hatte die Familiensachbearbeiterin gefragt. »Was, wenn es ein Mädchen ist?«

»Ich habe da so ein Gefühl«, hatte der Mann geantwortet.

Sie wurden auf etwaige Vorstrafen hin überprüft. Die vorgelegten Gehaltsabrechnungen zeigten, dass sie über genügend

Einkommen verfügten, um ein Kind zu ernähren. Ihre Konten quollen förmlich über vor Rücklagen.

Hausversicherung, vorhanden. Autoversicherung, vorhanden. Lebensversicherung, vorhanden. Ihr Arzt hatte bestätigt, dass beide, sowohl die angehende Mutter als auch der angehende Vater, bei bester Gesundheit waren. Die von ihnen als Referenz angegebenen Personen überschlugen sich vor Lob.

In den dreizehn Jahren, in denen die Familiensachbearbeiterin mittlerweile beim Sozialamt tätig war, hatte sie schon mit Hunderten von Familien zu tun gehabt. Doch selbst die liebenswertesten, vernünftigsten und besten hatten irgendwelche Probleme.

Diese Familie nicht. Sie war noch nie zwei Menschen begegnet, die besser vorbereitet waren.

Sie waren das perfekte Paar.

Das Sozialamt von Shenandoah Valley vergab offiziell keine Plätze unter den potentiellen Pflegefamilien. Doch wer sollte schon oben auf der Liste stehen, wenn nicht sie, falls ein Kind zu vergeben war?

Selbst zu diesem Termin waren sie so adrett erschienen, als würden sie an einer wichtigen, öffentlichen Feier teilnehmen. Dabei waren sie in dieses schäbige Büro ohne Fenster nur noch einmal gekommen, um ein Stück Papier entgegenzunehmen. Es war ihre Bescheinigung, die ihnen bestätigte, alle notwendigen Maßnahmen absolviert zu haben, um Pflegeeltern zu werden.

Sie strahlten vor Glück, als sie das Dokument in den Händen hielten. Jetzt war es amtlich, jetzt waren sie Pflegeeltern.

Noch mehr Umarmungen. Noch mehr lächelnde Gesichter. Die Empfangsdame trat hinter ihrem Schutzwall hervor, um Fotos zu machen. Es war für dieses Paar ein ganz besonderer Anlass.

Dann verabschiedeten sie sich.

»Und was ist, wenn der ganze Aufwand umsonst war?«, fragte die Frau, als sie das Gebäude verließen.

»War er nicht«, versicherte ihr der Mann.

»Du glaubst wirklich, dass es dazu kommen wird?«

Er beugte sich zu ihr.

»Mach dir keine Sorgen!«, sagte er. »Wir werden im Nu ein Kind haben.«

2. KAPITEL

Wenn man eine berufstätige Mutter ist, so wie ich, weiß man eins ganz genau: Eine gute Kinderbetreuung – sicher, bezahlbar und zuverlässig – ist seltener als ein lupenreiner Diamant und mindestens doppelt so viel wert. Sie ist das Bindegewebe, die Luft in den Lungen und das lebenswichtige Vitamin, das alle anderen Aktivitäten überhaupt erst möglich macht.

Die Kehrseite einer Kinderbetreuung ist die, dass man im Prinzip handlungsunfähig ist, wenn man sie verliert, insbesondere im Fall eines Kleinkinds.

Genau diese Katastrophe versuchte ich an jenem Dienstagabend abzuwenden. Es war Anfang März. Ich raste mit meinem Auto zu Ida Ferncliffs Haus und richtete dabei ein Auge auf die Straße und eins auf die Uhr, die erbarmungslos in Richtung 18.00 Uhr tickte.

Mrs Ferncliff war die Tagesmutter unseres mittlerweile drei Monate alten Sohns, Alex, der mit sechs Wochen in die Kinderbetreuung gekommen war. Sie war im Umgang mit Kindern und Babys so magisch wie Harry Potter – geduldig und freundlich, fürsorglich und ruhig, nichts brachte sie aus der Fassung.

Im Umgang mit Erwachsenen glich sie eher Voldemort. Mein Mann, Ben, nannte sie Der Kaiser, nach Kaiser Wilhelm. Und das nicht nur wegen ihres Schnurrbarts. Sie hatte Regeln, die sie eisern befolgte, und genau das Gleiche erwartete sie von ihren Mitmenschen.

Eine dieser Regeln besagte, dass die Kinder bis um spätestens 17.30 Uhr abgeholt werden sollten. Es gab eine Gnadenfrist von fünfzehn Minuten, doch Mrs Ferncliffs Vorstellung von Gnade ging mit dem Schürzen der Lippen und einem bitterbösen Blick einher. Nach 17.45 Uhr verhängte sie eine Strafe von zwanzig Dollar, plus einem Dollar für jede weitere Minute.

Holte man sein Kind nach 18.00 Uhr ab, stellte das einen Grund zur Kündigung des Vertrags dar. Jenes Vertrags, den ich, Melanie A. Barrick, und mein Mann, Benjamin J. Barrick, unterzeichnet hatten. Mrs Ferncliff hatte mir klargemacht, dass sie nicht zögern würde, die Nach-achtzehn-Uhr-Klausel anzuwenden, als ich einmal um 17.52 Uhr, einmal um 17.47 Uhr und einmal um 17.58 Uhr vor ihrer Haustür stand, da meine Schichtablösung, der widerliche Warren Plotz, jeweils mit mehr als einer halben Stunde Verspätung eingetrudelt war, so dass ich mich hatte sputen müssen, um es noch rechtzeitig zu schaffen.

Meine Beschwerden über Warrens Unpünktlichkeit waren ins Leere gelaufen. Die Tatsache, dass er der Sohn des Firmeninhabers war, gab ihm anscheinend das Recht, sich wie ein Flachwichser verhalten zu dürfen. Dabei lautete die erste Regel bei Diamond Tracking, dass der Schreibtisch des Disponenten – die lebenswichtige Verbindung für sechsundvierzig Trucks, die kreuz und quer durchs Land fuhren und deren Ladung aus verderblicher Frischware bestand – rund um die Uhr besetzt sein musste.

Außerdem konnte ich es mir nicht erlauben, diesen Job zu verlieren. Der Stundenlohn betrug achtzehn Dollar, und ich musste keinen Eigenanteil leisten für eine Krankenversicherung ohne Selbstbeteiligung. Ein Vorteil, der unbezahlbar war, seitdem wir Alex hatten. Wir kamen so in den Genuss kostenloser Kindervorsorgeuntersuchungen.

Mein Job als Disponentin in einer Spedition stellte zugegebenermaßen nicht die Karriere dar, die ich mir erhofft hatte, als ich mein Studium an der University of Virginia summa cum laude abschloss. Ich hatte mir vorgestellt, dass ich mit einunddreißig Jahren einer sinnvollen Arbeit in einer Organisation mit sozialer Verantwortung nachgehen würde.

Doch diese hochgesteckten Ziele stießen mit den Realitäten des Jahres 2009 zusammen, meinem Abschlussjahr. Wie sich herausstellte, sollte es der schlimmste Zeitpunkt in der Geschichte des heutigen Amerikas sein, um den Arbeitsmarkt zu betreten. Doch mein Fachgebiet, die englische Literatur, übertraf noch mein grässliches Timing. Damit war ich zwar welt- und wortgewandt, aber praktisch unvermittelbar.

Nach fünf Jahren und unzähligen erfolglosen Bewerbungen – fünf Jahren, in denen ich entweder arbeitslos war oder als Bedienung bei Starbucks jobbte und Caffè latte servierte – konnte ich endlich diese Stelle ergattern, auf die ich nicht mehr verzichten wollte. Selbst wenn das bedeutete, dass Warren Plotz' ständige Unpünktlichkeit mir fast jede zweite Woche einen Herzinfarkt bescherte.

Es war 17.54 Uhr, als ich auf die Ampel des Statler Boulevard zufuhr, der entlang der östlichen Seite von Staunton, einem idyllischen Städtchen im Shenandoah Valley mit zirka 25 000 Einwohnern, einen Halbkreis bildet. Eigentlich gefiel mir die gemächlichere Gangart in Staunton, außer sie trat in Form von Autofahrern auf, die zwischen sich und dem nächsten Fahrzeug einen Abstand von sechs Autolängen pflegten, so dass man ständig die Fahrbahn wechseln musste, um an ihnen vorbeizukommen.

Ich brauchte vom Statler Boulevard bis zu Mrs Ferncliffs Haus genau sechs Minuten, wie ich aus bitterer Erfahrung wusste. Sollte ich es über die Ampel schaffen, während die Uhr noch immer 17.54 Uhr anzeigte, wäre ich auf der sicheren Seite. Gerade noch so.

Doch dann, ich war noch immer einhundert Meter davon entfernt, sprang sie auf Gelb. Aus Gründen, die nur die Ampelschaltungsgötter kannten, dauerte es eine halbe Ewigkeit bis zur nächsten Grünphase. Ich würde es niemals rechtzeitig schaffen, wenn ich anhielte. Mrs Ferncliff würde den Vertrag kündigen, und wir wären gezwungen, uns eine neue Kinderbetreuung zu suchen.

Eine völlig aussichtslose Sache. Das wusste ich schon jetzt. Ben – in Alabama in einer afroamerikanischen Familie aufgewachsen, die kein Geld besaß – war Doktorand und bezog nur ein kleines Gehalt, so dass wir uns keine dieser tollen Kindertagesstätten leisten konnten, die versprachen, dass das Kind schon bis zum dritten Lebensjahr die Quantentheorie beherrschte. Uns blieben nur Tagesmütter übrig, die, so schien es, entweder Kettenraucherinnen waren, nachlässige Urgroßmütter oder Menschen, die es für ungefährlich hielten, wenn ein Kleinkind ab und zu abgeblätterte bleihaltige Farbe einatmete.

Ich trat aufs Gaspedal. Nur Nanosekunden bevor ich die dicke weiße Linie überfuhr, sprang die Ampel auf Rot.

Egal. Ich hatte es geschafft und atmete erleichtert aus.

Da sah ich die blauen Lichter eines Polizeiwagens in meinem Rückspiegel leuchten.

Einen Strafzettel und dreiundzwanzig Minuten später bog ich hektisch in die kurze Einfahrt von Mrs Ferncliffs Haus ein. Ich schnappte mir den Zettel, da ich hoffte, dass Der Kaiser so Milde walten lassen würde. Dann stieg ich aus dem Auto, ging die wenigen Stufen zur Haustür hinauf und drehte den Türgriff um.

Die Tür war verschlossen.

Das war eigenartig, denn Mrs Ferncliff ließ die Tür normalerweise offen, da sie die Kinder nicht gern unbeaufsichtigt ließ.

Ich klingelte und wartete. Fünfzehn Sekunden. Dreißig Sekunden. Dann klingelte ich noch einmal.

»Mrs Ferncliff, ich bin's, Melanie Barrick«, rief ich. Sie war drinnen im Haus und stocksauer auf mich. Das wusste ich. »Es tut mir leid, dass ich zu spät bin. Man hat mich bei der Arbeit mal wieder aufgehalten, und dann musste ich mich so sehr beeilen, dass die Polizei mich angehalten hat. Ich … ich hätte Sie auch angerufen, aber ich kann mein Handy nicht finden.«

Ich klang jämmerlich. Absolut jämmerlich. Obwohl ich in der Geschichte der Menschheit nicht die schlechteste Erziehungsberechtigte war – diesen Titel hatten meine Eltern schon vor langer Zeit erworben, als sie mich mit neun Jahren zur Adoption freigaben –, fehlte nicht mehr viel dazu.

»Es tut mir leid, okay?«, fuhr ich fort. »Schrecklich leid. Können Sie bitte die Tür aufmachen?«

Immer noch keine Antwort. Vielleicht sammelte sie nur die Sachen von Alex ein, um sie durch die Tür zu reichen, zusammen mit meinem Kind.

Und dem Vertrag, markiert mit der Achtzehn-Uhr-Kündigungsklausel.

Ich stand eine weitere Minute auf der Veranda – musste ich dafür etwa auch einen Dollar zahlen? – und wurde allmählich wütend. Wie lange wollte sie mich mit ihrem Schweigen noch bestrafen? Ich schlug mit der Hand gegen die Tür.

»Mrs Ferncliff, *bitte!*«, flehte ich. »Es tut mir leid, dass ich zu spät bin. Sehr viel zu spät bin. Es tut mir leid, dass ich eine schreckliche Mutter bin. Es tut mir alles furchtbar leid.«

Immer noch keine Antwort.

Schließlich erklang Mrs Ferncliffs strenge Stimme. »Gehen Sie weg! Gehen Sie, oder ich rufe die Polizei.«

»Okay, in Ordnung. Geben Sie mir einfach nur Alex, und ich verschwinde.«

Und dann sagte Mrs Ferncliff einen Satz, der einen elektrischen Schlag von mehreren Gigawatt durch meinen Körper jagte.

»Alex ist nicht mehr da.«

Ich schnappte unwillkürlich nach Luft. »Wie bitte?«

»Er ist beim Sozialamt.«

Der Elektroschock raste mittlerweile von meinen Füßen zum

Kopf. Ich wusste, dass Mrs Ferncliff eine strenge Person war, aber das hier war krankhaft.

»Sie haben mein Kind dem Sozialamt übergeben, weil ich zwanzig Minuten zu spät dran bin?«, brüllte ich.

»Ich habe Ihr Kind nicht dem Sozialamt übergeben. Da war jemand vor ein paar Stunden hier und hat ihn mitgenommen.«

»Was? Warum? Was zum …«

»Fragen Sie das Sozialamt! Und jetzt gehen Sie! Verlassen Sie mein Grundstück!«

»Mrs Ferncliff, warum hat das Sozialamt Alex mitgenommen? Ich habe keine Ahnung, was hier los ist.«

»Gut, dann sag ich's Ihnen«, schrie sie. »Man hat mir alles über Sie erzählt. Ich hoffe, dass man das Kind so weit wie möglich von Ihnen wegbringt.«

»Wovon reden Sie denn?«

»Ich hole jetzt die Polizei.«

»Könnten wir bitte … einfach nur ein vernünftiges Gespräch miteinander führen?«

Keine Antwort.

»Bitte, Mrs Ferncliff, bitte!«

Doch sie hatte das Antworten eingestellt. Ihre Stimme drang durch die Tür. Sie sprach laut mit der Polizei von Staunton – das war beabsichtigt – und erklärte, dass ein Eindringling gegen ihre Tür hämmere und sie um ihre Sicherheit besorgt sei.

Ich spürte, dass ich keine andere Wahl hatte. Die unnachgiebige Mrs Ferncliff würde ihre Meinung nicht mehr ändern. Also verließ ich die Veranda und kehrte zu meinem Auto zurück.

Ich setzte mich hinein. Mir war klar, dass ich Alex finden musste. Doch ich war zu verwirrt, um strukturiert zu denken und einen Plan zu fassen, wie ich das bewerkstelligen könnte.

»Man hat mir alles über Sie erzählt. Ich hoffe, dass man das Kind so weit wie möglich von Ihnen wegbringt.«

Was meinte sie damit überhaupt? Alex war weder unterernährt, noch hatte er Blutergüsse oder wurde in irgendeiner Weise misshandelt.

Ich konnte es mir nur so erklären, dass sich jemand beim Sozialamt über mich beschwert hatte. Wenn man wie ich als Pflegekind aufgewachsen ist, lernt man schnell, dass es eine bestimmte Sorte von Mensch gibt – eine gemeine, widerliche, nachtragende Unterart eines Untermenschen –, die das Sozialamt anonym anruft und es als Waffe einsetzt. Und das nur aus Boshaftigkeit, weil sie einen Nachbarn, einen Kollegen oder eine andere Person abgrundtief hassen.

Ich konnte einfach nicht glauben, dass es in meinem Leben so eine Person gab. Warren Plotz war zu sehr damit beschäftigt, seine Arbeitszeiten zu verschlafen, um eine derartige Heimtücke an den Tag zu legen. Ich hatte keine Nachbarn, mit denen ich Streit hatte. Ich hatte keine Feinde.

Zumindest keine, von denen ich wusste.

Ich fuhr rückwärts aus der Einfahrt, damit Mrs Ferncliff mir nicht die Polizei auf den Hals hetzen konnte.

Panik stieg in mir auf.

Alex ist nicht mehr da.

Er ist beim Sozialamt.

Ich versuchte mir einzureden, dass es ein Missverständnis war, doch es gelang mir nicht. Ich wusste es besser. Das Sozialamt kam nicht einfach vorbei und nahm ein Kind mit, nur weil eine Tagesmutter sich über die Unpünktlichkeit der Mutter ärgerte. Sie tauchten nur auf, wenn ein Grund vorlag. Beziehungsweise wenn sie glaubten, dass ein Grund vorlag.

Und sie gaben das Kind erst wieder zurück, wenn es auch dafür einen Grund gab.

Das hatte ich während der Zeit gelernt, als ich in staatlicher Obhut war. Doch ich hatte in meiner Jugend eine noch größere Lektion gelernt – eine Lektion, die mich gerade einholte wie ein Echo aus vergangenen Zeiten. Ich hatte damals vor Wut ge-

schäumt, weil ich aus einer stabilen, netten Pflegefamilie herausgerissen wurde und ohne ersichtlichen Grund wieder in ein
Pflegeheim gesteckt wurde.

»Das ist eine Katastrophe«, stöhnte ich.

»Süße, so ist nun mal das Pflege-System«, antwortete sie mir.
»Die Katastrophe ist immer näher, als du denkst.«

3. KAPITEL

Ein dünner Schweißfilm überzog meinen Körper, als ich losfuhr. Ich verließ mich beim Lenken des Autos auf mein motorisches Gedächtnis, da ich nicht das Gefühl hatte, Herr meiner Gliedmaßen zu sein.

Ich bog von Mrs Ferncliffs Straße auf den Boulevard ab. Die gelbe Doppellinie am Fahrbahnrand sah verschwommen aus. Entweder lag es am Schweiß oder an den Tränen. Ich wollte dringend Ben anrufen. Doch neben seiner Dissertation und den beiden Kursen, die er als Lehrassistent gab, arbeitete er auch noch Teilzeit als Tutor am Lernzentrum der James Madison University. Er nahm nie einen Anruf entgegen, wenn er seine Studenten unterrichtete.

Außerdem war mein Handy unauffindbar. Selbst eine intensive Suche an den üblichen Stellen – dem Tisch neben der Haustür, der Wickeltasche, den Sofakissen und so weiter – hatte am Morgen nichts erbracht.

Der einzige Mensch, den ich mit einer Angelegenheit wie dieser behelligen konnte, war Marcus Peterson. Er hatte als Geschäftsführer in dem Starbucks Café gearbeitet, in dem ich als Aushilfe beschäftigt gewesen war. Mittlerweile war er einfach ein lieber Freund, der alles stehen und liegen lassen würde, um mir zu helfen. Das Problem war nur, dass seine Kontaktdaten in meinem Handy und nicht in meinem Kopf gespeichert waren. Wer wusste heutzutage schon noch die Nummern seiner Freunde auswendig?

Ansonsten gab es niemanden, an den ich mich wenden konnte. Der Rest meiner Freunde war entweder zu weit weg, oder ich hatte keinen regelmäßigen Kontakt. Bens Eltern lebten in Alabama, und meine existierten nicht. Das war eine der bitteren Realitäten, die man erkannte, wenn man in Pflegeheimen und Pflegefamilien aufwuchs: Lief mal etwas schief, gab es keine Familie, die einen seelisch aufrichtete.

Ich fuhr zum Sozialamt, ohne dass ich einen richtigen Plan hatte, und hoffte verzweifelt, dass Alex noch dort war. Oder dass ein Mitarbeiter noch spät arbeitete und seinen Aufenthaltsort kannte.

Die nächstgelegene Dienststelle befand sich im Gebäudekomplex der Bezirksverwaltung am Ende der Hauptstraße in Verona. Das Sozialamt des Shenandoah Valley war eine von zwei Behörden, die ich in meiner Jugend kennengelernt hatte. Das Gebäude war ein nüchterner, fensterloser Bau, der einem Lagerhaus ähnelte. Was passend war. Wenn man als Kind ständig zwischen Heimen hin- und hergeschoben wird, kommt man sich wirklich so vor, als würde das Sozialamt einen lagern.

Als ich um 18.45 Uhr auf den Parkplatz fuhr, stand nur noch ein einziges Fahrzeug da, ein kleiner Chevy. Vielleicht war sein Besitzer noch immer im Gebäude und konnte mir etwas über den Verbleib meines Sohnes sagen.

Der Eingang der Angestellten befand sich auf der linken Seite. Ein kleines Licht, eingefasst in einem Schutzgitter, brannte über dem Eingang. Es gab weder eine Klingel noch eine Gegensprechanlage.

Da ich nicht wusste, wie ich mich sonst bemerkbar machen sollte, trommelte ich mit der Faust gegen die Tür.

Das führte erst nur dazu, dass mir die Hand weh tat. Ich bin ein Meter fünfundsechzig groß und wiege vierundfünfzig Kilogramm, womit ich kaum eine Gefahr für eine stabile Stahltür darstelle. Trotzdem legte ich meine ganze Kraft in die Schläge hinein, so dass das kastenförmige Gebäude wie eine große Basstrommel erschallte. Der Fahrer dieses Chevy musste mich hören.

21

Ich hämmerte rhythmisch gegen die Tür: vier Schläge, eine kurze Pause, vier Schläge.

Bumm! Bumm! Bumm! Bumm! Warten. *Bumm! Bumm! Bumm! Bumm!* Warten.

Schließlich ertönte eine Stimme. »Kann ich Ihnen helfen?«

Es war die Stimme einer Frau, auf der anderen Seite der Tür.

»Ja! Danke, *danke*!«, sagte ich. Mir war klar, dass ich überdreht klang. »Ein Mitarbeiter vom Sozialamt ist heute bei der Tagesmutter meines Sohnes aufgetaucht und hat ihn mitgenommen. Und ich … ich wollte jetzt nur mit jemandem sprechen, um die ganze Sache zu klären.«

Ich bemühte mich, nicht den Eindruck zu machen, als würde mich schnell etwas aus der Fassung bringen.

Es entstand eine kurze Stille.

»Hat man Sie denn nicht angerufen, oder jemand ist bei Ihnen vorbeigekommen?«

Ihre Frage klang, als wäre das ungewöhnlich. Als würde es sogar gegen die Regeln verstoßen. Und es war *in der Tat* ungewöhnlich, oder? Man konnte einer Mutter doch nicht einfach das Kind wegnehmen, ohne dieses Vorhaben in irgendeiner Art anzukündigen.

»Nein. Nein, niemand«, antwortete ich erleichtert. Ich hatte allein durch die Frage schon das Gefühl, dass diese Frau vernünftig oder zumindest bereit war, mit mir zu sprechen.

»Okay, warten Sie einen Augenblick! Wie heißen Sie?«

»Melanie Barrick. Mein Sohn heißt Alex. Man hat ihn aus dem Haus von Ida Ferncliff geholt. Sie wohnt in der Churchville Avenue, und ich weiß … ich weiß nicht einmal, warum.«

»In Ordnung. Lassen Sie mich einen Anruf machen. Ich bin gleich wieder da.«

»Danke«, sagte ich. »Vielen Dank.«

Ich stand da und starrte auf die Tür. Die Außentemperatur betrug ungefähr fünf Grad. Ich war aus dem Büro gegangen, ohne nach meiner Jacke zu greifen. Egal. Mein Herz raste derart schnell, dass ich die Kälte nicht wahrnahm.

Ich hoffte, dass mein Sohn gerade untersucht wurde. Er lächelte gern, hatte knubbelige Knie und blaugraue Augen, die stets aufmerksam umherblickten. Die Untersuchung würde ergeben, dass er unmöglich misshandelt worden sein konnte.

Wahrscheinlich hatte das Sozialamt versucht, mich anzurufen, doch wir haben keine Festnetzleitung; und auf meinem abhandengekommenen Handy hatte sich wahrscheinlich sofort die Mailbox eingeschaltet, da der Akku leer war.

Das würde sich jetzt alles aufklären. Es würde zwar eine Weile dauern, ja – beim Sozialamt dauerte alles eine Weile –, doch Alex würde abends wieder bei uns zu Hause sein. Er würde in seinem Kinderbett schlafen und in der Nacht hungrig aufwachen. Ich würde ihn stillen. Alles wäre so wie immer. Unsere ganz normale Routine.

Ich hörte ein zaghaftes »Hallo« von der anderen Seite der Tür.

»Ja, hallo. Ich bin hier«, antwortete ich und beugte mich zur Tür, als würde ich so Alex näher kommen.

»Ich habe mit meiner Vorgesetzten über Ihren Fall gesprochen. Sie müssen morgen früh wiederkommen.«

Da explodierte etwas in meinem Kopf.

»Was?!«, schrie ich. Und das nicht deshalb, weil ich sie nicht gehört hatte.

»Es tut mir leid. Das waren ihre Worte. Sie hat gemeint, dass man Ihnen dann die weitere Vorgehensweise erklären könnte.«

Die weitere *Vorgehensweise*? Waren wir jetzt Teil einer Vorgehensweise?

»Aber wo ist mein Sohn?«, fragte ich.

»Tut mir leid, das kann ich Ihnen nicht sagen.«

»Nein, warten Sie!«, rief ich verzweifelt. »Sie können mir nicht einfach meinen Sohn wegnehmen und dann *nichts* dazu sagen. Ich bin … ich bin seine Mutter. Ich habe Rechte. Das ist … das ist verrückt. Können Sie nicht wenigstens die Tür aufmachen und mit mir sprechen?«

»Tut mir leid, Mrs Barrick«, sagte die Frau. Ihr Ton klang jetzt bestimmter. »Sie werden morgen früh wiederkommen müssen.«

»Nein, *nein*!«, schrie ich. »Das ist nicht richtig. Sie haben einen Fehler gemacht, einen Riesenfehler. Ich weiß, dass eine Anzeige gegen mich erstattet worden sein muss. Aber was immer da behauptet wird, ist gelogen. Sie werden belogen. Menschen tun das, wissen Sie. Sie benutzen Sie, um sich zu rächen. Das sollten Sie wissen.«

Ich machte mir keine Gedanken darüber, dass ich klang wie eine Irre.

»Kommen Sie morgen früh wieder, Mrs Barrick!«, sagte die Frau. »Ich muss jetzt gehen.«

»Könnte ich bitte persönlich mit Ihrer Vorgesetzten sprechen? Das ist … Ich bin doch keine schlechte Mutter. Ich würde meinem Kind nie etwas antun. Schauen Sie ihn sich doch nur an! Es geht ihm gut. Sehen Sie das denn nicht? Bitte!«

Ich erhielt keine Antwort. Also schlug ich gegen die Tür.

»Bitte!«, rief ich. »Bitte helfen Sie mir.«

Die nächsten fünf oder zehn Minuten wiederholte ich meine Bitte immer wieder in verschiedenen Versionen und wurde zunehmend hysterischer.

Ich wusste einfach zu viel über das System der Kinderfürsorge und hatte seine Defizite am eigenen Leib erfahren. Ich hatte erlebt, wie die eigentlich guten Absichten durch Uneinsichtigkeit und Unsinnigkeit einer prinzipiell unübersichtlichen Bürokratie verdreht werden konnten. Ich hatte zu viele gerissene Erwachsene kennengelernt, die sich die mangelnde Kontrolle zunutze machten. Sei es die dauerfaule Sozialarbeiterin, die nur das Nötigste machte, um ihre Stelle zu behalten, oder die Pflegefamilie, der es lediglich ums Geld ging, wenn sie ein Kind aufnahm.

Ja, sie waren in der Minderheit. Aber selbst die guten Menschen warf man in diesen zu großen und zu schwerfälligen Apparat, der zu sehr damit beschäftigt war, sich um die kollektive Gestörtheit der Gesellschaft zu kümmern. Dass eine derart sperrige Organisation genauso viele Probleme schuf, wie sie löste, war daher fast unvermeidlich.

Menschen, die in dieser Welt gefangen waren, nannten die Fürsorge einfach nur »das System«, was wirklich die perfekte Bezeichnung für etwas derart Kaltes, Komplexes und letztendlich Unpersönliches war. Sobald man im System steckte, verlor man einen Teil seiner Menschlichkeit. Die Familie wurde zu einer Akte, die von einem gestressten, unterbezahlten, überarbeiteten Beamten zum nächsten weitergereicht wurde.

Ich hatte in meiner eigenen zerrütteten Kindheit zu viel erlebt und mich zu sehr anstrengen müssen, um mich von diesem Irrwitz zu befreien, als dass ich noch einmal in die Fänge des Systems geraten wollte.

Das würde nicht geschehen. Das durfte nicht geschehen.

Nicht mit meinem Sohn.

Denn ich wusste ganz genau, wie die Sache weiterlaufen würde. Sobald das System einen erst mal erfasst hatte, war es schwierig, wieder herauszukommen, da dessen kollektive Maschinerie wie ein riesiger Stahlschlund funktionierte, der einen zwischen den spitzen Schneidezähnen gefangen hielt und immer weiter zerlegte, wenn man sich drehte oder wand.

Eltern waren für das Sozialamt so lange schuldig, bis ihre Unschuld bewiesen war, egal was im Gesetz geschrieben stand. Die Sozialarbeiter dachten entweder von Beginn an so, oder sie nahmen diese Denkweise sehr schnell an. Ich hatte es selbst so erfahren. Wann immer das Sozialamt sich mit meinem Fall beschäftigte, stand die leise Vermutung im Raum, dass ich eigentlich Abschaum war.

Man tat so, als wäre man an meiner Meinung interessiert,

sprach von einem partnerschaftlichen Verhältnis und von Zusammenarbeit. Doch in Wahrheit bestimmten die Sozialarbeiter,
wo es langging, sie zogen im Hintergrund die Fäden.

Das Sozialamt hatte also bereits entschieden, wo Alex die
Nacht verbringen würde. Eine andere Person – irgendein Frem-
der, irgendeine Pflegemutter oder Heimleiterin, die mir noch
nie begegnet waren und die sich nie so um mein Kind kümmern
könnten wie ich – hielt jetzt also meinen Sohn in den Armen.

Oder auch nicht. Vielleicht lag er mit einer schmutzigen Windel in einem Kinderbett und schrie vor Hunger. Oder es erging
ihm noch schlimmer.

Was immer ich tun würde, ob weinen, Zeter und Mordio
schreien oder mich vor Schmerz auf den Boden werfen, nichts
davon würde etwas nützen. Ich sackte weinend gegen die Tür
und sank auf den kalten Betonboden.

Die Frau war nicht mehr da.

So wie Alex.

4. KAPITEL

Alle Menschen haben ein Laster.

Bei den einen sind es Zigaretten, bei den anderen Alkohol oder Pornos.

Bei Amy Kaye war es etwas nicht ganz so Zerstörerisches, dafür aber umso Peinlicheres.

Es war *Dancing with the Stars*. Die Reality-TV-Show – in der gutaussehende Promis und durchtrainierte, professionelle Tänzer ein Paar bilden und in einem Wettkampf beschwingter Bedeutungslosigkeit gegeneinander antreten – war ihre Droge, ihr Seelentröster-Essen, ihre Obsession. Na ja, auf jeden Fall eine ihrer Obsessionen.

Niemand im Gericht des Augusta County hätte vermutet, dass die stellvertretende Bezirksstaatsanwältin, deren Wissen über Gesetze selbst einige der Richter einschüchterte, ihre Abende gern auf der Couch verbrachte, eingerollt unter einer Decke, und sich diese seichte Sendung ansah; oder dass sie manchmal weinte, wenn die Teilnehmer ausschieden (und stets weinte, wenn sie weiterkamen); oder dass ihr Hund, Butch, selbstverständlich mit ihr zusammen unter der Decke lag, obwohl die Couch eigentlich für ihn tabu war.

Amy gab derartige Details einfach nicht preis – genauer gesagt, gab sie überhaupt keine persönlichen Details preis. Sie hatte schon zu oft erlebt, dass diese gegen einen Staatsanwalt verwendet wurden.

Sie bemühte sich um ein Bild, das nur auf ihr Können und ihre Leistung beschränkt war. Amy trug kurzgeschnittenes dunkles Haar, kein Make-up und kleidete sich konservativ. Niemand kannte ihr genaues Alter (zweiundvierzig), ob sie verheiratet war (war sie, mit einem Mann) oder ob sie Kinder hatte (hatte sie nicht und vermisste sie auch nicht besonders). Man wusste nur, dass sie Softball in der gemischten Mannschaft der örtlichen Freizeitliga spielte. Sie gehörte dem Team des Büros des Sheriffs an, wo sie sich als erstklassige Besetzung für die Position der Third Base herausgestellt hatte.

Das führte natürlich zu Gerüchten, sie sei lesbisch. Doch das war ihr egal.

Was im Gericht geschah, sollte eigentlich nichts mit dem persönlichen Charakter zu tun haben, sondern mit den Gesetzen. Und innerhalb dieser Gesetze hatte die Person, die den Bundesstaat Virginia vertrat, eine gewisse Funktion einzunehmen. Die Aufgabe war mehr als nur ein Job. Die Aufgabe war eine Pflicht, auf die man einen Eid geschworen hatte. Und Amy hatte vor, dieser Pflicht so gut wie möglich nachzukommen.

Zumindest so lange, bis *Dancing with the Stars* ins Spiel kam. Dann konnte das Gesetz warten.

In der neuesten Staffel war einer der Teilnehmer ein Sportler, der einmal bei Olympia teilgenommen hatte. Er hatte durch einen Skandal in der Boulevardpresse viel von seinem Glanz eingebüßt, doch seine Beliebtheit war trotzdem in die Höhe geschnellt, wie es ihm nicht einmal eine Goldmedaille hätte bescheren können. Er war de facto der Bad Boy. Amy drückte ihm die Daumen, hauptsächlich deshalb, weil er ständig sein Hemd auszog. Seine Bauchmuskeln waren einfach phänomenal.

Er hatte mittlerweile das Halbfinale erreicht. Amy hatte sich mit einer Schüssel Popcorn bewaffnet und war bereit, ihn anzufeuern. Butch lag neben ihr.

Genau in dem Moment, als der Vorspann über den Bildschirm flimmerte, klingelte ihr Handy auf dem Couchtisch.

Sie warf stirnrunzelnd einen Blick darauf. Im Display leuchtete der Name Aaron Dansby.

Dansby war der ordnungsgemäß gewählte Bezirksstaatsanwalt des Augusta County. Das machte ihn eigentlich zu Amys Chef, obwohl die Wirklichkeit komplizierter aussah. Selbstverständlich hatte Dansby Jura studiert und sein Examen abgelegt, doch er war nur dem Titel nach Anwalt.

Ansonsten war er in jeder Hinsicht ein Politiker, von seiner gepflegten Fönfrisur, dem Zahnpastalächeln, der wunderhübschen Ehefrau – einer ehemaligen Kosmetikberaterin von Estée Lauder –, bis hin zu seinem erlesenen Stammbaum. Sein Vater war zuerst Staatsanwalt, anschließend Senator und dann wieder Staatsanwalt von Virginia gewesen, bis sein Sohn Aaron das Alter erreicht hatte, um den Posten zu übernehmen. Aarons Großvater war Abgeordneter im Kongress und sein Urgroßvater Gouverneur von Virginia gewesen.

Es hieß, dass Aaron Dansbys Ziele mindestens genauso hochgesteckt waren. Obwohl er erst einunddreißig war, sagten ihm die älteren Parteimitglieder bereits eine große Zukunft voraus. Er saß seine Zeit als Staatsanwalt nur ab. Seine juristische Arbeit war für ihn nicht viel mehr als Mittel zum Zweck.

Das Handy klingelte erneut.

Amy war versucht, es zu ignorieren. Sie hatte die Stelle in Augusta County unter anderem deshalb angetreten, da Dansby sich als Bezirksstaatsanwalt noch einarbeiten musste und Zeit brauchte, seine Stützräder loszuwerden; so lange würde sie als stellvertretende Staatsanwältin eine große Entscheidungsbefugnis haben. Sie hatte dafür ihren Posten beim Bezirksstaatsanwalt in Fairfax County aufgegeben, für den sie auf einer unteren, stellvertretenden Ebene tätig gewesen war.

Drei Jahre später kümmerte sie sich noch immer um das Tagesgeschäft. Routineangelegenheiten waren Dansby ziemlich egal. Seine Aufmerksamkeit galt nur juristischen Fällen, die ein großes öffentliches Interesse versprachen. Dann saß er im Gericht auf dem vordersten Stuhl der Staatsanwälte, um bei der

Presse und im Fernsehen die Lorbeeren für den Sieg einzuheimsen, wodurch sich sein Wunderknabenimage noch vergrößerte. Derweil machte Amy, die auf dem zweiten Stuhl saß, noch immer die ganze Drecksarbeit.

Das Handy klingelte weiter.

Dansbys Anruf zu ignorieren hatte einen Haken. Er rief nur dann an, wenn ein Fall medienwirksames Potential hatte.

Der Vorspann war zu Ende. Die Show würde gleich beginnen. Obwohl der Festplattenrekorder eingeschaltet war – manche Tänze *musste* sie einfach ein zweites oder drittes Mal anschauen –, sah sie sich die Sendung gern live an.

Aaron Dansby würde gleich in den herrlichen, luftleeren Raum der Mailbox geschaltet werden. Genau dorthin, wo er hingehörte. Doch Amy war nicht nur ein pflichtbewusster Mensch, sondern sie wusste auch, dass Aaron Dansby womöglich etwas vermasselte, das sie wieder geraderücken müsste, wenn sie das Gespräch nicht annehmen würde.

Also drückte sie blitzschnell die Pause-Taste des Festplattenrekorders und tippte auf ihr Handy.

»Amy Kaye«.

»Amy, ich bin's, Aaron.«

»Was gibt's?«

»Bist du beschäftigt?«, fragte er.

»Eigentlich ja.«

»Es dauert nur eine Sekunde«, sagte er, da er von Natur aus unfähig war, einen Wink zu verstehen. »Ich wollte dich nur vorab informieren, dass heute Nachmittag eine Riesenmenge Koks bei einer Razzia auf der Desper Hollow Road gefunden worden ist.«

»Okay.«

»Groß im Sinne von einem halben Kilo.«

»Wow«, sagte Amy und setzte sich auf. In Fairfax County, das direkt an Washington, D. C., grenzte, würden fünfhundert Gramm Kokain keine große Beachtung finden. Doch im verschlafenen Shenandoah Valley war es eine alarmierende Menge.

»Ich weiß. Ich habe es bereits der örtlichen Zeitung geleakt. Es wird morgen früh auf der Titelseite von *The News Leader* erscheinen. Und die Fernsehanstalten werden es ebenfalls gleich erfahren, damit sie es in den Nachrichten um 23.00 Uhr bringen können. Der Sheriff hat gesagt, dass er die Drogentüten bei der Pressekonferenz auslegen wird. Das werden großartige Bilder ergeben.«

Dansby hatte noch immer nicht verstanden, dass es nicht als Leak galt, wenn man den Medien vertrauliche Informationen weitergab und dabei namentlich erwähnt oder bildlich gezeigt wurde.

Genauso wenig begriff er, dass er mit seiner Vorliebe für Kameras – wodurch er Sheriff Jason Powers und seinen Männern ständig die Show stahl – Unmut in den eigenen Reihen säte, der eines Tages geerntet werden würde. Amy arbeitete mit einigen von Powers' Mitarbeitern eng zusammen. Sie alle warteten bloß darauf, dass der Kerl, den sie spöttisch den »gediegenen Mr Dansby« nannten, sein Fett wegbekam.

»Aber das ist noch nicht das Beste«, fuhr Dansby fort, und Amy zuckte zusammen, da es in einer kriminellen Vereinigung, die Betäubungsmittel unter die Menschen brachte, so etwas wie »das Beste« nicht gab. »Die Frau, bei der man das Zeug gefunden hat, ist eine junge Mutter. Die Jungs vom *The News Leader* nennen sie bereits die ›Koks-Mami‹. Ich glaube, über diese Sache wird man noch länger reden. Sie hat das Potential, um sich in den sozialen Medien wie ein Lauffeuer zu verbreiten. Das Fernsehen wird sich auf die Story stürzen.«

»Da bin ich mir sicher«, erwiderte Amy, schielte hinüber zu ihrem eigenen Fernseher und fragte sich, was sie bereits verpasst hatte. »Aber findest du nicht, dass wir die Angelegenheit dem

FBI übergeben sollten, wenn du deinen Auftritt in den Medien gehabt hast. Das ist ziemlich viel Koks.«

Es gab keine konkrete Drogenmenge, wodurch ein Fall automatisch in die Zuständigkeit des FBI fiel. Die Entscheidung blieb dem örtlichen Bezirksstaatsanwalt überlassen. Doch ein halbes Kilo war normalerweise mehr als genug. Größere Drogenmengen wiesen auf weitreichendere Verteilernetze hin, die fast immer über die Grenzen eines Bundesstaats hinausgingen.

»Ich weiß«, sagte Dansby. »Aber den Fall möchte ich behalten. Ich denke, dass er uns noch viel Aufmerksamkeit bescheren wird. Und die Punkte dafür sollten wir einheimsen.«

Dansby verwies ständig auf »Punkte«, als würde das Wahlvolk eine riesige Tabelle führen. Amy hätte ihm für diese Aussage am liebsten einen Schlag mit der Bratpfanne verpasst.

»Außerdem«, fügte er hinzu, »ist sie weiß.«

Amy spürte, wie ihre Augen hervortraten. »Was spielt das denn für eine Rolle?«

»Na ja, du weißt doch, nach Mookie Myers.«

Demetrius »Mookie« Myers war der dickste Fisch, den Dansby in seiner Amtszeit hatte verhaften können, die mittlerweile mehr als drei Jahre betrug. Myers war der größte Kokaindealer im Shenandoah Valley seit Ende der 1980er Jahre. Der Fall befand sich mittlerweile in der Revision, doch die Staatsanwaltschaft hatte die Anklage seinerzeit souverän gewonnen, und Dansbys Ansehen war eindeutig gestiegen.

»Nein, weiß ich nicht«, entgegnete Amy.

»In der Black Community heißt es, dass wir nur farbige Dealer jagen«, sagte Dansby. »Ich will an dieser Frau ein Exempel statuieren und allen zeigen, dass wir harte Hunde sind und alle gleich behandeln. Die Grand Jury tritt doch am Freitag zusammen, oder? Was hältst du davon, direkt Anklage zu erheben?«

Eine direkte Anklageerhebung war eine Art Schnellverfahren in der Strafverfolgung. Wenn ein Tatverdächtiger aufgrund

32

eines normalen Haftbefehls verhaftet wurde, wanderte der Fall zuerst zum Bezirksgericht. Dort fanden die Vorführung vor dem Haftrichter und die Kautionsanhörung statt, und der Strafverteidiger wurde festgelegt. Zwei Monate später erfolgte eine Voruntersuchung, in der ein Richter den Fall einer Grand Jury übertrug, die dann darüber entschied, ob die vorgelegten Beweise der Staatsanwaltschaft eine Anklage rechtfertigten.

Eine direkte Anklageerhebung ließ all diese Schritte aus. Sie wurde häufig bei Verbrechen angewendet, die im Zusammenhang mit Drogen standen. Dann wanderte der Fall direkt vor eine Grand Jury. Der Gerichtsschreiber stellte einen Haftbefehl aus, der zur Festnahme des Angeklagten führte.

Das einzige Risiko war, dass der Angeklagte sich nicht in Untersuchungshaft befand, bis die Grand Jury getagt hatte. Aus diesem Grund gab Amy der direkten Anklage nur dann den Vorzug, wenn die Verdächtigen noch nicht wussten, dass das Gesetz ihnen auf der Spur war – und nicht, wenn ein Durchsuchungsbefehl bereits ausgeführt worden war.

»Bist du dir sicher, dass du dieser Frau zwei Tage Zeit geben willst, um abhauen zu können?«, fragte Amy. »Ich glaube nämlich, dass jemand mit so viel Kokain auch genügend Geld auf die Seite geschafft hat, um so lange wie nötig unterzutauchen.«

»Sie wird nicht abhauen«, entgegnete Dansby in seinem fröhlichen, bestimmten Ton. »Sie hat einen Sohn. Das Sozialamt hat ihn bereits abgeholt. Solange wir das Kind haben, wird sie dableiben.«

»Ich hoffe, du hast recht.«

»Keine Sorge! Wir sind auf der sicheren Seite. Jedenfalls habe ich Powers schon mal gesagt, dass wir morgen früh mit der Bearbeitung des Falls beginnen werden. Wenn wir die Sache der Grand Jury am Freitag vorlegen wollen, müssen wir uns reinhängen.«

Amy spürte, wie sie ihren Rücken durchdrückte. »Das geht

nicht. Ich führe morgen Vormittag ein Gespräch mit Daphne Hasper.«

»Daphne Hasper?«

»Ich habe dir ein Memo zu der Sache geschickt«, sagte sie. »Sie ist eines der Opfer des Flüsterers.«

Das war Amys andere Obsession. Die Obsession, die tatsächlich von Bedeutung war. Sie betraf eine Serie ungelöster Vergewaltigungsfälle im Shenandoah Valley in den letzten zwei Jahrzehnten. Alle diese Übergriffe hatten eines gemeinsam. Der Täter flüsterte stets mit seinen Opfern. Es gab mindestens acht Fälle, vielleicht aber auch fünfundzwanzig oder noch mehr. Die genaue Zahl war eigentlich unbekannt, da sich außer Amy niemand in diese Sache hineingekniet hatte.

Dansbys Reaktion schwankte normalerweise zwischen Gleichgültigkeit und Ablehnung, je nach seiner Laune, wenn Amy ihm davon erzählte. Dieses Mal war es Gleichgültigkeit.

»Ach, das«, bemerkte Dansby. »Das kann warten.«

»Nein, kann es nicht. Nicht, solange der Mistkerl noch immer frei herumläuft.«

»Diese Sache hier ist jetzt wichtiger.«

»Es soll wichtiger sein, dass du einen schnellen Erfolg in den Fernsehnachrichten präsentieren und noch mehr dieser geheimnisvollen ›Punkte‹ erzielen kannst, deren Anzahl scheinbar nur du mitzählst, als dass ein Mann hinter Gitter gebracht wird, der nachts in die Häuser von Frauen eindringt und sie vergewaltigt?«

»Sei nicht so überdramatisch!«

»Sei du kein Arschloch!«

Er verstummte. Ihm waren Unterhaltungen lieber, die sich an das Drehbuch hielten, und Reden, die er vom Teleprompter ablesen konnte.

Amys wütende Worte ließen Butch den Kopf heben. Jetzt legte er ihn schief.

»Ich glaube, dass die Angelegenheit mit der Koks-Mami dringender ist«, sagte Dansby in einem bedächtigeren Ton.

»Freut mich, dass du das glaubst, aber ich werde das Gespräch nicht absagen.«

»Nur ist dein sogenanntes ›Gespräch‹ eigentlich ein ›nochmaliges Gespräch‹, nicht? Denn diese Frau hat bereits mit der Polizei gesprochen.«

»Ja, damals. Nach der Vergewaltigung. Aber da wusste noch niemand von den anderen Fällen. Man hat jahrelang nicht mehr mit ihr gesprochen.«

»Na, wenn das so lange her ist, dann kannst du das Gespräch ja auch noch um ein paar Tage verschieben.«

»Nein, das kann ich nicht. Die Frau ist schon vor langer Zeit weggezogen. Sie ist nur für ein paar Tage auf Besuch bei ihrer Familie. Ich muss mit ihr sprechen, solange ich die Möglichkeit dazu habe. Du hast keine Ahnung, wie schwer es war, sie ausfindig zu machen und davon zu überzeugen, sich mit mir zu treffen.«

»Ich bin mir sicher, dass du es aufschieben kannst.«

»Noch einmal: Das kann ich nicht«, entgegnete Amy. »Und das werde ich auch nicht.«

»Ich habe Jason gesagt, dass du morgen früh mit einem seiner Mitarbeiter sprechen wirst.«

»Prima. Jasons Mitarbeiter werden auch noch am Nachmittag für mich zur Verfügung stehen. Diese Frau möglicherweise nicht. Ich werde dieses Gespräch nicht verschieben.«

Amy schrie fast in das Handy hinein. Butch, der dafür bekannt war, Konflikte zu vermeiden, betrachtete sie nervös.

Schließlich begann Dansby dagegenzuhalten. »Dir ist schon klar, dass du für den Bezirksstaatsanwalt arbeitest, oder? Ich könnte dich jederzeit feuern, wenn ich wollte. Und jetzt … jetzt erteile ich dir die Anweisung, dass du morgen den Fall der Koks-Mami bearbeitest.«

»Du erteilst mir eine *Anweisung*, Aaron? Das ist lachhaft. Das ist echt lachhaft. Eine Frage: Wann hast du das letzte Mal Anklage erhoben, als es um Trunkenheit am Steuer ging?«

Am anderen Ende der Leitung blieb es still.

»Ach ja, stimmt ja! Noch nie!«, rief Amy. »Also, wie wär's? Am Donnerstag wird eine ganze Reihe davon vor dem Bezirksgericht verhandelt. Wenn ich mich recht entsinne, sind es drei oder vier Fälle. Wie wär's, wenn du mal die Anklage vertrittst, statt dass ich deinen Job mache? Ich glaube nämlich, dass mindestens zwei der Angeklagten private Anwälte haben, und du kannst sicher sein, dass sie nicht im Traum daran denken werden, sich schuldig zu bekennen, wenn sie dich sehen. Sie werden Blut lecken und jedes noch so kleine Beweisstück auseinandernehmen, das du versuchst vorzulegen. Wenn du überhaupt weißt, wie du das zu machen hast. Der Alkoholtest wird dir so schnell um die Ohren fliegen, dass dir schwindlig wird. Würde Ihnen das gefallen, Herr Bezirksstaatsanwalt?«

»Hör auf … hör auf, so –«

»Ach, noch was!«, fiel sie ihm ins Wort. »Ich habe dir noch gar nicht gesagt, was ›das Beste‹ daran ist. Ich werde es *The News Leader* stecken – nein, Entschuldigung, ich werde es *The News Leader* ›leaken‹ –, damit sie einen Reporter ins Gericht schicken. Normalerweise stellen sie diese Dinge ziemlich rasch ins Netz. Am Donnerstagnachmittag wird wohl jeder wissen, dass Aaron Dansby Betrunkene hat davonkommen lassen. Wie klingt das?«

»Das würdest du nicht wagen.«

»Doch. Würde ich. Willst du's darauf ankommen lassen?«

Amy konnte praktisch hören, wie Dansbys Hintern gegen die Wand prallte, an die sie ihn gedrängt hatte.

»Du wirst morgen früh Jason anrufen. Sollte sein Mitarbeiter dich auch nachmittags treffen können, ist mir das egal«, sagte er und versuchte, sein Gesicht zu wahren. »Aber du solltest am

Freitag besser verdammt gut vorbereitet sein! Diese Sache muss wasserdicht sein.«

»In Ordnung«, sagte sie.

Dann legte sie auf.

Butch starrte sie noch immer an.

»Ich weiß, ich weiß. Ich sollte mich wegen ihm nicht so aufregen«, sagte sie. »Aber er ist einfach ein Idiot.«

Butch leckte sich die Nase.

»Ich sollte wirklich aufhören, sein Kindermädchen zu spielen«, sagte sie.

Nur wussten beide, dass das nicht geschehen würde. Die Gesetze waren ihr heiliger als jede Art von Genugtuung, die sie möglicherweise empfinden würde, wenn sie zusähe, wie ein Blender wie Dansby auf die Nase fiel.

Butch legte den Kopf wieder auf die Couch. Er wollte lieber weiterkuscheln. Amy blickte zum Fernseher. Der Vorspann war noch immer eingefroren und forderte sie still auf, ihre weltlichen Sorgen für eine kurze Weile hinter sich zu lassen.

»Tut mir leid, mein Junge«, sagte sie. »Mir ist einfach nicht danach.«

Sie stand vom Sofa auf, woraufhin Butch seufzte, und ging in ihr Arbeitszimmer. Die Unterlagen zu diesem Fall füllten mittlerweile mehrere Schubladen eines Aktenschranks.

Begonnen hatte es mit einer beiläufigen Bemerkung eines jungen Beamten des Sheriffs, die er, wenige Monate nachdem Amy ihre Stelle in Augusta County angetreten hatte, machte. Eine junge Frau war in Weyers Cove vergewaltigt worden. Ein maskierter, messerschwingender Angreifer hatte sie attackiert. Seinen gesamten Monolog – der sehr viel »bitte«, »danke« und »es tut mir leid« beinhaltete – hatte er geflüstert.

»Hm, das ist eigenartig«, hatte der Beamte gesagt. »In Stewarts Draft hat es vor ein paar Monaten ebenfalls einen Typen gegeben, der bei einer Vergewaltigung geflüstert hat. Glauben Sie, dass es derselbe Kerl gewesen ist?«

Amy überprüfte den Fall in Stuarts Draft, doch sie konnte nicht abschließend klären, ob es eine Verbindung gab. Laut der Beschreibung war der Angreifer älter und größer gewesen.

Sie nahm den Fall trotzdem mit zu den Akten. Als ein paar Monate später wieder ein flüsternder Vergewaltiger zuschlug, begann sie sich umzuhören. Einer der älteren Beamten erzählte ihr, dass er sich an drei oder vier derartige Fälle erinnern könnte. Auf ihre Frage, warum er denn nie überprüft hätte, ob es zwischen den Fällen eine Verbindung gab, meinte er bloß: »Flüstern nicht die meisten Vergewaltiger?«

Also kniete Amy sich in die Sache hinein. Glücklicherweise war Jason Powers bereits seit sieben Jahren Sheriff, und sein Vater, Allen, hatte dieses Amt vorher vierundzwanzig Jahre lang innegehabt. Sämtliche Protokolle waren vorhanden, so wie auch die Beweise.

Amy sah sich alle ungelösten Fälle an, die sie zu sexuellen Übergriffen finden konnte, kämpfte in den vielen Stunden, die sie im Archiv verbrachte, gegen Hausstaubmilben an und entfernte zahlreiche Spinnweben. Sie arbeitete nachts, wenn ihr Mann, der in einem der vielen Restaurants von Staunton als Küchenchef arbeitete, nicht zu Hause war. Es war eine Puzzleaufgabe, doch sie förderte langsam und systematisch Beweise zu einem frei herumlaufenden Serienvergewaltiger zutage.

Der erste Fall, auf den sie stieß, stammte aus dem Jahr 1987. Doch sie verwarf ihn als Sonderfall, da er keine weiteren Verbindungen zu den aktuellen Fällen aufwies. Ein weiterer Vorfall ereignete sich 1997. Aber auch da war sie sich nicht sicher, ob er zu der Serie gehörte. Laut der Beschreibung der Zeugin hatte der Mann mit »leiser Stimme« gesprochen. Das könnte das Gleiche sein wie ein Flüstern, aber auch nicht.

In den nächsten fünf Jahren fanden keine Vergewaltigungen

statt. Doch dann schlug der Täter dreimal innerhalb eines Zeitraums von neun Monaten zu, zwischen Ende 2002 und Anfang 2003. Bis 2005 geschah dann wieder nichts. 2007 und 2008 kam es zu jeweils einem Vorfall. Als die Vorfälle sich wieder zu häufen schienen, passierte dann erneut wieder nichts bis zum Jahr 2010.

Ab da schlug er öfter zu. Zwischen den einzelnen Fällen vergingen nur Monate, keine Jahre. Amy kam insgesamt auf zwanzig Fälle in den vergangenen sieben Jahren, plus der sieben Fälle aus dem Zeitraum vor 2010, ohne den Sonderfall von 1987 miteinzurechnen. Die Vergewaltigungen entsprachen ungefähr dem gleichen Muster.

Ein maskierter, behandschuhter weißer Mann, der laut Beschreibung der Opfer Ende zwanzig bis Anfang vierzig alt und zwischen 1,75 und 1,85 m groß war – das Alter war im Laufe der Jahre nach oben geklettert, doch es variierte noch immer gewaltig –, drang in die Häuser von allein lebenden Frauen ein. Seine Überfälle fanden meist am frühen Morgen statt. Er bedrohte sie mit einem Messer oder einer Pistole, bis sie nachgaben und sich ihrer Kleider entledigten, so dass er in sie eindringen konnte. Dabei war er stets höflich und sprach in einem Tonfall mit seinen Opfern, der als raunend, murmelnd oder flüsternd bezeichnet wurde; und er setzte tatsächlich nie eine der Waffen ein.

Das machte ihn für die Profiler zu einem klassischen Fall. Der Täter war ein machtmotivierter, selbstunsicherer Vergewaltiger, auch bekannt als Gentleman-Vergewaltiger, der während seiner Tat unter dem Irrglauben litt, diese Begegnungen wären irgendwie romantisch. Das Belästigen eines Opfers war für ihn eine Art verdrehten Werbens und stellte den Beginn dessen dar, was er für eine Beziehung hielt. Wenn das Opfer sich wehrte oder eine Möglichkeit fand, diesen romantischen Zauber zu zerstören – indem sie sich übergab, auf ihn pinkelte oder schrie –, brach der machtmotivierte, selbstunsichere Vergewaltiger häufig seinen Angriff ab.

Einige von ihnen wurden tatsächlich gefasst, weil sie ihr Opfer später kontaktierten. Denn in dem bizarren Weltbild eines solchen Vergewaltigers war diese Person quasi ihre Freundin.

Dieser Kerl hier war zu raffiniert dafür.

Amy hatte bis jetzt acht Fälle aufgedeckt, in denen die DNA übereinstimmten. Der Weg bis dorthin war lang, hart und beschwerlich gewesen. Völlig anders als in den Fernsehkrimis, in denen die DNA-Ergebnisse so schnell erbracht und geliefert wurden wie ein Menü von McDonald's. Das konnte man getrost vergessen. In der wahren Welt brauchten DNA-Tests Zeit. Das staatliche Labor in Roanoke, wohin Amy das Beweismaterial gesendet hatte, schickte normalerweise seine Ergebnisse innerhalb von fünf bis sechs Monaten.

Es gab auch Fälle, in denen keine DNA vorhanden war. Der Vergewaltiger benutzte nie ein Kondom, ejakulierte aber häufig auf – und nicht in – seinen Opfern. Anschließend säuberte er alles sorgfältig und nahm oft die Bettlaken und die Kleidung mit. Mitunter hatte das Opfer dem Drang nicht widerstehen können, sich nach der Vergewaltigung zu duschen, oder die Frau hatte einen Tag oder noch länger gewartet, bis sie das Verbrechen meldete, so dass kein körperliches Beweismaterial mehr existierte.

Eine weitere, große Schwierigkeit bestand darin, dass die DNA nicht automatisch mit anderen, ungelösten Fällen verglichen wurde, wenn sie mit keiner in der Datenbank vorhandenen Person übereinstimmte, da es kein entsprechendes Suchprogramm gab. Dieser Vergleich musste manuell erfolgen, Fall für Fall. So konnte der Täter über einen derart langen Zeitraum unentdeckt bleiben.

Aufgrund der Übergriffe, die anfangs nur sporadisch stattfanden, vermutete Amy, dass der Vergewaltiger sich zuerst nur gelegentlich in Augusta County aufgehalten hatte und dann beschloss, hierherzuziehen. Vielleicht war er ein Geschäftsreisender. Oder ein Bauarbeiter. Oder ein Lkw-Fahrer.

Als Amy zum dritten Mal auf dieselbe DNA stieß, legte sie Dansby den Fall vor und schlug ihm vor, die Medien zu informieren. Wenn ein Vergewaltiger frei herumlief, hatten die Bürger von Augusta County das Recht, darüber Bescheid zu wissen. Außerdem könnte die Öffentlichkeit ihnen helfen, den Fall zu lösen – möglicherweise meldete sich jemand mit Informationen zum Angreifer oder lieferte eine bessere Beschreibung.

Dansby hörte Amy ruhig zu, bis er schließlich erkannte, dass sie weder den Täter eindeutig identifizieren konnte noch einen Verdächtigen hatte. Er bekam einen Wutanfall, der dem eines Kleinkinds ähnelte.

»*Willst* du etwa meine Karriere ruinieren?«, fragte er. »Wir können das den Medien nicht leaken, es sei denn, wir schnappen den Kerl.«

Für Dansby war dies ein Fall, der die Polizei im Allgemeinen und ihn im Besonderen in ein schlechtes Licht rückte: Da gab es einen Täter, der eine Gefahr für die öffentliche Sicherheit darstellte, und der sich darüber lustig machte, dass die Behörden nicht in der Lage waren, ihn zu fassen.

Das führte zu einem Riesenstreit und schließlich zu einem Kompromiss. Amy durfte weiterhin an dem Fall arbeiten, solange es ihre sonstigen Aufgaben nicht beeinträchtigte, sie die Sache von der Presse fernhielt und keiner der Frauen erzählte, dass sie möglicherweise Opfer eines Wiederholungstäters war. Für die Öffentlichkeit gab es keinen Serienvergewaltiger, der das Shenandoah Valley terrorisierte.

Amy hasste diesen Gedanken. Denn deshalb blieben Türen unverschlossen, Frauen setzten sich der Gefahr einer Vergewaltigung aus, ohne es zu wissen, und Beweismaterial wurde nicht gesammelt, da sie die Bevölkerung nicht um Hilfe bitten konnte. All das wegen Aaron Dansbys politischer Ambitionen.

Darüber konnte man sogar *Dancing with the Stars* vergessen, obwohl man dessen glühendster Anhänger war.

5. KAPITEL

Als ich zusammengesackt vor dem Sozialamt des Shenandoah Valley saß, bestand mein Kopf aus einem Dickicht von Gedanken, die allesamt aus meiner verkorksten Kindheit und Jugend stammten.

Ich kam im Alter von zwei Jahren zum ersten Mal mit dem ›System‹ in Berührung. Mein Vater hatte in einem seiner besoffenen Wutanfälle meinen Arm gepackt und mich durch das Zimmer geschleudert, so dass ich einen Knickbruch erlitt.

Ich kann mich an den Vorfall selbst nicht mehr erinnern. Eine Sozialarbeiterin erzählte mir Jahre später davon. Es half mir, zu verstehen, warum mir der Arm manchmal weh tat, wenn es regnete.

Meine Mutter hat mir einmal erzählt, dass mein Vater nicht immer gewalttätig gewesen sei, sondern dass das Vatersein es in ihm »hervorgebracht« hätte. Sie hatten sich in der Marine kennengelernt, als beide in Norfolk stationiert waren. Die Schilderungen ihrer ersten Begegnungen mit Oberstabsbootsmann William Theodore Curran – für seine Freunde Billy – klangen märchenhaft. Sie waren Billy und Betsy. Beide stammten aus Kleinstädten in Pennsylvania. Er war ein großer, breitschultriger Mann, romantisch und charmant.

Doch das stand im Widerspruch zu seiner unehrenhaften Entlassung aus der Marine, die ausgesprochen wurde, als er mehrere Verstöße im betrunkenen oder verkaterten Zustand beging. Meine Mutter hatte schon Schwierigkeiten, ihre Arbeit in der Navy und die Erziehung meiner Halbschwester Charlotte unter einen Hut zu bringen, die aus einer kurzen, gescheiterten Ehe mit einem anderen Matrosen stammte. Als ihr Dienst bei der Marine endete, verband Dad ihren Abschied mit einem Heiratsantrag. Sie sagte bereitwillig ja.

Das frisch verheiratete Ehepaar Curran zog in das ländlich gelegene Northumberland County in Virginia, auch bekannt als Northern Neck. Sie hatten ein kleines Haus mitten im Wald, ohne Nachbarn in der Nähe, wo sie gerne lebten.

Vielleicht mochte Dad diese Abgeschiedenheit mehr als Mom.

Er arbeitete als Fischer. Ihr Leben verlief nach einem ziemlich einfachen Muster. Mein Vater fuhr hinaus zur See und war mitunter mehrere Wochen lang weg. Dann kehrte er zurück, glücklich und die Taschen voller Geld. Eine kurze Weile war das Leben beschaulich, bis er zu trinken begann.

Sein Rausch mündete normalerweise darin, dass er sich wegen einer Kleinigkeit (oder wegen nichts) aufregte und meine Mutter verprügelte, bis sie grün und blau war.

Ich kann mich an einen Vorfall erinnern, als er sich auf sie stürzte, weil im Mülleimer Ameisen herumkrabbelten – das Ergebnis ihrer schlampigen Haushaltsführung, behauptete er – und die Weinreben am Haus hochgerankt seien während seiner Abwesenheit.

Ein anderes Mal lag es am Geld, dass er wütend wurde. Oder er glaubte, dass sie mit einem Kerl geflirtet hatte. Oder es war ein Vergehen, das nur er verstand.

Am nächsten Morgen entschuldigte er sich stets und schwor, dass er so etwas nie wieder tun würde. Dann verabschiedete er sich zur See. Wenn er zurückkehrte, wiederholte sich der Ablauf. Es war wie eine Art grausamer Gezeiten.

Dass meine Mutter – die einmal klug und hübsch gewesen war und bestimmt bessere Alternativen gehabt hätte – bei ihm blieb, beweist, wie sehr die Psyche eines Menschen durch Misshandlung verändert werden kann. Doch darüber hinaus festigte sie auch noch die Beziehung, indem sie mich zur Welt brachte.

44

Ich glaube, dass ihr da schon klar war, in welcher Lage sie steckte. Eigentlich sollte ich mit zweitem Vornamen Hope heißen, nach der Großmutter meines Vaters. Doch als meine Mutter im Krankenhaus gefragt wurde, was in die Geburtsurkunde eingetragen werden sollte, änderte sie den Namen in Anne, ohne es meinem Vater zu sagen.

Neun Jahre nach mir geschah die Überraschung/der Unfall/das Wunder. Mein Bruder, Teddy, wurde geboren.

Ich weiß nicht, warum meine Mutter glaubte, dass sich mein Vater durch eine größere Kinderschar ändern oder sogar zähmen lassen würde. Denn das war nicht der Fall. Einige meiner frühesten Erinnerungen sind die an eine ganze Auswahl von Mitarbeiterinnen des Sozialamts, die mit sorgenvoll gerunzelter Stirn versuchten, Details aus mir herauszuholen, wenn mein Vater mal wieder ausgerastet war.

Meine Kindheit wurde zu einer Drehtür von Lebenssituationen. Ich verstand nie die Logik der Sozialarbeiterinnen: Einige der Wutausbrüche meines Vaters führten dazu, dass man mich von zu Hause wegholte, während andere (die mir viel schlimmer erschienen) keine Folgen nach sich zogen.

Ich begann, mich vor den Heimen zu fürchten. Sie konnten unter einer Schar von abgehärteten Pflegekindern, die gelernt hatten, um Liebe, Essen oder die Zuwendung von Erwachsenen zu kämpfen, egal wie wenig es davon gab, brutale Überlebenstests sein.

Die Unterbringung in Pflegefamilien war eher Glückssache. Manche waren nett, so dass ich weinte, wenn ich aus ihnen wieder herausgerissen und zu meinen Eltern zurückgeschickt wurde.

Bei anderen Familien ging es harscher zu, besonders bei denen, die Pflegekinder nur aufnahmen, um den Scheck zu erhalten. Der Staat bezahlte fünfhundert Dollar für meine Unterbringung sowie für Essen und Kleidung. Es war erstaunlich, wie manche Pflegeeltern es schafften, so wenig Geld für mich auszugeben.

Eine meiner Pflegemütter hatte neben drei Pflegekindern
– zwei Jungen und mich – ein leibliches Kind. Ein Mädchen.
Dieses Mädchen hatte ihr eigenes Zimmer, während ich mir ein
Zimmer mit den beiden Jungen teilen musste. Wenn wir keine
Schule hatten, wurden die drei Pflegekinder morgens hinaus-
befördert, unter dem Hinweis, dass wir erst zum Abendessen
wieder zurückkehren könnten. Uns wurde ein kleines Lunch-
paket in die Hand gedrückt, das ich normalerweise schon vormittags aufgegessen hatte. Ich erinnere mich an lange Nachmittage
im Garten, von wo aus ich neidisch zu meiner Pflegeschwester
spähte, die im Wohnzimmer vor dem Fernseher saß und fröhlich
vor sich hin mampfte.

In einer anderen Pflegefamilie war ich eines von acht Pflegekindern, die in zwei Schlafzimmern untergebracht waren. Die
Pflegemutter genoss es, uns gegeneinander auszuspielen, und
ermunterte uns, kleinere Vergehen zu berichten, um dann den
Missetäter zu bestrafen. Einmal schnitt sie mir die Haare ab,
nachdem eines meiner Pflegegeschwister mich wegen eines
kleinen Essensvorrats angeschwärzt hatte, den ich im Schrank
aufbewahrte. Das Haar hing zottelig an mir herunter, und sie
führte mich in das Schlafzimmer der Jungen, wo ich, in meiner
Unterwäsche stehend, sagen musste, dass ich eine Duckmäuserin
und Lügnerin sei.

Nach meiner Unterbringung in Pflegefamilien folgte die
Rückkehr nach Hause. Die Aufenthalte konnten von wenigen
Monaten bis hin zu einem Jahr dauern, je nachdem, wie geschickt mein Vater die Ergebnisse seiner wütenden Hände verbergen und wie sehr er meine Mutter einschüchtern konnte, so
dass sie schwieg.

Meine Mutter liebte mich auf ihre eigene Weise. Sie nannte
mich »Mäuschen« – ein Name, bei dem ich noch immer Gän-
sehaut bekomme – und bürstete mein langes Haar sehr viel lie-
bevoller als alle Pflegemütter dieser Welt. Sie sorgte stets dafür,

dass ich Zugang zu Büchern hatte, und ich durfte so viel lesen, wie ich wollte. So konnte ich in Phantasiewelten abtauchen, die um einiges geordneter waren als mein eigenes Umfeld.

Doch das, was sie eigentlich hätte tun sollen, um mich zu beschützen, tat sie nicht. Und das war, Billy Curran für immer zu verlassen.

Das Muster – zu Hause, Pflegeunterbringung, zu Hause – setzte sich fort, bis ich neun war. Mittlerweile war meine Mutter völlig abhängig von Schmerzmitteln, die ihr immer wieder verschrieben wurden, wenn mein Vater sie grün und blau geschlagen hatte. Schließlich begann sie ein Verhältnis mit einem Arzt, der sie im Gegenzug dafür mit Präparaten versorgte, die Opioide und andere schmerzstillende Substanzen enthielten.

Sie war zugedröhnt mit Tabletten, als Teddy eines Tages neben der Route 360, der Hauptverkehrsstraße in Northumberland County, aufgefunden wurde, die er entlangkrabbelte und dabei nichts weiter trug als eine schmutzige Windel. Das Sozialamt eilte herbei, so wie immer. Doch dieses Mal ließ meine Halbschwester, Charlotte, noch eine Bombe platzen. Mein Vater missbrauchte sie sexuell, seitdem sich ihre Hüften weiblich rundeten.

Eine Sozialarbeiterin stellte meine unter starkem Medikamenteneinfluss stehende Mutter vor die Alternative: entweder ihre Sucht bekämpfen und ihren Mann verlassen oder ihre Kinder für immer verlieren.

Sie entschied sich für ihn und gab freiwillig ihre Elternrechte ab. Ihre Logik kann nur derjenige verstehen, der sich um missbrauchte und arzneimittelabhängige Menschen kümmert.

Das war vor zweiundzwanzig Jahren. Seitdem habe ich keinen Kontakt mehr zu meinen Eltern.

Als der Staat dann endgültig meine Vormundschaft übernahm, wurde mein Leben noch haltloser. Ich begriff, dass es kein »nach Hause« mehr gab, da ich kein Zuhause mehr hatte. Doch ich konnte nie erahnen, was als Nächstes kam, und es hielt auch niemand für nötig, mir zu erklären, warum es so kam.

Hatte ich etwas Schlimmes verbrochen? Waren meine Einser-Noten nicht gut genug? Würde man mich in einer netteren Pflegefamilie unterbringen, wenn ich mich braver verhielt? Auf wen sollte ich die größte Wut haben? Auf meine aktuellen Pflegeeltern? Auf meine aktuelle Sozialarbeiterin? Auf mich selbst?

Im College kam ich dann zu dem Schluss, dass die Zeit der Schuldzuweisungen und des Überanalysierens vorbei war. Dass ich genug davon hatte, zu versuchen, die Wahrheit herauszufinden, um mich damit auszusöhnen. Ja, meine Kindheit war davon bestimmt gewesen, dass ich ein Pflegekind war. Doch es würde nur dann mein Erwachsenenleben weiterbestimmen, wenn ich es zuließe.

Ich hatte überlebt. Das war es, was zählte. Und ich musste nie wieder zurückkehren.

Die Tatsache, dass Alex jetzt mit dieser Welt in Kontakt kam, war eine Grausamkeit der gemeinen Art. So wie ein Nachbeben nach einem Erdbeben, das eigentlich schon zu lange vorbei ist, um den Boden noch erschüttern zu können.

Und doch hockte ich hier vor dem Sozialamt und zitterte angesichts dieses neuen Bebens.

Schließlich stand ich auf und wankte zu meinem Wagen. Ben würde bald von der Arbeit zurückkehren, und ich wollte bei seiner Ankunft zu Hause sein.

Unser Haus ist eine nach dem Krieg erbaute ansehnliche Ranch mit drei Schlafzimmern. Sie liegt auf der Desper Hollow Road, die ihren schaurigen Namen vor mehreren Jahrzehnten erhalten hat. Der Name geht auf die Familie Desper zurück, von der einige noch immer in der Gegend leben. Die Straße liegt an der Stadtgrenze zu Staunton, auf der anderen Seite der Bahngleise: Wenn man von der Route 250 abbiegt, fährt man unter einer Eisenbahnbrücke hindurch.

Wir haben das Haus gekauft, als wir erfuhren, dass ich schwanger war. Ich erklärte Ben, dass ich mit dem Kind nicht mehr in der Erdgeschosswohnung leben könnte, die ich bis dahin bewohnte. Nicht nach dem, was geschehen war.

Ich wollte ein richtiges Haus. Eins mit vier Wänden, einem weißen Lattenzaun und hübschen Blumenkästen vor den Fenstern. Die Schwangerschaftshormone mussten in mir den Drang des Nestbaus ausgelöst haben.

Ben, dessen Dissertation in Geschichte kurz vor dem Abschluss stand, gab den Schuldenberg von seinem Studentenkredit zu bedenken, der auf uns zurollen würde, sobald sein Doktorandenprogramm beendet war. Außerdem wies er darauf hin, dass er nicht wüsste, wohin es ihn jobtechnisch verschlagen würde. Zwar hatte es Andeutungen gegeben, dass eventuell/möglicherweise eine Stelle an der James Madison University frei werden würde, weil vielleicht ein Mitarbeiter der Geschichtsfakultät genau zu dem Zeitpunkt in Rente gehen könnte, wenn er sein Rigorosum ablegte. Doch das war keine sichere Sache. Wir müssten gewappnet sein, überall hinzuziehen.

Ben gab dann aber doch nach. Wir leisteten die Anzahlung mit unserem Notgroschen – und hofften danach inständig, dass wir nie in Not geraten würden.

Letztes Jahr im Oktober war der Hauskauf dann abgeschlossen. Ich war im siebten Monat schwanger. Die nächsten beiden Monate renovierten wir das Haus, soweit wir es konnten, ehe Alex dann zur Welt kam. Wir liehen uns einen Hochdruckreiniger, um die Fassade vom Schmutz zu befreien. Mein Freund, Marcus, kam vorbei, mit einer Heckenschere bewaffnet, und schnitt die zugewachsenen Sträucher zurück, so dass durch die Fenster wieder Licht dringen konnte. Seine Frau, Kelly, half uns beim Streichen.

Dann überraschte mich Ben mit einem Geschenk zur Hauseinweihung: Es war ein wunderschöner, brandneuer, weißer Lattenzaun. Er zierte sich allerdings, mir zu verraten, woher er das Geld hatte, und witzelte, dass er eine Niere verkauft hätte.

Wir hängten auch ein paar Blumenkästen vor die Fenster. Eigentlich war es zu spät, um sie zu bepflanzen, doch Ben erstand ein paar Tulpenzwiebeln im Schlussverkauf, die wir gemeinsam in die Erde steckten.

Angesichts meiner Vergangenheit, die von Unbeständigkeit und Unstetigkeit gekennzeichnet war, erfasste mich wunderbarer Optimismus, dass ich diese Tulpenzwiebeln einpflanzen konnte, deren Triebe sich erst in vielen Monaten zeigen würden. Die Ranch war der erste Ort, den ich mir nach einunddreißig Jahren, die ich fast ständig umhergezogen war, als etwas Dauerhaftes vorstellen konnte. Und der Gedanke, dass unser Kind geboren sein würde, wenn diese Blumen blühten, war sowohl verwirrend als auch überwältigend.

Die grünen Sprösslinge waren vor kurzem aus der Erde geschossen. Unsere neue Rolle als Eltern – mit schlaflosen Nächten, äußerst früh beginnenden Tagen und einem Kind, das seine Bedürfnisse lauthals verkündete – hatte uns fest im Griff, und so waren diese Sprösslinge eine nette Erinnerung an die Begeisterung, die wir damals empfunden hatten.

Als ich in die Desper Hollow Road einbog und unter den Gleisen hindurchfuhr, versuchte ich mich zu beruhigen. Ich sagte mir, dass sich eigentlich nichts geändert hätte. Ich würde noch immer zusammen mit Alex diese Blumen betrachten und beobachten, wie ein winziges Wunder ein anderes winziges Wunder entdeckte. Diese Sache würde gut ausgehen.

Dann erreichte ich den Briefkasten am Ende unserer Einfahrt und bog ab, um zum Haus zu fahren. Das war der Augenblick, in dem ich das Absperrband der Polizei vor unserer Haustür bemerkte.

6. KAPITEL

Nachdem ich aus meinem Wagen gestiegen war, erkannte ich, dass es nicht nur das gelbe Band war, das den Frieden und die Ruhe unseres Heims störte.

Die Blumenkästen waren entfernt und geleert worden, die Erde in einem Haufen daneben geschüttet. Die Tulpenzwiebeln lagen wahllos auf dem Boden herum. Einige der Stängel waren durch die grobe Handhabung verbogen oder abgeknickt.

Meine Hand schnellte zum Mund. Ich spürte, wie es mir die Kehle zuschnürte.

War das da das Werk der Polizei? Das musste es wohl sein. Aber ... warum?

Und hatte das etwas mit Alex zu tun?

Man hat mir alles über Sie erzählt. Ich hoffe, dass man das Kind so weit wie möglich von Ihnen wegbringt.

Nach ein paar zögerlichen Schritten blieb ich stehen. Ich fürchtete mich fast davor, mein eigenes Haus zu betreten. Wenn die Polizei so mit den Blumenkästen umgegangen war, wie würde es dann drinnen aussehen? Ich stand da, gelähmt vor Unsicherheit und Angst.

Meine Aufmerksamkeit wurde schon bald vom Strahl einer Taschenlampe abgelenkt, der sich tänzelnd den Hügel hinabbewegte. Ich spürte, wie ich mich versteifte. Mir war aus vielerlei Gründen unbehaglich zumute, wenn sich mir Fremde in der Dunkelheit näherten. Oder zu jeder anderen Tageszeit.

Ich entspannte mich – etwas –, als eine vertraute Stimme zu mir sprach. »Hallo. Hab' dich die Einfahrt hochfahren sehen.«

Es war mein Nachbar, Bobby Ray Walters, ein Hüne von Gestalt, dessen beträchtliches Körperfett einige erstaunlich feste Bestandteile aufwies. Bobby Ray war einer der letzten verbliebenen Nachkommen der Familie Desper. Er fand es überhaupt nicht verwerflich, dass vor seinem Wohnwagen die Konföderierten-Flagge wehte, stürzte sich auf jede im Internet kursierende Verschwörungstheorie und lebte in dieser wunderlichen, alternativen Realität, in der der Staat stets davorstand, ihm seine Waffen zu entziehen.

Er ließ häufig in einem beiläufigen Gespräch fallen, dass er einen großen Vorrat an Munition besäße; und falls dieser Hinweis nicht genügte, gab es noch ein handgeschriebenes Schild, das seinen Standpunkt verdeutlichte – WARNUNG: BEFÜRWORTER DES ZWEITEN ZUSATZARTIKELS DER VERFASSUNG. Sein Grundstück war ebenfalls durch eine Reihe von Kameras gesichert. Ein weiteres handgeschriebenes, leicht fehlerhaftes Schild machte darauf aufmerksam: LECHELN SIE! SIE WERDEN GEFILMT!

Abgesehen von unseren unterschiedlichen politischen Einstellungen zählte er zu jener Sorte Männer, die nie mit einem Fremden Bekanntschaft schlossen. Wenn ich bei ihm vorbeifuhr und er auf einem seiner ramponierten Sofas saß, die ihm als Gartenmöbel dienten, winkte er mir normalerweise mit der Hand zu, in der er gerade kein Bier hielt. Nachdem wir eingezogen waren, mähte er sogar unseren Rasen, als er bemerkte, dass wir noch keinen eigenen Rasenmäher besäßen.

Ein- oder zweimal machte er eine Äußerung, woraus ich vermutete, dass er im Gefängnis gesessen hatte. Ich hakte nicht weiter nach. Jetzt trat ich ein oder zwei Schritte zurück, da ich das Gefühl hatte, er würde mir zu sehr auf die Pelle rücken.

»Der Sheriff is' hier gewesen«, sagte er für den Fall, dass ich das noch nicht geschnallt hatte. »Hab' sie aufkreuzen sehen, fünf oder sechs Mann. Das war so gegen drei. Sie sind sofort reinmarschiert, als würd' ihnen das Haus gehören. Haben nich' mal geklopft oder so. Zwei von ihnen haben deine Blumen aus den Kästen gezerrt, als würden sie nach was suchen. Als sie dann begonnen haben, die Erde durch die Gegend zu werfen, bin ich rübergegangen und hab' gesagt: ›He, so müssen Sie nich' mit den Blumen umgehen!‹ Daraufhin meinten sie, dass ich mich um meinen eigenen Kram kümmern soll, und haben einfach weitergemacht, die Mistkerle.«

Er sprach in einer Weise zu mir, als wären wir eine verschworene Gemeinschaft, was er bisher noch nie getan hatte. Ich konnte den Grund erahnen. Auf Menschen, die keinen blassen Schimmer hatten, wie ich aufgewachsen war, wirkte ich privilegiert. Sie nahmen meinen Yankee-Akzent, meine Ausdrucksweise und meine Vorstellungen wahr – die allesamt aus Büchern stammten, die ich kostenlos in der Bücherei ausgeliehen hatte – und vermuteten, dass sie das Ergebnis einer teuren Erziehung meiner Eltern waren, die mich auf private Schulen oder im Sommer nach Europa geschickt hatten. Sie betrachteten nicht sorgfältig genug meine Zähne, um zu erkennen, dass ich nie eine Zahnspange getragen hatte.

Auf jeden Fall hatten sie mich nicht nach Abschluss meines Studiums gesehen. Arbeitslos – aber ohne Eltern, wohin ich hätte zurückziehen können, so wie es die meisten meiner Kommilitonen getan hatten – und drei Monate mit der Miete im Rückstand, verkündete mir mein Vermieter, dass er mich aus der Wohnung werfen würde, es sei denn, ich würde ihm einen blasen. Dann schlug er mir noch vor, dass ich für ihn als Nutte arbeiten könnte, und meinte, dass vielleicht ein netter Verdienst auf mich warten würde, wenn ich mir die Haare dunkel färben und den Busen von Körbchengröße B auf D vergrößern ließe.

So kam es, dass ich am Schluss in meinem Auto lebte. Als ich dann diesen Job bei Starbucks an Land zog, war ich einfach nur dankbar und froh, dass meine Kollegen nicht bemerkten, wenn ich das übrig gebliebene Essen von den Tabletts der Kunden einsammelte und es mir heimlich in die Taschen stopfte, bis schließlich der erste Gehaltsscheck eintraf.

Da ich inzwischen wieder auf die Füße gekommen war, glaubte ich, diese Narben gut verstecken zu können. Dass der Sheriff und seine Männer meine Sachen durchwühlt hatten, so wie sie es bei all den anderen Menschen aus der armen, weißen Unterschicht taten, war für Bobby wohl mein Initiationsritus.

»Als sie fertig waren, sind sie zu mir rübergekommen. Ich hab' ihnen gesagt, dass sie von meinem Grundstück abhauen sollen«, fuhr er fort. »Sie wollten von mir wissen, ob bei dir Leute ein und aus gegangen sind. Also, im Zusammenhang mit Drogen. Ob du so was verkauft hast.«

»Drogen?«, stieß ich hervor.

»Genau das habe ich auch gesagt«, beharrte Bobby Ray. »Ich hab' denen geantwortet: ›Nee, nee. Da liegen Sie völlig falsch. So is' das nich'. Ihr Mann is' Professor an der Uni oder so Ähnliches. Die sind was Besseres.‹ Aber sie haben mich nur schief angesehen, als würd' ich was verbergen. Als würd' ich mit drinstecken oder so. Du weißt ja, wie die einen ansehen. Als hätten sie bereits entschieden, dass du 'n Stück Dreck bist.«

Er holte tief Luft, hielt dann den Atem an und unterdrückte einen Rülpser.

»Ja, ich weiß«, erwiderte ich.

Er betrachtete mich erneut mit Mitgefühl. »Reg dich nich' zu sehr auf! Der Sheriff muss tun, was er tun muss. Solang' sie nix finden, musst du dir keine Sorgen machen.«

Dann deutete er mit seinem Kopf zu den Blumenzwiebeln. »Außer dir vielleicht 'n paar neue Blumen kaufen.«

»Ja«, sagte ich, und meine Hand schnellte noch einmal zum Mund.

Bobby Ray zitterte etwas und steckte die Hände in die Taschen.

»Okay. Wenn du was brauchst, schrei einfach rüber!«, sagte er.

»Danke, Bobby Ray.«

Er machte sich auf den Weg zurück zu seinem Wohnwagen und leuchtete mit der Taschenlampe den Hügel hinauf.

Ich drehte mich wieder um und sah zu meinem Haus.

Solang' sie nix finden, musst du dir keine Sorgen machen.

Ich holte tief Luft. In meinem Haus befanden sich meines Wissens keine Drogen. Ich würde Derartiges nie in die Nähe meines Kindes kommen lassen.

Ich war mir nicht sicher, ob ich das Gleiche von seinem Onkel Teddy behaupten konnte.

Der Name des Jungen, der als William Theodore Curran Jr. geboren worden war, stammte von meinem Vater. Ich kann nur vermuten, dass er die Vorliebe für Betäubungsmittel von meiner Mutter geerbt hatte.

Teddy war noch ein Baby, als man uns endgültig aus dem Haus unserer Eltern holte. Unsere Sozialarbeiterin war eine scharfsinnige Person, die sofort begriff, dass ich eigentlich die Mutterrolle für Teddy übernommen hatte. Ich wechselte seine Windeln, fütterte und badete ihn. Wenn wir zusammenbleiben würden, würde ich diese Rolle weiterhin übernehmen – und mich so meiner Kindheit und Teddy einer geeigneteren Mutter berauben.

Also teilte sie uns auf. Sie musste ihn mir förmlich aus den Armen reißen.

Sie versprach, dass er in meiner Nähe bleiben würde und dass ich ihn besuchen könnte, wann immer ich wollte. Doch das war eine Lüge. Während ich in einer Pflegefamilie dahinvegetierte, wurde Teddy sehr bald von einem ortsansässigen Paar adoptiert.

Dann zogen seine neuen Eltern nach Staunton. Teddy zu verlieren war für mich sehr viel niederschmetternder, als die Tatsache, dass meine Eltern ihre Rechte abgetreten hatten.

Zu dem Zeitpunkt war Charlotte bereits verschwunden. Sie

war aus einem Heim weggelaufen. Teddy war meine ganze Familie.

Unter dem Vorwand, dass ich ihm schreiben wollte, leierte ich meiner Sozialarbeiterin seine neue Adresse aus dem Kreuz. Dann lief ich von meiner Pflegefamilie davon und fuhr mit dem Bus nach Staunton. Nach dem dritten Mal schlug mir meine Sozialarbeiterin einen Deal vor: Wenn sie eine Pflegefamilie für mich in Staunton finden würde, würde ich mich benehmen. So kam es, dass ich im Shenandoah Valley landete.

Für mich war Teddy der reinste Sonnenschein, ein kreativer, energiegeladener kleiner Junge. Für alle anderen, einschließlich seiner Adoptivmutter, war er ein Problemkind. Er litt offensichtlich unter einer Lese-Rechtschreib-Schwäche (wenngleich seine Mutter sich weigerte, ihn darauf testen zu lassen) und schlug von Beginn an in der Schule über die Stränge. Er war ein Störenfried. Seine Zerstörungswut ging schon bald einher mit dem Konsum von Zigaretten. Marihuana ließ nicht lange auf sich warten, und schließlich kamen härtere Drogen hinzu, was zu Bagatelldiebstählen führte, um seine wachsende Sucht befriedigen zu können.

Ich blieb die ganze Zeit mit ihm in Kontakt, doch ich konnte mich nicht so um ihn kümmern, wie ich es hätte tun müssen. Aber wenn man selbst pleite ist und am Hungertuch nagt, sind die Mittel äußerst begrenzt, um anderen zu helfen.

Er begann mit einem Mädchen namens Wendy Mataya herumzuziehen, die genauso schön wie gefährlich war. Sie gaben ein hübsches Paar ab – Teddy war breitschultrig und gutaussehend, so wie mein Vater –, und sie verbrachten ihre Zeit an der Highschool damit, sich Stoff zu beschaffen, zu feiern und ihr Vorstrafenregister anzuhäufen.

Als Teddy achtzehn wurde, sprach ich mit ihm auf meine Weise ein ernstes Wort und überzeugte ihn, dass die Folgen ab jetzt sehr viel schwerwiegender sein würden, wenn er mit dem

Stehlen und Dealen nicht aufhörte. Anschließend überzeugte ich seine Eltern – die zu dem Zeitpunkt nichts mehr mit ihm zu tun haben wollten –, seine Ausbildung zum Versorgungstechniker an einer berufsbildenden Schule zu finanzieren.

Eins muss man Teddy zugutehalten, er legte sich ins Zeug und schaffte seinen Abschluss. Dann fand er eine Stelle und zog in ein großes Haus, eine WG mit drei anderen Jungen. Einer davon arbeitete beim Sheriff, keiner kannte ihn aus seiner Drogenzeit. Ich war begeistert.

Als Alex geboren wurde, verkündete Teddy, dass er ein hingebungsvoller Onkel sein wollte. Doch nach ein paar Besuchen ließ seine Begeisterung nach. In letzter Zeit hatte ich ihn nicht mehr häufig gesehen. Mein Freund, Marcus, hatte mehr Interesse an meinem Sohn gezeigt als Teddy. Ich dachte, dass Teddy vielleicht beschäftigt war.

Jetzt fragte ich mich, was er in der Zwischenzeit getrieben hatte, während ich das Absperrband der Polizei entfernte. Teddy besaß einen Schlüssel zu meinem Haus. Er wusste, dass er in seiner WG keine Drogen verstecken konnte, nicht mit einem Zimmernachbarn, der beim Sheriff arbeitete. Hatte er das Zeug vielleicht bei mir deponiert?

Ich betrat das Haus. Mir bot sich ein Bild der Verwüstung. Mein bis dahin aufgeräumtes Heim war völlig durchwühlt worden. Die Männer des Sheriffs hatten die Möbel im Wohnzimmer entweder umgestoßen oder an einen anderen Platz gerückt. Bilderrahmen waren von den Wänden entfernt worden. Der Fernseher lag mit dem Gesicht nach unten auf dem Boden. Bens Jazzplatten – eine Sammlung heimlicher Perlen, die er auf Flohmärkten oder Secondhandläden gefunden und für fünfzig Cent oder einen Dollar erstanden hatte, obwohl sie sehr viel mehr wert waren – waren von ihrem Ehrenplatz im Regal heruntergezerrt worden und lagen jetzt in losen Stapeln auf dem TV- und Hi-Fi-Schrank. Meine Bücher, meine geliebten Bücher, waren wahllos aus den Regalen gezogen und auf den Boden geschleudert worden.

In der Küche waren sämtliche Schubladen herausgerissen und geleert worden, ihr Inhalt lag verstreut herum. Teller, Schüsseln und Gläser waren aus den Schränken entfernt und auf den Tisch verfrachtet worden. Töpfe und Pfannen lagen wahllos auf dem Boden.

In unserem Schlafzimmer lehnten die Matratzen und der Bettrahmen an der Wand. Die Schubladen meiner Kommode waren herausgezogen und dort liegen gelassen worden, wo man sie hingeworfen hatte. Der größte Teil meiner Kleider war auf einen Haufen in die Ecke geschleudert worden, außer meinen BHs und Unterhosen. Sie befanden sich in der Mitte des Raums. Anscheinend wollte mich jemand wissen lassen, dass man ihnen besondere Aufmerksamkeit geschenkt hatte.

Das liebevolle Heiligtum, das wir uns mit so viel Mühe geschaffen hatten, war geschändet worden. Doch das war nicht das Einzige. Hinzu kam die Zerstörung der Mythen, die ich mir aufgebaut hatte: dass ich hier sicher war, dass dieser Ort anders war, dass mir nichts Schlimmes widerfahren könnte, solange ich innerhalb dieser vier Wände war.

Sie hatten nichts kaputt gemacht, zumindest nicht, soweit ich das erkennen konnte. Aber sie hatten sich sehr viel Mühe gegeben, einen größtmöglichen Scherbenhaufen zu hinterlassen. Sie hatten alles, was keinen ausdrücklichen Wert besaß, herumgeschleudert oder darauf herumgetrampelt.

Das können wir mit Ihnen machen, schienen sie zu sagen. *Und Sie können nichts dagegen unternehmen.*

Ich beendete meinen Rundgang im Kinderzimmer, das von der Wut der Obrigkeit nicht verschont geblieben war. Alex' Kinderbett war umgekippt worden, und der Inhalt seines Wickeltischs verteilte sich auf dem Boden. Seine Strampler waren auseinandergefaltet und zusammen mit den Windeln, der Salbe, den Feuchttüchern und all den anderen, einmal ordentlich aufgereihten Babyutensilien auf einen Haufen geworfen worden.

Die Abdeckung der Klimaanlage war entfernt und neben den Schrank gestellt worden, so dass in der Decke jetzt ein Loch klaffte und der Schacht offen war.

Ich erspähte den Plüschbären in der Ecke, den Marcus und Kelly Alex geschenkt hatten – ein kleiner Kerl, der laut seinem Etikett Mr. Snuggs hieß. Der arme Mr Snuggs war von seinem angestammten Platz im Regal heruntergestoßen worden. Ich hob ihn auf und legte ihn auf den Wickeltisch.

Es war unmöglich, in dieser Verwüstung zu erkennen, ob oder wo die Männer des Sheriffs irgendwelche Drogen gefunden hatten. Doch sie mussten etwas gefunden haben, denn deshalb hatte das Sozialamt ja Alex geholt.

Ich ließ mich in den Schaukelstuhl fallen, in dem ich Alex häufig stillte. Genau in dem Augenblick begann aus meinen Brüsten Milch zu tropfen, es war wie ein Pawlow'scher Reflex. Normalerweise hätte ich meinen Sohn schon vor Stunden gestillt. Meine Brüste waren deshalb steinhart und derart geschwollen, dass ich das Gefühl hatte, sie würden gleich platzen. Ich musste etwas tun, um den Druck abzubauen. Meine elektrische Milchpumpe, die mir meine fabelhafte Krankenversicherung zur Verfügung gestellt hatte, lag im Büro. Genauso wie die Handpumpe, die mir als Reserve diente. Ich brauchte diese Dinge hier nicht. Hier hatte ich Alex.

Mir blieb nichts anderes übrig. Ich taumelte ins Bad und knöpfte die Bluse auf. Dann klappte ich das mittlerweile feuchte Körbchen meines Still-BHs herunter.

Anschließend beugte ich mich über das Waschbecken, ohne in den Spiegel zu sehen – ich wollte nicht wissen, wie ich in dem Moment aussah –, und begann meine Brüste zu massieren.

Die Milch spritzte sofort heraus, zuerst dickflüssig, dann, nach einer Weile, dünner.

Während der ganzen Zeit sah ich zu, wie die kostbare Flüssigkeit, die eigentlich mein Kind hätte bekommen sollen, im Abfluss verschwand.

7. KAPITEL

Nach einem Kaffee, einer Dusche, einem Omelett und einer kurzen Lektüre der *Washington Post* auf ihrem iPad, kam Amy Kaye zu dem Schluss, dass sie genug herumgetrödelt hatte.

Sie hatte sich Dansby gegenüber zwar behauptet, doch musste sie sich mit dem Fall der Koks-Mami vertraut machen, um die Anklageschrift für die Grand Jury zu verfassen. Ihr Gespräch mit Daphne Hasper fand erst um 10.00 Uhr statt, also in zwei Stunden. In der Zwischenzeit konnte sie das Telefonat mit Sheriff Jason Powers schon mal erledigen.

Powers war ein echtes Landei. Er mochte Kautabak, Reba McEntire, Jagen und Fischen. Allen Klischees zum Trotz schien er dennoch kein Problem damit zu haben, dass Amy aus dem Norden kam beziehungsweise eine Frau war. Amy arbeitete gerne mit ihm zusammen und hielt ihn für kompetent.

Sheriff Powers, der seinen Job bestens ausfüllte, arbeitete nach keinem festen Plan. Er konnte im Büro sein oder auf den Fairways des örtlichen Golfclubs patrouillieren. Er war als Nachteule bekannt und schien Gefallen daran zu finden, seine Runden nach Mitternacht zu drehen. Die Streifenpolizisten wussten daher, dass es klüger war, nicht zu viel Zeit an der Tankstelle zu verbringen. Der Chef konnte nämlich unangemeldet in seinem privaten Fahrzeug aufkreuzen und sie so beim Faulenzen erwischen. Amy erhielt mitunter E-Mails von Powers, die er um fünf Uhr morgens oder um zehn Uhr abends losgeschickt hatte.

Da sie sich nicht sicher war, wann er eigentlich schlief, rief sie ihn einfach immer dann an, wenn sie ihn brauchte. Entweder bekam sie ihn an die Strippe oder eben nicht.

Dieses Mal bekam sie ihn gleich dran.

»Hallo«, sagte er.

»Hallo, Jason. Ich bin's, Amy Kaye.«

»Was gibt's?«, fragte er, locker wie immer. Im Gegensatz zu Dansby, der ständig um seine Wiederwahl besorgt war, hatte Powers sich mittlerweile schon zum zweiten Mal den Wählern gestellt – sein Vater zuvor sechsmal. Keiner der beiden hatte die Wahlen je verloren.

»Ich wollte mich nach dieser Razzia auf der Desper Hollow Road erkundigen.«

»Ach, jetzt wo der gediegene Mr Dansby sein Gesicht in die Kameras gehalten hat, kann wohl die richtige Arbeit beginnen?«

»So ungefähr.«

»Was musst du wissen?«

»Wie kam es zu dem hinreichenden Verdacht?«

»Ein Informant hat uns einen Tipp gegeben.«

Die Standardwaffe im Krieg gegen die Drogen.

»Hat er in deinem Auftrag Drogen gekauft?«

»Ja.«

»Hast du ihn bezahlt?«

»Ja. Hundert Dollar.«

Diese Tatsache war eigentlich belanglos, doch musste sie offengelegt werden. Die Verteidigung versuchte normalerweise, ein großes Thema daraus zu machen und es so darzustellen, als würde die Staatsanwaltschaft sich ihre Informationen kaufen. Das Argument zog üblicherweise nicht. Den Geschworenen war es egal.

»Hast du schon vorher mit ihm gearbeitet?«

»Ja. Mehrfach.«

Eine gute Nachricht. Das Gesetz unterschied nämlich zwischen neuen Informanten und solchen, die die Polizei schon vorher mit Informationen versorgt hatten.

Altgediente Informanten galten als »verlässlich« und mussten in einem Durchsuchungsbefehl nicht genannt werden. Ein möglicher Angriffspunkt weniger für die Verteidiger, die in einem Fall wie diesem am liebsten versuchten, die Rechtmäßigkeit des Durchsuchungsbefehls zu bezweifeln.

»Wer hat den Durchsuchungsbefehl ausgeführt?«, fragte Amy.

»Kempe.«

Eine weitere sichere Bank. Lieutenant Peter »Skip« Kempe war einer der zuverlässigsten Kriminalbeamten im Büro des Sheriffs von Augusta County. Er strahlte Autorität aus, ohne dabei anmaßend zu sein, und präsentierte Informationen schnörkellos, dass sie wie Fakten herüberkamen, an denen nicht mehr zu rütteln war. Amy hatte ihn im Fall von Mookie Myers in den Zeugenstand gerufen und war sich ziemlich sicher, dass ihn mindestens vier Geschworene nach seiner Aussage zum Abendessen hätten einladen wollen.

»Ist die Durchsuchung sauber verlaufen?«

»Ja, es gab keine Probleme, soweit ich weiß.«

»Aaron hat mir erzählt, dass ein halbes Kilo Koks gefunden wurde. Ist das …?«

»Die leicht verfälschte Wahrheit des gediegenen Mr Dansby?«, sagte Powers lachend. »Nein, aber das stimmt. Vierhundertsiebenundachtzig Gramm. Fast so viel wie bei Mookie Myers. Die Ware besitzt auch den gleichen Stempel wie die von Myers.«

Um deutlich zu machen, dass nicht nur die Werbefachleute auf der Madison Avenue begriffen hatten, wie wichtig Produktdifferenzierung war, sondern auch die Drogendealer, besaßen illegale Drogen im heutigen Amerika einen Stempel. So sollte die hochwertigere Qualität bestimmter Sorten erkennbar sein. Ein Merkmal, das für den anspruchsvollen Junkie eine Rolle spielte.

»Dragon King, stimmt's?«

»Ja.«

»Du glaubst also, dass diese Dame Myers' Geschäft übernommen hat?«

»Sieht so aus. Wir haben Waagen, Tüten und all das notwendige Zeug gefunden, aber auch eine Liste mit Namen von Kunden und Telefonnummern. Viele davon sind die gleichen Leute, die auch bei Mookie gekauft haben. Darunter sind auch einige unserer Lieblinge.«

»Aber, wie kommt es, dass eine weiße Frau mit einem Kind jemanden wie Mookie Myers kennt?«

»Keine Ahnung. Vielleicht war sie eine Kundin? Ist aber doch eigentlich egal, oder?«

Die Betäubungsmittelgesetze von Virginia waren im Hinblick auf den Besitz von Drogen zum Zweck des Verkaufs so formuliert, dass der Staat dem Dealer den eigentlichen Verkauf nicht nachweisen musste. Das Gesetz ging davon aus, dass, wenn eine Person eine ausreichende Menge an Drogen besaß, sie vorhatte, die Drogen auch zu verkaufen.

»Nein, ich denke nicht«, antwortete Amy. »Wo habt ihr das Zeug überhaupt gefunden?«

»Im Kinderzimmer. Es war im Schacht der Klimaanlage versteckt.«

»Im *Kinderzimmer*?«

»Ja. Diese Dame ist wohl davon ausgegangen, dass wir da zuletzt nachsehen würden. Das Zubehör war in einem Schrank. Ach ja, das wird dir gefallen: In derselben Schachtel, in der sie das Zubehör aufbewahrt hat, haben wir ihr Handy gefunden mit Fotos von ihr und ihrem Kind.«

»Oh, perfekt«, sagte Amy.

Der bloße Fund von Drogen im Haus eines Angeklagten genügte mitunter nicht, dass der Besitz damit eindeutig geklärt war. Man musste beweisen, dass die Person von diesen Drogen gewusst und dass sie laut Gesetz die »Verfügungsgewalt« darüber gehabt hatte. Die passenden Drogenutensilien und das Handy der Angeklagten – nicht bloß ein Wegwerfhandy – lieferten wunderbare Beweise. In der heutigen Welt gab es kaum etwas Persönlicheres als ein Handy.

»In Ordnung«, sagte Amy. »Gibt's sonst noch etwas, das ich wissen muss?«

»Da fällt mir spontan nichts ein. Der Fall dürfte ziemlich klar sein. Soll Skip dich anrufen?«

»Ja. Ich bin nachher in einer Besprechung, aber es wäre großartig, wenn er sich heute Nachmittag meldete. Wird er am Freitag für die Grand Jury zur Verfügung stehen? Dansby will direkte Anklage erheben.«

»Wird er. Das mache ich möglich.«

»Danke«, sagte Amy. »Ach so, wie heißt die Angeklagte eigentlich?«

»Melanie Barrick.«

Amy fiel fast der Hörer aus der Hand.

»Wie bitte?«, entfuhr es ihr.

»Melanie, übliche Schreibweise. Barrick. B-A-R-R-I-C-K.«

Amy brachte keinen Ton heraus. Und ihr Gesprächspartner am anderen Ende der Leitung konnte nicht ahnen, wie sprachlos sie war.

»Sonst noch was?«, fragte er. »Ich stehe hier nämlich gerade auf dem Golfplatz und will abschlagen.«

»Nein, nichts mehr, danke«, presste sie heraus.

»Okay. Bis dann.«

Amy legte auf und starrte auf ihren Küchentisch. Sie kannte Melanie Barrick nicht privat.

Doch sie kannte sie beruflich.

Melanie Barrick war eines der letzten Opfer des flüsternden Vergewaltigers.

8. KAPITEL

Der Abend war wie eine Art Rückblende oder posttraumatische Stressreaktion.

Ich verbrachte ihn mit dem Gefühl, vergewaltigt worden zu sein in meinem verwüsteten Haus, was in mir Erinnerungen an einen Tag, einen Ort und einen Vorfall von vor fast einem Jahr hervorrief, worum ich ganz bestimmt nicht gebeten hatte.

Der Tag war der 8. März.

Der Ort war jene schreckliche Erdgeschosswohnung.

Der Vorfall begann mit einer behandschuhten Hand, die mir den Mund zuhielt und mich aus einem tiefen Schlaf aufschreckte.

»Nicht schreien, bitte!«, flüsterte mir ein Mann im nächsten Augenblick zu. Seine Worte klangen weit weg, aber auch furchterregend. »Ich möchte Ihnen nicht weh tun müssen.«

Ich konnte durch das spärliche Licht, das von der Straßenlampe durch die Ritzen meiner Jalousien drang, einen Mann mit einer Skimaske erkennen. Er beugte sich über mich, die Augenschlitze in der Maske verrieten, dass er weiß war. Der Rest von ihm – Arme, Hände, Beine, Hals – war verhüllt.

Mein erster Gedanke war, ihm in die Hand zu beißen, auch wenn meine Zähne nur den Stoff des Handschuhs zu fassen bekämen. Dann würde ich ihm einen Tritt verpassen, dann meine Finger in seine Augen stechen, dann …

Aber in diesem Moment hielt er mir eine Machete vors Gesicht. Die Klinge war breit und mindestens fünfundvierzig Zentimeter lang. Der Stahl schien in dem spärlichen Licht dunkel, fast schwarz. Nur die scharfe, grausame Schneide, die mir entgegenschimmerte, glänzte silbrig.

»Ich werde nur davon Gebrauch machen, wenn ich muss«, flüsterte er. »Verstehen Sie?«

Ich nickte.

»Werde ich Ihnen weh tun müssen?«

Ich schüttelte den Kopf.

»Ich werde jetzt meine Hand von Ihrem Mund entfernen. Bleiben Sie bitte still, ja?«

Er zog seine Hand weg. »Werden Sie brav sein? Sie können antworten.«

»Ja«, erwiderte ich widerstandslos.

»Danke. Könnten Sie jetzt bitte Ihr Oberteil ausziehen?«

Ich gehorchte und griff auf eine Überlebensstrategie zurück, die ich mir in meiner Kindheit angeeignet hatte. Sie bestand daraus, dass ich so tat, als könnte ich einen Teil meines Ichs – den wichtigsten Teil – in meinem Herzen einschließen und ihn so vor dem Rest der Welt schützen. Es war ein Trick, den ich meinen Pflegegeschwistern ab und zu weitergegeben habe. Der Trick funktionierte auch jetzt, mit diesem abscheulichen, flüsternden Mann.

Später fragte ich mich trotzdem, was passiert wäre, wenn ich mich gewehrt hätte – hätte ich gegen ihn ankämpfen sollen? Hätte ich schreien sollen, in der Hoffnung, dass ich ihn so davonjage? Hätte ich ihn bepinkeln oder anderweitig anekeln sollen? Hätte ich weglaufen sollen? Die bloße Tatsache, dass ich noch lebte und überhaupt nachgrübeln konnte, ließ mich zu dem Schluss kommen, dass ich das Richtige getan hatte.

Als er fertig war, griff er nach meinem Bettlaken und meinen Kleidern und verschwand durch das Fenster, das er aufgehebelt hatte, um in die Wohnung einzudringen.

Ich zog mir ein Sweatshirt und eine Jeans an, als ich mir sicher sein konnte, dass er weg war. Dann rief ich Ben an und fragte ihn, ob er vorbeikommen könnte. Wir waren damals noch nicht verheiratet, aber schon seit längerem ein Paar. Die Ironie daran war, dass er immer wieder versucht hatte, mich davon zu überzeugen, bei ihm einzuziehen, doch ich wollte mein eigenständiges Leben nicht aufgeben.

Er hielt mich die ganze Nacht in den Armen, weinte mit mir und sagte, dass er mich liebte. Versicherte mir, dass es nicht mein Fehler gewesen sei und dass ich nichts anderes hätte tun können (oder sollen).

Am nächsten Morgen konnte er mich schließlich davon überzeugen, die Polizei anzurufen. Der Professor in ihm meldete sich und sprach von den vielen Statistiken, die es zu der vermuteten Dunkelziffer der nicht gemeldeten Vergewaltigungen gab. Dieses Verbrechen würde erst dann die notwendige Aufmerksamkeit erhalten, wenn die wahre Rate ans Licht käme.

Als mein Freund war er einfach nur wütend. Er wollte den Dreckskerl drankriegen, der mir das angetan hatte.

Es folgte ein langer Tag, an dem ich die Tat noch einmal geistig durchlebte. Zuerst mit einem Mitarbeiter des Sheriffs und dann mit der Staatsanwältin, die mir viele detaillierte Fragen stellte.

Sie kam irgendwann auf die schwarze Machete des Vergewaltigers zu sprechen, die er mir vors Gesicht gehalten hatte.

»Ich habe Ihnen gegenüber nicht erwähnt, dass die Machete schwarz war«, wandte ich ein. »Woher wissen Sie das?«

»Oh, ich dachte, das hätten Sie«, erwiderte sie.

Sie war eine miserable Lügnerin.

»Ich bin nicht das einzige Opfer, stimmt's?«, fragte ich.

Sie antwortete nicht. Aber das war auch nicht nötig. Ich wusste bereits, dass er vorher vergewaltigt hatte. Seine Vorgehensweise hatte es mir verraten.

Die DNA meines Vergewaltigers wurde sichergestellt, doch natürlich gab es keine Übereinstimmung mit einer Person in der polizeilichen Datenbank. Dieses Ergebnis und meine völlig wertlose Täterbeschreibung ließen die Behörden verstummen, und der Fall blieb ungelöst, so wie ich es geahnt hatte.

Und dann? Tja, nichts. Mein Leben ging einfach weiter.

Damit will ich nicht sagen, dass ich die Sache achselzuckend ad acta gelegt hätte. Ganz und gar nicht. Dieses schreckliche Flüstern ließ mich nicht los. Es war stets in meinem Kopf – den ganzen Tag und die ganze Nacht, was noch viel schlimmer war. Denn ich hatte dadurch das Gefühl, als würde mein Vergewaltiger ständig auf mich lauern, um erneut zuzuschlagen.

Mein Verstand sagte mir, dass ich mir das nur einbildete. Doch die Macht menschlicher Vorstellungskraft ist nicht zu unterschätzen. Sie hat uns schon alles Mögliche beschert, von weltverändernden Religionen bis hin zur Atombombe. Und sie ist durchaus in der Lage, eine fünfundfünfzig Kilo schwere Frau an ihre geistigen Dämonen zu ketten.

Wochenlang fürchtete ich mich in meiner Wohnung. Doch ich hatte genauso viel Angst, sie zu verlassen. Überall wo ich hinging, kam ich mir ungeschützt und verletzlich vor. Doch schlimmer als dieses Flüstern in meinem Kopf war noch das Gefühl, das mich erfasste, wenn ich einen Mann sah, dessen Gestalt mich an die meines Angreifers erinnerte, was sehr häufig vorkam. Der Kerl war nun einmal völliger Durchschnitt gewesen. Ständig dachte ich: Ist er *das*? Stellt er sich gerade vor, wie ich nackt daliege, ihm völlig ausgeliefert und verängstigt?

Diese Gedanken brachten mich geradewegs zurück in mein Schlafzimmer, und ich schmeckte wieder diesen Handschuh.

Doch selbst Freunde konnten diese Reaktion in mir auslösen. Als ich Marcus zum ersten Mal wiedersah, bekam ich eine handfeste Panikattacke. Dabei hatte er sich in all den Jahren, die wir uns mittlerweile kannten, immer nur ritterlich verhalten.

Ben schlug eine Therapie vor. Doch ich wusste, dass das zwecklos war, da ich in meiner Jugend bereits Therapieerfahrung gesammelt hatte. Diese Geschichte musste nicht endlos durchgekaut werden. Mir war schon so viel Grässliches in meinem Leben widerfahren. Es war einfach nur eine grässliche Sache mehr.

Das war zumindest meine Betrachtungsweise, bis ich erfuhr, dass ich schwanger war. Ein zusätzlicher Tritt in die Gebärmutter, auf den ich nicht vorbereitet war. Ich konnte in meinem eigenen Leben, das schon so häufig außerhalb meiner Kontrolle gelegen hatte, nicht einmal den Zeitpunkt meiner Fortpflanzung bestimmen.

Ich dachte ernsthaft über eine Abtreibung nach, aber nur deshalb, weil für mich eine Adoption ausgeschlossen war – völlig ausgeschlossen – nach den Erfahrungen, die ich mit dem System gemacht hatte. Ganz zu schweigen von den Erfahrungen, die Teddy gemacht hatte.

Es gab verschiedene Gründe, warum ich die Schwangerschaft dann doch nicht beendete. Erstens war ich mir tatsächlich nicht hundertprozentig sicher, von wem das Kind war, denn Ben und ich hatten wenige Tage vor der Vergewaltigung kein Kondom, sondern ein Spermizid benutzt.

Zweitens – und das war wahrscheinlich der ausschlaggebende Grund – verspürte ich diese überwältigende Liebe für dieses Wesen, das da in mir zu wachsen begann. Als meine Periode sieben oder acht Wochen lang ausblieb, ging ich zu meiner Frauenärztin. Sie machte einen Ultraschall und fragte mich, ob ich die Herztöne des Babys hören wolle.

Die Frage traf mich völlig unvorbereitet. Ich weiß nicht einmal, ob ich überhaupt schon darüber nachgedacht hatte, dass es einen Herzschlag hatte. Ich nickte. Sie drehte die Lautstärke höher.

Mein zwiespältiges Gefühl in Bezug auf diese Schwangerschaft verflog augenblicklich. Dieser wunderbare Klang – dieses energische Tock-Tock, Tock-Tock, Tock-Tock – breitete sich in dem Untersuchungszimmer aus. Ich hatte noch nie etwas Schöneres und Bemerkenswerteres gehört.

Ob die Schwangerschaft nun durch einen Akt der Liebe oder der Gewalt entstanden war, spielte keine Rolle mehr. Es war mein Kind und nicht das meines Vergewaltigers.

Nur weil der Vorfall ihm gehörte, bedeutete das nicht, dass ihm auch das Ergebnis gehörte.

Kurze Zeit später machte mir Ben einen Heiratsantrag. Wir wussten noch immer nicht, wer der Vater des Kindes war. Doch er meinte, dass er mich *und* das Baby bereits so sehr liebte, dass es völlig egal sei.

Als das Kind dann zur Welt kam, blond, hellhäutig und offensichtlich nicht sein eigenes, benahm er sich so wie jeder andere frischgebackene, aufgeregte Vater.

Er war einfach er selbst. Ruhig. Zuverlässig und bereit, alles auf sich zukommen zu lassen.

Wir hatten uns kennengelernt, als ich bei Starbucks arbeitete, kurz nachdem ich endlich genügend Geld zusammengekratzt hatte, um mir eine Wohnung zu leisten. Er war ein gutaussehender, drahtiger Kerl, etwas jünger als ich, mit makelloser, dunkler Haut und einer sich verjüngenden, schlanken Taille. Wann immer er im Café war, brachte er mich zum Lachen. Entweder mit einer schlitzohrigen, flapsigen Bemerkung zu einem Gast oder einem selbstironischen Witz. Er war offensichtlich klug.

Doch es war seine Empathie, die ich am anziehendsten fand. In seinen Äußerungen schimmerte stets durch, wie gut er die Welt aus der Perspektive anderer Menschen sehen konnte.

Das war eine seltene Eigenschaft bei einem Mann. Nicht nur da. Bei allen Menschen.

Später gab er zu, dass er häufig bei Starbucks vorbeigefahren, aber immer nur dann hereingekommen sei, wenn er mein Auto gesehen hätte. Nach drei Monaten fasste er sich endlich ein Herz und fragte mich, ob ich mit ihm ausgehen würde. Mittlerweile war so viel Zeit ins Land gezogen, dass es mir leichtfiel, Ja zu sagen.

Marcus, der unser Kennenlernen aus nächster Nähe beobachtet hatte, fragte mich vorsichtig, ob ich wüsste, worauf ich mich einließe, wenn ich mit einem dunkelhäutigen Mann ausginge. Er persönlich hatte keine Vorbehalte, sondern wusste einfach nur, wo Staunton, eine eigentlich fortschrittliche Stadt, lag. Nämlich im Süden, in der Mitte eines Bundesstaats, der seine Gesetze gegen Mischehen erst 1967 abgeschafft hatte. Und das auch erst, nachdem der Oberste Gerichtshof der USA es angeordnet hatte.

Tatsächlich war es dann aber so, dass Ben in seinem Umfeld auf größere Widerstände stieß als ich in meinem. Seine Freunde zogen ihn damit auf, nur einer dieser schwarzen Kerle zu sein, die gern mal was mit einer weißen Frau haben wollten. Einige ältere Mitglieder seiner Familie fragten leise, wieso er nicht unter seinesgleichen bleiben könnte.

Doch eigentlich war diese Sache kein Thema. Ich gewöhnte mich an die gelegentlichen Blicke – von zumeist älteren Weißen –, wenn wir uns in der Öffentlichkeit berührten. Ich lernte seine Eltern kennen, die von Beginn an herzlich waren und keinerlei Vorbehalte hatten, was meine Hautfarbe betraf. Ihn meiner Familie vorzustellen – die Frage stellte sich nicht.

Unsere Beziehung wurde enger und Bens Zuneigung noch tiefer. Nach den vielen Jahren, in denen mein Selbstwertgefühl gelitten hatte, war ich mir nicht sicher, ob ich es überhaupt wert war, von ihm geliebt zu werden. Ich hatte aufgehört, mich für intelligent zu halten, denn wie schlau konnte ich schon sein? Immerhin arbeitete ich nur bei Starbucks, oder? Doch dann tauchte Ben auf und erinnerte mich wieder daran. Er war zweifellos blitzgescheit; so gescheit, dass er die nicht unerheblichen Hürden überwunden hatte, die Rasse, Armut und seine eigene Familie darstellten, in der noch nie jemand aufs College gegangen war. Er erhielt ein Stipendium am Middleburg College und machte als Mitglied von Phi Beta Kappa seinen Abschluss.

Wenn ein so schlauer Mensch mich liebte, dann musste das doch bedeuten, dass ich nicht ganz so dumm war, wie ich glaubte, oder?

Richard Kremer, Bens Doktorvater an der James Madison University, kurz JMU genannt, war einer der anerkanntesten Gelehrten für die Geschichte der Vereinigten Staaten nach der Zeit der Reconstruction. Benjamin J. Barrick war sein Vorzeigestudent. Er hatte mit Hilfe von Kremer bereits mehrere Artikel veröffentlicht. Kremer hielt es sogar für möglich, dass Bens Doktorarbeit als Buch erschien. Damit stiege er in einen erlauchten Kreis junger Historiker auf.

Dann und wann erlaubten wir es uns, unseren Tagträumen nachzuhängen. Wir stellten uns vor, wie Ben nach Abschluss seiner Dissertation diese Stelle an der JMU antrat, die hoffentlich zum richtigen Zeitpunkt frei werden würde. Sie war befristet, doch es bestand die Aussicht auf eine Festanstellung. Kremer hatte gesagt, dass er sich für Ben einsetzen würde. Wir würden nie wieder Geldsorgen haben.

Ben war ansonsten äußerst bodenständig. Er kam aus bescheidenen Verhältnissen, so wie ich – seine Eltern hatten keine hochbezahlten Jobs, und die vorherigen Generationen hatten Baumwolle gepflückt –, doch seine Familie war im Gegensatz zu meiner äußerst verlässlich. Sie gingen regelmäßig in die Kirche und zählten zu den Stützen der Gemeinde.

Die Rollenverteilung in unserer Beziehung legte sich schon bald fest. Mein Leben war gerade schwierig, und ich hatte eine verkorkste Vergangenheit. Ben nicht. Und so half er mir, beides zu bewältigen.

Doch diese Regelung hatte einen Nachteil. Ben war nicht sehr mitteilsam, wenn er selbst Sorgen hatte. Im Gegenteil. Je größer seine Sorgen waren, desto schweigsamer wurde er.

Doch hier befanden wir uns auf bekanntem Gebiet: Meine Schwierigkeiten waren seine Schwierigkeiten. Er kam nach Hause, und wir sprachen den ganzen Abend über das, was geschehen war. Er pflichtete mir bei, dass die Drogen, die der Sheriff in unserem Haus gefunden hatte, meinem Bruder gehören mussten. Ich hatte Teddy angerufen und ihm auch eine SMS. geschickt, aber keine Antwort erhalten. Ben fuhr bei meinem Bruder vorbei, doch seine WG-Genossen sagten, dass sie ihn nicht gesehen hätten.

Wir mussten Teddy dazu bringen, zuzugeben, dass die Drogen ihm gehörten. Auch wenn das bedeutete, dass er mit dem Gesetz in Konflikt geriet. Ich war zu fast allen Opfern bereit, um meinen Bruder vor dem Gefängnis zu bewahren, nur zu einem Opfer nicht. Und das war mein Sohn.

Doch noch dringlicher mussten wir unseren Fall gegenüber dem Sozialamt vertreten und ihnen begreiflich machen, dass wir weder Drogenabhängige noch Kinderschänder waren.

Ben recherchierte im Internet. Nach wenigen Minuten stieß er auf ein Handbuch für Eltern, deren Kinder durch den Staat in Obhut genommen worden waren. Wir fanden heraus, dass das Sozialamt innerhalb von vierundzwanzig Stunden beim Jugend- und Familiengericht einen Dringlichkeitsantrag auf Inobhutnahme stellen musste.

Soweit ich das beurteilen konnte, besaßen wir keine Handhabe, gegen einen solchen Antrag vorzugehen. Ein Anwalt des Sozialamts erklärte dem Richter einfach nur, was für grauenvolle Eltern wir waren.

Sollte der Richter der Meinung des Anwalts folgen, würde uns ein Pflichtverteidiger zur Seite gestellt werden. Eine Anhörung zu vorläufiger Inobhutnahme würde dann innerhalb von fünf Werktagen stattfinden, in der ein Richter ein erstes Urteil zur Misshandlung oder Vernachlässigung des Kindes treffen würde. Dreißig Tage später würde eine Anhörung zum Urteil stattfinden, in der das erste Urteil bestätigt werden würde. In einer anschließenden Verfügungsanhörung würde der Richter den Pflegeunterbringungsplan genehmigen.

Und so weiter und so fort.

Das Handbuch endete mit einer in Fettbuchstaben verfassten, eingerahmten Ermahnung.

Sie lautete: »Wenn Sie den Auflagen des Gerichts nicht nachkommen, können Sie das Sorgerecht für Ihr Kind für immer verlieren. Beginnen Sie jetzt damit, diese Auflagen umzusetzen.«

Ich wusste, dass wir zuallererst verhindern mussten, dass das
System sich in uns verbiss. Das würde uns nur gelingen, wenn
wir das Sozialamt davon überzeugen konnten, dass dieser Dringlichkeitsantrag auf Inobhutnahme nicht notwendig war.

Aus diesem Grund räumten wir an jenem Morgen unser Haus
drei Stunden lang hektisch auf, nur für den Fall, dass man uns
vielleicht einen Besuch abstatten würde.

Während der ganzen Zeit hörte ich praktisch schon die Trom-
melschläge des Systems. Eine Sippe von Kannibalen versammel-
te sich. Und sie waren hungrig.

9. KAPITEL

Kurz bevor das Sozialamt des Shenandoah Valley um 8.30 Uhr öffnete, trafen wir ein. Das Gebäude sah auch morgens nicht sehr viel einladender aus als abends.

Wir waren nach dieser anstrengenden Nacht zwar erschöpft, hatten aber trotzdem versucht, uns herzurichten. Ich trug ein Kleid mit Flügelärmeln und dezentem Ausschnitt. Da keine Zeit mehr geblieben war, um zu duschen, hatte ich das Haar mit einer Haarspange hochgesteckt. Ich hoffte, dass eine frische Schicht Schminke mich davor bewahrte, wie ein völliger Zombie auszusehen.

Ben kehrte kleidungstechnisch den jungen Wissenschaftler heraus. Er trug eine lange Hose und ein Jackett, dem nur noch zwei Ärmelschoner fehlten, um wie das Jackett eines ordentlichen Professors auszusehen. Seine Brille – er nannte sie scherzhaft Malcolm-X-Brille – ließ ihn noch gelehrter erscheinen. Sein Hemd war gebügelt und steckte feinsäuberlich in der Hose. Er hat mir einmal seine Sorgfalt damit erklärt, dass er der weißen Welt, die afroamerikanischen Männern gern ein Etikett verpasste, keinen Grund dafür liefern wollte.

Wir sahen aus wie verantwortungsvolle Eltern, fand ich.

»Sind wir bereit, um den Kampf aufzunehmen?«, fragte ich.

Er legte seine Hand auf meine und tätschelte sie beruhigend. »Das werden wir schon schaffen«, sagte er. »Wir müssen einfach nur die Wahrheit sagen, oder?«

Er sprach mit der Zuversicht eines Menschen, dem bisher niemand hatte begreiflich machen müssen, dass die Katastrophe immer näher war, als man dachte. Er glaubte, dass er Herr der

Lage sei und dass das System entsprechend reagieren würde, weil wir moralisch im Recht waren.

Ich wusste es besser. Sobald diesem Dringlichkeitsantrag auf Inobhutnahme stattgegeben worden war, würde unsere Familie nur ein weiterer kleiner Kieselstein sein in einem durch Hochwasser angeschwollenen reißenden Fluss.

Ich lächelte nervös. »Ja, sicher. Lass uns gehen!«

Wir stiegen aus dem Auto und überquerten den Parkplatz. Kurz darauf betraten wir den Wartebereich und schoben unsere Führerscheine unter einer dicken Glasscheibe hindurch. Die Frau würdigte uns erst eines Blickes, als sie uns erklärte, dass wir Platz nehmen sollten.

Wie lange wir dort sitzen bleiben würden, verriet sie uns nicht. Mir war diese besondere Praxis des Sozialamts nicht unbekannt. Sie stellte eine der vielen subtilen Methoden des Systems dar, den Besucher herabzuwürdigen. Ständig wurde man daran erinnert, wie unbedeutend seine Zeit für andere war.

Nach einer Weile runzelte selbst Ben die Stirn und blickte nach der Uhrzeit auf seinem Handy. Deutlicher würde er seine Ungeduld nie ausdrücken.

Ich saß wie betäubt da und durchlebte noch einmal die Dutzenden Male, die ich in diesem Amt schon verbracht hatte – die Möbel waren neu, doch die Spielzeuge in der Ecke waren noch immer dieselben –, und fürchtete mich vor dem, was mich erwartete, wenn die Bürokraten mit ihrem Top-oder-Flop-Spiel fertig waren.

Anderthalb Stunden später wurde die Tür seitlich der Glasfenster geöffnet. »Ms Barrick?«, sagte eine Frau mit einer eckigen Brille und einem straff gebundenen Pferdeschwanz.

Ich sprang auf, in meinem Körper summten sämtliche Nervenenden. »Ja?«

»Ich bin Tina Anderson, die zuständige Familiensachbearbeiterin für Ihren Fall. Bitte kommen Sie mit!«

Tina Andersons Miene war ausdruckslos, als sie uns durch ein Gewirr von Gängen führte. Ich hatte erwartet, dass wir in eines der winzigen Büros gehen würden. Doch stattdessen spazierte sie den gesamten Flur entlang, bis wir den hinteren Teil des Gebäudes erreichten und vor einer Tür stehen blieben, auf der das Schild AMTSLEITUNG angebracht war.

Mir wurde bang ums Herz, als sie gegen die Tür klopfte. Die Amtsleitung? Wieso denn das? All die Jahre, in denen ich mit dem Sozialamt zu tun gehabt hatte, war ich nie mit der Amtsleitung in Berührung gekommen.

»Herein!«, rief eine weibliche Stimme.

Hinter dem Schreibtisch saß eine ältere Frau mit dauergewelltem, wasserstoffblondem Haar. Sie hatte ein teigiges Gesicht und war zu stark geschminkt. Die Haut an ihrem Hals hing schlaff herunter und war übersät mit Fleischwarzen. Ihr Hosenanzug war ein Modell vergangener Tage und saß schlecht.

Sie war mir sofort unsympathisch. Was nicht daran lag, dass sie hässlich war oder grässliche Kleider trug. Ich hatte in meiner Kindheit einen siebten Sinn für Sozialarbeiter entwickelt. Ich wusste immer, wer noch einen Rest von Anstand besaß und wer nicht. Normalerweise brauchte ich fünf Sekunden, um das herauszufinden.

Die Dame fiel schon nach zwei Sekunden bei dem Fünf-Sekunden-Test durch. Sie besaß keine Mitmenschlichkeit mehr, soweit ich das feststellen konnte. Als wir den Raum betraten, stand sie auf und deutete auf einen runden Tisch in der Ecke.

»Guten Tag, Ms Barrick«, sagte sie mit einer Stimme, die irgendwo aus ihren Hängebacken hervordrang. Ihr Verhalten war herablassend. »Setzen Sie sich bitte.«

Wir nahmen Platz. Ben blieb ruhig und gelassen. Er verstand noch immer nicht, wie sehr wir von der Gnade eines anderen Menschen abhängig waren.

Die beiden Frauen nahmen ebenfalls Platz und schoben uns ihre Visitenkarten zu. Die Amtsleiterin hieß Nancy Dement.

»Ich weiß, dass Sie gestern Abend hier waren und nach Ihrem Sohn gesucht haben«, sagte sie. »Lassen Sie mich Ihnen vorab versichern, dass es ihm gutgeht und er in einer von uns geschulten Pflegefamilie untergebracht ist, die sich liebevoll um ihn kümmert.«

»Danke«, antwortete ich.

»Sie haben bestimmt schon Kontakt mit dem Büro des Sheriffs gehabt?«

»Nein. Noch nicht.«

Sie wirkte überrascht. »Also, dann sollten Sie eins zuerst wissen. Wir arbeiten zwar als Behörden zusammen, sind aber dennoch völlig unabhängig voneinander. Der Vorwurf des Drogenbesitzes liegt im Zuständigkeitsbereich des Sheriffs und des Büros des Staatsanwalts. Damit haben wir nichts zu tun. Unsere einzige Sorge gilt dem Kind.«

»Ich verstehe.«

»Sie sollten ebenfalls begreifen, dass wir vor allem darum bemüht sind, die Kinder wieder mit ihren leiblichen Eltern zusammenzuführen. Das steht für uns an oberster Stelle, und wir alle wünschen uns das für Sie. Doch vorher muss sehr viel passieren. Wir haben hier Informationsmaterial für Sie zusammengestellt, das Ihnen alles erklären wird.«

Sie öffnete eine Mappe mit mehreren Ausdrucken und glänzenden Papierbögen. Ich erkannte sofort das Handbuch, das Ben und ich bereits gelesen hatten. Das lieferte mir die perfekte Gelegenheit, um das Wort zu ergreifen. Ich schluckte meine Nervosität herunter und setzte an mit meiner Rede, die ich im Wartebereich eingeübt hatte.

»Mir ist Ihre Vorgehensweise bekannt«, erklärte ich. »Genau deshalb sind wir hier. Wir möchten Sie davon überzeugen, dass ein Dringlichkeitsantrag auf Inobhutnahme nicht nötig ist. Alex wird in keiner Weise misshandelt. Das kann Ihnen Ms Anderson oder jeder andere, der ihn untersucht hat, bestätigen. Er ist ein gesundes, glückliches, gutgenährtes Kind, das entsprechend der Meilensteine kindlicher Entwicklung heranwächst. Wenn Sie möchten, können Sie uns gern einen Besuch abstatten und sich selbst ein Bild machen: Alex befindet sich in keinerlei Gefahr.«

Nancy Dement sah aus, als würde sie gerade in eine Stange sauren Rhabarber beißen. Offensichtlich führte sie schon seit vielen Jahren diese Art von Gesprächen. Wahrscheinlich hatte noch nie dabei eine Mutter von Meilensteinen kindlicher Entwicklung gesprochen.

Ich fuhr fort. »Die Polizei hat sich bisher bei mir noch nicht gemeldet. Doch wenn, werde ich ihr genau das Gleiche erzählen, was ich Ihnen jetzt erzählt habe. Ich nehme an, dass man in meinem Haus Drogen gefunden hat und ... Leider hat mein Bruder schon seit vielen Jahren ein Suchtproblem und besitzt einen Schlüssel zu unserem Haus. Wir vermuten, dass er und seine Freundin ihren Stoff bei uns versteckt haben. Sobald ich meinen Bruder ausfindig gemacht habe, werde ich ihn hierherbringen, und er wird Ihnen versichern, dass das, was immer der Sheriff und seine Leute auch gefunden haben, ihm gehört. In der Zwischenzeit trennen Sie jedoch völlig grundlos ein Kind von seiner Mutter. Ich flehe Sie an, stellen Sie diesen Dringlichkeitsantrag nicht.«

Als ich fertig war, glaubte ich bei Tina Anderson eine Wirkung meiner Worte zu erkennen. Sie hatte in dem Fünf-Sekunden-Test sehr viel besser abgeschnitten. Trotz des strengen Pferdeschwanzes war in ihr noch immer eine fürsorgliche Seite vorhanden.

Nancy Dement war ein anderes Kapitel.

»So einfach ist das nicht«, sagte sie. »Wie ich gehört habe, wird man Sie wegen einiger äußerst schwerwiegender Vorwürfe anklagen. Haben Sie schon einen Anwalt? Sobald Sie einen haben, werden Sie begreifen, dass dies eine sehr ernste Angelegenheit ist. Sehr ernst.«

Sie belehrte mich, als wäre ich eine Teenie-Mutter, die nicht nur im Gemeinschaftskundeunterricht durchgefallen war, sondern im Leben überhaupt. Man musste mir nicht erklären, dass die staatliche Inobhutnahme meines Kindes eine »sehr ernste« Angelegenheit war, und schon gar nicht dreimal.

»Ich begreife, was Sie sagen«, sagte ich langsam. »Ich verstehe völlig, dass Sie hier eine Aufgabe zu erledigen haben und bestimmte Vorgehensweisen einhalten müssen. Aber ich bitte Sie, diese Vorschriften kurz beiseitezulegen und uns anzusehen. Unser Kind anzusehen. Wir sind keine …«

Sie hob abwehrend die Hand. »Das entscheide nicht ich.«

»*Doch*. Ist Ihnen das nicht klar? Verstecken Sie sich nicht hinter Ihrer üblichen Vorgehensweise. Es liegt in Ihrer Hand, diesen Antrag nicht zu stellen. Das liegt in Ihrer Befugnis.«

Mein Argument ließ Nancy Dement völlig unbeeindruckt. Ich hätte genauso gut mit dem Tisch reden können.

»Wenn Sie diese Vorwürfe aus dem Weg räumen können, steht einer Zusammenzuführung der Familie nichts im Wege«, sagte sie. »Doch im Moment sind uns die Hände gebunden.«

Ich holte so tief Luft, dass alle Anwesenden spürten, wie gereizt ich war und kurz davor stand, laut zu werden. Ben griff nach meiner Hand, drückte sie und brachte mich mit seinen Augen zum Schweigen. Dann wanderte sein Blick zurück zur Leiterin des Sozialamts.

»Ms Dement«, begann er freundlich. »Haben Sie Kinder?«

Die Frage und auch der sanfte Ton in seiner Stimme schienen sie aus dem Konzept zu bringen, so dass es zu einem kurzen Störimpuls in ihrer Programmierung kam. »Ja, zwei Söhne«, antwortete sie nach ein paar Sekunden.

»Dann bin ich mir sicher, dass Sie verstehen, warum meine

Frau so aufgebracht ist. Sie wollte gestern unser Kind von der Tagesmutter abholen und erfuhr dort, dass das Sozialamt ihn mitgenommen hatte. Anschließend fand sie unser verwüstetes Haus vor. Die Beamten des Sheriffs hatten es völlig auf den Kopf gestellt. Wir sind berechtigterweise verwirrt, so wie Sie es auch wären, wenn Ihnen das zugestoßen wäre. Meine Frau und ich sind Menschen, die sich an das Gesetz halten. Diese Angelegenheit ist für uns äußerst beunruhigend. Wir haben letzte Nacht kaum geschlafen.«

»Das tut mir leid«, erwiderte Nancy Dement erstaunlicherweise.

Ich verspürte plötzlich Hoffnung. Ben arbeitete sich langsam durch den Panzer der Frau hindurch. Er rückte seine Malcolm-X-Brille in einer Weise zurecht, die ihn noch mehr als sonst wie einen Professor erscheinen ließ.

»Und das weiß ich zu schätzen«, sagte er. »Aber natürlich ist das alles nicht von Bedeutung. Von Bedeutung ist nur Alex. Wir haben viele von Ihren Broschüren durchgelesen. Ich habe mich auch mit den entsprechenden Gesetzen beschäftigt. Der Ausdruck, auf den ich immer wieder gestoßen bin, lautet ›Kindeswohl‹. Wie sieht dieses Kindeswohl im Fall von Alex aus? Deshalb sitzen wir doch alle hier, oder?«

»Ja, natürlich«, antwortete Ms Dement und verfiel weiter seinem Charme.

»Wenn das so ist, steht es für mich außer Frage, wie zu verfahren ist. Alex ist ein kleiner Junge, der noch immer gestillt wird, was sehr förderlich ist für die Gesundheit eines Kindes, wie Sie bestimmt wissen. Ich bin mir sicher, dass Sie wohl auch die Fachliteratur kennen, die in dem Zusammenhang auf die Stärkung der Mutter-Kind-Bindung verweist. Wir sind eine Familie, die sich in einer absolut entscheidenden Phase befindet. Daher ist es das Beste für Alex, wenn er zu seiner Mutter und zu seinem Vater zurückkehrt. Wir sind gerne bereit, uns jeder Art von Kontrolle zu fügen, die Sie für notwendig halten. Wir sind sehr vernünftige Menschen. Das sind Sie auch, das weiß ich. Bestimmt gibt es eine Möglichkeit, uns Alex zurückzugeben, ohne dass Sie dabei Ihre Vorschriften verletzen. Treffen Sie eine Entscheidung, die für beide Seiten ein Gewinn ist. Bitte.«

In mir keimte Hoffnung auf. Nancy Dement legte ihre Hände auf den Tisch und faltete sie.

»Mr ... Barrick, richtig?«

»Ja.«

Dann wurde die Hoffnung mit einer Frage zunichtegemacht.

»Sind Sie der leibliche Vater des Kindes?«

Ben und ich warfen uns kurz einen Blick zu.

Seine Hautfarbe verriet offensichtlich, dass er es nicht war. Doch ich war zu der Überzeugung gelangt, dass das unwichtig war, weil Ben mich davon überzeugt hatte. Bis jetzt. Plötzlich war es wichtig.

»Ähm, ... also biologisch betrachtet ... nicht«, räumte Ben ein. »Aber sonst ...«

»Hat ein Gericht Sie als gesetzlichen Vertreter des Kindes bestellt?«

»Nein«, antwortete er tonlos.

Darüber hatten wir noch nicht einmal nachgedacht.

»Tja, dann befürchte ich, haben Sie in dieser Angelegenheit kein großes Mitspracherecht. Wir können Sie nicht als vorübergehenden Erziehungsberechtigten in Erwägung ziehen, da man in Ihrem Haus illegale Drogen gefunden hat. Ich freue mich, dass Sie hier sind, um Ihre Frau zu unterstützen. Und ich bin mir sicher, dass sie Ihre Anwesenheit zu schätzen weiß. Doch Sie haben rechtlich gesehen keinen Status.«

Die etwas offenere Atmosphäre, die bis dahin in dem Raum geherrscht hatte, schien mit einem Mal verschwunden zu sein. Nancy Dements Entscheidung war grausam: Ich wurde im Grunde genommen dafür bestraft, dass ich vergewaltigt worden war. Als wäre die eigentliche Vergewaltigung nicht schon Strafe genug.

Ich spürte, wie ich innerlich zusammenbrach.

»Wo ... wo ist Alex gerade?«, fragte ich.

»Wie schon gesagt, er ist in einer von uns geschulten Pflegefamilie untergebracht«, antwortete Nancy Dement.

»Wann kann ich ihn sehen?«

»Das ist momentan nicht möglich.«

»Aber ich dachte ..., ich meine, Sie lassen doch Besuche unter Aufsicht zu, oder?«

»Tut mir leid. Das ist ausgeschlossen.«

»Warum?«

»Ms Barrick, ich muss Ihnen gegenüber offen sein. Wir haben erfahren, dass ...«, begann sie, hielt dann aber inne, als würde sie ihre Worte noch einmal überdenken.

Als sie fortfuhr, sprach sie kühl überlegt. »Es steht der Vorwurf im Raum, dass Sie Vorbereitungen getroffen haben, Ihr Kind auf dem Schwarzmarkt zu verkaufen.«

10. KAPITEL

Das Haus lag in der Mitte eines Hangs. Amy Kaye konnte daraus einige Schlüsse ziehen.

Im Shenandoah Valley stand, wie auch in vielen anderen Teilen der Welt, eine Anhöhe für eine gesellschaftliche Stellung. Reiche lebten oben auf dem Hügel, Arme unten im Tal.

Die Adresse, die Daphne Hasper genannt hatte, lag irgendwo in der Mitte, ein hübsches – aber nicht zu hübsches – Terrassenhaus, nicht weit von New Hope.

Hasper war eines der ersten Opfer gewesen. Die Tat fand 2005 statt. Sie war vierundzwanzig Jahre alt, unterrichtete im zweiten Jahr an der Grundschule von New Hope und lebte allein am Stadtrand von Staunton in einer Erdgeschosswohnung mit Garten.

Ihre Vergewaltigung wies Ähnlichkeiten mit den anderen Vergewaltigungen auf, doch gab es auch Besonderheiten. Daphne Hasper hatte zusammen mit Freunden ein Konzert im Gypsy Hall Park besucht. Anschließend war sie in eine Bar gegangen. Gegen Mitternacht hatte ein Freund, ein Lehrerkollege, sie nach Hause gefahren.

Kurz darauf ging sie schlafen. Eine Stunde später wurde sie wach, als ein Mann, über dessen Kopf eine Skimaske gestülpt war, ihr Bettlaken beiseiteschob. Hapser beschrieb ihren Angreifer als einen weißen, zirka ein Meter achtzig großen Mann zwischen Anfang bis Mitte zwanzig.

Noch bevor sie reagieren konnte, lag er bereits auf ihr. Der Mann hielt das Messer hoch und flüsterte, dass er es nicht benutzen wolle.

In dem Polizeibericht stand geschrieben: »Das Opfer gab an, dass sie die Augen schloss und zu ihm sagte: ›Bring es einfach hinter dich!‹ Der Täter fuhr mit der Vergewaltigung seines Opfers fort. Das Opfer sagte aus, dass die Vergewaltigung ungefähr drei Minuten dauerte.«

Nachdem er fertig war, sammelte er ihre Unterwäsche und das Bettlaken ein, doch entfernte er nicht sorgfältig genug sein Sperma. Spuren davon blieben an Hasper haften, die sofort danach die Polizei anrief. Sie wurden innerhalb einer Stunde in einem nahe gelegenen Krankenhaus gesichert.

Die Ermittlungen konzentrierten sich sofort auf den Mann, der sie nach Hause gebracht hatte. Andere Lehrerkollegen sagten aus, dass er eine Schwäche für Hasper gehabt hätte. Haspers umfassende Beschreibung des Täters passte ungefähr auf ihn. Doch sie konnte ihn nicht mit Sicherheit identifizieren, da es dunkel gewesen war, sie die Augen zugemacht und es nur wenige Minuten gedauert hatte.

Der Mann hatte für den Tatzeitpunkt kein Alibi. Er behauptete, dass er nach Hause gefahren sei und sich schlafen gelegt hätte. Seine Mitbewohner konnten das nicht bestätigen, da sie noch in der Bar waren.

Die Beamten des Sheriffs von Augusta County befragten die Nachbarn eingehend und zeigten ihnen ein Bild des Mannes. Vielleicht war einem der Tatverdächtige aufgefallen, wie er in der Gegend herumlungerte oder hinter einem Gebüsch saß und darauf wartete, dass das Licht in Haspers Wohnung ausging, nachdem er sie kurz zuvor dort abgesetzt hatte. Doch die Befragung ergab nichts.

Hasper unterrichtete noch bis zum Ende des Schuljahres in New Hope und zog dann nach Oregon. Wie aus ihrer Akte zu ersehen war, rief sie anfangs immer mal wieder an, um sich nach dem neuesten Stand der Ermittlungen zu erkundigen oder ihre aktuelle Adresse mitzuteilen, um benachrichtigt zu werden, wenn es neue Erkenntnisse gab. Der letzte Anruf lag acht Jahre zurück.

Mittlerweile war Daphne Hasper siebenunddreißig. Als Amy sie über ihre Eltern ausfindig machte, sprach Hasper nur widerwillig mit ihr. Sie habe nach ein paar schmerzhaften Jahren und einer Therapie beschlossen, die Sache hinter sich zu lassen. Sie sei mittlerweile verheiratet und habe drei Kinder. Sie hielte es für sinnlos, die Angelegenheit noch einmal aufzuwärmen. Die Polizei hätte den Kerl nicht geschnappt und würde ihn ihrer Meinung nach auch nie schnappen.

Amy erwiderte, dass sie eine Routineüberprüfung ungelöster Fälle durchführe – das war die Formulierung, auf die Aaron Dansby bestanden hatte – und ihre Zusammenarbeit sehr begrüßen würde. Hasper weigerte sich, doch Amy brach ihren Widerstand, indem sie ihr erklärte, dass man nie wissen könne, ob ungeklärte Fälle nicht doch noch aufgeklärt werden würden. Außerdem berichtete sie ihr von den Fortschritten, die es auf dem Gebiet der DNA-Analyse seit 2005 gegeben hatte.

Hasper willigte schließlich ein, mit ihr zu sprechen. Aber nicht übers Telefon. Sie hätte gerade einen Flug nach Hause gebucht, als Überraschung zum sechzigsten Geburtstag ihrer Mutter. Vielleicht könne man sich bei der Gelegenheit treffen und miteinander sprechen? Amy bestand darauf, dass sie einen Tag und eine Uhrzeit festlegten.

Das war vor zwei Monaten gewesen. Seitdem hatte Amy mehrere E-Mails an Hasper geschickt, ohne je eine Antwort erhalten zu haben. Nun stand sie vor dem Haus der Eltern von Daphne Hasper. Sie klopfte gegen die Haustür.

Kurz darauf wurde die Tür aufgemacht. »Guten Tag. Kann ich Ihnen helfen?«, fragte eine Frau

»Ms Hasper?«, fragte Amy.

»Ja?«, antwortete sie mit ahnungslosem Gesicht.

»Hallo. Ich bin Amy Kaye vom Büro des Staatsanwalts des Augusta County.«

Hasper dämmerte, wer da vor ihr stand.

»Oh, meine Güte. Das tut mir leid. Ich … ich habe unser Treffen völlig vergessen.«

»Kein Problem. Ich bin froh, dass ich Sie antreffe. Kann ich hereinkommen?«

Hasper blickte kurz nach hinten, trat dann heraus auf die vordere Veranda und schloss die Tür hinter sich.

»Hören Sie, es tut mir leid, aber das ist gerade kein günstiger Zeitpunkt«, sagte sie leise.

»Ich verstehe. Soll ich später wiederkommen? Oder morgen, oder …«

Hasper schüttelte den Kopf. »Ich möchte einfach nicht … Mein Vater wird morgen operiert. Das kommt ziemlich unerwartet, und diese Sache von damals …, die möchte ich ihm nicht noch einmal zumuten. Er frühstückt gerade. Er soll nicht einmal wissen, dass Sie hier sind. Es tut mir leid, dass Sie den ganzen Weg hierher umsonst gemacht haben. Aber ich bin mir sicher, dass Sie das verstehen.«

Amy Kaye deutete ein verständnisvolles Lächeln an, ließ aber nicht locker.

»Natürlich verstehe ich das. Doch würde ich trotzdem gern mit Ihnen sprechen. Wir können ja spazieren gehen oder eine Runde mit dem Auto fahren, damit Ihr Vater nichts mitbekommt. Sagen Sie ihm doch einfach, dass ich eine alte Schulfreundin bin.«

Hasper zog ein Gesicht. Sie war eine nette Frau, eine erstklassige Lehrerin, die Auseinandersetzungen nicht mochte. »Tut mir leid, ich … ich finde eine Unterhaltung völlig sinnlos. Denn es liegen ja keine neuen Beweise vor, oder?«

»Nein, aber …«

»Dann können wir uns die Zeit und die Mühe sparen«, unterbrach sie Amy in einem bestimmteren Ton. »Denn ich habe der Polizei schon alles erzählt, was mir zu der Sache eingefallen ist. Vor dreizehn Jahren. Seitdem habe ich viel Zeit damit verbracht, mich zu bemühen, *nicht* mehr daran zu denken.«

»Ich verstehe, aber …«

»Außerdem feiert meine Mutter am Wochenende ihren Geburtstag, und mein Vater ist krank«, unterbrach Amy sie erneut. »Wahrscheinlich fragt er sich schon, was ich hier draußen mache. Tut mir leid, das ist mir einfach alles zu viel. Zu viel.«

»Ms Hasper, ich wäre Ihnen wirklich dankbar, wenn Sie nur ein paar Minuten für mich erübrigen könnten.«

»Da bin ich mir sicher«, erwiderte sie und trat zur Haustür. »Doch ich werde jetzt wieder hineingehen. Sie können meinen Namen abhaken und vermerken, dass Sie mit mir gesprochen haben und sich nichts Neues ergeben hat.«

»Nein, bitte warten Sie!«

Doch Hasper hatte die Tür bereits geöffnet. Sie war im Begriff, wieder hineinzugehen.

»Sie sind nicht die Einzige«, stieß Amy hervor.

Eigentlich durfte sie das nicht sagen. Sie kannte die Regeln. Aaron Dansby würde vor Wut kochen, wenn er das herausfand.

Hasper hielt in ihrer Bewegung inne. »Wie meinen Sie das?«, fragte sie.

Jetzt gab es kein Zurück mehr.

»Sie sind nicht die Einzige, die dieser Kerl vergewaltigt hat«, antwortete sie. »Es gibt noch mehr Opfer. Sehr viel mehr.«

»Wie viele?«

»Mindestens acht, die ich durch DNA nachweisen konnte. Aber es sind bestimmt noch mehr. Mehr als zwanzig. Vielleicht mehr als dreißig. Ich weiß es nicht genau. Die Fälle liegen schon so lange zurück. Doch es hat nie jemand versucht, zwischen ihnen eine Verbindung herzustellen. Die Ergebnisse, die ich in den letzten drei Jahren erzielt habe, waren ein hartes Stück Arbeit. Ich habe viele Nächte und Wochenenden damit verbracht und versucht, diesen Dreckskerl endlich dranzukriegen. Und ich wäre Ihnen wirklich dankbar, wenn Sie mir dabei helfen würden. Ein Fall wie dieser braucht nur einen einzigen Durchbruch. Nach meiner Erfahrung könnte dieser Durchbruch etwas sein, das Sie sagen.«

Hasper wirkte noch immer zweifelnd. Amy sprach weiter auf sie ein.

»Er vergewaltigt noch immer. Seine letzte Tat liegt vier Monate zurück. Er müsste bald wieder zuschlagen, wenn er seinem Muster treu bleibt. Ich denke, dass er eine Frau überfällt, eine Weile befriedigt ist und dann ein neues Opfer ins Visier nimmt. Er geht sehr vorsichtig vor und lässt sich Zeit. Zwischen den einzelnen Überfällen liegen für gewöhnlich drei bis fünf Monate. Und er vergewaltigt seit Jahren. Sie dürfen es niemandem erzählen, aber ich befürchte, dass Sie nur eine von vielen sind.«

Hasper nahm diese Informationen relativ gleichmütig auf. Zumindest nach außen hin. Amy konnte nur ahnen, wie es in ihrem Innern brodelte.

»Und warum darf ich das niemandem erzählen?«, fragte sie.

»Ganz ehrlich, weil mein bescheuerter Chef meint, dass ihn ein frei herumlaufender Serienvergewaltiger vor der Wählerschaft schlecht aussehen lassen würde. Deshalb hat er mich angewiesen, so lange Stillschweigen zu bewahren, bis wir einen Tatverdächtigen präsentieren können. Doch das ist schwierig, wenn ich mich nicht an die Bevölkerung wenden kann, um Hinweise zu erhalten, und die Opfer nicht mit mir sprechen wollen.«

Hasper warf einen letzten Blick nach hinten ins Haus. Dann trat sie zurück auf die Veranda und schloss leise die Tür hinter sich.

»Okay«, sagte sie. »Lassen Sie uns einen Spaziergang machen.«

Als sie den Hügel hinaufgingen, zur reicheren Bevölkerung, schilderte Hasper noch einmal detailliert den Überfall.

Tatsächlich gab es nichts, was sie nicht schon vorher den Behörden erzählt hatte. Als Hasper ihren Bericht beendete, waren sie eine halbe Meile vom Haus entfernt.

»Die gesamte Ermittlung scheint sich auf den Mann konzentriert zu haben, der Sie nach Hause gebracht hat«, sagte Amy. »Hat man nie mal jemand anderen in Betracht gezogen?«

»Nicht dass ich wüsste. Die Polizei hat sich von Beginn an auf ihn eingeschossen. Sie führte diese Statistiken an, die besagen, dass soundso viel Prozent der sexuellen Übergriffe von Bekannten verübt werden. Als dann zwei meiner Freundinnen dann noch meinten, dass der Typ wohl eine Schwäche für mich gehabt hätte, war die Sache für die Polizei ziemlich klar.«

»Haben Sie je geglaubt, dass er es war?«

»Ich wusste nicht, was ich glauben sollte. Aber … eigentlich nein. Ich wusste, dass er an mir interessiert war. Das hatte er mir ziemlich deutlich zu verstehen gegeben. Doch war er dabei nicht aufdringlich, so wie andere Typen, verstehen Sie? Als ich erfuhr, dass er freiwillig einen DNA-Test gemacht hatte, wusste ich, dass er es nicht war.«

Sie erreichten eine Stelle auf dem Hügel, von wo aus sie die Blue Ridge Mountains sehen konnten. Sie formten in der Ferne einen majestätischen, violetten Ring. Daphne, die bis dahin fast ununterbrochen gesprochen hatte, war etwas außer Atem gekommen und blieb stehen, um den Anblick in sich aufzunehmen.

Amy hielt es für einen guten Zeitpunkt, eine kleine Pause einzulegen. Ein höherer Standpunkt sollte nämlich Menschen, laut wissenschaftlichen Erkenntnissen, die Amy in ihrem Wortlaut nicht zitieren konnte, in eine mitteilsame Stimmung versetzen. Vielleicht waren es auch gar keine wissenschaftlichen Erkenntnisse.

Nach einer Weile drehte sich Hasper zu Amy um.

»Ich habe mich die ganze Zeit gefragt, ob es noch andere Opfer gegeben hat. So wie der Kerl vorgegangen ist, dachte ich … Na ja, ich habe mich halt gewundert. Mir kam es so vor, als hätte er es schon häufiger gemacht. Außerdem habe ich viel im Internet recherchiert. Ich weiß, dass Sexualstraftäter gewöhnlich nicht nach einem Mal aufhören. Wie, wenn ich fragen darf … verhielt es sich denn mit den andern Opfern?«

»Genau genommen so ähnlich wie bei Ihnen. Sie waren jung, lebten allein oder waren zum Zeitpunkt des Übergriffs allein in ihrer Wohnung. Wenn Sie mir versprechen, es für sich zu behalten, können Sie einen Blick auf die Namen der anderen werfen. Ich möchte schon die ganze Zeit unbedingt herausfinden, ob der Kerl seine Opfer vorher verfolgt oder ob er sie zufällig aussucht. Sollte sich herausstellen, dass sich einige von Ihnen untereinander kennen, kann es sein, dass es auch eine Überschneidung mit dem Täter gibt.«

Während Amy versuchte, die Fassade der kühlen Staatsanwältin aufrechtzuerhalten, verspürte sie eine riesige Spannung. Das war genau die Art von Ermittlung, die sie sich stets gewünscht hatte – vollständiger Kontakt, ohne durch Aaron Dansbys politisches Kalkül ständig ausgebremst zu werden. Sie hätte schon vor langer Zeit hinter seinem Rücken mit diesen Befragungen beginnen müssen.

»Also, dass wir vielleicht alle in einem Laden eingekauft haben, in dem er gearbeitet hat, oder so?«, fragte sie.

»Ja, so was in der Art. Obwohl ich aufgrund der unterschiedlichen Orte nicht glaube, dass der Kerl hier anfangs gewohnt hat. Sie sind Teil der ersten Welle. Vielleicht Nummer sechs oder sieben auf der Liste. Doch ich bin mir nicht sicher, welche der frühen Fälle ich mit einrechnen soll.«

»Wann hat er begonnen?«

»Vielleicht 1997. Schwer zu sagen, da es von dieser Vergewaltigung keine DNA gibt. Zwischen 2002 und 2003 gab es dann innerhalb eines Zeitraums von acht Monaten drei weitere Fälle. Von einer dieser Vergewaltigungen liegt DNA vor. 2005 fand der Übergriff auf Sie statt. Danach schlug der Täter nur noch sporadisch zu. Erst in den letzten sieben, acht Jahren nahm die Häufigkeit wieder zu. Ich habe immer gedacht, dass der Kerl vielleicht ein Lkw-Fahrer war, der gelegentlich durch unsere Gegend kam. Oder ein Vertreter, zu dessen Gebiet das Augusta County gehörte und der dann beschloss, hierherzuziehen.«

Hasper starrte Amy fassungslos an.

»Was ist los?«, fragte Amy.

»Ein Lkw-Fahrer«, sagte Hasper mit belegter Stimme.

»Ja, das ist eine Möglichkeit. Warum?«

Hasper blieb kurz still. Ihr Blick war wieder zu den in der Ferne liegenden Bergen gewandert. Sie schien mit sich selbst zu diskutieren. Amy wollte sie nicht bedrängen.

»Ich habe das nie jemandem erzählt«, sagte sie schließlich. »Die Ermittler waren sich ganz sicher, dass sie den richtigen Mann verhaftet hatten, und ich … ich hatte bloß so ein Gefühl, wer es möglicherweise – *möglicherweise* – sein könnte. Man kann es nicht einmal als Vermutung bezeichnen. Ich hatte wirklich nur … nur so ein Gefühl.

Außerdem habe ich gesehen, was mein Kollege durchgemacht hat. Er ging durch die Hölle. Es dauerte vier Monate, bis das Ergebnis des DNA-Tests da war. Während der ganzen Zeit wurde er wie ein Vergewaltiger behandelt. Das Schulamt zwang ihn zu einer Beurlaubung. Alle seine Freunde wendeten sich von ihm ab. Obwohl das Ergebnis des DNA-Tests ihn entlastet hat, gab es noch immer Leute, die ihm Blicke zuwarfen, als wäre er schuldig. Da … da wollte ich nicht auch noch das Leben eines anderen ruinieren, indem ich vielleicht eine falsche Anschuldigung erhob.«

»Aber Sie sind doch gar nicht diejenige gewesen, die Ihren

Kollegen fälschlich beschuldigt hat«, stellte Amy klar. »Das war das Büro des Sheriffs.«

Haspers Blick war noch immer auf einen Punkt in der Ferne gerichtet.

»Ich weiß«, sagte sie. »Aber ich hatte das Gefühl, na ja, ebenfalls dazu beigetragen zu haben. Vier Monate später war es dann zu spät, von diesem Gefühl zu sprechen. Ich wollte die Sache einfach hinter mir lassen.«

»Es ist nie zu spät«, entgegnete Amy. »Was der Kerl Ihnen angetan hat, tut er auch noch immer anderen Frauen an. Wenn es da jemanden gibt, von dem Sie glauben, dass er möglicherweise der Täter ist, auch wenn es nur ein vages Gefühl ist, können Sie das noch immer sagen. Ich kann diese Information vertraulich behandeln. Neben Ihnen gibt es noch genügend andere Opfer, um ihn ziemlich schnell auszuschließen, wenn er es nicht sein sollte. Doch wenn er es *ist* ...«

Amy sprach den Gedanken nicht aus.

Hasper holte tief Luft und seufzte. Sie fasste sich an ihr Herz.

»O mein Gott«, sagte sie. »Ich kann nicht einmal glauben, dass ich wieder hier bin. Ich ... Sie haben keine Ahnung, wie viel Kraft es mich gekostet hat, die Wunde zu schließen, die diese Sache bei mir hinterlassen hat ... und ich wollte einfach nur, dass sie geschlossen bleibt.«

»Natürlich«, sagte Amy verständnisvoll. »Ich kann mir nicht im Geringsten vorstellen, wie schwer das hier für Sie sein muss.«

Hasper wischte sich über die Augenwinkel.

»Ich bin mir wirklich nicht sicher, okay? Doch der Kerl bewegte sich so wie ein früherer Mitschüler. Der Typ war immer ... Er war einfach ein Schmierlappen, mehr nicht. Nach dem Schulabschluss fing er bei seinem Vater an, als Lkw-Fahrer zu arbeiten. Das war ein weiterer Grund, warum ich niemandem von ihm erzählen wollte, da ich davon ausgegangen bin, dass er nicht einmal in der Gegend war. Doch nach dem Überfall habe ich ihn im Auge behalten, weil ich immer … Ich hatte einfach nur dieses Gefühl. Zuletzt hat man mir erzählt, dass er schon seit ein paar Jahren nicht mehr Lkw fährt, sondern jetzt im Büro seines Vaters arbeitet.«

»Wie heißt er?«

Hasper holte noch einmal tief Luft und sagte dann: »Warren Plotz.«

11. KAPITEL

Die Zeit schien einen Augenblick lang stillzustehen. Meine Kinnlade war nach unten geklappt.

Die Worte – *Ihr Kind auf dem Schwarzmarkt zu verkaufen* – schwebten im Raum wie in einer Sprechblase aus einem grauenhaften Comic-Heft.

Ben drehte sich ruckartig zu mir um, als würde er die Behauptung glauben oder sie zumindest für den Bruchteil einer Sekunde für möglich halten.

Ich begriff endlich, warum ich im Büro der Sozialamtsleiterin saß und mein Fall nicht wie ein x-beliebiger anderer Fall behandelt wurde. Es erklärte auch, warum sie mich nicht besucht hatten, bevor sie mir Alex wegnahmen. Warum sie mir gestern Abend die Tür nicht geöffnet hatten. Warum wir heute anderthalb Stunden warten mussten. Ihrer Ansicht nach mussten sie Alex so weit wie möglich von mir entfernen. Ich war die Mutter, über die alle noch lange nach ihrer Pensionierung sprechen würden: *Erinnerst du dich noch an die Frau, die versucht hat, ihr Kind zu verkaufen?*

»Das … das ist völlig … das ist nicht wahr«, stammelte ich. »Ich meine, das ist lächerlich. Ich würde nie …«

Mir fehlten die Worte. Mir wurde heiß. Meine zu prallen Brüste schmerzten. Tränen rollten über meine Wangen. Schnodder lief mir aus der Nase. Mein Anblick ließ mich noch schuldiger wirken.

Ich wollte diese hanebüchene Anschuldigung mit aller Macht zurückweisen. Doch ich konnte mich nicht beruhigen, geschweige denn einen zusammenhängenden Satz bilden.

Tina Andersons vernichtender Blick zwang mich wegzusehen. Nancy Dements Gesicht war maskenhaft.

»Unter diesen Umständen blieb mir nichts anderes übrig, als jeglichen Kontakt zwischen Ihnen und Ihrem Kind zu untersagen«, sagte die Leiterin. »Eine Unterbringung bei einem Verwandten oder in einer Einrichtung, zu der Sie möglicherweise Zutritt haben, können wir ebenfalls nicht in Betracht ziehen. Wir werden heute Mittag um 13.00 Uhr den Dringlichkeitsantrag auf Inobhutnahme bei einem Richter stellen. Sie haben das Recht, bei dieser Anhörung dabei zu sein, doch es wird nur eine Seite gehört. Das heißt, dass nur wir, das Sozialamt, Beweise vorlegen dürfen. Das sollten Sie wissen. Sie werden am Dienstag, in der Anhörung zur vorläufigen Inobhutnahme, die Möglichkeit haben, mit dem Richter zu sprechen.«

Ja. Klar. Nächsten Dienstag würde ich mit einem Richter sprechen, für den ich ein Monster mit vier Köpfen war. In dreißig Tagen würde ich wieder mit ihm sprechen, ohne dass sich irgendwas geändert hätte. Und so würde es weitergehen. Immer weiter.

Die ganze Zeit bliebe mein Kind in der Obhut von jemand anderem. Während der Schwangerschaft war Alex ein Teil meines Körpers gewesen. Mittlerweile war er ein Teil meiner Seele. Uns verband mehr als nur Fleisch und Blut. Eher würde ich mir einen Arm abhacken lassen, als ihn zu verlieren.

Trotzdem hatten mir diese gefühllosen Frauen ihn weggerissen.

»Warten Sie, nur einen Augenblick!«, sagte ich. »Diese … diese Anschuldigung, dass ich mein Kind verkaufen wolle. Ich meine, das ist … Das ist völlig … Woher stammt die überhaupt?«

»Ehrlich gesagt, Ms Barrick, weiß ich nicht, ob das zum jetzigen Zeitpunkt überhaupt eine Rolle spielt. An Ihrer Stelle würde ich mir eher um die Drogenanklage Sorgen machen. Denn sollten Sie verurteilt werden, steht Ihnen eine lange Haftstrafe bevor, und Ihre Elternrechte werden beendet sein. Das ist im Augenblick das größere Problem. Verstehen Sie das?«

»Nein. Nein, das verstehe ich *nicht*«, erwiderte ich halb schreiend. »Wer hat Ihnen erzählt, dass ich mein Kind verkaufen wolle?«

»Ms Barrick, bitte mäßigen Sie Ihren Ton, oder ich werde Sie bitten müssen, zu gehen.«

Ich hasste Nancy Dement mit jeder Sekunde mehr und warf ihr einen wütenden Blick zu. Sie war eine gnadenlose Bürokratin, die dieses unangenehme Gespräch vergessen, pünktlich um 16.30 Uhr das Büro verlassen und zu ihrer Familie zurückkehren würde. Mein Leben hingegen würde weiterhin in einem Scherbenhaufen daliegen.

Ich biss die Zähne zusammen. »Wer hat Ihnen erzählt, dass ich mein Kind verkaufen wolle?«, wiederholte ich meine Frage.

»Das ist eine Information, die ich zum jetzigen Zeitpunkt nicht mit Ihnen teilen kann.«

»Das ist eine Information, die Sie nicht mit mir *teilen* können?«, sagte ich und verlor nun endgültig die Beherrschung. »Hören Sie, gute Frau! Wir sind hier nicht im Kindergarten und sprechen darüber, ob wir unsere Bauklötze miteinander *teilen* wollen. Wir sprechen von einer der schlimmsten Vorwürfe, die ich mir vorstellen kann. Deshalb verbieten Sie mir, mein Kind zu sehen. Und dann darf ich noch nicht einmal erfahren, von wem oder woher dieser Vorwurf stammt? Das ist …«

»Ich glaube, Sie gehen jetzt besser«, unterbrach mich Nancy Dement und stand auf.

»Ich gehe nirgendwohin, solange ich keine Antworten von Ihnen bekommen habe.«

»Mäßigen Sie bitte Ihren Ton!«

»Ich mäßige hier gar nichts«, schrie ich.

»Okay, Sie gehen jetzt.«

Tina Anderson war nach hinten gewichen – so weit wie möglich von der Mutter entfernt, die ihre Nerven verlor –, und hatte ihr Handy hervorgezogen, in das sie jetzt leise sprach.

Ben versuchte es noch immer mit vernünftigen Argumenten. »Ms Dement«, begann er. »Ich glaube, es ist nur recht und billig, wenn Sie ...«

Doch ich hatte keine Geduld mehr, so besonnen zu sein wie er.

»Wer hat Ihnen erzählt, dass ich mein Kind verkaufen wolle«, fragte ich.

»Ms Barrick, dieses Gespräch ist beendet«, erwiderte Nancy Dement.

»Nein, das ist es erst dann, wenn Sie mir eine Antwort gegeben haben. War es ein anonymer Anruf? Stammt es vom Büro des Sheriffs? Wie kann ich Sie davon überzeugen, dass dieser Vorwurf jeglicher Grundlage entbehrt, wenn Sie mir noch nicht einmal sagen wollen, woher Sie die Information haben?«

»Sie werden mit Ihrem Anwalt sprechen müssen.«

»Ich habe *keinen* Anwalt. Mein Konto weist ein Guthaben von zwölf Cent auf, und ich habe eine Hypothek abzutragen. Ich habe kein Geld für einen Anwalt.«

»Dann wird man Ihnen heute Nachmittag einen zur Seite stellen. Sie müssen jetzt gehen.«

»Warum? Weil ich weißer Abschaum bin? Weil ich eine Drogendealerin bin, die ihr Kind verkaufen will? Ist es das, wofür Sie mich halten?«

»Es ist egal, wofür ich Sie halte«, antwortete Nancy Dement. »Genau das ist es, was Sie nicht begreifen.«

»O doch, das begreife ich. Glauben Sie mir, ich begreife alles, was hier vor sich geht. Seit meinem zweiten Lebensjahr habe ich mit Leuten wie Ihnen zu tun gehabt. Ihnen geht es in Wirklichkeit doch einzig und allein darum, dass Sie Ihren Job behalten, bis Sie in Rente gehen. Sie reden vom Kindeswohl, aber das sind bloß Lippenbekenntnisse. Leute wie Sie haben nicht die geringste Ahnung, was diese Worte bedeuten. Denn wenn Sie eine Ahnung hätten ...«

Gegen Nancy Dements Bürotür wurde kurz geklopft. Im nächsten Augenblick traten zwei bullige Polizeibeamte des Augusta County herein, deren Oberköper durch schusssichere Westen aufgeplustert waren wie die von Superhelden. In ihren Gürteln steckten Waffen. Sie durchquerten mit großen Schritten den Raum und kamen auf mich zu. Der eine war mindestens ein Meter fünfundneunzig, der andere knapp ein Meter neunzig groß. Beide wogen mehr als zweihundertfünfzig Pfund.

Der Größere neigte kurz seinen Kopf zu Nancy Dement. Der Kleinere konzentrierte sich auf mich.

»Würden Sie bitte mit uns nach draußen gehen?«, sagte er.

»Ich gehe nirgendwohin«, erklärte ich bockig.

»Bitte, kommen Sie einfach mit«, beharrte er.

»Das ist wirklich nicht nötig«, sagte Ben zu dem Beamten. Er war mittlerweile aufgestanden und versuchte, sich zwischen mich und den Polizisten zu stellen.

»*Sir*, das geht Sie nichts an«, knurrte er.

»Ich bin ihr Mann. Das geht mich *sehr wohl* etwas an.«

Ben wog mindestens achtzig Pfund weniger als der Polizist, der ihn mühelos mit einem Unterarm beiseiteschob und dann nach meinem Arm griff.

»Fassen Sie mich nicht an!«, fauchte ich und wich ihm aus.

Der Beamte trat noch energischer auf mich zu und schien über mir zu ragen. »Kommen Sie! Los!«, sagte er und versuchte, meine Schultern zu packen.

Ich schlug wie wild um mich, nur um ihn daran zu hindern, mich grob zu behandeln. Meine Hand prallte von seinem Arm ab und traf zufällig seine Wange.

»Verdammt!«, rief er.

Er fasste sich ans Gesicht und taumelte ein, zwei Schritte zurück. Mein Verlobungsring – nur ein kleiner Stein mit Einschlüssen – hatte seine Kieferpartie gestreift und eine kleine Schnittwunde hinterlassen.

»Sie haben gerade einen Polizeibeamten tätlich angegriffen«, sagte der Größere. »Jetzt müssen wir Sie festnehmen.«

»Ich habe ihn nicht angegriffen!«, protestierte ich. »Das … das war ein Versehen.«

»Meine Herren, bitte, ich regle das«, schaltete sich Ben ein und versuchte noch einmal, sich zwischen mich und den kleineren Beamten zu stellen. »Schatz, lass uns einfach …«

»Sir, ich bitte Sie, dort stehen zu bleiben, wo Sie sind«, sagte der größere Polizist aufgeregt.

»Es wäre wirklich besser, wenn …«, entgegnete Ben und machte einen weiteren Schritt nach vorne.

»Sir! Treten Sie zurück! Sofort!«, befahl der Größere, und seine Hand wanderte drohend zu seinem Gürtel.

Ben, der als Jugendlicher mehrere üble Zusammenstöße mit der Polizei erlitten hatte, warf die Hände hoch und blieb wie angewurzelt stehen. Der kleinere Beamte trat energisch auf mich zu.

»Haben Sie Drogen genommen?«, fragte er.

»Ich habe keine … Nein, natürlich habe ich keine Drogen genommen. Mein Gott, was ist bloß los mit Ihnen allen? Ich will einfach nur mein Kind wiederhaben.«

Die beiden Beamten drängten mich in eine Ecke wie eine Wand von Uniformen, die mich einschloss.

»Wir haben die Meldung erhalten, dass Sie den öffentlichen Frieden stören. Und jetzt haben Sie einen Beamten angegriffen. Wollen Sie diesen Tatbeständen auch noch Widerstand gegen die Staatsgewalt hinzufügen?«, sagte der Kleinere. »Wir müssen Sie mitnehmen. Wollen Sie, dass wir das auf die einfache oder auf die harte Tour machen?«

»Ich werde *nicht* mitkommen. Nicht, solange ich keine Antworten von dieser Frau erhalten habe.«

»Okay. Lass uns loslegen!«, sagte der Kleinere. Aber nicht zu mir.

Sie gingen präzise vor und packten mich jeweils seitlich. Die beiden schienen mehr als nur vier Arme zu haben. Und sie waren stark. Bärenstark. Ich widersetzte mich, schlug um mich und knurrte sie an wie ein verwundetes Tier, ohne viel auszurichten. Ich hörte Bens Protest, doch die Androhung der Polizisten, den Teaser einzusetzen, hielt ihn zurück.

Nancy Dements Gesichtsausdruck war selbstzufrieden und triumphierend, als mich die Polizisten aus ihrem Büro beförderten. Sie umklammerten meine Arme, meine Füße schleiften über den Teppichboden.

»Lassen Sie mich los! *Lassen Sie mich los!* Sie tun mir weh!«, schrie ich mehrfach, als sie mich zurück durch den Wartebereich schleppten, in dem andere Besucher des Sozialamts saßen und vor mir zurückschreckten.

Sie zerrten mich durch die Tür in den Haupteingangsbereich. Ich versuchte verzweifelt, mich gegen sie zu stemmen, und hörte, wie der Saum meines Kleids riss.

Der Kleinere wurde müde. Das verlieh mir mehr Energie. Als wir die Eingangstür erreichten, wehrte ich mich noch immer verbissen und machte es ihnen so schwer wie möglich, mich nach draußen zu komplementieren. Ich konnte mittlerweile nicht mehr logisch denken.

Als wir nach draußen traten, sagte der Kleinere – über dessen Kieferpartie Blut tropfte –: »Okay, ich hab' genug. Bringen wir sie da drüben hin!«

Sein Partner schien zu verstehen. Sie führten mich zu dem Beet vor dem Gebäude und ließen mich auf die Steine fallen.

Warum sie mich losließen, begriff ich nicht ganz. Ich kniete und atmete schwer. Die Polizisten hatten die Flügelärmel meines Kleids fast komplett heruntergerissen. Mein Haar hatte sich teilweise aus der Spange gelöst.

Der Kleinere griff nach seinem Gürtel. Er zog eine schwarze Dose hervor, richtete sie auf mich und drückte auf den Zerstäuber, alles in einer einzigen Handbewegung. Eine weißliche Flüssigkeit landete in meinem Gesicht.

Meine Augen, meine Nase und mein Mund brannten sofort. Ich heulte, fiel hin, war völlig außer Gefecht gesetzt und versuchte vergeblich, diese schreckliche, beißende Hölle aus meinen Augen zu wischen.

Pfefferspray. Der winzige Teil meiner selbst, der noch der Sinneswahrnehmung fähig war, begriff, dass ich mit Pfefferspray besprüht worden war.

Der Rest von mir – Körper und Geist – litt Höllenqualen. Ich krümmte und wand mich auf dem Boden, würgte und spuckte. Sie hielten sich von mir fern, weil sie nicht selbst mit dem Pfefferspray in Kontakt kommen wollten.

Als sie sich sicher waren, dass es sich verflüchtigt hatte, traten sie an mich heran, rissen meine Handgelenke nach hinten und legten mir Handschellen an. Ich hätte mich nicht wehren können, selbst wenn ich es gewollt hätte, da ich aufgrund der Schmerzen völlig außer Gefecht gesetzt war. Außerdem strömten so viele Tränen aus meinen Augen, dass ich so gut wie blind war.

Ich bekam dumpf mit, dass Ben in der Nähe herumschlich und die Szene mit seinen Handy in stillem Protest aufzeichnete. Die Beamten ignorierten ihn, als sie mich zu ihrem Streifenwagen schleppten, nach hinten verfrachteten und die Tür verriegelten.

Genau da kam ich zu dem Schluss, dass die Ereignisse der letzten beiden Tage Strafe genug waren. Immerhin war mir mein Kind weggenommen und mein Haus durchsucht worden. Es stand der Vorwurf gegen mich im Raum, mein Kind verkaufen zu wollen.

Als ich erfahren wollte, wer der Urheber dieser Anschuldigung war, wurde mir Pfefferspray ins Gesicht gesprüht.

Doch in den nächsten Stunden sollten noch viel mehr Gemeinheiten hinzukommen. Die Beamten des Sheriffs brachten mich in ihre Zentrale, die nicht weit entfernt war.

Dort wurde ich einem Haftrichter vorgeführt. Ich kann mir nicht vorstellen, dass ich mit meinen brennenden Augen und der triefenden Nase einen großen Eindruck auf ihn gemacht habe. Er warf mir Körperverletzung, Landfriedensbruch und Widerstand gegen die Staatsgewalt vor. In seinen Augen stellte ich eine Gefahr für die Gesellschaft dar, die besser in einer Zelle aufgehoben war. Immerhin hatten die guten Menschen vom Sozialamt aufgrund meines Verhaltens den Sheriff rufen müssen. Und die netten, schwergewichtigen Beamten sahen sich auch noch gezwungen, Pfefferspray gegen mich Übeltäterin anzuwenden.

»Ich glaube, Ms Barrick, wir geben Ihnen ein bisschen Zeit, um sich zu beruhigen«, waren seine genauen Worte, nachdem er angeordnet hatte, dass ich ohne Möglichkeit auf Hinterlegung einer Kaution ins Gefängnis gebracht werden sollte.

Er erklärte mir, dass eine Kautionsverhandlung am nächsten Tag vor einem Richter stattfinden würde. Bis dahin war mir ein Telefonat gestattet. Ich rief Diamond Tracking an, um mitzuteilen, dass ich am nächsten Tag nicht zur Arbeit erscheinen würde.

Dann wurde ich erkennungsdienstlich behandelt. Anschließend brachte man mich ins örtliche Gefängnis, dem Mid River Regional Jail, wo die Schrecken immer schlimmer wurden. Ich habe Zeitungsartikel gelesen, in denen die Verfassungsmäßigkeit von Leibesvisitationen angefochten wird, die in Gefängnissen durchgeführt werden, um sicherzustellen, dass Drogen und dergleichen nicht eingeschleust werden. Doch man begreift erst dann die Erniedrigung, wenn man selbst splitterfasernackt dasteht, sich bücken und husten muss, während After und Genitalien von einer fremden Person untersucht werden.

Schließlich stattete man mich mit einem locker sitzenden orangefarbenen Overall aus und lud mich bei den anderen Gefängnisinsassinnen ab. Es war so ähnlich wie früher, wenn ich zum ersten Mal ein neues Pflegeheim betrat: Ich war die Neue, die anderen Frauen taxierten mich auf der Suche nach Anzeichen von Schwäche.

Ich versuchte auf die Überlebensstrategie zurückzugreifen, die ich mir vor so vielen Jahren angeeignet hatte. Doch es klappte nicht mehr. Ich konnte diesen Teil, diesen wichtigsten Teil meiner selbst nicht mehr in mein Herz einschließen, weil genau dieser Teil – Alex – nicht da war.

Wusste ich das nicht schon? Wusste ich nicht schon, dass sich alles verändert hatte, seit ich Mutter war?

Ich hatte vor kurzem in einer Zeitung über ein Forscherteam an einer Universität in den Niederlanden gelesen. Sie hatten MRT-Aufnahmen von den Gehirnen einer Gruppe von Frauen gemacht. Einige wurden schwanger. Sie machten erneut Aufnahmen. Dabei wiesen die grauen Zellen der schwangeren und die der nichtschwangeren Frauen signifikante Unterschiede auf. Die Hirnstruktur der schwangeren Frauen hatte sich in mindestens elf Bereichen physikalisch verändert.

Das hätte ich ihnen auch ohne all den technischen Schnickschnack sagen können. Mein Leben zwischen zwanzig und dreißig war eine Fortführung meiner Jugend. Ich konnte machen, was ich wollte – ausgehen, mich am Wochenende betrinken, nur Eiskrem zu Abend essen –, die Folgen waren relativ harmlos. Ich tat niemandem weh, außer mir selbst.

Selbst als ich dann in meinem Auto lebte, kam mir das nicht *so* dramatisch vor, da ich die einzige Person war, die unter der Situation litt.

Die Schwangerschaft setzte diesem Denken ein Ende. Und noch vielem anderen. Obwohl Alex zu dem Zeitpunkt noch ein Wesen in mir war, das ich nicht kannte, verspürte ich schon dieses starke Gefühl der Verantwortung. Eine Verantwortung, die bis in meinen innersten Kern drang. Was mir zustieß, stieß jetzt auch ihm zu. Ich war nicht mehr nur Melanie Barrick. Ich war auch die Mutter eines Kindes.

Wenn auch, rein rechtlich betrachtet, nicht im Moment.

Man schob und schubste mich von einer Stelle zur nächsten im Gefängnis und entzog mir derweil formell das Sorgerecht für Alex. Wenige Meilen entfernt, reichte das Sozialamt beim Gericht in Staunton seinen Antrag auf sofortige Inobhutnahme ein.

Ein Richter, der durch den Staat von Virginia befugt war, Menschen ihre Kinder wegzunehmen, befand, dass Alexander Barrick in meiner Obhut Misshandlung und Vernachlässigung ausgesetzt war.

Das Sozialamt des Shenandoah Valley besaß nun das Sorgerecht für mein Kind. So wie es einmal das Sorgerecht über mich besessen hatte.

Ein Teufelskreis, der vor langer Zeit begonnen hatte, als meine Mutter meinen Vater kennenlernte, legte eine zweite Runde ein.

12. KAPITEL

Sie konnte es nicht fassen. Das Baby schrie. Schon wieder.

Nein, mehr als das. Sie hatte die Rufe eines Kindes stets für ein angenehmes Geräusch gehalten – das sanfte Wimmern neugeborenen menschlichen Lebens, das sein Dasein der Welt kundtat.

Doch das hier war mehr als nur ein bloßes Schreien. Dieses Kind hatte Lungen, die selbst die Lungen einer Opernsängerin in den Schatten stellten. Seine Proteste ertönten nicht nur in einer ohrenbetäubenden Lautstärke, sondern auch noch in einer Häufigkeit, die darauf ausgerichtet zu sein schien, sie an den Rand des Wahnsinns zu treiben.

Darüber hinaus schrie er praktisch ununterbrochen, seitdem er am vorherigen Nachmittag angekommen war. Wenn er nicht schlief oder aß, gab er diese … diese missklingenden Töne von sich.

Dem letzten Ausbruch war ein Schläfchen vorausgegangen. Der Junge steigerte sich schnell in eine derartige Wut hinein, dass sein Gesicht rot anlief. Sie hatte selbst versucht, etwas Schlaf zu bekommen, nachdem sie einen langen, quengeligen Abend mit ihm verbracht hatte. Und sie wünschte sich gerade nichts sehnlicher, als dass sich jemand anderes um ihn kümmern würde.

Dann fiel ihr ein, dass niemand sonst im Haus war.

»Okay, okay«, murmelte sie und stand auf. »Ich komme.«

Sie schwankte ins Kinderzimmer, das schon erste Unordnung aufwies. Die einmal so ordentlich gestapelten Windeln lagen verstreut herum. Die Schachtel mit den Feuchttüchern stand offen, so dass das oberste Tuch sich in Sandpapier verwandelt hatte. Die Unterlage der Wickelkommode war verschmiert. Sie hatte sie nicht ausgetauscht, da die andere Unterlage auch schon schmutzig war und gewaschen werden musste.

Sie lehnte sich über das Kinderbett. Der Junge brüllte immer lauter.

»Würdest du einfach *bitte* ... die Klappe halten?«, stöhnte sie.

Sie beugte sich vor, hob den Kleinen aus dem Bett und hielt ihn kurz in den Händen. Am liebsten hätte sie ihn so lange geschüttelt, bis er Ruhe gab.

Nein, das kannst du nicht machen, ermahnte sie sich.

Trotzdem.

Schließlich drückte sie ihn an sich und begann, leicht auf seinen Rücken zu klopfen. So wie man es mit Babys machen sollte. So wie alle Babys in der Geschichte des *Homo sapiens* es haben wollten.

Außer diesem Baby. Ihre Bemühungen, ihn zu beruhigen, waren wieder einmal zwecklos.

Dieses kleine Wesen verlangte nach ihrer Aufmerksamkeit erstaunlich heftig. Trotzdem war er offenkundig unzufrieden, wenn er sie dann erhielt. Sie hatte keine Ahnung, was ihm fehlte.

Ihre Vorbereitungen hatten sich größtenteils darauf konzentriert, überhaupt ein Baby zu bekommen. Sie hatten Striche durch die *t* gezogen, Punkte auf die *i* gesetzt und versucht, nicht nur die Anforderungen zu erfüllen, sondern sie weit zu übertreffen. Es hatte fast die Züge eines Spiels angenommen: Wie sehr können wir das Sozialamt beeindrucken? Wie perfekt können wir sein?

Sie war eigentlich davon ausgegangen, dass der ganze Aufwand umsonst war oder dass es eine lange Wartezeit geben würde, ehe etwas passierte.

Doch dann, nur wenige Tage nachdem sie ihre Bescheinigung erhalten hatten, meldete sich plötzlich Tina Anderson, die Familiensachbearbeiterin. *Sie werden es nicht glauben, doch wir haben gerade ein Baby in Obhut genommen. Würden Sie gern Ihre Reise als Pflegeltern beginnen?*, fragte sie.

Ja, antwortete die Frau sofort. *Ja, ja, ja, natürlich wollen wir das Baby!*

Das war vor weniger als vierundzwanzig Stunden gewesen. Doch es kam ihr jetzt schon wie Jahre vor.

Sie schaffte es erneut nicht, das Kind zu beruhigen, und dachte über die anderen Gründe nach, weshalb der kleine Kerl verstimmt sein könnte. Hunger. Nein, er war nicht hungrig. Korrektur: Er würde nichts essen. Er weigerte sich standhaft, die Säuglingsmilch zu trinken.

Windelwechsel. Vielleicht sollte sie es damit versuchen. Sie legte ihn auf die Unterlage der Wickelkommode, knöpfte den Strampler auf, entfernte die alte Windel, knüllte sie zusammen und warf sie in den Windeleimer.

Genau in dem Moment, fing der Junge an zu pieseln. Ein Strahl schoss in hohem Bogen durch die Luft und landete im Gesicht und im Mund des Jungen – was zu noch lauteren Protesten führte.

»O Gott!«, schrie die Frau. »Hör auf zu schreien! Hör auf!«

Sie griff nach einem Lappen, machte zuerst den Jungen und dann den Boden neben der Wickelkommode sauber, der auch ein paar Tropfen abbekommen hatte. Als sie sich wieder aufrichtete, trat ihr Mann ins Kinderzimmer.

Sie brach augenblicklich in Tränen aus.

»Was ist los?«, fragte er, musterte seine Frau und das Kind, beide scheinbar kurz vor einem Hirnschlag.

»Ich bin eine *völlige* Versagerin«, sagte die Frau frustriert. »Ich bin nicht einmal einen Tag Mutter und würde am liebsten schon jetzt das Handtuch werfen.«

Er nahm sie in die Arme.

»Du bist eine großartige Mutter«, sprach er beruhigend auf

sie ein. »Ihr beide braucht nur etwas Zeit, um euch kennenzulernen.«

»Glaubst … glaubst du das wirklich?«, fragte sie schniefend.

»Ja, das glaube ich. Und du wirst alle Zeit der Welt haben. Das ist unser Kind. Und das wird es auch immer bleiben.«

13. KAPITEL

Ein Name. Amy Kaye hatte endlich einen Namen.

Sie konnte auf der Rückfahrt kaum stillsitzen. Diese neue Spur schwirrte in ihrem Kopf herum.

Sie hatte so oft in einem staubigen Archiv gesessen, sich durch Fälle gearbeitet, die von allen vergessen worden waren, außer von den Opfern, und davon geträumt, einmal mehr als nur eine variierende Beschreibung eines flüsternden Mannes zu haben.

Ein Name änderte alles. Hinter einem Namen verbarg sich ein Gesicht, das eine Gegenüberstellung ermöglichte; dahinter verbarg sich eine Geschichte, die gegen vorhandene Fakten abgeglichen werden konnte; dahinter verbargen sich Aktivitäten, die heimlich überwacht werden konnten, insbesondere am frühen Morgen, dem Zeitpunkt, an dem der Vergewaltiger so oft zugeschlagen hatte.

Das Beste daran war jedoch, dass sich dahinter ein Mensch verbarg mit einer DNA.

Natürlich konnte Amy noch keine gerichtliche Verfügung beantragen, um Warren Plotz einem Test zu unterziehen. Ein Opfer, dreizehn Jahre nach der Tat, mit dem vagen Gefühl, dass ein ehemaliger Mitschüler es gewesen sein könnte? So was Unausgegorenes konnte sie keinem Richter präsentieren.

Doch ihre größte Angst war nicht, dass ein Richter sie laut lachend aus seiner Kammer verjagte. Ihre größte Angst war, dass Warren Plotz sich für immer aus dem Staub machen könnte, wenn sie diese Verfügung in der Tasche hatte und er getestet worden war.

Sie wollte ihn erst einsperren und *dann* ihre DNA-Probe bekommen.

Zumindest indizienmäßig kam Plotz durchaus als Täter in Frage. Er hatte 1999 die Schule abgeschlossen, im selben Jahr wie Daphne Hasper. Jetzt war er siebenunddreißig.

Zum Zeitpunkt der Vergewaltigung im Jahr 1997 war er also sechzehn. Zwar etwas jung, doch Amy war sich da nie ganz sicher gewesen – das war der Fall, in dem der Täter mit »leiser Stimme« sprach, was nicht ganz das Gleiche war wie ein Flüstern. Vielleicht hatte Plotz die Tat nicht begangen oder war zu jung, um sich vorzustellen, dass seine Stimme erkannt werden könnte, und fing erst später an zu flüstern.

Laut Hasper begann Plotz kurz nach Schulabschluss als Lkw-Fahrer für seinen Vater zu arbeiten. Das würde erklären, warum in jenen Jahren weniger sexuelle Übergriffe im Augusta County stattfanden.

Amy dachte an die Gerichtsbezirke entlang von Plotz' Routen und ihre ungelösten Vergewaltigungsfälle. Hatte er sich auf bestimmte Gegenden konzentriert oder überall da, wo er von der Straße abfuhr, nach seinen Opfern gesucht?

Vielleicht würden die ungelösten Fälle in Städten und Gemeinden entlang der Autobahnen sich langsam aufklären, wenn die Daten von Plotz erst einmal in CODIS waren, der DNA-Datenbank des FBI. Wie viele junge Frauen gab es da draußen, die sich fragten, ob ihr Dämon je seine gerechte Strafe erhalten hatte? Wie viele Frauen gab es, die unter Plotz' Heimtücke gelitten hatten, ohne es zu melden?

Wie groß die Anzahl auch war, die Frauen in Augusta County traf es schließlich am schlimmsten. Plotz war bei den sexuellen Übergriffen der Jahre 2002 und 2003 einundzwanzig beziehungsweise zweiundzwanzig. Das passte in das von Amy erstellte Profil. Die Bezeichnung des machtmotivierten, selbstunsicheren Vergewaltigers ist auf dessen Bedürfnis zurückzuführen, durch seine Tat Selbstsicherheit zu erlangen und sich seiner sexuellen Überlegenheit zu vergewissern. Plotz' körperliche und sexuelle Entwicklung war mit zweiundzwanzig vollständig ausgereift, und er musste dieses Bedürfnis besonders gespürt haben.

Amy fragte sich, ob sie Einsicht in die Unterlagen seines Unternehmens bekommen könnte, um die sexuellen Übergriffe mit den kurzen Aufenthalten zu Hause abzugleichen, die er zwischen den einzelnen Fahrten gehabt hatte. Doch auch das müsste warten, bis sie handfestere Beweise gegen ihn hatte.

Doch dass Plotz, laut Hasper, einen Bürojob übernommen hatte, war der ausschlaggebende Grund für Amy, ihn für den Täter zu halten.

Kein Herumstreunen mehr. Keine Autobahnen mehr. Nur noch die heimatliche Gegend und seine krankhaften körperlichen Triebe. Deshalb hatte seitdem die Zahl der Vergewaltigungen ununterbrochen zugenommen.

Als Amy in ihr Büro zurückkehrte, setzte sie sich sofort an den Computer, um zu überprüfen, ob gegen den Tatverdächtigen etwas auftauchen würde, worauf sie drei Jahre lang gewartet hatte.

Es lagen keine Vorstrafen vor. Zumindest keine, die er in Virginia begangen hatte. Sein Name tauchte auch nicht in Lexis-Nexis auf, einer Datenbank, die andere Staaten umfasste. Plotz hatte ebenfalls noch nie eingesessen.

Was Sinn machte. Aus dem Grund war seine DNA nicht erfasst.

Amy begann anderweitig nachzuforschen. Es ist ein weitverbreiteter Irrglaube, dass Staatsanwälte und Beamte anderer polizeilicher Behörden Zugang zu umfassenden, allwissenden, Big-Brother-artigen Datenbanken hätten, die der allgemeinen Bevölkerung nicht zur Verfügung stehen.

Vielleicht traf das auf die NSA zu. Doch die stellvertretende

113

Staatsanwältin Amy Kaye? Ihre vielversprechendsten Quellen waren sehr viel unspektakulärer, um das Privatleben normaler Bürger zu durchdringen.

Facebook. LinkedIn. Instagram. Amy hatte im Laufe der Jahre gelernt, ihre Zielpersonen in den größten Plattformen der sozialen Medien zu verfolgen.

Sie und Warren Plotz hatten einen gemeinsamen Freund bei Facebook, wie sich herausstellte – einen Mann, mit dem Amy Softball spielte –, so dass sie Zugang zu einigen Daten von Plotz' bekam.

Auf seinen Fotos entpuppte er sich als unauffälliger Mann von Mitte bis Ende dreißig mit Bauchansatz. Sein Haar war kurz, braun und seitlich gescheitelt. Die von ihm gern getragenen Sonnenbrillen im Pilotenstil ließen ihn wie einen Trottel aussehen, fand Amy. An seinem linken Handgelenk trug er eine klobige, teuer aussehende Uhr.

Nach den Urlaubsfotos zu urteilen, war er finanziell gut gestellt – auf jeden Fall besser als ein normaler Lkw-Fahrer. Was aber nachvollziehbar war, angesichts der Tatsache, dass seinem Vater das Unternehmen gehörte.

Seine genaue Größe zu schätzen war schwierig. Doch einige Gruppenfotos ließen vermuten, dass er durchschnittlich groß war. Viele Bilder zeigten ihn in Bars, zusammen mit Freunden. Scheinbar hatte er keine Kinder.

Seinem »Über mich« zufolge war er mit einer Deidre Plotz verheiratet. Das war eine kleine Überraschung, denn machtmotivierte, selbstunsichere Vergewaltiger waren eher Männer, die noch zu Hause bei Mutti wohnten, im Keller. Ihr Versagen in anderen Lebensbereichen – Freundschaften, Arbeit und insbesondere Beziehungen – vermehrte das Gefühl sexueller Unzulänglichkeit.

Doch es war etwas anderes, das Amy unter dieser Rubrik am ehesten ins Auge stach. Sein Arbeitgeber: Diamond Trucking.

Der Name kam ihr irgendwie bekannt vor. Sie wusste nur nicht, woher.

Darüber grübelte sie gerade nach, als gegen ihre Bürotür geklopft wurde. »Herein!«, sagte sie.

Einen Augenblick später tauchten das dunkelbraune Haar und die kleinen, blauen Augen von Aaron Dansby auf. Eigentlich war er nicht unattraktiv, rein äußerlich. Ein Typ wie Matthew McConaughey für Arme. Und so wie McConaughey spielte auch Dansby die Rolle des Sprösslings einer alteingesessenen Südstaatenfamilie ziemlich gut.

An diesem Tag sah er besonders geckenhaft aus. Er trug einen neuen, hellblauen Anzug, ein dezent kariertes Hemd und eine Fliege. Amy hatte ihm davon abgeraten, vor einer Jury eine Fliege zu tragen, da er dadurch blasiert und überheblich wirken würde. Er hatte ihr geantwortet, dass sie sich irrte, denn seine Frau würde Fliegen mögen – als bestünde die gesamte Jury nur aus ehemaligen Estée-Lauder-Mitarbeiterinnen.

Es war ungewöhnlich, dass Dansby bei ihr vorbeikam. Normalerweise bat er sie zu sich.

»Hallo«, sagte er.

»Tag.«

»Wie ist dein Gespräch gelaufen?«

»Gut«, antwortete sie kurzangebunden. Sie hatte seine Drohung vom vorherigen Abend nicht vergessen.

»Großartig«, sagte er. »Großartig. Hat das Opfer sich an etwas erinnert, das uns weiterbringt?«

Amy spürte, wie er sich verbissen anstrengte, zu verbissen, das Gespräch normal erscheinen zu lassen. Das war typisch für ihn. Am Abend zuvor hatte er versucht, sie herumzukommandieren. Sie hatte sich gewehrt. Er hatte sofort nachgegeben, wie die meisten Rüpel. Und jetzt versuchte er, auf Schönwetter zu machen, indem er so tat, als hätte diese Auseinandersetzung nie stattgefunden.

»Tatsächlich hat sie mir den Namen eines möglichen Verdächtigen genannt, dabei aber eingeräumt, dass es nur eine vage Vermutung sei, die sie den Ermittlern gegenüber damals nicht erwähnt habe«, antwortete sie.

»Ach ja? Wer ist es denn?«, fragte Dansby und heuchelte weiter Interesse.

»Warren Plotz. Seine Familie besitzt eine Spedition. Freu dich nicht zu früh! Möglicherweise läuft diese Spur ins Leere. Doch zumindest haben wir mal jemanden, den wir unter die Lupe nehmen können.«

»Plotz, sagst du? Das ist eine gute Spur. Die solltest du auf jeden Fall verfolgen«, sagte er geistesabwesend. Und dann lenkte er ungeschickt die Unterhaltung auf das Thema, das ihm eigentlich am Herzen lag. »Hast du die Nachrichten gestern Abend gesehen?«, fragte er.

»Nein«, erwiderte sie.

Sie wusste, welche Frage sie ihm stellen sollte. Nämlich wie es gelaufen war. Doch den Gefallen würde sie ihm nicht tun.

»Ach so. Claire fand, dass es sehr gut rüberkam.«

»Wie … schön«, sagte Amy.

»Ja. Also, dann ist alles klar für Freitag, keine Probleme, oder? Du wirst eine direkte Anklage hinkriegen?«

»Sicher. Ich habe heute Morgen mit Jason gesprochen. Wir müssen uns da um nichts Sorgen machen. Die Hausdurchsuchung ist einwandfrei gelaufen. Die Besitzfrage ist klar. Die Angeklagte hat ihr Handy einschließlich der Drogenutensilien im Haus liegen gelassen. Das ist eine todsichere Sache.«

»Gut, gut«, sagte er und nickte. »Bleib weiter dran! Ich will, dass sie lange hinter Gitter wandert. Vielleicht sogar noch länger als Mookie Myers.«

»Das ist eher unwahrscheinlich. Myers war vorbestraft. Diese Frau nicht.«

Dansby verschränkte die Arme. »Man soll uns nicht vorwerfen können, dass wir die Koks-Mami mit Samthandschuhen angefasst haben, weil sie eine Weiße ist.«

»Sie wird trotzdem mindestens fünf Jahre bekommen«, versicherte ihm Amy. »Die Richtlinien zur Strafbemessung sind nun mal so, wie sie sind.«

Das schien Dansby zufriedenzustellen. »Okay, okay. Das können wir dann zum gegebenen Zeitpunkt über die Medien verbreiten.«

Er klopfte zweimal bekräftigend gegen den Türrahmen. Dann ging er zurück zu seinem Büro, um sich um alles Mögliche zu kümmern, nur nicht um seinen Job.

Amy konzentrierte sich wieder auf den Bildschirm. Diamond Trucking. Warren Plotz arbeitete bei Diamond Trucking. Und …

Natürlich. Dort arbeitete auch Melanie Barrick.

Amy lief ein Schauer über den Rücken, und die Härchen auf ihren Armen stellten sich auf. Sie hatte schon immer gewusst, dass sie auf Verbindungen stoßen würde, sobald es einen Namen gäbe – sowohl zwischen dem Täter und den Opfern als auch zwischen den Opfern selbst.

Aber dass ausgerechnet dieses eine Opfer demnächst des Drogenbesitzes angeklagt werden würde, war eine unerwartete Wendung, die die Sachlage verkomplizierte. Denn so war es ihr nicht möglich, Barrick sofort noch einmal zu befragen.

Doch diese Befragung würde schon noch zur rechten Zeit stattfinden. Im Moment war erst einmal wichtig, dass sie mit Warren Plotz vorankam. Ihre Ermittlungen nahmen endlich Fahrt auf. Drei Jahre nachdem sie begonnen hatten.

14. KAPITEL

Die dünne Matratze, der Geruch menschlicher Ausdünstungen und die nächtlichen Geräusche zu vieler Menschen in einem zu kleinen Raum erinnerten mich in meiner ersten Nacht im Gefängnis an meine Zeit in Pflegeheimen.

Früher hätte mich diese Geräuschkulisse – das Husten und Schnarchen, das Quietschen billiger Bettfedern, das gelegentliche Gebrabbel im Schlaf einer meiner Zellengenossinnen – beruhigt. Jetzt mahnte sie mich nur an eine Zeit, die zu vergessen mich viel Kraft gekostet hatte.

Ich schlief nur mit Unterbrechungen – und wenn, war es eher ein Dösen. Mein Herz pochte ständig. Immerzu dachte ich an Alex: Wo war er? Ging es ihm gut? Wie würde ich ihn wieder zurückbekommen?

Ich sehnte mich danach, seinen weichen Kopf zu streicheln, seinen süßlichen Duft einzuatmen und sein hinreißendes Lachen zu hören. Er lachte erst seit kurzem. Es drang tief aus seinem Bauch hervor und war das perfekteste, fröhlichste Geräusch der Welt. Ben fand es so hinreißend, dass er es aufgenommen hatte und als Klingelton für sein Handy verwendete.

Würde ich dieses Lachen je wieder selbst hören?

Die viel düsterere und rätselhaftere Frage, wer dem Sozialamt erzählt hatte, dass ich mein Kind verkaufen wollte, quälte mich noch mehr. Wer würde eine solche Geschichte erfinden? Wer hasste mich so sehr? Und warum? Mir fiel dazu nichts ein, was einen Sinn ergab.

Um fünf Uhr morgens weckte man mich aus dem Halbschlaf. Kurz darauf saß ich vor einem Mitarbeiter der Gerichtshilfe,

118

dessen Aufgabe es war, eine Kautionsempfehlung für den Richter auszusprechen, vor den ich an diesem Tag noch treten würde. Er fühlte mir eine Weile auf den Zahn – War ich vorbestraft? Wie lange lebte ich schon in Staunton? Hatte ich Familie hier? Arbeitete ich? – und schickte mich zurück zu den restlichen Häftlingen.

Mittlerweile war es nach sechs Uhr, und meine Mitinsassinnen schlurften über die Gänge zum Waschraum, gackerten herum und kabbelten sich.

Niemand erklärte mir, was ich zu tun hatte oder wohin ich gehen sollte, doch die Abläufe des Lebens in einer Anstalt waren mir bekannt. Ich fügte mich also in den Strom ein. Bis zum Frühstück gelang es mir, unauffällig zu bleiben. Dann setzte ich mich im Speisesaal allein an einen Tisch, und drei junge, schwarze Frauen traten an mich heran.

»Hab' ich's euch nicht gesagt! Sie ist es!«, sagte sie, als wäre sie auf ihre Beobachtung sehr stolz.

»Wir haben dich heut' Morgen in den Nachrichten gesehen«, sagte eine andere. »Bist so 'ne Art Berühmtheit.«

»Man nennt dich die Koks-Mami«, erklärte die Dritte. »Sollst ganz schön viel von dem Zeug gehabt haben. Die haben dein Bild im Fernsehen gezeigt.«

Ich nahm die Information auf und versuchte, keine Reaktion zu zeigen. Sollte das stimmen – und ich konnte mir kaum vorstellen, dass die drei diese Geschichte gerade erfunden hatten –, war das eine weitere Gemeinheit, die zu den anderen hinzukam. Alle Menschen, die ich hier in Staunton kannte, seit ich dreizehn war, von meinen Lehrern bis hin zu meinem früheren und jetzigen Arbeitgeber, schnalzten gerade mit ihren Zungen und fragten sich, was nur aus Melanie Barrick geworden war.

Das Gesicht der zweiten Schwarzen leuchtete auf. »He«, sagte sie. »Wenn du die Koks-Mami bist, dann könnte ich doch deine Koks-Tochter sein, oder? Ich schließ' mich dir an, wenn ich rauskomme.«

119

Die anderen beiden lachten schallend und knufften sich gegenseitig.

»Ja, ja«, stimmte die Dritte ein. »Ich werde die Koks-Cousine sein und du die Koks-Tante. Wir werden eine große, glückliche Koks-Familie sein.«

Noch mehr Gelächter. Ich hatte noch immer nichts gesagt.

»Ach, komm schon!«, sagte die Dritte. »Wir ziehen dich doch nur auf.«

Ich wandte mich wieder der Eierspeise auf meinem Teller zu, die an den Stellen, wo sie nicht gut verrührt war, kleine Mehlklumpen aufwies. Ich führte die Gabel zum Mund. Ich wollte einfach nur, dass sie weggingen.

»Was ist? Hältst du dich für was Besseres, oder was?«, sagte eine von ihnen, griff nach meinem Essenstablett und stieß es zu mir.

Ich fing es gerade noch rechtzeitig auf, dass es nicht in meinem Schoß landete. Milch und Haferflocken schwappten aus der Plastikschüssel auf den Tisch.

»Nur weil du im Fernsehen gewesen bist?«, fuhr sie fort.

Da Schweigen scheinbar nicht viel brachte, sah ich auf und warf der Frau einen finsteren Blick zu.

»Ich habe euch nichts zu sagen«, antwortete ich ruhig. »Und jetzt lasst mich in Ruhe!«

»Ohh, die Koks-Mami möchte gern allein gelassen werden«, stichelte sie. »Glaubst du etwa, du kannst mir Befehle erteilen, du Schlampe?«

»Nein. Aber ich denke, dass ich das Recht habe, allein gelassen zu werden.«

Die Frau war im Begriff, etwas zu erwidern, als eine Gefängniswärterin herantrat. Eine Afroamerikanerin, fast ein Meter achtzig groß, mit großen Brüsten und einem runden Hintern. Sie hatte ihre langen Zöpfe – wahrscheinlich Haarverlängerungen – zu einem festen Knoten gebunden. Ihr angespanntes Gesicht drückte ihr Missfallen über die Situation deutlich aus.

»Okay, Dudley, das reicht«, sagte sie. »Geh und setz dich woanders hin! Aber nicht hier!«

»Ich rede doch nur zu …«

»Willst du, dass ich Meldung über dich mache? Willst du in Einzelhaft? Dann nur weiter so!«

»Verdammt nochmal, wir haben doch nur 'n bisschen Spaß hier«, protestierte Dudley. Doch dann zog sie schmollend ab, ihre Freundinnen im Schlepptau.

»Tut mir leid«, sagte die Wärterin, als die drei außer Hörweite waren.

»Schon okay. Danke für Ihre Hilfe. Ich versuche nur, hier drin keinen Ärger zu bekommen.«

Ich lächelte sie kurz an und ging davon aus, dass das Gespräch beendet war. Doch sie blieb bei mir stehen und betrachtete mich mit dieser eigenartigen Miene.

»Du erinnerst dich nicht mehr an mich, oder?«, sagte sie leise.

Verwirrt musterte ich ihr Gesicht. Ich war mir ziemlich sicher, dass es mir nicht bekannt war.

»Äh …, tut mir leid, ich …«

Ich blickte auf ihr Namensschild. BROWN stand darauf geschrieben. Hatten wir zusammen bei Starbucks gearbeitet? Waren wir zusammen zur Schule gegangen? Ich war mir relativ sicher, dass ich mich an eine Frau ihrer Größe erinnern würde. Ich kam zu keinem Ergebnis.

»Zerbrich dir nicht den Kopf!«, sagte sie.

Ich wollte sie fragen, woher, seit wann und in welchem Zusammenhang wir uns kannten. Eine Freundin konnte ich hier drinnen bestimmt gut gebrauchen.

Doch ich spürte, dass das nicht der richtige Zeitpunkt dafür war. Und ganz bestimmt nicht der richtige Ort. Andere Insassinnen sollten unser Gespräch nicht mitbekommen. Das wollte Officer Brown nicht riskieren.

»Danke noch einmal, dass Sie mir da eben zu Hilfe gekommen sind«, sagte ich und nickte in Richtung der drei schwarzen Frauen, die sich bereits gesetzt hatten.

»Ach, da musst du dir keine Sorgen machen. Die sind harmlos«, sagte sie. »Ein paar der anderen aber nicht. Am besten gehst du ihnen einfach aus dem Weg.«

»Verstanden.«

»Pass auf dich auf!«, sagte sie. »Man sieht sich.«

Den Rest des Vormittags verhielt ich mich unauffällig. Da der Termin mit dem Richter bevorstand, versuchte ich, mein äußeres Erscheinungsbild nicht so wie das einer ungepflegten Insassin aussehen zu lassen, sondern eher wie das einer Frau, deren derzeitige Lebensumstände eigentlich nicht zu ihr passten.

Der orangefarbene Overall war jedoch in dem Zusammenhang nicht gerade förderlich. Und ohne einen Kamm war an meinem zerzausten Haar nicht viel auszurichten.

Kurz nach dem Mittagessen wurde ich mit sechs weiteren Insassen – zwei Frauen, eine davon schwanger, und vier Männern – zu einem Raum geführt. Man wies uns an, still auf einer Bank zu sitzen und zu warten. Die Zeit unserer Kautionsverhandlungen war gekommen.

Mir erschien es eigenartig, dass ein Richter in ein Gefängnis kam. Brachte man die Insassen nicht eher zu ihm als umgekehrt?

Eigentlich egal. Meine Nerven lagen so oder so blank. Ich hatte das Gefühl, als wartete ich darauf, ins Büro des Schuldirektors gerufen zu werden, nur dass die Folgen viel schwerwiegender waren.

Meine Mitinsassinnen wurden nacheinander in den Raum gebeten und verließen ihn still, wenn sie fertig waren. Also, außer der Schwangeren. Sie weinte.

Als ich an der Reihe war, geleitete man mich in einen kargen Raum. Ich erblickte keinen Richter, sondern nur einen älteren Flachbildfernseher, auf dem eine Kamera montiert war, ausgerichtet auf einen Stuhl vor der Wand.

Ich begriff. Die Verhandlung fand per Videokonferenz statt. So viel zur menschlichen Komponente.

Ich nahm auf dem Stuhl Platz. Der Richter in dem Bildschirm schien in einem tristen, engen Gerichtssaal zu sitzen und las ein Schriftstück auf seinem Schreibtisch. Er trug eine Lesebrille.

In der oberen, rechten Ecke des Bildschirms befand sich ein schmaler Bild-im-Bild-Ausschnitt meiner Person. Ich wirkte klein vor dieser Betonwand, in meinem orangefarbenen Overall. Das war das Bild, das in den Gerichtssaal übertragen wurde, vermutete ich.

Außer dem Richter und seinem Schreibtisch war nicht viel zu sehen, so dass ich nicht wusste, ob Zuschauer da waren. Ich fragte mich, ob Ben gekommen war, um still seine Unterstützung zu zeigen. Normalerweise unterrichtete er Donnerstagnachmittags. Es waren Studenten eines großen Einführungskurses von Professor Kremer, seinem Doktorvater. Doch der Gerichtstermin seiner Frau würde in dem Fall doch vorgehen, oder nicht? Konnte er sich vielleicht nicht durchringen, ihm zu erzählen, dass er mit einer Frau verheiratet war, die Polizisten verprügelte?

Der Richter hob den Blick und nahm seine Brille ab.

»Melanie Anne Barrick?«

»Ja.«

»Ms Barrick, Sie werden des Landfriedensbruchs, des Widerstands gegen die Staatsgewalt und der Körperverletzung eines Beamten beschuldigt. Eines Vergehens der Kategorie 6, das mit einer Haftstrafe von ein bis fünf Jahren geahndet werden kann. Verstehen Sie, was Ihnen zur Last gelegt wird?«

Ein bis fünf Jahre? Für einen Kratzer? War das ein Scherz?

»Nein … nein, eigentlich nicht.«

»Was verstehen Sie daran nicht?«

»Ich … Ich habe ihn kaum berührt. Und das auch nur, weil er …«

»Ms Barrick«, unterbrach mich der Richter und hielt eine Hand hoch, als hätte er schon jetzt keine Geduld mehr mit mir. »Wir sind heute nicht zusammengekommen, um Ihren Fall zu diskutieren. Ich muss nur wissen, ob Sie meine Worte begreifen und keinen Übersetzer brauchen. Verstehen Sie, was Ihnen zur Last gelegt wird? Das ist eine ziemlich einfache Ja-Nein-Frage.«

Ich war für den Richter nur eine weitere Frau in einem orangefarbenen Overall und mit zerzaustem Haar, die offensichtlich nicht über genügend Intelligenz verfügte, um seine wichtigen, hochtrabenden Worte zu verstehen.

»Ja«, antwortete ich so würdevoll, wie ich konnte.

»Danke. Das ist ein Vergehen, das zu einer Freiheitsstrafe führen könnte, sollten Sie dessen für schuldig erklärt werden. Sie haben daher das Recht, von einem Anwalt vertreten zu werden. Wenn Sie sich keinen eigenen Anwalt leisten können, wird Ihnen das Gericht einen kostenlosen Pflichtverteidiger zur Seite stellen. Möchten Sie das?«

»Ja bitte.«

»Heben Sie Ihre rechte Hand!«

Ich hob meine rechte Hand.

»Schwören oder bekräftigen Sie im Bewusstsein Ihrer Verantwortung, dass Sie in Ihrer Aussage nach bestem Wissen die reine Wahrheit sagen werden?«

»Ja.«

»Ms Barrick, sind Sie berufstätig?«

»Ja, Herr Richter.«

»Wieviel verdienen Sie?«

»Achtzehn Dollar die Stunde.«

»Und wie viele Stunden arbeiten Sie pro Woche?«

»Vierzig.«

»Gibt es in Ihrem Haushalt Menschen, die auf Ihr Einkommen angewiesen sind?«

»Ja, Herr Richter«, antwortete ich. »Ich habe einen Sohn. Und mein Mann studiert noch.«

»In Ordnung, Ms Barrick. Soweit ich weiß, vertritt Mr Honeywell Sie als Anwalt beim Sozialamt. Stimmt das?«

»Ähm, um ehrlich zu sein, davon habe ich keine Kenntnis.«

Das schien den Richter nicht aus der Fassung zu bringen. »Dann haben Sie es gerade von mir erfahren. Normalerweise würde ich einen Anwalt vom Büro der Pflichtverteidiger benennen. Doch da Mr Honeywell bereits in einer anderen Sache für Sie tätig ist, werde ich ihn auch hier benennen. Ist das akzeptabel?«

Nein, dachte ich im Stillen. Ich kannte die Sorte von Anwälten, die in Sozialamtsfällen benannt wurden. Sie standen in der Hackordnung der Rechtsverdreher ganz unten. Ich konnte mich an einen erinnern, der zu meiner Mutter einmal sagte, dass er sie deshalb nicht zurückgerufen hätte, weil das Gericht ihm nur hundert Dollar dafür zahlen würde, sie zu vertreten. Eine derart individuelle Leistung sei in diesem Betrag nicht inbegriffen. »Sie können froh sein, dass ich für hundert Dollar überhaupt aufstehe«, meinte er.

Das war vor zwanzig Jahren gewesen. Ich konnte mir nicht vorstellen, dass das Honorar für Pflichtverteidiger sich mittlerweile sehr verbessert hatte. Ich würde genau das bekommen, was ich für diesen Mr Honeywell zahlte: nichts. Doch im Augenblick war er meine einzige Alternative.

»In Ordnung«, sagte ich.

Ein kleiner, rundlicher, grauhaariger Mann in einem zerknitterten grauen Anzug tauchte links unten im Bildschirm auf. Seine Krawatte war zu lang, und er hatte riesige Tränensäcke unter den Augen.

Er schien bereits zu ahnen, dass ich enttäuscht war, nicht besser vertreten werden zu können.

»Ms Barrick, sehen Sie mich?«, fragte er in einem wehmütigen Südstaatenakzent, der klang, als hätte er Murmeln im Mund.

»Ja, Mr Honeywell.«

»Ich habe hier einen Bericht der Gerichtshilfe vorliegen«, sagte er und wedelte mit der rechten Hand. Dann stellte er mir Fragen, so dass ich größtenteils das wiederholte, was ich dem Beamten heute Morgen schon erzählt hatte.

»Euer Ehren, die Gerichtshilfe hat eine Kaution in Höhe von zweitausend Dollar vorgeschlagen. Nach Lage der Dinge halte ich es jedoch für vertretbar, dass Ms Barrick bis zu ihrer Verhandlung ohne Hinterlegung einer Kaution auf freien Fuß gesetzt werden kann. Sie ist nicht vorbestraft. Sie musste also noch nie vor Gericht erscheinen. Außerdem ist sie seit vier Jahren bei demselben Arbeitgeber beschäftigt. Daran lässt sich erkennen, dass sie eine ziemlich verlässliche Person ist«, sagte er zum Richter.

Der Richter drehte sich nach links. »Hat die Staatsanwaltschaft eine andere Ansicht?«

In der unteren, rechten Ecke tauchte nun die Staatsanwältin auf. Es war die Frau, die mich nach meiner Vergewaltigung befragt hatte. Mir fiel ihr Name nicht ein, und ich fragte mich, ob sie sich an mich erinnern konnte. *So* viele Vergewaltigungen gab es ja wohl nicht in Augusta County, dachte ich.

Doch selbst wenn sie sich erinnerte, deutete sie es durch nichts an. Sie starrte geradeaus zum Richter.

»Ja, das hat sie, Euer Ehren. Ms Barrick scheint seit kurzem ein Talent dafür entwickelt zu haben, mit dem Gesetz in Konflikt zu geraten. Neben den Vorwürfen, die hier im Raum stehen, kommt noch die Tatsache hinzu, dass das Büro des Sheriffs vor wenigen Tagen eine Hausdurchsuchung bei Ms Barrick durchgeführt hat. Dabei wurde eine beträchtliche Menge Kokain gefunden.«

Das war das erste Mal, dass eine offizielle Stelle von Kokain sprach. Teddys Drogengeschmack musste sich geändert haben. Bisher hatte er immer nur Heroin genommen.

Der Kopf des Richters schnellte zu mir herum.

Ich konnte nicht glauben, dass die Anwältin diese verdammten Drogen anführen durfte – genau jene Drogen, die als Rechtfertigung gedient hatten, um mir mein Kind wegzunehmen –, die es für mich noch schwerer machen würden, mein Kind zurückzubekommen. Ich konnte dem Sozialamt gegenüber wohl kaum behaupten, eine geeignete Mutter zu sein, wenn ich im Gefängnis verrottete.

Ich beugte mich verzweifelt vor zur Kamera. »Ich habe mit diesen Drogen nichts zu tun, Euer Ehren. Sie gehören meinem Bruder.«

»Ms Barrick«, sagte der Richter in scharfem Tonfall. »Wenn ich etwas von Ihnen hören möchte, dann erkennen Sie das daran, dass ich Ihnen vorher eine Frage gestellt habe. Ansonsten haben Sie Ihren Mund zu halten. Haben wir uns verstanden?«

»Ja, Euer Ehren«, antwortete ich.

»Gut. Dann zu diesem Kokain. Von welcher Menge sprechen wir hier?«

»Von fast einem halben Kilo«, antwortete die Staatsanwältin. »Und ich bin mir sicher, Euer Ehren, dass ich Sie nicht auf die Richtlinien zur Strafbemessung aufmerksam machen muss, die bei einer solchen Menge mehr als fünf Jahre vorsehen. Damit besteht im Falle von Ms Barrick akute Fluchtgefahr.«

Ich wusste nicht, worüber ich fassungsloser sein sollte: über die Länge der möglichen Haftstrafe oder über die gefundene Drogenmenge.

Fünf Jahre.

Ein halbes Kilo.

Um Himmels willen. Ich kannte Teddy lange genug, um zu wissen, dass das eine Riesenmenge war. So riesig, dass sie genügte, um eine Heerschar von Abhängigen für einen Monat zu versorgen. Wie war er nur an so viel Koks rangekommen? Er musste wieder dealen, und das in einem Ausmaß, das weit über dem aus früheren Zeiten lag.

»Ist sie aufgrund dieser Verdachtsmomente verhaftet worden?«

»Nein, noch nicht, Euer Ehren. Doch ihr gewalttätiges Verhalten gegenüber dem Polizeibeamten Martin hat gezeigt, dass sie gefährlich ist. Und eine derart große Menge an Drogen stellt eindeutig eine Gefahr für das Gemeinwesen dar. Je eher die Person entfernt wird, von der diese Gefahr ausgeht, umso besser.

Zudem haben wir die Erfahrung gemacht, dass Menschen, die mit so großen Mengen dealen, über finanzielle Mittel und Kontakte verfügen, die außerhalb des Gemeinwesens liegen. Weitere Gründe, die für Ms Barricks Fluchtgefahr sprechen. Das Büro des Sheriffs hat bei der Durchsuchung ihres Hauses Bargeld in Höhe von fast viertausend Dollar gefunden. Sie könnte aber durchaus noch woanders größere Mengen versteckt haben. Die Staatsanwaltschaft würde diesen Umstand gerne berücksichtigt sehen.«

»Was empfehlen Sie also, Frau Staatsanwältin?«

»Ehrlich gesagt, sollten Sie den Antrag auf Kaution ablehnen. Dadurch bliebe uns eine nochmalige Kautionsanhörung erspart, wenn Ms Barrick wegen Drogenbesitzes angeklagt wird.«

Ich beherrschte mich, um nicht loszuschreien. Was ich getan hätte, wenn der Richter mich nicht schon ermahnt hätte.

Er lehnte sich zurück, griff nach seiner Lesebrille und ließ sie um den Bügel kreisen.

»Mr Honeywell, haben Sie als Vertreter Ihrer Mandantin etwas dazu zu sagen?«

Mr Honeywell hatte die ganze Zeit wie ein Tölpel dagestanden. Ich versuchte, meinen nutzlosen Verteidiger durch Gedankenübertragung dazu zu bringen, dieses lächerliche Schauspiel zu beenden.

»Na ja«, sagte er in der südstaatentypischen, gedehnten Sprechweise und dachte nach. »Wie Sie wissen, Euer Ehren, haben meine Mandantin und ich bisher noch keine Gelegenheit gehabt, miteinander zu sprechen. Deshalb habe ich ihre Sicht der Dinge zu der Körperverletzung noch nicht gehört. Doch bis jetzt wurde sie noch in keinem Punkt angeklagt. Ich bitte Sie, dies bei Ihrer Entscheidung nicht zu vergessen.«

Eine erbärmliche Vorstellung. Dieser Mann war ja völlig erbärmlich.

»Ich verstehe, Mr Honeywell«, sagte der Richter. Dann ließ er noch einmal seine Brille kreisen. »Ich kann die Bedenken der Staatsanwaltschaft zugegebenermaßen nachvollziehen. Doch der Vorschlag, eine Kaution vollständig abzulehnen, erscheint mir zum jetzigen Zeitpunkt als zu drastisch. Wir sollten hier nichts überstürzen und die Entscheidung der Grand Jury abwarten. So lange lege ich einen hübschen, ansehnlichen Betrag fest. Sagen wir zwanzigtausend Dollar. Sollten Sie beschließen, einen Kautionsagenten einzuschalten, Ms Barrick, müssen Sie zehn Prozent der Summe bar hinterlegen.«

Ich ließ mich in meinen Stuhl zurückfallen und sackte in meinem orangefarbenen Overall noch mehr in mich zusammen. Zehn Prozent, das waren zweitausend Dollar. Es hätten genauso gut zwei Millionen sein können. So viel Geld hatte ich seit dem Kauf des Hauses nicht mehr auf meinem Girokonto gehabt.

»Danke, Euer Ehren«, sagte Mr Honeywell. »Ms Barrick, gibt es jemanden, der die Kaution für Sie stellen könnte? Ein Familienmitglied? Vielleicht Ihr Mann?«

»Ich … Ich glaube nicht. So viel Geld haben wir nicht.«

»Tut mir leid, das zu hören«, sagte er. Dann wandte er sich dem Richter zu. »Unter diesen Umständen, Euer Ehren, verzichten wir auf die Voruntersuchung und gehen direkt in die

Verhandlung. Ich glaube nicht, dass Ms Barrick länger als absolut notwendig im Gefängnis bleiben möchte.«

Der Richter sah wieder auf seinen Schreibtisch.

»Gut. Wie wäre es mit dem achtzehnten Mai?«

Der achtzehnte Mai? Ich würde also bis zum achtzehnten Mai im Gefängnis bleiben? Mr Honeywell verschwand einen Augenblick vom Bildschirm. »In Ordnung, Euer Ehren«, sagte er, als er wieder auftauchte.

»Okay, dann hätten wir das geregelt«, sagte der Richter. »Ms Barrick, Sie werden am 18. Mai im Bezirksgericht erscheinen. Vorher müssen Sie mit Ihrem Anwalt sprechen, um sich auf den Prozess vorzubereiten. Er wird Sie beraten. Haben Sie noch weitere Fragen?«

Haufenweise. Aber keine, die er mir wahrscheinlich beantworten würde.

»Nein, Euer Ehren«, erwiderte ich.

»In Ordnung. Viel Glück. Mr Honeywell, möchten Sie Ihrer Mandantin noch etwas mitteilen?«

»Ich werde Sie nächste Woche im Gefängnis besuchen, damit wir miteinander reden können«, sagte er. »Vermutlich werde ich auch als Ihr Vertreter benannt werden in der Anklage auf Drogenbesitz. Wir werden also viel zu besprechen haben.«

»Können Sie ... können Sie die Staatsanwaltschaft davon abbringen, mich wegen dieser Drogensache anzuklagen?«

»Nein, eher nicht, Ms Barrick. Tut mir leid. So funktioniert das nicht.«

»Aber diese Drogen gehören *mir nicht*«, erklärte ich noch einmal.

Doch diese Tatsache – die ich für ziemlich bedeutend hielt – schien ihn nicht zu beeindrucken.

So was hatte er schon x-mal gehört.

15. KAPITEL

Als ich zurück zu den restlichen Insassen schlurfte, legte sich die Wirklichkeit meiner Lage wie ein dichter, demoralisierender Nebel über mich.

Der achtzehnte Mai war erst in mehr als zwei Monaten. Alex wäre dann fünf Monate und völlig anders als jetzt. Das hatte ich schon bei Kindern meiner Freunde erlebt. Im vierten und fünften Monat erfuhren sie eine Metamorphose, legten ihre Eigentümlichkeit als Neugeborene endgültig ab und verwandelten sich in kleine, heranwachsende Menschen.

Wenn ich ihn in zwei Monaten wiedersehen würde, hätte ich fast die Hälfte seines Lebens verpasst. Das setzte voraus, dass ich die Vorwürfe der Körperverletzung, des Besitzes von Drogen und die absurde Behauptung, mein Kind verkaufen zu wollen, aus der Welt schaffen konnte – was aus einer Gefängniszelle sehr schwer zu bewerkstelligen war.

Ich konnte kaum die Fassung bewahren, als ich die anderen Insassen erreichte. Um die Aufmerksamkeit von mir abzulenken, griff ich nach einem Buch, einer Taschenausgabe von Nora Roberts, und verdrückte mich in eine Ecke. Meine Nase steckte tief im Buch drin, als würde ich große Literatur lesen.

Eine Stunde später saß ich noch immer versteckt in meiner Ecke und gab mich meinem Kummer hin. Ich begriff nicht einmal, was geschah, als ein Wärter zu mir herantrat.

»Barrick?«, sagte er.

»Ja.«.

»Komm mit!«

»Was …, wohin gehen wir?«, fragte ich und stellte mich auf

noch mehr schlechte Neuigkeiten ein – Einzelhaft, eine nochmalige Leibesvisitation, die Verlegung in ein Gefängnis, das weit
weg war.

»Deine Kaution wurde hinterlegt«, sagte er, öffnete eine Tür
für mich und ließ mich an ihm vorbeischlurfen. »Komm!«

Kurz darauf unterzeichnete ich ein Formular, womit ich den
Erhalt all meiner Habseligkeiten bestätigte – was in meinem Fall
nur aus dem Kleid mit den abgerissenen Ärmeln und den Schu-
hen bestand. Ich zog mich in einer Toilette um und schälte mich
ungeduldig aus dem grauenvollen, orangefarbenen Overall.

Anschließend wurde ich in das Wartezimmer der Besucher
geführt – offensichtlich als freier Mensch. Ausgerechnet Teddy
saß da und wartete auf mich. Er stand auf und kam auf mich zu.
Breitschultrig, gutaussehend, so wie immer.

Ich wusste nicht, ob ich wütend oder verwirrt sein sollte.

»Was …, was machst du denn hier?«, fragte ich. »Wo ist
Ben?«

»Er unterrichtet an der Uni. Ich habe ihm gesagt, dass ich das
hier erledigen kann.«

Am liebsten hätte ich ihn windelweich geprügelt. Das ver-
drängte meine Dankbarkeit dafür, dass er die Kaution hinterlegt
hatte. Immerhin hatten seine Dummheiten mich überhaupt erst
hierhergebracht.

»Außerdem wollte ich mir auf keinen Fall die Chance ent-
gehen lassen, dich hier rauszuholen, nach all dem, was du für
mich getan hast«, fügte er hinzu und setzte ein kleines, schiefes
Lächeln auf.

»Woher hast du überhaupt die zweitausend Dollar?«, fragte
ich.

»Mach dir darüber mal keine Gedanken!«, antwortete er und
warf einen Blick auf ein älteres Paar, das auf ihren soeben frei-
gelassenen Verbrecher wartete. »Lass uns gehen! Ich halt's hier
nicht länger aus.«

»Teddy, ich meine es ernst. Woher hast du das Geld?«

»Ganz einfach, ich habe gespart«, erwiderte er. »Komm jetzt!«
Er durchquerte den Warteraum und verschwand durch die
Tür. Ich bewegte mich keinen Zentimeter und stemmte die
Fäuste in die Hüften. Ich wollte ihm nicht folgen. Ich war zu
wütend auf ihn.

In der Ecke hing ein Münztelefon. Ich könnte Ben anrufen
– wo immer er auch gerade war – und so lange warten, bis er
mich abholen würde. Dann aber eilte ich Teddy doch hinterher,
wenn auch nur deshalb, weil ich Antworten von ihm haben wollte. Außerdem musste ich ihm begreiflich machen, dass er alles
tun musste, was in seiner Macht stand, damit ich Alex wiederbe-
kam. Auch wenn das bedeutete, dass er selbst ins Gefängnis ging.

Ich holte meinen Bruder auf dem Parkplatz ein, kurz bevor
wir seine alte Rostbeule, einen Pick-up, erreichten.

»He!«, sagte ich und klopfte ihm auf die Schulter. »Ich bin
kein Trottel. Ich weiß, dass du wieder dealst. Das Büro des Sheriffs hat ein halbes Kilo Koks in meinem Haus gefunden. Woher
stammt das, verdammt nochmal? Arbeitest du etwa für einen
Drogenring?«

Er drehte sich um. »Fragst du mich das ernsthaft? Verflucht,
ich komm' hierher, um dich rauszuholen und du fängst sofort an,
mir solche Sachen an den Kopf zu werfen? Wieso kannst du dich
nicht einfach nur freuen, wieder draußen zu sein?«

»Mich freuen? Das Sozialamt hat mir meinen Sohn weggenommen, und möglicherweise muss ich fünf Jahre ins Gefängnis, weil ich einem Polizisten aus Versehen einen kleinen Kratzer
verpasst habe – ganz zu schweigen von den Drogenvorwürfen,
die da noch im Raum stehen – und du findest, ich soll mich *freu-
en*?«

»Okay. Schlechte Wortwahl. Hör zu, lass uns einfach ins Auto
steigen. Ich nehme keine Drogen, und ich deale auch nicht damit. Ich mache nichts in der Art. Ich arbeite und spare, okay?

Ist schon erstaunlich, wie schnell ein Bankkonto wächst, wenn man das ganze Geld nicht in Drogen investiert und in die Venen spritzt.«

Ich verschränkte die Arme und starrte ihn an. Als Teenager hatte Teddy fast ununterbrochen Kummer bereitet. Doch eine Sache – abgesehen von unserem geschwisterlichen Band – hielt mich stets davon ab, ihn aufzugeben. Er war selten unaufrichtig zu mir. Selbst wenn er mich bestahl, um seine Sucht zu finanzieren, oder einen Rückfall erlitt oder mal wieder sein Versprechen brach, ein neues Leben zu beginnen, bekannte er doch später Farbe. Da war er dann clean und schämte sich wegen seiner jüngsten Fehltritte, was in der Tat dazu beitrug, dass unsere Beziehung einige schwere Zeiten überstand. Er hat mir einmal erklärt, dass er einen zu großen Respekt vor mir hatte, um mich zu belügen.

»Schwörst du, dass du nicht rückfällig geworden bist?«, fragte ich.

Er sah mir direkt in die Augen. »Ich bin absolut clean. Ich schwöre. Wenn du willst, pinkele ich dir auf der Stelle in eine Tasse«, antwortete er.

»Und diese Drogen gehören dir nicht. Du hast nicht damit gedealt, du hast sie nicht für Wendy aufbewahrt oder sonst wen.«

»Schwester, ich weiß, dass wir viel Mist durchgemacht haben. Aber ich sage dir, ich habe mit diesem Zeug nichts zu tun.«

»Bist du wieder mit Wendy zusammen?«

»Nein! Ich schwöre!«, sagte er.

Ich sah ihn an, als wäre ich ein menschlicher Lügendetektor. Doch mein Bruder stand bloß da und blickte mir fest in die Augen.

»Ben hat mich deswegen schon in die Mangel genommen, okay?«, fuhr er fort. »Ich dachte schon, er würde mir gleich eine runterhauen. Doch dann konnte ich ihn doch noch davon überzeugen, dass ich es nicht gewesen bin.«

»Wie denn das?«, fragte ich.

Teddy zuckte mit den Achseln. »Weil es nun mal die Wahrheit ist? Denk doch mal nach! Ich hab' immer nur Pillen oder Heroin genommen, nie Koks. Das weißt du doch. Koks ist einfach zu teuer.«

»Und wie ist das Zeug dann in meinem Haus gelandet?«, fragte ich. »Ein halbes Kilo Koks fällt nicht einfach vom Himmel herab.«

Teddy trat an mich heran. »Schwester, das klingt zwar jetzt ein bisschen verrückt, aber ... Ben hat mir von dem Vorwurf erzählt, dass du angeblich dein Kind verkaufen wolltest, was ... Das ist ja völlig irre, aber ... Hast du schon mal darüber nachgedacht, dass dir da jemand am Zeug flicken will?«

»Wie meinst du das?«

Er seufzte. »Dafür, dass du eigentlich ein kluges Mädchen bist, kannst du schon mal schwer von Begriff sein. Das liegt doch auf der Hand. Da hat dir jemand diese Drogen untergeschoben, anschließend das Büro des Sheriffs angerufen und dann dem Sozialamt diese Geschichte über dein Kind aufgetischt. Da flickt dir jemand so *richtig* am Zeug.«

Seine Sicht der Dinge war so einfach, so gewiss. War sie etwa richtig?

»Wer würde denn so was machen?«

»Keine Ahnung«, erwiderte er. »Aber das solltest du besser herausfinden. Denn sonst wird derjenige weitermachen.«

Ich runzelte die Stirn. Ich wusste nicht, was ich davon halten sollte.

»Komm jetzt!«, sagte Teddy. »Lass uns einsteigen.«

Wir fuhren schweigend vom Parkplatz. Auf dem Weg zu mir nach Hause bat ich Teddy, bei Walmart vorbeizufahren. Ich lieh mir Geld von ihm, um mir eine Handmilchpumpe zu kaufen. Das elektrische Gerät sollte im Büro bleiben.

Kurz bevor wir in die Desper Hollow Road einbogen, bemerkte ich, wie fest ich den Griff der Autotür umklammert hielt.

Obwohl Teddys Vermutung völlig plausibel erschien, wollte ich sie noch immer nicht so recht glauben. Warum sollte jemand einen derartigen Aufwand betreiben? Ich sah dafür keinen Grund. Obwohl ich zur Generation Y gehöre, der allgemein Selbstgefälligkeit nachgesagt wird, halte ich mich für keine außergewöhnliche »Schneeflocke«. Ich hatte schon vor langer Zeit den Irrglauben abgelegt, Besonderes in meinem Leben zu erreichen. Das war vielleicht ein Gedanke, den ich einmal als Teenager gehegt hatte.

Die Wahrheit sah nämlich so aus, dass ich als Disponentin in einer Spedition arbeitete und ein ganz normales Leben führte mit Mann und Kind.

Außerdem war ich absolut davon überzeugt, dass die meisten Menschen viel zu sehr mit sich selbst beschäftigt waren, als dass sie sich noch mit anderen beschäftigen konnten. Schon damals, als ich noch im Klammergriff des Systems steckte, erkannte ich, dass die Leute, die mir vielleicht etwas anhängen wollten, lediglich ein Sammelsurium von Menschen waren. Sie pflegten keine engen Beziehungen zueinander und wurschtelten nur in ihrem engstirnigen Eigennutz vor sich hin. Gelegentlich zeigten sie etwas Nächstenliebe, damit man den Glauben an die Menschheit nicht gänzlich verlor.

Die Vorstellung, dass ein Superhirn einen Plan hatte, den es gegen mich verfolgte, entbehrte jeder Glaubwürdigkeit. Das schien eher der Stoff zu sein, aus dem Bobby Ray Walters' Verschwörungstheorien waren.

Trotzdem ergab Teddys Vermutung zweifellos Sinn. Dieses Drogenversteck war nicht von allein aufgetaucht. Und es hatte es auch nicht gegeben, als wir das Haus kauften. Die vorherige Besitzerin, eine betagte Witwe und fleißige Kirchgängerin, passte ebenso wenig in das Profil einer Kokainabhängigen.

Doch irgendwie mussten diese Drogen ja in unser Haus gekommen sein. Die abstruse Behauptung, dass ich Alex verkaufen wollte, konnte ebenfalls nicht aus dem Nichts entstanden sein. Die Leiterin des Sozialamts, sosehr ich sie auch hasste, handelte aufgrund einer Information, die sie für verlässlich hielt.

Woher stammte diese Lüge?

Es blieb mir weiterhin ein Rätsel.

Wir bogen in die Desper Hollow Road ein und fuhren an Bobby Rays Grundstück vorbei – einschließlich seiner Couch, seiner Konföderierten-Flagge und seinem Schild mit der Aufschrift: LECHELN SIE! SIE WERDEN GEFILMT!

Dann fuhr Teddy in unsere Einfahrt und hielt vor dem Haus an. Er blickte mich ernst an.

»Was ist?«, fragte ich.

»Nichts, nur … Eigentlich wollte ich das Thema nicht anschneiden, weil … ich, na ja, dich nicht noch mehr beunruhigen will. Aber findest du es nicht komisch, dass die dich wegen dieser Drogenvorwürfe nicht schon längst verhaftet haben?«

»Keine Ahnung. Ist das komisch? Die Staatsanwältin hat durchblicken lassen, dass da was unternommen wird. Was genau, weiß ich nicht. Ich kenne mich in diesen Dingen ja nicht aus.«

»Aber ich. Die Polizei durchsucht normalerweise nicht dein Haus, findet Drogen und lässt dich dann weiter frei herumlaufen, als sei nichts passiert. Sie nehmen dich fest. Dann wird entweder eine Kaution festgesetzt oder eben nicht«, sagte er. »Das hier ist echt komisch. Die Mutter von einem Freund arbeitet beim Gericht. Ich werde sie mal bitten, nachzuhaken. Ich glaube nämlich nicht, dass …«

Teddy ließ den Satz unbeendet. Er wollte seiner großen Schwester lieber nicht sagen, dass sie eigentlich zurück ins Gefängnis gehörte.

»Danke«, sagte ich. »Danke auch …, dass du die Kaution für

mich bezahlt hast. Ich weiß nicht, ob ich das schon gesagt habe. Das ist wirklich ...«

Ich bekam die Worte mit einem Mal nicht mehr über die Lippen. Mir wurde schlagartig bewusst, wie großzügig er sich mir gegenüber verhalten hatte. Teddy war zwar nicht in so ärmlichen Verhältnissen groß geworden wie ich, doch er hatte auch Kämpfe ausfechten müssen, ob nun selbstverursacht oder durch andere. Aber er hatte sich durchgeboxt.

Wahrscheinlich hatte er zum ersten Mal in seinem Leben eine so große Summe gespart. Wahrscheinlich hatte er Pläne damit. Trotzdem hatte er keine Sekunde gezögert, das Geld für mich zu verwenden – seine große Schwester, sein Mutterersatz. Eigentlich sollte ich diejenige sein, die Verantwortungsgefühl zeigte. Eigentlich sollte ich ihn retten und nicht umgekehrt.

»He, keine große Sache«, sagte er, beugte sich vor und umarmte mich. »Ich stehe immer noch tausendmal mehr in deiner Schuld.«

»Stehst du nicht, aber danke«, sagte ich.

Da ich nicht vor ihm weinen wollte, stieg ich schnell aus dem Wagen. Wenige Schritte vor der Haustür griff ich nach meinem Schlüssel und bemerkte, dass ich gar keinen dabeihatte. Ich hatte das Haus mit Ben verlassen und angenommen, mit ihm gemeinsam zurückzukehren. Ich lief zurück zu Teddy, der gerade die Einfahrt rückwärts herunterfuhr, und winkte, damit er mich bemerkte. Er kurbelte das Fenster herunter.

»He«, sagte ich. »Kann ich mir deinen Schlüssel leihen? Ich habe meinen nicht dabei.«

»Tut mir leid, ich habe auch keinen dabei. Ich weiß nicht einmal, wo er steckt. Das war übrigens auch der Grund, weshalb Ben mir schließlich geglaubt hat, dass der Koks nicht mir gehört. Ich käme nicht einmal in dein Haus hinein, selbst wenn ich es wollte. Möchtest du mit zu mir kommen?«

138

»Nein, nein«, antwortete ich. »Schon in Ordnung. Ich warte einfach auf Ben.«

»Okay.«

»Danke«, sagte ich und klopfte aufs Autodach. »Ich hab' dich lieb.«

»Ich dich auch, Schwester.«

Ich ging zurück zur Veranda und sah die umgedrehten Blumenzwiebeln, für die wir bisher noch nicht die Zeit gehabt hatten, sie in die Erde zurückzustecken.

Es war ein warmer Nachmittag für Anfang März. Ich hätte mich einfach einigeln und ein Nickerchen machen können, bis Ben nach Hause kam.

Doch stattdessen saß ich nur da. Mein Blick fiel erneut auf Bobby Rays Wohnwagen. Ich hatte mir nie viele Gedanken über seinen Überwachungsfimmel gemacht und es einfach nur für eine weitere komische Angewohnheit eines komischen Kerls gehalten. Auf jeden Fall hatte ich nie gefragt, was seine Kameras genau einfingen – und was nicht. Manchmal war es besser, so wenig wie möglich zu wissen.

Doch jetzt fragte ich mich, ob mir Bobby Rays Verfolgungswahn vielleicht doch nützlich sein könnte. Meine Einfahrt führte direkt an seinem Wohnwagen vorbei. Wenn jemand Drogen in mein Haus hineingeschmuggelt hatte, könnten seine Kameras die Tat teilweise aufgezeichnet haben.

Ich hatte Bobby Rays Wohnwagen noch nie betreten. Unsere Gespräche hatten stets in meinem oder seinem Vorgarten stattgefunden – an offenen, sicheren Orten. Und wahrscheinlich sollte ich so lange warten, bis Ben nach Hause kam. Bis mein Verstand wieder klarer war. Bis ich kein zerrissenes Kleid mehr trug.

Wenn ich dort hinginge und mir stieße etwas zu, würden die Leute, die den Opfern die Schuld gaben, bestimmt sagen: *Sie ist allein in seinen Wohnwagen gegangen. Gerade sie hätte es doch besser wissen müssen, oder? Was hat sie sich bloß dabei gedacht?* Ich hörte schon ihre Stimmen.

Nein, sagte ich resolut zu mir. Ich durfte nicht zulassen, dass diese grundlose Angst mein Leben bestimmte. Wenn diese Kameras etwas aufgezeichnet hatten, könnte mir das vielleicht helfen, Alex zurückzubekommen. Das war wichtiger als eine Bedrohung, die Bobby Ray vielleicht theoretisch darstellte.

Der Gedanke trieb mich an – ich stand auf, dann ging ich den Hügel hinunter. Bobby Ray und ich betraten einfach nur ein neues Ufer. Mehr nicht. Nur weil da draußen Sexualstraftäter herumliefen, mussten nicht alle Männer Sexualstraftäter sein.

Ich ging an seiner Couch vorbei und klopfte gegen die klapprige Fliegengittertür.

»Augenblick!«, rief er.

Ich hörte, wie der Boden unter seinem Gewicht knarrte. Bobby Ray erschien in der Tür. Er trug weiße, lange Socken, Cargo-Shorts und ein T-Shirt, auf dem *Sack der Kläglichen* geschrieben stand. Das Bild unterhalb des Schriftzugs zeigte ein paar Kerle mit einer Konföderierten-Flagge und mehreren langen Gewehren, die wie Statisten der Reality-TV-Sendung *Duck Dynasty* aussahen.

Mir fiel erneut auf, wie groß Bobby Ray war – weit über ein Meter neunzig –, und er wog fast zweihundertfünfzig Pfund. Er machte keinen athletischen Eindruck, doch war sein Oberkörper muskulös genug, um problemlos Möbel zu stemmen.

Er wiegt fast 115 Kilo und sie gerade mal 55? Natürlich würde er sie überwältigen.

»Hallo«, sagte er. »Hab' dich in den Nachrichten gesehen. Bin eher davon ausgegangen, dass du für 'ne Weile weg bist.«

»Mein Bruder hat die Kaution gestellt.«

»Anständig von ihm.«

»Ja, er ist ein guter Junge.«

»Wird's 'n Prozess geben oder …?«

Er ließ den Rest der Frage offen. Wie viel sollte ich Bobby Ray Walters erzählen? Wie sehr interessierte ihn überhaupt mein Ärger mit der Justiz?

»Ja, so was in der Art«, antwortete ich. »Ehrlich gesagt, habe ich mich gefragt, ob du mir da in einer Sache, die gewissermaßen mit alldem zu tun hat, helfen kannst.«

»Klar. Schieß los!«

»Du weißt doch, dass das Büro des Sheriffs dieses Kokain in unserem Haus gefunden hat?«

»Ja.«

»Das gehört weder mir noch Ben. Und mein Bruder schwört, nichts damit zu tun zu haben. Wir wissen also überhaupt nicht, wie es dahin gekommen ist.«

Bobby Ray rotzte Schleim hoch und schluckte ihn anschließend wieder herunter.

»Verdammt! Wahrscheinlich haben die Beamten des Sheriffs es mitgebracht. Einer hat's reingeschmuggelt und an 'ner Stelle versteckt, von der er genau wusste, dass 'n anderer Ermittler nachsehen würde. So kann der Typ später im Zeugenstand behaupten: ›Ja, Euer Ehren, ich schwöre auf einen dicken Stapel Bibeln, dass ich die Drogen noch nie vorher gesehen habe.‹ Was aber erstunken und erlogen ist.«

Diese Möglichkeit hatte ich noch nie in Betracht gezogen. »Machen die so was wirklich?«

»O ja. Andauernd. 'nem Freund von mir ist es genau so ergangen. Er ging arbeiten, kam wieder nach Hause, und: Überraschung! Die Bullen hatten sein Haus durchsucht und Drogen gefunden. Dann jubeln sie einem noch 'n paar Tüten und 'ne Waage unter und behaupten, man hätte das Zeug verticken wollen. So läuft das bei denen.«

Hatte man das wirklich mit mir so gemacht? Mir fiel niemand mit einer Dienstmarke ein, der es auf mich abgesehen hatte.

»Okay. Das ist dann wohl eine Möglichkeit. Doch ich habe mich gefragt, ob vielleicht jemand anderes dahinterstecken könnte.«

»Und wer?«

»Ich weiß nicht. Deshalb bin ich hier. Ich habe mich gefragt …«, begann ich und hielt dann kurz inne. Ich wusste nicht, wie ich meine Bitte formulieren sollte, und mein Hirn, das unter akutem Schlafmangel litt, war mir keine große Hilfe. »Also, du hast doch ein paar Kameras hier installiert, oder?«

»Ja. Manche sind sichtbar, manche nicht.«

»Ich habe mich gefragt, ob eine davon vielleicht meine Einfahrt teilweise erfasst?«

Sein Blick wanderte zu meiner Einfahrt. »Vielleicht. Warum?«

»Was ist, wenn jemand anderes die Drogen in mein Haus geschmuggelt hat, nicht die Leute vom Sheriff? Jemand, der gewusst hat, dass, wenn er dem Büro des Sheriffs danach steckt, dass ich dealen würde, es zu einer Hausdurchsuchung käme?«

»Ja«, sagte er. »So könnte es gewesen sein. Willst du 'n Blick auf die Aufzeichnungen werfen?«

»Das wäre großartig.«

»Komm rein!«, sagte er und trat zurück.

Ich machte ein paar zögerliche Schritte in das Innere des Wohnwagens. Die Rollos waren alle unten. Kein Licht brannte. Der kleine Küchentisch war zugemüllt mit den Überbleibseln eines nachlässigen Junggesellenhaushalts – eine Pizzaschachtel, ein nicht aufgegessenes Fertiggericht, ein Stapel Werbung und zerdrückte Bierdosen.

»Entschuldige die Unordnung«, sagte Bobby Ray. »Die Putzfrau hat diese Woche frei.«

»Kein Problem«, erwiderte ich, doch ich fühlte mich noch unbehaglicher.

Er wohnte in diesem schäbigen, kleinen Wohnwagen. Ihr Kleid war zerrissen, überall lagen Waffen herum … Hatte sie denn keinen Funken Verstand?

Ich folgte Bobby Ray in sein Schlafzimmer, in dem ebenfalls die Rollos unten waren. Eigentlich hatte ich damit gerechnet, einen Gewehrständer zu sehen oder eine Schrotflinte an der Wand oder sonst etwas, das von seiner Begeisterung für Waffen sprach, doch da war nichts.

Er ließ sich schwerfällig vor seinem Computer nieder. Mein Unbehagen wurde noch größer, als ich seinen Bildschirmschoner sah – eine nackte Frau. Ihr Blick war verführerisch, doch sie hatte auch die Beine gespreizt und die üppigen Brüste zusammengedrückt, falls die Phantasie des Herrn noch mehr beflügelt werden musste.

Sie hätte in der Sekunde weglaufen müssen, als sie dieses pornographische Bild sah. Sie bettelte ja förmlich darum.

»'tschuldigung. Is' meine Freundin«, witzelte er und wischte mit der Maus über das Pad, bis der Bildschirmschoner verschwunden war.

»Vielleicht solltest du ihr was zum Anziehen kaufen«, sagte ich und versuchte, die Sache mit Humor zu nehmen.

Er klickte weiter. »Also, alle Aufnahmen werden auf der Festplatte gespeichert und nach zwei Monaten wieder gelöscht. Das habe ich so eingerichtet. Will mir 'n Bulle was unterschieben, landet er automatisch in *Versteckte Kamera*, verstehst du, was ich meine?«

Bobby Ray öffnete ein Programm, das einen geteilten Bildschirm mit sechs verschiedenen Kameraperspektiven zeigte. »Zwei Kameras sind drinnen und vier draußen installiert … Ah ja, die hier fängt deine Einfahrt ein.«

Er schob die Maus auf eine der Ansichten und klickte sie an. Daraufhin nahm sie den gesamten Bildschirm ein. Ich sah eine Echtzeitaufnahme der Kamera, die den seitlichen Teil seines Grundstücks und den oberen Teil meiner Einfahrt erfasste.

»Ja«, sagte er. »Kamera drei. Warte.«

Er klickte die Liveaufnahme weg und öffnete einen Ordner, in dem das archivierte Bildmaterial gespeichert war.

In den nächsten zwanzig Minuten spulten wir den Donnerstag, den Mittwoch und schließlich den Dienstag zurück. Jenen Tag, an dem das Büro des Sheriffs mein Haus durchsucht hatte.

Sonst geschah an diesem Tag nichts mehr Verdächtiges. Ben und ich verließen morgens das Haus, um zur Uni beziehungsweise zur Arbeit zu fahren. Ich hielt kurz die Luft an, als ich meinen Wagen sah. Das waren meine letzten gemeinsamen Minuten mit Alex, ehe ich ihn zu Mrs Ferncliff brachte. Mir war nicht im Geringsten klar gewesen, wie sehr ich diese Zeit hätte genießen sollen.

Bobby Ray spulte weiter zurück. Der Montagabend verlief wie immer. Ben kehrte von der Uni und ich von Diamond Trucking zurück – zwei Gewohnheitstiere in ihrem üblichen Alltagstrott.

Dann blitzte etwas vor meinen Augen auf. Ein kurzer verschwommener Fleck, der nicht in das tägliche Schema passte. Ein Fahrzeug. Doch keines, das uns gehörte. Es war Montag, 13.17 Uhr, laut der Aufzeichnung.

»Warte, warte! Halt bitte mal die Aufzeichnung an!«, sagte ich. »Kannst du das noch mal zurückspulen?«

»Ja, Sekunde.«

Bobby Ray spulte, bis er die richtige Stelle gefunden hatte. Dann ließ er das Band in normaler Geschwindigkeit ablaufen. Der verschwommene Fleck war ein Lieferwagen, der rückwärts aus meiner Einfahrt fuhr. Auf dem Wagen war seitlich ein Schriftzug sichtbar.

»Was steht da geschrieben?«, fragte ich.

»Keine Ahnung. Ich schau' mal, was die Kamera aufgezeichnet hat, als er ankam. Moment!«

Er spulte das Band bis um 13.01 Uhr zurück. In der Minute bog der Lieferwagen in meine Einfahrt ein.

»Hier ist der Wagen«, sagte er. »Ich mach' daraus ein Stand-bild.«

Er spulte kurz zurück, so dass der Wagen im Bildschirm auf-tauchte, dann drückte er auf Pause. In dem Standbild war der Schriftzug zu erkennen.

A1 VALLEY PLUMBING
FACHBETRIEB FÜR KLEMPNERARBEITEN
EINGETRAGEN * ZERTIFIZIERT * KOSTENLOSE
VORANSCHLÄGE
»NUR EIN WASSERTROPFEN,
SCHON SIND WIR DA UND KLOPFEN«
(800) GET VALLEY

Der Wagen sah aus wie ein ganz normales Kundendienstfahr-zeug. Nur eine Sache daran war komisch.

Ich hatte keinen Klempner bestellt.

16. KAPITEL

Amy spielte es den ganzen Tag gedanklich durch, denn die Idee war ihr in der Nacht zuvor gekommen, als sie seit zwei Uhr wach gelegen hatte.

Auch im Amtsgericht, während der Verhandlungen gegen Raser und Betrunkene, geisterte sie ständig in ihrem Kopf herum. Selbst als sie überrascht den Namen von Melanie Barrick in der Prozessliste las, der wegen einer Kautionsanhörung dort aufgeführt war, die im Zusammenhang mit einer Anklage auf Körperverletzung stand.

Nun war endlich der Moment gekommen, ihr Gedankenspiel in die Realität umzusetzen. Sie war im Büro des Sheriffs.

»Okay, Amy«, sagte einer der Beamten. »Warren Plotz ist da. Er wartet im Besprechungsraum.«

»Großartig«, erwiderte Amy und eilte los. Sie hatte bis dahin mit einem der anderen Ermittler herumgescherzt. »Hat er irgendwelche Schwierigkeiten gemacht?«

»Ganz und gar nicht. Als wir sagten, dass es freiwillig sei, ist er förmlich in den Wagen gesprungen. Er schien es wohl für ziemlich aufregend zu halten.«

»Perfekt«, sagte sie.

Das Ergebnis von Amys nächtlichem Brainstorming sah folgendermaßen aus: Sie würde Warren Plotz nicht direkt mit dem Vorwurf des Serienvergewaltigers konfrontieren, auch wenn er in den Vergewaltigungsfällen der letzten zwanzig Jahre ihr Hauptverdächtiger war. Die Gefahr, dass er sich aus dem Staub machte, war einfach zu groß.

Doch sie wollte ihm in die Augen sehen, ihn durchleuchten

146

und sich ein Bild machen, mit wem sie es zu tun hatte. Vielleicht würde sie ihn dabei erwischen, wie er log, was sie später gegen ihn verwenden könnte. Vielleicht würde sie ihn aber auch bei mehr als nur beim Lügen erwischen, sollte er in die Falle tappen, die sie sich für ihn überlegt hatte.

Ausgerechnet Melanie Barrick hatte ihr den perfekten Vorwand geliefert, um an ihn heranzukommen – nicht frontal, aber von der Seite.

»Mr Plotz«, sagte sie. »Vielen Dank, dass Sie gekommen sind. Ich bin Amy Kaye vom Büro des Staatsanwalts.«

Er war von Angesicht zu Angesicht genauso stämmig wie auf seinen Facebook-Bildern. Die dämliche Pilotenbrille steckte oben auf dem Kopf, die klobige Armbanduhr trug er am linken Handgelenk.

Amy begriff sofort, warum so viele Frauen ihn nur derart dürftig beschreiben konnten. Er besaß weder Narben noch Tattoos. Sein äußeres Erscheinungsbild stach durch nichts hervor. Fast schien es, als wäre er besonders bemüht darum, durchschnittlich auszusehen.

Amy setzte ein professionelles Lächeln auf und schüttelte ihm fest die Hand.

»Nett, Sie kennenzulernen«, sagte er in einem lockeren Tonfall.

»Bitte nehmen Sie doch Platz«, erwiderte sie lässig. Dieses Gespräch sollte so zwanglos wie möglich auf ihn wirken. Er setzte sich ans Tischende. Sie nahm auf der anderen Seite des Tisches Platz und legte einen unbeschriebenen Notizblock vor sich hin. Dann lehnte sie sich im Stuhl zurück.

Erneut lässig. Laut den Gesetzen von Virginia musste er nicht über das digitale Aufzeichnungsgerät in Kenntnis gesetzt werden, das sie gerade eingeschaltet hatte.

»Sie werden bestimmt schon von der Hausdurchsuchung und dem Fund gehört haben, den wir dort gemacht haben?«

»Davon hat hier jeder schon gehört, glaube ich«, sagte er.

»Ja. Wie Sie wahrscheinlich schon vermuten, untersuchen wir die Rolle von Ms Barrick im Zusammenhang mit einem Drogenring, der scheinbar im großen Stil agiert. Zum jetzigen Zeitpunkt sind wir dabei, uns ein Gesamtbild ihrer Aktivitäten zu verschaffen. Daher begrüße ich sehr Ihre Zusammenarbeit.«

»Selbstverständlich.«

Und dann hustete Amy. Nur einmal. Sie wollte langsam beginnen.

»Seit wann ist Ms Barrick bei Diamond Trucking beschäftigt?«

»Äh, so drei, vier Jahre? Da müsste ich meinen Buchhalter fragen.«

Amy kritzelte diese Information in ihren Notizblock. Was sie nicht aufschrieb – aber auf jeden Fall gedanklich notierte –, war, dass er nicht »den« oder »unseren« Buchhalter gesagt hatte, sondern »meinen« Buchhalter.

Er war unsicher, versuchte aber, sich wichtiger zu machen. Typisch für einen machtmotivierten, selbstunsicheren Vergewaltiger.

»Was arbeitet sie?«, fragte Amy.

»Sie ist Disponentin.«

»Also …, dann legt sie die Routen und Ladungen der Lkws fest und so.«

»Ja. Und so.«

»Das heißt also, dass sie mit Ihren Fahrern häufig in Kontakt steht, sie alle kennt und regelmäßig mit ihnen spricht?«

»Ja.«

»Okay«, sagte Amy und nickte. »Ach ja, das sollte ich Sie der Form halber wohl auch fragen. Welche Position bekleiden Sie in der Firma?«, fügte sie hinzu, als wäre das eigentlich völlig nebensächlich.

»Ähm, das bezeichnet man wohl als stellvertretenden Geschäftsführer.«

Amy war sich sicher, dass ihn niemand so bezeichnete. Doch auch das war es wert, notiert zu werden.

»Und wie lange sind Sie schon bei Diamond Trucking beschäftigt?«

»Das ist das Unternehmen meiner Familie, ich bin also quasi dort aufgewachsen.«

»Also, dann arbeiten Sie dort schon lange.«

»Ja.«

»Haben Sie schon immer in der Verwaltung gearbeitet?«

»Nein, ich war viele Jahre als Lkw-Fahrer unterwegs. Ich fand's besser, wenn ich das Geschäft von der Pike auf lernen würde.«

»Ja, das war bestimmt klug«, erwiderte Amy. »Und wann sind Sie in den Innendienst gewechselt?«

»Ähm, das war wohl so 2011 oder 2012.«

Volltreffer. Daphne Hasper lag richtig: Genau in der Zeit, in der der flüsternde Vergewaltiger die Taktung seiner Überfälle erhöhte, verließ Warren Plotz die Straße. Und jetzt hatte Amy seine Aussage auf Band.

Amy hustete erneut. Dieses Mal zweimal. Sie wollte es nicht übertreiben. »Entschuldigung«, sagte sie.

Dann fuhr sie fort. »Würden Sie sagen, dass Ms Barrick eine gute Angestellte ist? Pünktlich? Verlässlich?«

»Ja, ich denke schon.«

»Sie denken?«

»Ich weiß es nicht. Ich meine, verstehen Sie mich nicht falsch. Sie hat immer ihren Job erledigt. Sie hat bloß immer so getan, als wäre sie was Besseres; als würde sie sich dazu herablassen, bei uns zu arbeiten. Mein Vater mochte sie, weil sie studiert hat … Ich denke, man kann wohl sagen, dass der alte Herr eine Schwäche für sie hat.«

»Das kann ich verstehen«, sagte sie und versuchte, objektiv zu klingen. Dann warf sie noch einen Köder aus, um herauszufinden, ob er anbiss. »Na ja, sie ist ja auch ziemlich hübsch, oder?«

Plotz biss nicht an. »Nicht mein Typ. Ich mag Frauen lieber, die 'n bisschen mehr auf den Rippen haben.«

Er grinste sie an. Sein Blick wanderte über Amys üppig geformten Körper. Sie musste einen Schauer unterdrücken.

Sie hätte wissen müssen, dass er zu gerissen war, um seine Schwäche für eines seiner Opfer anzudeuten. Er saß entspannt auf seinem Stuhl im Besprechungsraum des Sheriffs, während er mit der stellvertretenden Staatsanwältin quatschte.

»Ihr Vater hat sie also gemocht«, sagte Amy. »Im Gegensatz zu Ihnen.«

»Ja. Um ehrlich zu sein, überrascht es mich nicht, was passiert ist. Ich hab' immer gedacht, dass sie was verheimlicht.«

»Was denn?«

»Na ja, ich weiß nicht. Offensichtlich Drogen.«

Nach diesem Satz begann Amy erneut zu husten. Dieses Mal inszenierte sie den Anfall so lange, bis sie sicher sein konnte, dass ihr Gesicht leicht gerötet war.

»Tut mir leid. Ich glaube, ich brauche einen Schluck Wasser«, sagte sie dann. »Möchten Sie auch etwas zu trinken?«

»Nein danke.«

Verdammt.

»Sicher? Es geht auf meine Rechnung. Kommen Sie, ich spendiere nicht jeden Tag einem Mann ein Getränk«, meinte sie augenzwinkernd.

Amy, die Frau mit ein bisschen mehr auf den Rippen, konnte nicht glauben, dass sie gerade mit einem mutmaßlichen Vergewaltiger flirtete. Sie nahm es in Kauf, nur um ihr Ziel zu erreichen.

Und es funktionierte.

»Äh, ja okay«, sagte er.

»Was möchten Sie trinken?«

»Gibt's Sprite?«

»Klar doch. Ich bin gleich wieder da.«

Amy stand auf und verließ den Raum. Auf dem Weg zum Automaten bemerkte sie, dass sie leicht schnaufte. Sie hatte in den frühen Morgenstunden über genau diesen Teil des Gesprächs nachgedacht. Und es funktionierte so wie erhofft.

Sie zog die Getränke aus dem Automaten. Sprite für ihn, Cola Zero für sich. Dann kehrte sie in den Besprechungsraum zurück und stellte ihm die Dose hin. Ganz beiläufig.

Sie setzte sich, öffnete ihr Getränk und nahm einen großen Schluck.

»Ahh«, sagte sie. »Tut das gut.«

Plotz rührte seine Sprite nicht an.

Verdammt. Sie stellte ihre Cola Zero neben dem Notizblock ab und fuhr fort.

»Sie haben also gedacht, dass Ms Barrick etwas verheimlicht.«

»Ja.«

»Hat sie je versucht, Ihnen Drogen zu verkaufen?«

»Nein.«

»Hat sie je versucht, einem anderen Ihrer Angestellten Drogen zu verkaufen?«

»Nicht dass ich wüsste. Aber da werde ich nachfragen.«

»Danke«, sagte Amy. »Die nächste Frage ist … Sie könnte ein bisschen heikel sein angesichts der Tatsache, dass es sich um ein Familienunternehmen handelt. Aber wie Sie wissen, stellt ein Sattelzug einen ziemlich großen, fahrbaren Untersatz dar. Wie wir aus vielen dokumentierten Fällen wissen, nutzen Lkw-Fahrer ihre Fahrzeuge, um Drogen durchs Land zu schmuggeln. Wir prüfen gerade die Theorie, ob das hier geschehen ist. Halten Sie es für denkbar, dass einer Ihrer Fahrer als Lieferant für Ms Barrick gearbeitet hat?«

Das war in der Tat überhaupt keine Theorie. Plotz sollte durch diese Frage nur einen trockenen Mund bekommen und nach seinem Getränk greifen.

Er verzog das Gesicht. »Ich weiß es nicht. Unsere Jungs sind ziemlich anständig. Die meisten haben Familie. Viele arbeiten schon seit zehn, zwanzig oder dreißig Jahren für uns. Sie machen keine krummen Dinger.«

»Trotzdem, denken Sie scharf nach! Sie haben viele Fahrer, oder?«

»Ja.«

»Gibt es nicht doch vielleicht einen, der sich nebenbei was dazuverdienen will? Vielleicht jemanden, der nicht von hier stammt und vielleicht Verbindungen nach Texas oder Florida hat? Darüber kommt sehr viel Kokain ins Land rein.«

Er blickte kurz zur Wand. Dann schließlich tat er das, worauf Amy die ganze Zeit gewartet hatte. Er griff nach seiner Sprite, öffnete die Dose und nahm einen großen Schluck.

Als er die Dose wieder absetzte, sah Amy einen kleinen Spuckefaden von seinen Lippen bis zur Dose hängen – die DNA winkte ihr förmlich zu.

17. KAPITEL

Nachdem Bobby Ray die Computerdatei auf einen USB-Stick geladen hatte, fragte er mich, ob ich auf ein Bier dableiben wollte.

Ich lehnte höflich ab und schob als Argument vor, dass ich noch immer unser Haus aufräumen müsste, das die Beamten des Sheriffs verwüstet hatten.

Doch eigentlich brannte ich darauf, herauszufinden, wer hinter A1 Valley Plumbing steckte und warum diese Person mein Haus und Leben vergiftete.

Bobby Ray blieb hartnäckig. Als ich auf das überzogene staatliche Eingreifen zu sprechen kam, löste das Verständnis aus. Er brachte mich zur Tür und versicherte mir, dass ich nur fragen müsste, wenn ich seine Hilfe noch einmal bräuchte.

Ich kam mir mittlerweile albern vor, Bobby Ray zu einer Bedrohung aufgebaut zu haben. Ja, er war ein Spinner, der Pornographie mochte, ein großes geheimes Waffenlager besaß und sich nicht um seinen Haushalt scherte – alles Entscheidungen, die ich nicht unbedingt billige oder treffen würde. Doch er war auch ein freundlicher Mensch, der bereit war, einer Nachbarin in Not zu helfen. Wie sich zeigte, war der *Sack der Kläglichen* doch nicht so rettungslos verloren, wie einige es darzustellen versuchten.

Als ich nach Hause ging, fiel mir ein, dass ich noch immer ausgesperrt war. Ben würde erst in ein paar Stunden zurückkehren. Doch das lieferte mir eine hervorragende Gelegenheit, das erste Hindernis nachzustellen, vor dem der Klempner von A1 Valley gestanden haben musste, als er das Ende meiner Einfahrt erreichte.

Wie schwierig war es, in unser Haus einzubrechen? Es stammte aus den 1950er Jahren, einer argloseren Zeit, in der Türen und Fenster noch keine undurchdringlichen Barrieren waren.

Die Haustür war trotzdem verschlossen gewesen. Das war mit den richtigen Werkzeugen zwar kein Problem, doch wir besaßen auch noch ein Bolzenschloss. Ich glaube nicht, dass der Klempner von A1 Valley Plumbing das hätte überwinden können, ohne an der Tür einen größeren Schaden zu hinterlassen.

Ich trat zu dem Fenster auf der linken Seite der Haustür. Fassungslos starrte ich darauf.

Es war nicht verschlossen. Wie war denn das nur möglich? Waren wir wirklich so nachlässig gewesen? Oder hatte der geheimnisvolle Klempner es aufgehebelt und offen gelassen für den Fall, dass er noch einmal wiederkäme?

Der Grund war nicht festzustellen. Ich öffnete das Fenster und kletterte ins Haus, so wie jeder andere einigermaßen geschickte Mensch. Anschließend schloss ich das Fenster und verriegelte es.

Dann überprüfte ich die anderen Fenster, wohl am ehesten aus ängstlicher Neugierde heraus. Sie waren alle verriegelt. Doch mehr als ein offenes Fenster war ja auch nicht nötig.

Nach meinem Rundgang setzte ich mich auf die Couch, meinen in die Jahre gekommenen Laptop auf dem Schoß, und googelte »A1 Valley Plumbing«.

Der erste Treffer war ein Klempner in Ohio, doch der Name war anders geschrieben. In Kalifornien gab es einen weiteren »A1 Plumbing«. Der Betrieb war vielleicht noch tätig, vielleicht aber auch nicht.

Als Nächstes versuchte ich es mit »A1 Plumbing Staunton, Virginia.« Eine Vielzahl von Seiten tauchte auf, die mich mit Installationsbetrieben verbinden wollten. Die meisten davon waren eigenartige Sammelseiten, eindeutig generiert von Algorithmen.

Dann probierte ich unterschiedliche Portale aus, einschließlich der Handwerkerinnung. Ich gab unterschiedliche Wort-kombinationen und sogar unterschiedliche Schreibweisen ein. Keines der Ergebnisse passte auch nur annähernd.

Laut dem geballten Wissen des Webs gab es keinen Betrieb mit dem Namen A1 Valley Plumbing, der als Installateur tätig war, und schon mal gar nicht in Virginia.

Diese Firma war eindeutig ein Schwindel, sie existierte nur als Aufkleber auf einem Lieferwagen und nirgendwo sonst.

Mein Verdacht bestätigte sich, als ich ihre kostenlose Num-mer wählte. Nach ein paar Sekunden landete ich auf einer Tele-fonsexleitung.

Jetzt war es also amtlich. Da wollte mir jemand am Zeug fli-cken, um es mit Teddys Worten auszudrücken.

Der bloße Gedanke rief in mir schon das Gefühl hervor, an einem paranoiden Hirngespinst zu leiden. Ich hatte an der Uni genügend Kurse in Psychologie belegt, um zu wissen, dass Menschen mit Verfolgungswahn normalerweise entweder unter Schizophrenie oder unter extremem Narzissmus litten.

Trotzdem gab es dieses seltsame Hirngespinst. Es war so wahrhaftig wie das Video, das ich gerade gesehen hatte.

Als ich an das Bildmaterial dachte, ging mir durch den Kopf, dass ich es mir noch einmal ansehen sollte. Ich steckte Bobby Rays USB-Stick in meinen Laptop, sicherte die Datei auf mei-nem Desktop und klickte sie an. Kurz darauf erschien der Lie-ferwagen in meiner Einfahrt. Sechzehn Minuten später – ich hatte den größten Teil davon vorgespult – fuhr der Lieferwagen wieder rückwärts aus meiner Einfahrt.

Ich spielte die Aufnahme rückwärts und vorwärts ab in Echt-zeit und in Zeitlupe. Der Wagen fuhr immer wieder rauf und runter, rauf und runter. Ich drückte die Pause-Taste, um ein Standbild zu erhalten und den Lieferwagen genauer unter die Lupe zu nehmen. Bobby Rays Aufzeichnungssystem der Marke Eigenbau besaß keine hohe Auflösung. Als ich das Bild heranzoomte, erhielt ich nur große, unförmige Pixel, die zu abstrakten Linien oder Objekten verschwammen.

Der Winkel der Aufnahme war ebenfalls ungünstig. Bobby Ray hatte nicht versucht, meine Einfahrt einzufangen, sondern nur seine Grundstücksseite. So war weder das Dach des Lieferwagens noch dessen Vorder- oder Rückseite zu sehen.

Also auch kein Nummernschild. Der Fahrer tauchte außerdem nur kurz im Profil auf. Er schien weiß und hager zu sein und eine Igelfrisur zu haben.

Ein besonderes Merkmal hatte er jedoch: eine Narbe, seitlich am Kopf. Es war nicht zu erkennen, wo sie genau begann, aber da, wo sie über die Kopfhaut verlief, ragte sie als dünne, klare, weiße Linie hervor, auf der kein Haar mehr wachsen wollte.

Wer war er? Was veranlasste ihn dazu, mein Leben zu vernichten?

Und wie konnte ich ihn finden? Ein Mann mit einer derart markanten Narbe blieb im Gedächtnis. Doch wenn er nicht von hier stammte und schon wieder dorthin zurückgekehrt war, wo er eigentlich lebte?

Ich spielte das Band immer wieder ab, bis ich das beste Bild von ihm hatte. Dann machte ich einen Screenshot und mailte es Teddy zu. Wenn dieser Klempner etwas mit der Drogenszene zu tun hatte – was ja wohl so sein musste, wenn er Zugang zu einem halben Kilo Kokain hatte, oder? –, dann bestand die Möglichkeit, dass Teddy ihm in seiner bewegten Jugend schon einmal begegnet war.

Wer weiß? Sollte dieser Klempner sich tatsächlich als zwielichtige Gestalt entpuppen, würde mein stümperhafter Anwalt, Mr Honeysickle – oder wie immer er hieß –, sich vielleicht doch noch bemühen, mich zu verteidigen.

»Kennst du diesen Mann?«, schrieb ich Teddy in meiner E-Mail. »Das scheint der Mann zu sein, der in mein Haus eingebrochen ist und mir die Drogen untergejubelt hat.«

Ich schaute mir danach noch mehrere Male das Video an, bis ich zu dem Schluss kam, es häufig genug gesehen zu haben, um sicher sein zu können, dass mir nichts entgangen war. Ich musste mich zusammenreißen. Außerdem brauchte ich nach drei Tagen dringend eine Dusche, um den Schweiß- und Schmutzfilm loszuwerden, der sich auf mir gebildet hatte.

Wie so viele andere Menschen kann auch ich gut unter der Dusche nachdenken. Das wohltuende Gefühl des prasselnden Wassers, die warme, dunstige Luft und der rituelle Vorgang des Waschens helfen mir, den Lärm der Welt auszuschalten und mich stattdessen auf die Zeichen zu konzentrieren, die versuchen, sich ihren Weg zu mir zu bahnen.

In dieser beruhigenden Umgebung stellte ich mir erneut die Frage: Warum? Warum war dieser schändliche, falsche Klempner meine Einfahrt hochgefahren? Was besaß ich denn, das so wichtig oder bedeutend war, dass sich dieser Aufwand lohnte?

Ich war wieder einmal nur ratlos. Ich stellte für niemanden eine Bedrohung dar. Außerdem konnte ich mir nicht vorstellen, dass das Leben eines anderen besser würde, wenn ich als vermeintliche Drogendealerin im Gefängnis saß. Wer musste mich so dringend von der Bildfläche verschwinden lassen? Was besaß ich, das es wert war, mir weggenommen zu werden?

Das Wasser prasselte auf mich herab. Der Seifenschaum spülte den Schmutz weg. Der Dampf zeigte seine Wirkung und glättete ein paar der Kummerfalten.

Die Antwort traf mich wie ein Blitzschlag.

Alex.

Die Menschen, die mir am Zeug flickten, versuchten, mir mein Kind wegzunehmen. Und sie hatten es fürs Erste schon geschafft. Sie würden so lange weitermachen, bis sie am Ziel waren.

Die Sache begann Sinn zu ergeben. Alex war das einzig Wertvolle, das ich besaß. Und als gesundes, weißes, männliches Baby war er genauso kostbar für andere. Wie viel war er wert? Zwanzigtausend Dollar? Vierzigtausend? Einhunderttausend? Hatte es eine Auktion gegeben?

Die Höhe des Betrags war letztlich egal. Ich war mir sicher, dass genügend Geld im Spiel war, um das Sozialamt zu bestechen. Vielleicht hatte man aber auch einen anderen Weg gefunden, um das System zu kontrollieren. Das Warum hatte ich nun kapiert, jetzt kam es nur noch auf das Wie an.

Die ganze Zeit über hatte ich mich für die Zielscheibe und Alex für den Kollateralschaden gehalten.

Was, wenn es genau umgekehrt war?

Was, wenn die Entführung von Alex das eigentliche Ziel dieses Angriffs war?

Und was, wenn ich nur die Frau war, die im Weg stand?

18. KAPITEL

Ich habe so gut wie keine Erinnerung mehr daran, wie ich an jenem Abend unter die Bettdecke schlüpfte. Ich rührte mich auch nicht, als Ben nach Hause kam und ins Bett krabbelte.

Ich schlief tief und fest, was allein schon ein völlig neues Phänomen war, da ich seit dem vierten Schwangerschaftsmonat nicht mehr durchgeschlafen hatte.

Als der Morgen dämmerte, wachte ich auf, noch immer erschöpft. Mein Hirn war noch nicht in Gang gekommen, und ich träumte noch halb vor mich hin, als mich der erste Gedanke durchzuckte. Panik erfasste mich. Ich befürchtete, zu tief geschlafen und Alex' Schreie überhört zu haben. Er musste schon halb am Verhungern sein.

Ruckartig setzte ich mich auf. Dann fiel mir die Wirklichkeit ein, und sie traf mich wie ein Messerstich ins Herz.

Ich ließ mich wieder nach hinten fallen, doch an Schlaf war nicht mehr zu denken. Ben lag eingerollt auf der Seite und schlummerte. Ich hatte Sehnsucht nach Alex. Also stand ich auf und tappte leise hinüber ins Kinderzimmer, das genauso aussah wie vor zwei Tagen, als ich es hastig aufgeräumt hatte.

In der Zimmerdecke klaffte noch immer das Loch. Die Abdeckung der Klimaanlage musste wieder eingesetzt werden.

Ich griff nach Mr Snuggs, der auf dem Wickeltisch lag, nur um etwas in der Hand zu haben. Dann trat ich an Alex' Kinderbett, in dem er eigentlich liegen sollte, und starrte auf das Bettlaken, das fest um die Matratze gezurrt war, damit Alex sich nicht darin verheddern und ersticken konnte. Eine dünne Schicht Babypuder lag verstreut auf dem Laken. Sie war mir vorher nicht aufgefallen. Ben ging schon mal etwas großzügiger mit dem Puder um als ich. Eine Decke lag da, um ein Baby darin einzuhüllen, das nicht da war.

Eigentlich sollte ich mich jetzt herunterbeugen, Alex aus dem Bett heben, ihn aus der Decke wickeln, mich mit ihm in den Schaukelstuhl setzen und ihn stillen.

Frühmorgens war er immer sehr anschmiegsam, sein Körper weich und warm. Seine Abwesenheit ließ mich die Kälte noch stärker spüren.

Mir fiel Hemingways berühmte Geschichte ein, die nur aus sechs Worten besteht: »Günstig zu verkaufen: Babyschuhe, nie getragen.« Meine Geschichte würde wohl lauten: »Mein Morgen: pochende Brüste, leeres Kinderbett.«

Ich pumpte die Milch ab. Danach setzte ich mich auf den Teppich in die Mitte des Zimmers, wo ich Alex nach dem Stillen oft bäuchlings auf eine Decke legte, in die ein beweglicher Plastikspiegel eingelassen war, in dem er sich so gern betrachtete und eine Weile darauf sabberte. Dabei hob er den Kopf, der im Vergleich zu seinem restlichen Körper sehr schwer war, so dass es ihn anstrengte. Ich spornte ihn stets an.

Was sollte ich bloß jetzt mit mir anfangen? Alex' Geburt hatte nicht nur meinem Leben einen Sinn gegeben, sondern auch sämtliche Leerstellen aus meinen Tagen und Nächten getilgt. Wenn ich nicht arbeitete oder schlief, war ich mit ihm zusammen. Was *hatte* ich nur mit meiner ganzen Zeit gemacht, bevor es ihn gab?

Ich starrte auf die Wand und hoffte auf einen Geistesblitz, der nicht kam.

Ich hing meinen Tagträumen nach, als Ben schließlich in der Tür erschien. Seine dunklen, dünnen Beine, die unter den Boxershorts herausragten, nahm ich zuerst wahr. Mein Blick wanderte zu seinem Gesicht. Seine Augen sahen verquollen hinter der Brille aus.

»Guten Morgen«, sagte er.

»Hallo«, erwiderte ich.

»Was machst du gerade?«

»Ich weiß es nicht«, erwiderte ich ehrlich. Meine Stimme kam mir dumpf vor.

»Soll ich dir Gesellschaft leisten?«

»Gern.«

Er betrat das Zimmer und setzte sich zu mir, ohne dass unsere Körper sich jedoch berührten.

»Du hast dich nicht mehr gerührt, als ich gestern Abend nach Hause gekommen bin«, sagte er.

»Ja, ich war todmüde. Ich habe tief und fest geschlafen.«

Er nahm das ohne Kommentar hin. »Ich habe gestern ein paarmal versucht, dich zu erreichen.«

»Ich weiß noch immer nicht, wo mein Handy ist.«

»Wir sollten dir einfach ein neues beschaffen«, sagte er. »Mittlerweile müsstest du Anspruch auf ein Upgrade haben. Dein letztes liegt schon eine Weile zurück. Es gibt eine Reihe von Telefonen, die gratis sind, wenn du einen neuen Vertrag abschließt. Wenn du willst, gehe ich heute bei dem Handyladen vorbei und kümmere mich darum.«

Ich drehte mich zu ihm um. Mein brillanter, scharfsinniger, einfühlsamer Mann sprach mit mir über den Kauf eines neuen Handys, während unser Leben gerade auseinanderbrach. Das fand ich ziemlich absurd.

»Von mir aus«, sagte ich und starrte wieder zur Wand.

Dann stellte ich ihm die Frage, die mir auf der Seele brannte. Ich sah ihn dabei nicht an.

»Wo warst du gestern?«

Die Worte klangen nicht nur wie eine Frage, sondern auch wie ein Vorwurf.

»Tut mir leid. Ich konnte keinen Ersatz für mich finden. Und du weißt ja, wie Kremer reagiert, wenn man versucht, ein Seminar ausfallen zu lassen. Teddy hat mir glaubhaft versichert, dass er sich kümmern könnte. Er hat gesagt, dass man dir wahrscheinlich nur einen Gerichtstermin nennt und dich dann wieder freilässt. Es wäre keine große Sache. Ich ... ich habe mir gedacht, dass er mehr Ahnung von diesen Dingen hat als ich.«

Und ich hatte gedacht, dass mein Mann vielleicht bei mir sein wollte.

»Wie ist es denn gelaufen?«, fragte er.

»Eine Tätlichkeit gegen einen Beamten stellt ein Verbrechen dar, das mit einer Haftstrafe von bis zu fünf Jahren geahndet werden kann.«

»O Gott. Aber du hast ihn doch gar nicht schlagen wollen.«

»Das wird wohl als Rechtfertigung nicht genügen.«

»Aber ... aber was machst du denn dann jetzt?«

Mein Studium der englischen Literatur hatte mich in Bezug auf sprachliche Feinheiten vielleicht zu sensibel gemacht, doch das Personalpronomen der zweiten Person Singular in seiner Frage ärgerte mich. Ein hässlicher Gedanke schoss mir durch den Kopf: Hätte er vielleicht das Personalpronomen der ersten Person Plural benutzt, wenn ich die Mutter seines leiblichen Kindes wäre? Hätte er sich dann gestern im Gericht blicken lassen?

»Die Verhandlung ist auf den 18. Mai festgesetzt. Man hat mir einen Pflichtverteidiger zugewiesen. Mr Honeysoundso.«

»Taugt der was?«

»Tierisch beeindruckt hat er mich bisher nicht.«

Ben rückte seine Brille zurecht.

»Ich habe gestern kurz mit Teddy gesprochen«, sagte er. »Ich glaube wirklich nicht, dass ihm diese Drogen gehören.«

»Ich auch nicht.«

»Also ... ich bin mir sicher, dass du auch schon darüber nachgedacht hast, doch ... Ein halbes Kilo Kokain taucht nicht einfach so mir nichts, dir nichts in einem Haus auf, wie aus dem Nichts.«

»Ich weiß.«

»Wie ist es dann also hier reingekommen?«

Ich schüttelte nur den Kopf.

»Glaubst du, dass wir es … na ja, dass wir es zu seiner Quelle zurückverfolgen können?«, fragte er. »Wenn wir den ursprünglichen Dealer ausfindig machen können, finden wir vielleicht auch heraus, wer es gekauft und hier versteckt hat?«

»Und wie sollen wir das angehen?«

»Ich weiß es nicht«, gab er zu. »Doch wenn man die Ereignisse in der Geschichte verstehen will, muss man normalerweise immer zu den Anfängen zurückkehren. Mir scheint, als würde das gleiche Prinzip auch hier zutreffen.«

Wir saßen schweigend da und berührten uns noch immer nicht.

»Was ist eigentlich mit den Drogenvorwürfen?«, fragte er. »Ist doch schon eigenartig, dass du da noch nichts gehört hast.«

»Die Staatsanwältin hat angedeutet, dass sie mich in dieser Sache anklagen werden, doch …«

»Ja, aber muss man dich deswegen nicht erst mal verhaften? Oder unter Anklage stellen? Oder so?«

»Ich weiß es nicht«, blaffte ich ihn an.

Ich wusste, dass Ben nur versuchte, hilfreich zu sein, doch seine Fragen machten mich wütend. Ich hatte keine Lust, diese Themen noch einmal mit ihm durchzukauen. Ob ich nun zuerst die Drogenklage oder die Klage auf Körperverletzung abwehren musste, war letztlich egal. Die Tatsache blieb, dass ich das Sozialamt nicht davon würde überzeugen können, eine geeignete Mutter zu sein, wenn ich hinter Gittern saß.

Und weder Ben noch Mr Honeysoundso würden mir da eine Hilfe sein. Ich musste mir einen richtigen Anwalt suchen. Ich fragte mich, wie ich das nötige Geld auftreiben könnte, um mir einen Anwalt zu leisten, der nicht vom Gericht bestimmt war. Könnte ich vielleicht mit der Bank verhandeln, dass wir für ein paar Monate eine niedrigere Hypothekenrate zahlten? Könnten wir vielleicht das Haus verkaufen, das ich so liebte, und darauf hoffen, dass die kleinen Renovierungen, die wir vorgenommen hatten, uns zusätzliches Geld einbringen würden?

Ben reagierte schließlich auf meinen gereizten Tonfall, denn er legte seine Hand auf meine.

»Tut mir leid, dass ich gestern nicht im Gericht war, okay? Das war offensichtlich ein Fehler. Ich hätte nicht auf Teddy hören sollen und … Nein, darum geht es gar nicht. Es war nicht Teddys Schuld. Es war meine Schuld. Ich hätte da sein müssen. Und ich will dir helfen, okay? Schließ mich hier nicht aus!«

Ich stand auf. »Ich muss mich für die Arbeit fertig machen. Können wir später darüber reden?«

»Ja, klar.«

»Wie sieht dein Plan für heute aus?«

»So wie immer. Heute Vormittag schreibe ich an meiner Doktorarbeit, am Nachmittag halte ich den Kurs an der Uni, und anschließend unterrichte ich bis um acht im Lernzentrum.«

»Okay«, sagte ich. »Dann sehen wir uns wohl erst heute Abend zu Hause.«

Er saß noch immer auf dem Boden, als ich das Zimmer verließ.

19. KAPITEL

Meine morgendliche Routine – die normalerweise daraus bestand, dass ich neunzig Prozent meiner Zeit auf Alex verwendete und zehn Prozent für mich selbst – war jetzt deutlich kürzer. Auch mein Arbeitsweg dauerte nicht mehr so lang, da ich keinen Umweg mehr zu Mrs Ferncliff machen musste.

Ich bog fünfzehn Minuten früher als üblich auf den Parkplatz von Diamond Trucking ein. Das war in Ordnung, denn eigentlich sehnte ich mich danach, zu arbeiten. Acht Stunden lang Sattelzug-Sudoku spielen – daraus bestand im Kern meine Arbeit –, das klang wie Urlaub.

Als ich das Gebäude betrat, begrüßte mich mein Kollege aus der Nachtschicht. Alle nannten ihn Willie, da er wie Willie Nelson aussah.

Willie war gerade dabei, mich auf den aktuellen Stand zu bringen, als jemand die Tür öffnete. Eine Frau in einem blaugrünen Twinset und einer farblich passenden Handtasche, die nervös aussah, steckte zögerlich den Kopf zur Tür herein. Dann trat sie ein.

»Hallo? Ich bin Amanda? Ich bin hier, um eingearbeitet zu werden«, sagte sie. Sie hatte eine piepsige Stimme, die sie am Ende eines Satzes immer anhob.

Willie und ich sahen uns fragend an.

»Wofür eingearbeitet?«, fragte ich.

»Für … für den Job der Logistik-Managerin?«, antwortete sie noch unsicherer.

»Oh«, erwiderte ich. »Ja, dann sind Sie hier wohl richtig. Ich bin Melanie. Das ist Willie.«

165

Ich hatte in den letzten vier Jahren mehrere Disponenten eingearbeitet, darunter auch Willie. Normalerweise erhielt ich dann aber vorher eine E-Mail. Ich würde über dieses Versäumnis jedoch hinwegsehen, wenn es bedeutete, dass ich Amanda darauf vorbereitete, den Faulpelz Warren Plotz in der Spätschicht zu ersetzen.

»Ich habe mit Warren telefoniert?«, sagte Amanda.

Warren? Seit wann stellte Warren Disponenten ein?

»Warren ist der Sohn des Inhabers«, erklärte ich. »Er ist nicht … Egal. Zuallererst brauchen Sie ein Headset. Sie werden über Ihre gesamte Schicht hinweg am Telefon sein und müssen die Hände frei haben, um tippen zu können. Ich schau' mal gerade im Materialraum nach, ob noch ein neues Headset da ist. Hier herrscht nämlich so eine Art Regel unter den Disponenten, dass wir unsere Headsets nicht gegenseitig benutzen.«

»Ja«, schaltete sich Willie ein. »Meins wollen Sie nicht anfassen. Da landet ständig Spucke drauf.«

Willkommen bei Diamond Trucking, Amanda.

Ich ging nach nebenan in den Materialraum und stöberte so lange herum, bis ich ein Headset gefunden hatte. Als ich zurückkehrte, huschte ein finsterer Blick über mein Gesicht. Es war wie ein Reflex.

Warren Plotz hatte gerade das Büro betreten. Er trug seine zweihundertfünfzig Dollar teure Pilotenbrille, mit der er glaubte wie Justin Timberlake auszusehen, während ich fand, dass er damit aussah wie ein Trottel.

»Was machst du denn hier?«, fragte er.

»Äh, ich arbeite. Warum?«

»Müsstest du nicht im Gefängnis sein?«

Ich spürte, wie ich rot wurde. Amanda riss die Augen auf und umklammerte ihre Handtasche fester.

»Nein«, antwortete ich. »Ich bin auf Kaution frei.«

»Tja, wir brauchen dich nicht mehr.«

»Wovon redest du?«

»Du bist entlassen.«

Der Boden unter mir schwankte leicht. »Wie bitte?«, fragte ich.

»Entlassen. Oder mit anderen Worten, du arbeitest nicht mehr für Diamond Trucking. Diese junge Frau hier ist deine Nachfolgerin. Du kannst gehen. Deinen letzten Gehaltsscheck erhältst du mit der Post.«

Ich versuchte, ruhig zu bleiben, und legte die Schachtel mit dem Headset neben das Telefon auf den Tisch. Warrens feindseliges Verhalten mir gegenüber rührte von einem Vorfall her, der in meiner ersten oder zweiten Arbeitswoche geschah. Da machte er einen plumpen Annäherungsversuch, gegen den ich mich entschieden zur Wehr setzte. Vielleicht zu entschieden. Seitdem hatte er auf eine Chance gewartet, sich zu rächen.

Ich sah ihn wütend an. »Vier Jahre arbeite ich mittlerweile für Diamond Trucking, und ich bin eine engagierte Mitarbeiterin. Es gibt überhaupt keinen Grund, dass du mich entlässt.«

»Doch, den gibt's. Du bist gestern nicht zur Arbeit erschienen.«

»Du erscheinst doch die ganze Zeit nicht zur Arbeit!«, platzte es aus mir heraus. »Doch anders als du habe ich angerufen, um zu sagen, dass ich nicht kommen würde. Ich habe niemanden im Ungewissen gelassen.«

»Ja, aber das spielt jetzt keine Rolle mehr. Gestern ist ein Beamter vom Büro des Sheriffs bei mir zu Hause vorbeigekommen und hat mir Fragen über dich gestellt. Schließlich hat man mich aufs Revier mitgenommen. Da haben sie mir alles über dich erzählt. Auch dass du vielleicht von einem unserer Fahrer Drogen bekommen hast. Ehe ich mich versehe, schnüffeln sie hier herum und wollen mit allen reden. Das geht nicht.«

»Diese. Drogen. Gehören. Mir. Nicht.«, entgegnete ich grimmig.

167

»Natürlich nicht. Hör zu, Diamond Trucking ist das Unternehmen meiner Familie. Wir haben einen guten Ruf, den wir bewahren müssen. Die Leute in der Kirche dürfen nicht denken, dass wir Drogendealer beschäftigen. Das kann ich nicht zulassen.«

»Würdest du bitte damit aufhören? Herrje, Warren, du kennst mich seit vier Jahren. Glaubst du etwa ernsthaft, dass ich eine Drogendealerin bin?«

»Ich glaube, dass die Beamten des Sheriffs eine ganze Menge Koks in deinem Haus gefunden haben, und sie sagen, dass du damit gedealt hast. Das reicht mir.«

»Das ist lächerlich«, sagte ich. »Das ist … zum jetzigen Zeitpunkt lediglich ein Vorwurf. Ich gelte so lange als unschuldig, bis meine Schuld bewiesen ist. Außerdem kannst du mich gar nicht entlassen. Ich arbeite nämlich nicht für dich, sondern für deinen Vater.«

Auf Warrens Gesicht erschien ein boshaftes Lächeln.

»Ach ja? Glaubst du etwa, dass ich nicht mit ihm darüber gesprochen habe? Na gut. Ruf ihn an, wenn du willst! Er wird dir das Gleiche sagen.«

Ich erstarrte. Warren Plotz konnte von mir aus so gehässig sein, wie er wollte. Damit konnte ich umgehen. Doch sein Vater war anders. Er war stets freundlich zu mir gewesen. Ein Mann, der immer auf mich aufpasste. Ein Mann, der nicht nur als Arbeitgeber fürsorglich war. Dachte ich.

Es war niederschmetternd, zu erfahren, dass auch er die gegen mich erhobenen Vorwürfe für möglich hielt – mich im Grunde genommen aufgab – und das Schlimmste vermutete.

»Oh«, sagte ich mit erstickter Stimme.

»Tja, du kannst gehen«, sagte Warren höhnisch grinsend. Er wusste bereits, dass er mich besiegt hatte. Die Arbeitsgesetze von Virginia waren lächerlich. Ein Arbeitgeber wie Diamond Trucking konnte einen nahezu aus jedem oder aus gar keinem Grund entlassen.

Diese Kündigung war unanfechtbar. Außerdem hatte ich schon genügend andere Probleme am Hals.

Ich spürte, wie Tränen in mir aufstiegen. Ich musste von hier weg. Warren genoss meine Verzweiflung schon zu sehr. Ich taumelte in die Damentoilette, wo ich meine Milchpumpe aufbewahrte, und steckte sie in die Schachtel.

Dann kehrte ich ins Büro zurück und sah mich um, ob sonst noch persönliche Gegenstände herumlagen, die ich mitnehmen musste. Nein, da war nichts.

Vier Jahre bei Diamond Trucking, doch ich würde gehen, ohne eine Spur zu hinterlassen.

Da ich nicht wusste, was ich sonst machen sollte, fuhr ich nach Hause. Ich hoffte, dass Ben noch da war. Obwohl ich am Morgen zickig und distanziert zu ihm gewesen war, sehnte ich mich jetzt danach, mich an seiner Schulter auszuweinen.

Doch er war bereits weg. Das Haus war leer – viel zu leer.

Ich konnte nicht dableiben. Es war für eine Familie bestimmt, nicht für eine missmutige, kinderlose, arbeitslose Frau.

Ich ersparte mir die Debatte mit mir selbst, ob ich meinen Mann stören sollte, und setzte mich wieder ins Auto, um nach Norden zu fahren. Nach Harrisonburg, zur James Madison University. Zu Ben. Vielleicht war es egoistisch, doch ich stand kurz vor einem Nervenzusammenbruch und brauchte ihn jetzt mehr denn je.

Ich versuchte, nicht darüber nachzudenken, was diese Entlassung bedeutete, während ich die Straße entlangfuhr. Doch das war unmöglich. Ich kam mir vor wie der kleine Junge in dem Märchen, der seinen Finger in das Leck im Deich steckt, um zu verhindern, dass Wasser hindurchdringt. Das Problem war nur, dass ich mehr undichte Stellen hatte als Finger. Die Überschwemmung stand kurz bevor.

Was sollte ich nur machen ohne Einkommen? Mein Stundenlohn von achtzehn Dollar war zwar im Vergleich zu dem, was manch andere meiner früheren Kommilitonen jetzt so verdienten, nicht fürstlich, doch ich verdiente immer noch weit mehr als Ben.

Ich musste einen neuen Job finden. Und das schnell.

In der Gegend gab es zwar andere Speditionen, doch würden sie alle wissen wollen, warum ich meine alte Stelle verlassen hatte. Diamond Trucking war dafür bekannt, dass sie die besten Sozialleistungen hatten. Die meisten Menschen verließen andere Arbeitgeber, um zu Diamond Trucking zu wechseln und nicht umgekehrt. Ich würde meine Entlassung nicht verheimlichen können.

Und nicht nur das. Meine derzeitigen Lebensumstände auch nicht. Wem wollte ich da schon was vormachen? Sollte das gesamte Shenandoah Valley nicht ohnehin schon Bescheid wissen, würde eine kurze Internetrecherche genügen, um meinen Namen in Artikeln zu finden, in denen ich ›Koks-Mami‹ getauft worden war. Wer würde mich schon einstellen, wenn über mir das Damoklesschwert hing, wegen schwerer Straftaten angeklagt zu werden?

Selbst meinen großen Rückhalt, meinen Freund Marcus, gab es nicht mehr: Er hatte vor zwei Jahren Starbucks verlassen und arbeitete jetzt in einem anderen Unternehmen.

Meine Lage war katastrophal. Ben und ich besaßen kein finanzielles Polster mehr. Den größten Teil hatten wir dafür verwendet, das Haus anzuzahlen. Der Rest war in die wenigen Renovierungen geflossen, die wir uns hatten leisten können. Mein Kontostand betrug derzeit neunhundert Dollar. Und mein Sparkonto wies ein Guthaben von fünfzig Dollar auf, was die erforderliche Mindestsumme war, um es aufrechtzuerhalten.

Vielleicht hatte Ben etwas mehr Geld auf seinem Konto. Wir hatten noch immer getrennte Konten. Es war so viel geschehen in der letzten Zeit – die Vergewaltigung, unsere Blitzhochzeit, der Hauskauf, das Baby –, dass eine gemeinsame Kasse keinen Vorrang gehabt hatte.

Vielleicht wies Bens Konto aber auch noch weniger Geld auf als meins. Auf jeden Fall besaßen wir weder Kapitalanlagen noch Wertgegenstände, die wir hätten in Bargeld verwandeln können. Außer vielleicht Bens Schallplattensammlung. Doch was wäre die wert? So viel, dass wir ein paar Wochen lang davon Lebensmittel kaufen oder ein, zwei Monate lang die Hypothekenrate zahlen könnten?

Es gab niemanden, den wir um finanzielle Hilfe bitten konnten. Bens Vater war Hausmeister an einer Schule. Seine Mutter arbeitete in einem Lebensmittelladen. Sie konnten uns kein Geld leihen. Sie zählten die Tage bis zu ihrer Rente.

Und meine Eltern? Pah. Ich wollte mir den bedauernswerten Zustand, in dem sie jetzt sein mussten, nicht einmal vorstellen. Wenn sie überhaupt noch lebten. Durchaus möglich, dass sie sich gegenseitig umgebracht hatten. Oder sich selbst.

Wir waren auf uns allein gestellt, in jeder Hinsicht.

Eins war sicher: Angesichts der neuen Sachlage war ein Umschichten unserer Geldmittel völlig aussichtslos, um einen privaten Anwalt zu engagieren. Wir würden froh sein können, wenn wir das Haus behielten.

Ich hatte durch die Entlassung auch noch unsere Familienkrankenversicherung verloren. Diamond Trucking würde zwar gemäß der gesetzlichen Regelung mir auch weiterhin eine Krankenversicherung anbieten müssen, doch ich bezweifelte, dass wir uns das leisten konnten.

Das größte Problem jedoch war, wie ich einen Richter davon überzeugen sollte, mir Alex zurückzugeben, wenn ich vielleicht nicht einmal in der Lage war, seine Grundbedürfnisse zu sichern?

Ich verstand plötzlich, wie es sein musste, in einem vom Krieg zerrütteten Land zu leben, das von Landminen verseucht war.

Wo immer ich mir überlegte hinzutreten, überall lag etwas, das mir um die Ohren fliegen konnte.

Als ich das Gelände der JMU erreichte, brauchte ich Ben dringender denn je. Ich war froh, dass er im Moment keine Studenten unterrichtete, denn so würden wir eine Weile ungestört sein.

Ich hätte ihn angerufen, um zu erfahren, wo er gerade war, doch ich besaß immer noch kein Handy. Vielleicht hatte Ben doch recht gehabt, das Thema heute Morgen anzuschneiden. Ich hatte meinen kommunikationstechnischen Zustand satt, der ans Mittelalter erinnerte.

Ich würde ihn wohl auf die altmodische Weise finden müssen. Nachdem ich den Wagen geparkt hatte, ging ich zur Bibliothek, wo ihm eine Lesekabine zugeteilt war.

Doch er war nicht da. Der winzige Raum war dunkel und verschlossen.

Ich klopfte für alle Fälle aber doch gegen die Tür. Kein Ben.

Jetzt konnte er nur noch in der Geschichtsfakultät sein. Dort hatten die Doktoranden in einem fensterlosen Raum, den sie die Besenkammer nannten, ihre Schreibtische.

Die Geschichtsfakultät war im ersten Stock der Jackson Hall, die auf der anderen Seite des Hofs der Bibliothek lag, den ich mit schnellen Schritten überquerte. Ich kam an kleineren Gruppen von Studenten vorbei, die in ihrem glückseligen Kokon universitären Lebens die Welt um sich herum nicht wahrnahmen.

Ich lief die Treppe hinauf, ging durch den Empfangsbereich der Fakultät weiter einen langen Gang entlang, an dem sich die Büros der Professoren befanden, von denen ich hoffte, dass eines davon einmal meinem Mann gehören würde.

Als ich die Besenkammer betrat, wurde ich abermals enttäuscht. Wieder kein Ben. Auf den schmalen Schreibtischen lagen wie immer haufenweise Bücher und Unterlagen herum, doch kein Mensch saß in dem Raum.

Ich kehrte zum Empfangsbereich zurück. Eine ältere Frau saß

allein da, an ihrem Schreibtisch, und starrte auf den Bildschirm ihres Computers – ich vermutete, dass sie die Fachbereichssekretärin war.

»Entschuldigen Sie«, sagte ich. Sie sah von ihrem Bildschirm auf. »Ich suche Ben Barrick. Haben Sie ihn gesehen?«

Sie neigte den Kopf zur Seite. »Ben Barrick?«

Die Frau musste neu in der Fakultät sein. »Er ist Doktorand. Sein Schreibtisch steht da hinten in dem Raum am Ende des Gangs.«

»Ich kenne Ben Barrick«, erwiderte sie. »Aber er ist nicht hier. Er ist nicht mehr im Doktorandenprogramm.«

Ich schüttelte den Kopf und weigerte mich, ihre Worte zu glauben. »Sind Sie sicher, dass wir dieselbe Person meinen? Der Ben Barrick, den ich meine, ist zirka ein Meter achtzig groß, dunkelhäutig und trägt eine Brille. Er ist ... er gibt dieses Semester einen Kurs für Professor Kremer.«

»Ja, das ist derselbe Ben Barrick«, sagte sie. »Und ich kann Ihnen versichern, dass er keinen Kurs für Professor Kremer gibt, denn Professor Kremer arbeitet seit letztem Frühjahr nicht mehr hier. Er ist zur Temple University in Philadelphia gewechselt. Haben Sie das nicht gewusst?«

20. KAPITEL

Amy standen zwei Wege zur Verfügung, um die Sprite-Dose, von der sie hoffte, dass sie vor DNA nur so wimmelte, dem Western Laboratory in Roanoke zukommen zu lassen.

Sie konnte den üblichen Weg wählen, der darin bestand, das Beweisstück in einen wattierten Umschlag zu stecken und es mit der Post zu schicken.

Es würde seinen Platz in einer riesigen Menge von Beweisen einnehmen, die aus dem westlichen Teil von Virginia eintrafen. Mordfälle hatten Vorrang. Alles andere wurde systematisch nach Datum des Eingangs bearbeitet. Laut dem aktuellen Bericht des Labors betrug die durchschnittliche Wartezeit einhundertsechsundfünfzig Tage.

Oder sie konnte den ungewöhnlicheren Weg wählen, der darin bestand, persönlich hinzufahren und den Leiter des Labors zu beknien.

Sie entschied sich für die zweite Option. Die in einem Beweisbeutel versiegelte Sprite-Dose lag neben ihr auf dem Beifahrersitz, als sie die Interstate 81 in Richtung Süden fuhr, durch die Blue Ridge Mountains. Sie überholte zwei Lastwagen und genoss das Panorama.

Auf halber Strecke, kurz vor Lexington, klingelte ihr Handy. Im Display leuchtete der Name Aaron Dansby auf, und sie stöhnte auf.

»Amy Kaye.«

»Ich bin's, Aaron.«

»Hallo.«

»Wo bist du gerade?«

Den Staatsanwalt von Virginia interessierte es selten, wo Amy sich gerade befand oder was sie gerade machte. Das war eine der angenehmen Seiten ihrer Arbeit. Dansby war kein Chef, der seinen Mitarbeitern ständig im Nacken saß – was wohl hauptsächlich daran lag, dass ihm diese einfach egal waren. Doch das stand auf einem anderen Blatt. Wenn Amy keine Gerichtstermine hatte, konnte sie sich ihre Zeit einteilen, ohne dass er sich einmischte.

»Äh, ich bin gerade auf dem Weg nach Roanoke, um ein Beweismittel abzugeben. Warum?«

»Aber du präsentierst doch heute den Fall der Koks-Mami vor der Grand Jury.«

»Ja, nachher.«

»Okay. Ich will, dass wir das gemeinsam machen.«

Auf Amys Gesicht bildete sich ein Fragezeichen. »Ich bin mir nicht ganz sicher, ob ich dich richtig verstehe.«

»Nimm's mir nicht übel, aber ich glaube, dass die Grand Jury beeindruckt sein wird, wenn der Staatsanwalt von Virginia, der Kerl, den sie gewählt haben, vor ihnen steht und nicht seine Stellvertreterin. Ich spreche mit ihnen, halte eine kleine Rede und lasse sie wissen, wie wichtig dieser Fall ist. Dann kannst du übernehmen.«

Am liebsten hätte Amy Dansbys Worte aufgezeichnet, um das Band bei der nächsten Tagung der Staatsanwälte von Virginia abzuspielen. Sonst würde ihr das niemand glauben.

»Aaron«, sagte sie behutsam. »Die Grand Jury trifft sich hinter verschlossenen Türen.«

»Ja, ich weiß.«

»Diese Türen sind auch für uns verschlossen.«

Am anderen Ende der Leitung blieb es kurz still. Selbst nach mehr als drei Jahren seiner vierjährigen Amtszeit waren Dansby einige grundlegende prozessuale Vorgehensweisen noch immer unbekannt.

»Oh«, sagte er schließlich.

»Die Grand Jury kann dem Ermittler oder anderen Zeugen Fragen stellen. Doch es ist gesetzeswidrig, dass wir in diesem Raum sind, außer wir treten als Zeugen auf, oder der Gerichtsschreiber informiert uns darüber, dass die Grand Jury unseren Rat in einer rechtlichen Frage benötigt.«

»Oh«, sagte er noch einmal.

»Wenn du oder ich auch nur einen Fuß in den Raum setzen oder mit der Grand Jury sprechen, ohne dass wir dazu aufgefordert worden sind, würde unsere Anklage, worauf auch immer sie lautet, für nichtig erklärt werden«, fügte Amy noch hinzu, da sie es einfach genoss, ihn zu belehren.

»Okay. Verstanden«, sagte Dansby.

»Ich gebe dir Bescheid, sobald der Gerichtsschreiber einen Haftbefehl ausgestellt hat. Ich weiß, wie dringend du darauf wartest.«

»Ja, danke«, sagte er und sprach plötzlich mit seiner Politikerstimme. Der Stimme, die etwas imposanter – und unechter – war als seine normale Stimme, wobei schon die ziemlich aufgesetzt klang. »Dann hoffe ich bald von dem … dem Haftbefehl zu hören. Ich würde das nämlich gern leaken …«

Dann korrigierte er sich erstaunlicherweise selbst. »Ich würde das gern den Medien gegenüber berichten.«

»Selbstverständlich, Aaron.«

»Wir sprechen dann später miteinander.«

»So ist es.«

Sie beendete das Gespräch. Und dann lachte sie zum ersten Mal seit Tagen wieder.

Das Western Laboratory war kein altes Gebäude, aber trotzdem erst vor kurzem für mehrere Millionen Dollar renoviert worden. Damit war es noch moderner als zuvor, von seiner topaktuellen

Ausstattung bis hin zu seiner LEED-Zertifizierung als grünes, ökologisches Gebäude.

Amy betrat das Büro des Laborleiters. Ein Mann mit buschigen, weißen Augenbrauen, der Chap Burleson hieß.

Sie hielt den Beweisbeutel in der linken Hand. Die rechte streckte sie Burleson über den Schreibtisch entgegen, der sich erhob.

»Dr. Burleson, ich bin Amy Kaye vom Büro des Staatsanwalts in Augusta County«, sagte sie.

»Augusta County«, sagte er. »Das liegt nicht gerade um die Ecke.«

»Etwa eine Stunde von hier entfernt«, erwiderte sie. »Halb so schlimm.«

»Setzen Sie sich«, sagte er freundlich und zeigte auf die beiden Stühle vor seinem Schreibtisch. Amy wählte den linken aus. »Wie kann ich Ihnen helfen, Ms Kaye?«

»Sie können mir helfen, einen Vergewaltiger zu fassen«, sagte sie mit gleichmäßiger Stimme.

»Gern. Dazu sind wir da.«

»Großartig«, sagte sie, zückte den Beweisbeutel und legte ihn behutsam auf den Schreibtisch. »Könnten Sie das hier dann bitte als Eilauftrag bearbeiten?«

Er hob kurz die Augenbrauen. »Tja, Ms Kaye. Das ist immer das Problem, nicht? Lassen Sie mich Ihnen die Vorgehensweise unseres Labors erklären. Vielleicht wissen Sie es nicht, aber wir haben …«

Amy unterbrach ihn schnell. »Einen Rückstand von tausendzweihundert Fällen, die für andere Polizeibehörden im Staat Virginia allesamt sehr wichtig sind; eine Verpflichtung, jeden Fall so zu behandeln, als wäre er von höchstem Belang; die Notwendigkeit, die vielen Gerichtsbezirke, die auf Ihre kriminaltechnischen Dienste angewiesen sind, gerecht zu behandeln. Doch, Dr. Burleson, das weiß ich alles.«

Ein Lächeln huschte kurz über sein Gesicht, ehe es wieder diesen unverbindlichen Ausdruck annahm. »Sie haben mich meiner Rede beraubt, Ms Kaye.«

»Ich weiß. Und ich möchte Sie davon überzeugen, dass dieser Fall wichtiger ist. Heute ist der Tag, an dem die Grand Jury in Augusta County zusammentritt. Ich habe mich kurz davongestohlen, um hierherzufahren und Sie von meinem Anliegen zu überzeugen.«

»Gut. Worum geht es also in Ihrem Fall?«

Amy erzählte ihm schnell von dem Mann, der seit zwei Jahrzehnten ihren Bezirk terrorisierte und warum er so lange unentdeckt blieb. Dann schilderte sie, wie sie die Einzelteile seines brutalen Werdegangs, einen Fall nach dem anderen, in mühevoller Kleinarbeit zusammengefügt und jedes Mal lange auf DNA-Ergebnisse gewartet hatte.

»Wieso habe ich bisher noch nichts davon gehört?«, fragte Burleson stirnrunzelnd, so dass seine Augenbrauen eine lange weiße Linie auf seiner Stirn bildeten.

»Weil mein Chef Angst vor einer negativen öffentlichen Aufmerksamkeit hat, die mit so einer ungelösten Geschichte verbunden ist, und mich angewiesen hat, darüber zu schweigen.«

»Ich verstehe.«

»Und um ehrlich zu sein, habe ich Sie mit keiner meiner anderen Anfragen belästigt, weil es nun mal ein ungeklärter Fall war. Ich konnte nicht damit argumentieren, dass er gegenüber den vielen anderen, wichtigen Untersuchungen in Ihrem Haus Vorrang haben sollte«, sagte Amy und hielt kurz inne, damit Burleson diese sehr vernünftige Begründung in sich aufnahm, ehe sie dann ihr Anliegen formulierte. »Doch die Sachlage hat sich geändert. Ich habe im Zusammenhang mit diesen vagen Beschreibungen jetzt einen Namen. Und ich habe diese Getränkedose hier, auf der die DNA dieser Person ist. Der Schlüssel, diesen Mistkerl zu fassen, liegt direkt vor uns.«

Sie schob die Tüte mit der Sprite-Dose zu ihm.

»Das Muster, nach dem er vorgeht, ist ziemlich klar«, fuhr Amy fort. »Er schlägt alle vier bis fünf Monate zu. Seine letzte Tat liegt jetzt vier Monate zurück. Ich spiele hier gerade mit dem Feuer.«

»Und wenn Sie noch einmal fünf oder sechs Monate auf die Ergebnisse warten müssen, könnte er bis dahin womöglich noch zwei Frauen vergewaltigt haben, ehe Sie ihn endlich schnappen.«

»Jetzt berauben Sie mich meiner Rede. Doch genauso ist es. Jeder Tag, der ins Land zieht …«

»Ich verstehe«, sagte er und zog die Sprite-Dose zu sich. »Ich werde sehen, was ich tun kann.«

21. KAPITEL

Ich verließ den Parkplatz der James Madison University mit einem Gefühl blinder Wut und völliger Niedergeschlagenheit.

Ben hatte mich belogen. Schon seit Monaten. In fast jeder Hinsicht. Das waren die Tatsachen.

Ich dachte an die scheinbar harmlosen Unterhaltungen, in denen er mich getäuscht hatte, um mich in dem Glauben zu lassen, er sei noch immer Doktorand. Wie sehr er sich angestrengt hatte, um diese raffinierte Lügengeschichte aufrechtzuerhalten.

Doch es waren seine detaillierten Schilderungen, die mich wirklich erschütterten. Denn wenn ich ihn fragte: *Wie ist der Kurs heute gelaufen?*, lautete seine Antwort nicht einfach: *Gut.* Er hielt die Lüge nicht knapp. Nein, er schmückte sie stets auch noch aus.

Kremer hat mir dieses Semester eine gute Gruppe von Studenten gegeben. Sie stellen einige sorgfältige Zusammenhänge her zwischen der Lektüre, die wir für sie ausgesucht haben, und den Vorlesungen.

Und dann schwafelte er noch von einem esoterischen Aspekt der Geschichtswissenschaft, auf den sie fälschlicherweise gestoßen waren.

Oder er sprach von den mangelnden Fähigkeiten seiner Studenten, richtig zu recherchieren. Man hätte ihnen in den vier Jahren an der Highschool nur beigebracht, Prüfungen abzulegen, ihnen aber nicht vermittelt, wie man ein wissenschaftliches Thema bearbeitet und seine Suche dabei nicht nur aufs Internet beschränkt.

Hunderte dieser Unterhaltungen fielen mir jetzt ein, allesamt

Märchengeschichten. Hatte er sie wirklich meinetwegen erfunden? Damit ich mich weiterhin in dem Glauben wiegte, mit einem angehenden Akademiker verheiratet zu sein? Wieso hatte er mir nicht einfach gesagt, dass er seine Promotion abbrechen wollte? Hatte er etwa geglaubt, dass ich es nicht verstehen würde? Oder dass ich versuchen würde, es ihm auszureden?

Und da gab es noch eine Frage:

Wenn Ben nicht mehr an der JMU war, was zum Teufel machte er dann?

Ich wusste lediglich, dass er morgens das Haus nach mir verließ und abends so gegen acht oder neun Uhr zurückkehrte. Streunte er in der Zwischenzeit einfach nur in der Gegend herum und dachte sich all diesen Blödsinn für mich aus? Führte er ein eigenartiges Doppelleben, von dem er mir nicht erzählen konnte?

Die Sache war völlig unfassbar. Und sie machte mich wütend.

Am schlimmsten fand ich jedoch, dass mein Leben dadurch ebenfalls zu einer einzigen Lüge geworden war – dieser Gedanke war natürlich egoistisch. Ich hatte mich in unserer Beziehung, insbesondere aber seit der Vergewaltigung und der qualvollen Zeit danach, immer auf ihn verlassen können, er war mein Fels in der Brandung.

Doch jetzt stellte sich heraus, dass mein Fels nichts weiter war als bemalter Staub.

Als ich nach Staunton zurückkehrte, fuhr ich direkt zu dem Handyladen. Ich erhielt eine kostenlose Billigkopie eines iPhone der vorletzten Generation. Trotzdem kam es mir noch zu teuer vor.

Ich kehrte zu meinem Auto zurück, setzte mich hinein und rang mit dem nächsten Dilemma. Wie sollte ich mit diesem schrecklichen, neuentdeckten Wissen nur umgehen. Sollte ich Ben sofort zur Rede stellen? Sollte ich ihm eine SMS schicken? Sollte ich ihn anrufen und bei einer letzten Lüge ertappen?

Oder sollte ich bis heute Abend warten, um von Angesicht zu Angesicht mit ihm zu sprechen?

Und dann, was *dann*? Würde er eine Erklärung parat haben? Wäre mir diese Erklärung überhaupt wichtig? Gab es Vergehen, die man nicht verzeihen konnte?

Ich war innerlich gespalten. Einerseits war der begangene Vertrauensbruch zu groß, um unsere Beziehung noch fortsetzen zu können. Eine Ehe war vielleicht in der Lage, eine einzelne, unbedachte Lüge zu verkraften; sagen wir mal einen einmaligen Seitensprung.

Doch dieser Betrug war weitaus gravierender, denn er war ungemein sorgfältig geplant, über einen sehr langen Zeitraum hinweg aufrechterhalten und mit einem hohen Maß an fortdauernder Doppelzüngigkeit betrieben worden. Außerdem noch mit einem anhaltenden, hohen Maß an doppeltem Spiel. Wie sollte ich ihm je wieder ein einziges Wort glauben können?

Andererseits hatte ich gerade viel größere Probleme, um die ich mich kümmern musste. Mir standen zwei Anklagen bevor. Ich hatte keinen Job und so gut wie kein Geld. Weder die eine noch die andere Situation würde sich gravierend bessern, solange ich diese Vorwürfe nicht widerlegen könnte. Ohne Ben würde ich das Haus nicht behalten können. Vielleicht hätte ich nicht einmal genug zu essen.

Außerdem – und das stand ganz obenan – war mein Kind momentan in der Obhut des Sozialamts, das viel eher bereit war, einem Elternpaar das Sorgerecht zurückzugeben als einer alleinerziehenden Mutter, die sich gerade scheiden ließ.

Doch wäre ich tatsächlich dazu fähig, meinem Mann nur deshalb zu vergeben, weil es ratsam war? Funktionierte das menschliche Herz so?

Auf meine Fragen gab es keine Antworten. Also saß ich da, in meinem Auto, und starrte auf mein neues Handy, dessen Tasten ich nur tippen müsste, um meiner Ehe sofort den Todesstoß zu versetzen. Wenn ich denn die Kraft dazu hätte.

Ich rief Ben nicht an. Ich hatte zu viel Angst davor, diese unaufhaltsame Lawine von Ereignissen loszutreten.

Niedergeschlagen und überfordert zwang ich mich schließlich, zurück zur Desper Hollow Road zu fahren.

Zu Hause angekommen, widerstand ich dem Drang, mir die Decke über den Kopf zu ziehen und zu sterben – wonach mir eigentlich zumute war –, und ging stattdessen mit der Milchpumpe ins Haus.

Ich bildete es mir sicherlich nur ein, doch mir kam es bereits so vor, als würde meine Milchproduktion nachlassen. Oder zumindest war die Menge geringer.

Nachdem ich abgepumpt hatte, schaute ich mir die SMS der vergangenen Tage an. Marcus hatte mehrere Nachrichten geschickt. Sie klangen zunehmend besorgter. Ich schrieb schnell zurück und erklärte ihm, dass ich mein Handy verloren hätte und meine Situation katastrophal sei. Er war ein Freund, der die Wahrheit verkraften konnte.

Die restlichen Nachrichten? Ich war nicht einmal in der Lage, sie gedanklich zu verarbeiten. Sie stammten von Freunden – aus der Zeit bei Starbucks, von der Uni, sogar von der Schule –, die ich schon eine Weile nicht mehr gesehen hatte. Anscheinend hatten sie durch die Medien erfahren, was passiert war, und wollten wissen, wie es mir ging. Einige boten vorsichtig ihre Hilfe an. Die meisten fragten aber nur zaghaft: »He, bist du in Ordnung?«

Was sollte ich schon darauf antworten?

Mein Anwalt hatte mir ebenfalls eine Nachricht auf der Mailbox hinterlassen.

»Ms Barrick, ich bin es, Bill Honeywell«, sagte er in seinem

Südstaatenakzent. »Wie ich gehört habe, sind Sie doch noch auf Kaution freigelassen worden. Wie … wie schön. Warum rufen Sie mich nicht an, sobald Sie Zeit haben?«

Er diktierte langsam seine Nummer, wiederholte sie noch einmal und legte dann auf. Als ich zurückrief, hing ich drei Minuten in der Warteschleife, ehe er den Anruf schließlich leicht schnaufend entgegennahm. Er sagte, dass mein Fall mit dem Sozialamt vorangeschritten sei und er alles mit mir Schritt für Schritt durchgehen wolle.

Da dem Dringlichkeitsantrag auf Inobhutnahme nun stattgegeben worden sei, begann er, stünde nun die Verhandlung zu vorläufiger Inobhutnahme an. Häufig würde sie als Fünf-Tage-Verhandlung bezeichnet, da das Gesetz einen Zeitraum von fünf Werktagen zwischen Inobhutnahme des Kindes und Verhandlung vorschreiben würde.

In dieser Verhandlung würden wir gegen die Feststellung auf Misshandlung und Vernachlässigung des Kindes formell Einspruch erheben und somit auf nicht schuldig plädieren, obwohl das in einem Fall staatlicher Inobhutnahme nicht so genannt werden würde. Ein Anwalt des Sozialamts würde Zeugen aufrufen, höchstwahrscheinlich aber nur den für diesen Fall zuständigen Mitarbeiter.

Wir würden keine Zeugen aufrufen dürfen. Erst in der richterlichen Anhörung, die dreißig Tage später stattfinden würde, wäre uns das erlaubt. Doch zumindest hätte ich in dieser Verhandlung die Möglichkeit, dem Richter meine Seite der Geschichte darzulegen.

Mr Honeywell legte eine kurze Pause ein, die ich nutzte, um diese Seite zu besprechen.

»Ich habe es ja schon letztens vor Gericht gesagt. Mir gehören diese Drogen nicht, die das Büro des Sheriffs in meinem Haus gefunden hat«, sagte ich. »Ich habe keine Ahnung, woher sie stammen. Ich schwöre es.«

Er grummelte verhalten. »Gibt es noch weitere Personen, außer Ihrem Ehemann, die in Ihrem Haus leben?«

»Nein.«

»Tja«, sagte er wieder in seinem Südstaatenakzent. »Als Ihr Anwalt muss ich ehrlich sein: Sie werden kaum jemanden davon überzeugen können, dass Sie mit diesen Drogen nichts zu tun haben. Außer Sie meinen, dass sie Ihrem Ehemann gehören?«

»Nein. Sie gehören ihm nicht.«

»Hat sonst noch jemand Zugang zu Ihrem Haus?«

»Hören Sie, ich weiß, das klingt verrückt, aber ich glaube, dass mir da jemand was anhängen will, um mir Alex wegzunehmen.«

»Ich verstehe«, sagte er.

Ich hörte seine Skepsis, was ich ihm nicht verübeln konnte. Es klang auch für mich absurd.

»Ich habe da ein Video einer Überwachungskamera«, fuhr ich fort. »Einen Tag bevor das Büro des Sheriffs mein Haus durchsucht hat, ist ein Lieferwagen meine Einfahrt heraufgefahren, angeblich ein Klempner. Er hat fünfzehn Minuten in meinem Haus verbracht, dann fuhr er wieder weg. Ich habe keinen Klempner bestellt. Ich bin mir ziemlich sicher, dass er die Drogen in mein Haus geschmuggelt hat.«

»Konnten Sie diesen geheimnisvollen Mann identifizieren?«

»Nein.«

Er sog scharf die Luft ein. »Also, wenn Sie herausfinden können, wer dieser Kerl ist, kann ich ihn vorladen. Er muss dann vor Gericht erscheinen und aussagen, was er da in Ihrer Einfahrt gemacht hat. Das Problem ist nur, dass die andere Seite versuchen wird, es so darzustellen, als hätte er Drogen gekauft, sollten gegen ihn Drogendelikte vorliegen.«

In mir stieg Verzweiflung auf.

»Also ist es hoffnungslos.«

»Aber nein, Ms Barrick, das ist es nicht. Und diese Einstellung wird Ihnen keine große Hilfe sein. Sie können das, was ich Ihnen jetzt sage, glauben oder nicht. Aber der Richter ist wirklich bestrebt, Ihnen Ihr Kind zurückzugeben. Sie müssen ihm einfach nur zuhören und Bereitschaft zeigen, seine Anordnungen zu befolgen, wie immer sie aussehen mögen. Glauben Sie, dass Sie das hinbekommen?«

»Ja, natürlich«, sagte ich. »Aber, was ist … Was ist, wenn ich wegen Drogenbesitzes für schuldig erklärt werde? Das Strafmaß liegt bei fünf Jahren, hat die Staatsanwältin gesagt. Würde … würde man warten, bis ich wieder aus dem Gefängnis komme, und dann meinen Fall verhandeln?«

Die Stimme meines Anwalts wurde leiser. »Wohl kaum. Es dauert mindestens ein Jahr, um Elternrechte zu beenden. Die meisten Richter stehen einer Bearbeitung der Fälle über diesen Zeitraum hinweg jedoch sehr kritisch gegenüber. Vielleicht würde man noch ein paar Monate warten, wenn man wüsste, dass Sie wieder herauskämen. Aber keine fünf Jahre. Tut mir leid.«

Das war ein schwerer Brocken, der mir den Magen umdrehte und förmlich das Herz aus der Brust riss. Ich schnappte nach Luft, was Mr Honeywell am anderen Ende der Leitung offensichtlich hörte, denn er fuhr fort.

»Wir gehen hier in kleinen Schritten vor, Ms Barrick«, sagte er und versuchte kläglich, Optimismus zu verbreiten. »Unser erster Schritt ist der Dienstag. Da findet die Fünf-Tage-Verhandlung statt. Laut Prozessliste um zehn Uhr dreißig. Wir müssen einen guten Start mit dem Richter erwischen. Das ist wichtig. Kommen Sie frühzeitig, ziehen Sie sich ein nettes Kleid an und frisieren Sie sich so, als würden Sie zum Abendessen ausgehen. Ist das möglich?«

»Ja, sicher.«

»Gut. Das ist die richtige Einstellung. Jetzt muss ich mich wegen einer anderen Angelegenheit auf den Weg zum Gericht machen. Doch wir sehen uns am Dienstag, okay?«

Ich versicherte ihm, dass ich da sein werde, und dankte ihm murmelnd.

Er hätte mir das Verfahren nicht näher erklären müssen. Meine Zukunft zeichnete sich schon jetzt ziemlich deutlich für mich ab. Ich würde nie einen Richter davon überzeugen können, Alex in meine Obhut zurückzugeben, wenn ich ins Gefängnis ginge.

Die Klage wegen Körperverletzung war eine Sache, und sie war vor allem ein Ärgernis. Ich konnte mir nicht vorstellen, dass man mich mehr als ein Jahr einsperren würde, nur weil ich einem Beamten eine kleine Kratzwunde zugefügt hatte.

Die Klage wegen Drogenbesitzes war eine andere Sache.

Die Richtlinien zur Strafbemessung kamen einem hochragenden Monolithen gleich, den ich nicht umgehen oder untertunneln konnte. Ich musste darübersteigen, doch ich wusste nicht einmal, wo ich zu klettern beginnen sollte.

Ich hatte bereits erfahren, wie wirkungslos meine Proteste waren. Den Satz »Diese Drogen gehören mir nicht« konnte ich endlos wiederholen.

Niemand – noch nicht einmal mein eigener Anwalt – wollte mir das glauben.

Ich musste einen echten Beweis finden, der nicht nur belegte, dass ich nicht schuldig, sondern tatsächlich unschuldig war.

Andernfalls würde ich meinen Sohn verlieren.

So einfach war das.

22. KAPITEL

Ein paar Stunden später, ich saß auf der Veranda und dachte noch immer über diese schier unmögliche Aufgabe nach, fuhr Teddy mit seiner dröhnenden alten Rostbeule unsere Einfahrt entlang.

Er sprang aus dem Wagen und flitzte vor mir durch die Tür ins Haus, leicht außer Atem.

»Das hört sich jetzt eigenartig an, aber geh nach oben und zieh dir so viel Unterwäsche an, wie unter deine Klamotten passt!«, sagte er.

»Wovon sprichst du?«

»Du erinnerst dich doch an die Mutter von dem Freund, die beim Gericht arbeitet? Er hat mich gerade angerufen. Die Grand Jury ist heute Morgen zusammengetreten. Du bist des Drogenbesitzes und des Drogenhandels angeklagt worden. Das ist eine fette Anklage. Sie hat nur noch den Haftbefehl ausstellen müssen. Der Sheriff wird dich verhaften. Wahrscheinlich schon bald.«

»Okay, aber … warum die Unterwäsche?«

»Weil man dir im Gefängnis die Klamotten wegnimmt. Die Unterwäsche aber darfst du behalten. Wenn du deine eigene Unterwäsche mitbringst, musst du nicht die vom Gefängnis tragen. Und glaub mir: Gefängnisunterwäsche ist widerlich.«

Ich stand noch immer da, leicht verwirrt, und starrte ihn an. Er schien zu bemerken, dass ich den Ernst der Lage noch nicht erkannt hatte, denn er packte mich sanft an den Schultern.

»Tut mir leid, Schwester. Selbst wenn sie eine Kautionssumme festlegen sollten, kann ich dich dieses Mal nicht rausholen. Ich bin blank. Du wirst eine Weile drinnen bleiben müssen.«

»O-okay«, sagte ich und ging auf Drängen meines Bruders in

mein Schlafzimmer. Ich zog mir so viele Unterhosen und Unterhemden an, wie übereinander passten. Dann schlüpfte ich in eine schlabbrige alte Jeans und in ein Sweatshirt, worunter die Unterwäsche nicht auffiel.

Anschließend kehrte ich ins Wohnzimmer zurück und blickte zusammen mit Teddy argwöhnisch nach draußen.

Mein neues Handy lag noch immer da, wo ich es hingelegt hatte – auf dem Couchtisch. Mittlerweile war ich noch unsicherer, was ich Ben schreiben sollte. Außerdem hatte ich keine Zeit mehr dafür.

»Du wirst Ben dann sagen, dass ich verhaftet worden bin, ja?«, fragte ich.

»Klar.«

Der nächste Satz rutschte mir einfach so heraus. »Kannst du ihm dann auch bitte sagen, dass ich heute Morgen in der Uni war und ihn gesucht habe?«

»Äh, ja. Warum?«

»Sag's ihm einfach nur!«, antwortete ich. Es würde genügen, um Ben zu signalisieren, dass ich Bescheid wusste, ohne Teddy zu sehr hineinzuziehen. Ich hatte keine Ahnung, wie ich meinem kleinen Bruder erklären sollte, dass mein Mann mich monatelang unverhohlen belogen hatte.

»Ich kann es einfach nicht glauben, dass das hier mein Leben sein soll«, sagte ich.

»Ich auch nicht«, erwiderte er.

»Alles wird gut«, sagte er kurz darauf.

Dann tätschelte er meine Hand.

»Nicht!«, sagte ich. »Sonst fange ich noch an zu weinen.«

Eine kurze Stille trat ein. »Hast du eigentlich meine E-Mail bekommen?«, fragte ich dann.

»Hast du sie an meine Gmail-Adresse geschickt oder die E-Mail bei der Arbeit?«

»Gmail.«

»Oh. Das Konto habe ich schon eine ganze Weile lang nicht mehr überprüft. Also, nein.«

»Würdest du bitte nachsehen?«

»Klar. Warum?«, fragte er.

»Ich habe dir das Bild von einem Mann geschickt. Eine der Überwachungskameras von Bobby Ray hat aufgezeichnet, wie er einen Tag vor der Hausdurchsuchung meine Einfahrt entlanggefahren ist.«

Teddy begriff sofort. »Du glaubst, dass dieser Typ dir das Kokain untergejubelt hat?«

»Ja. Aber schau dir das Bild nur an! Wenn du weißt, wer er ist, super. Wenn nicht, zeig es nirgendwo herum, okay?«

»Okay.«

Wir starrten schweigend hinaus auf die Einfahrt.

Kurz darauf rückten drei Autos an, was ich leicht übertrieben fand. Doch laut Staatsanwältin stellte ich ja eine Gefahr für die Gesellschaft dar.

Ich ging mit erhobenen Händen auf die Veranda, damit diese Verhaftung so reibungslos wie möglich verlief. Die Beamten des Sheriffs verprügelten normalerweise keine weißen Frauen, das wusste ich, doch ich wollte nicht, dass sie meinetwegen die Tür aufbrachen. Sie sollten wissen, dass ich friedlich mitkam.

Eigentlich hatte ich aber einfach nur keine Kraft, um Widerstand zu leisten.

Ich durfte die Unterwäsche behalten, so wie Teddy es gesagt hatte.

Alles andere war wie beim ersten Mal. Das Herumgeschiebe und -geschubse, die Leibesvisitation, die Erniedrigungen. Der Haftrichter verweigerte mir erneut die Möglichkeit einer Freilassung durch Zahlung einer Kaution – immerhin war ich eine Gewaltverbrecherin –, was bedeutete, dass ich bis Montag auf einen Richter würde warten müssen, der dann einen Betrag festlegen würde, den ich sowieso nicht aufbringen könnte. Die Gewissheit, einen längeren Zeitraum im Gefängnis zu verbringen, mindestens bis zum achtzehnten Mai, wenn nicht sogar noch länger, machte die Lage nur noch bedrückender.

Ich schöpfte nur noch Zuversicht dadurch, dass ich alle paar Stunden zur Toilette ging, mich davor hinkniete und die Milch mit den Händen abpumpte, um die Produktion weiterhin in Gang zu halten. Diesen Vorgang als hoffnungsvolle Geste zu bezeichnen spricht dafür, wie aussichtslos meine Situation geworden war.

Nach einer Nacht, in der die Geräusche mir noch immer fremd waren, und einem Frühstück, das kaum als essbar bezeichnet werden konnte, war ich gerade dabei, mich in meinem Gefängnistrakt zurechtzufinden und nach Lektüre zu suchen, als die Wärterin Brown – von der ich immer noch nicht wusste, woher ich sie kannte – auf mich zukam. Ich sollte mich zusammen mit einigen anderen Insassinnen vor der Wand aufstellen. Sie ließ nicht erkennen, dass wir bereits einmal miteinander gesprochen hatten.

»Was ist los?«, fragte ich.

»Samstagvormittag ist Besuchszeit«, antwortete sie. »Da ist jemand für dich gekommen.«

»Wer?«, fragte ich.

Doch da war sie schon zu einer anderen Insassin getreten und ließ mich verdutzt zurück. Kurz darauf führte man uns in einen Gang, wo wir uns erneut in einer Reihe aufstellen mussten. Mir war bereits klargeworden, dass das Leben im Gefängnis aus Warten bestand. Wir hatten ja Zeit.

Als ich schließlich an der Reihe war, um den Besuchsraum zu betreten, wandte sich einer der Wärter zu mir und sagte: »Melanie Barrick?«

»Ja.«

»Du hast dreißig Minuten. Geh hinein!«

Dann öffnete er mir die Tür. Ben saß an einem Tisch vor einer Wand.

Er stand auf, als ich den Raum betrat. Ich blieb einen Augenblick zögernd im Türrahmen stehen, da ich mir nicht sicher war, ob ich zu ihm hinlaufen oder zurück in meinen Trakt flüchten sollte. Sein Gesichtsausdruck offenbarte mir, dass er die Botschaft, die ich ihm über Teddy hatte zukommen lassen, genau verstanden hatte. Er schämte sich augenscheinlich.

Selbst nach einer Nacht im Gefängnis – in der ich genügend Zeit zum Nachdenken gehabt hatte – wusste ich nicht, was ich machen sollte. Ich spürte, wie diese Welle der Erleichterung in mir aufstieg, und hasste dieses erste spontane Gefühl. Ben, mein Trostspender war da, um mich zu retten, wie schon so viele Male zuvor.

Gleichzeitig hasste ich es, dass er mich belogen hatte. Und ich hasste es sogar noch mehr, dass ich ihn dabei erwischt hatte. Wie hatte er nur glauben können, dass er damit davonkäme? Hatte er nicht gewusst, dass so etwas dabei herauskommen würde?

Ich weiß nicht, was mich dazu bewog, zu ihm hinzugehen. Vielleicht Neugierde. Ich hatte so viele Fragen, die nur er beantworten konnte. Vielleicht wollte ich ihn bestrafen und ihm einen Teil des Schmerzes zufügen, den ich durch ihn erlitten hatte. Vielleicht war es auch nur Einsamkeit. Das wäre der bedauernswerteste Grund von allen gewesen.

Was immer es auch war, meine Beine begannen sich schließlich in Bewegung zu setzen. Er kam auf mich zu, als wollte er mich umarmen. Nichts wäre mir lieber gewesen. Ich wollte bloß nicht, dass er es wusste.

Wir waren vielleicht anderthalb Meter voneinander entfernt, als ich meinen Kopf fast unmerklich schüttelte. Er trat sofort wieder zurück. Genau das war es, weshalb ich ihn so liebte. Er wusste mich fast immer zu deuten.

Ich setzte mich an den Tisch.

Er nahm gegenüber von mir Platz.

»Ich habe dir viel zu erklären«, sagte er leise und ernst. »Hast du was dagegen, wenn ich beginne?«

»Nein.«

»Zuallererst sollst du wissen, dass es mir leidtut. Ich habe dich belogen und fühle mich … Ich kann dir gar nicht sagen, wie schrecklich ich mich deswegen fühle. Das klingt jetzt nach einer Rechtfertigung, doch eigentlich habe ich damit begonnen, weil ich geglaubt habe, dass es zu deinem Besten wäre. Das war … Also, das war ein Fehler. Doch als ich diesen Fehler dann gemacht hatte … Na ja, da wurde auf einmal alles viel größer, als ich es mir je gedacht habe. Und dadurch wurde es noch schwieriger, dir die Wahrheit zu sagen.«

»Das macht alles überhaupt keinen Sinn, was du da gerade sagst«, warf ich ein.

»Ich weiß, ich weiß. Es tut mir leid.«

»Warum erzählst du mir zur Abwechslung nicht einfach mal, was los ist und was du die ganze Zeit getrieben hast?«, fragte ich. Ich fand es zwar schäbig, mich hinter meinem Sarkasmus zu verstecken, doch manchmal sucht man sich seine Abwehrmechanismen nicht aus.

»Okay, das … das verstehe ich.«

Er holte tief Luft, dann seufzte er.

»Ich glaube, ich habe damit angefangen, als Kremer letztes Frühjahr verkündet hat, dass er die Uni verlässt«, sagte er.

»Nach Temple. Ja, ich weiß.«

»Nur, damit du den Zusammenhang verstehst, das hat er mir … so Ende April erzählt? Du machtest da gerade eine der schlimmsten Zeiten deines Lebens durch … und ich wollte nicht … Ich weiß nicht, mir kam es egoistisch vor, es dir überhaupt zu sagen. Ich meine, ja, es war eine schlimme Krise für mich, sowohl akademisch als auch beruflich betrachtet, doch das kam mir … Das kam mir ziemlich unbedeutend vor, im Vergleich zu …«

Ende April erfuhr ich, dass ich schwanger war.

»Du hättest es mir aber trotzdem erzählen können«, beharrte ich. »Du hättest es mir erzählen müssen. Ich bin nicht aus Zucker.«

»Ich weiß, ich habe nur … Ich wollte dir das nicht auch noch alles zumuten. Du … Du brauchtest doch meinen Beistand. Ich dachte, dass ich diesen Riesenbrocken schlechter Nachrichten allein wegstecken müsste. Kremer war … Na ja, es war ein offenes Geheimnis, dass er mich förderte. Du weißt ja, wie es in dieser Fakultät läuft, und ohne Kremer, der sich für mich eingesetzt hat … Da war mir klar, dass wir uns diese Festanstellung abschminken konnten.«

»Also hast du einfach gekündigt?«

»Nein. Kremer wollte sogar, dass ich mit nach Temple komme, doch ich habe ihm gesagt, dass das nicht gehen würde. Der Sommer kam, und ich rackerte mich weiter mit meiner Doktorarbeit ab. Ich dachte mir, Augen zu und durch, ich schreibe das Ding fertig. Der erste Dominostein fiel dann um, als Portman – der Fachbereichsvorsitzende – mir Scott Eaton als neuen Doktorvater zuwies. Scott war noch in seinem Forschungsurlaub und kehrte erst im Herbst zurück. Dann ließ er sich noch alle Zeit der Welt, um das, was ich ihm geschickt hatte, zu lesen. Als wir schließlich miteinander sprachen, war es … Es war schrecklich. Er wollte, dass ich neue Kapitel hinzufügte und dass ich die Kapitel, die ich bereits geschrieben hatte, größtenteils streiche. Er analysierte meine Arbeit bis ins Detail … Ich meine, ich wusste nicht einmal, ob das möglich gewesen wäre. Als würden die Unterlagen nicht existieren. Im Grunde sprach er davon, wieder von vorne zu beginnen. Das wären mindestens noch mal zwei Jahre gewesen, um es so zu machen, wie er es haben wollte. Und ich … Damit konnte ich überhaupt nicht umgehen. Ich fand den bloßen Gedanken schon völlig deprimierend.

Also ging ich zu Portman und fragte ihn, ob ich einen anderen

Doktorvater haben könnte. Da ist er ausgerastet und schmierte mir aufs Brot, dass Kremer mich immer verhätschelt hätte. Das hier wäre das reale Leben, und wenn es mir nicht passen würde, könnte ich ja gehen. Entweder Easton oder niemand, sagte er.«

Ben schüttelte den Kopf. »Dieses Gespräch fand statt so im Oktober? Ich hatte immer Kontakt mit Kremer gehalten, und plötzlich war da ab Januar eine Doktorandenstelle bei ihm frei. Ich musste ihm innerhalb einer Woche Bescheid geben. Du warst da gerade im siebten Monat schwanger. Wir hatten den Kaufvertrag für das Haus abgeschlossen, und Temple ist … Na ja, für Kremer ist es in Ordnung, weil er richtig Kohle verdient. Aber es ist nun mal nicht die University of Pennsylvania, verstehst du? Ich habe ihm erklärt, dass wir bald Eltern werden. Daraufhin hielt er mir eine Riesenstandpauke. Ich hätte großes Potential, meinte er, aber ich müsste über meinen Tellerrand schauen und bereit sein, Opfer für meine Karriere zu bringen. Wenn ich diese Chance nicht ergreifen würde, könnte er mir nicht mehr weiterhelfen und … Es war ziemlich schlimm. Alles schien auf einen Punkt hinauszulaufen: Dass ich diesen Doktor nicht machen sollte.«

»O Gott, Ben. Ich fasse es nicht, dass du mir nichts davon erzählt hast.«

Dann aber wieder konnte ich es glauben. Denn es war so typisch für meinen Mann, der eher ein immer größer werdendes Problem herunterschluckte, und so typisch für unsere Beziehung, die immer nur um meine Belange kreiste, nie um seine.

»Ich weiß«, sagte er. »Aber ich fand einfach, dass so viel passiert war und ich dich nicht auch noch damit belasten könnte. Die Geburt stand bevor, dann das neue Haus, und …«

»Außerdem hast du gedacht, es wäre dein Kind«, sagte ich nüchtern.

Bens Blick war auf den Tisch gerichtet, als ich das sagte. Sein Kopf schnellte hoch.

»Nein!«, beharrte er. »Das spielte bei der Entscheidung überhaupt keine Rolle. Ich dachte an dich. An uns. Ob Alex nun mein Kind war oder nicht, ich meine … Er *ist* mein Kind. Er ist mein Sohn.«

Ich wusste nicht, ob ich ihm das glauben konnte. Welchen Mann ließ die Frage der biologischen Vaterschaft schon völlig ungerührt?

Ben fuhr fort. »Auf jeden Fall war die James Madison University eine völlige Sackgasse. Ich dachte darüber nach, noch mal neu zu beginnen, irgendwo anders, aber … von dir zu verlangen, dass du mit einem Säugling umziehst und dir eine neue Stelle suchst? Das schien mir nicht angemessen. Außerdem gibt es nicht viele gute Doktorandenprogramme, die einen Abbrecher von einer anderen Uni aufnehmen. Und wenn ich das Thema nicht übernehmen könnte, kämen noch mal wie viele Jahre hinzu … drei, vier oder fünf Jahre? Ausgeschlossen! Also verließ ich Mitte Oktober die JMU. Ich sagte Portman, dass ich mit ihm fertig sei. Er erwiderte ein paar hässliche Dinge. Damit war das Kapitel abgeschlossen.«

Ben legte die Hände auf den Tisch, als sei die Geschichte an dieser Stelle zu Ende. Doch das war sie natürlich noch nicht. Wir hatten vielmehr jetzt den Punkt erreicht, an dem seine Märchen eine andere Dimension annahmen. Ab jetzt gingen sie über das bloße Vorenthalten der Wahrheit hinaus.

»Und was *hast* du dann gemacht?«, fragte ich.

»Ich habe mir einen Job gesucht.«

»Wo?«

»Mattress Marketplace. Ich arbeite ab Mittag bis Ende der Geschäftszeit.«

»Du verkaufst Matratzen?«, wiederholte ich ungläubig. »O Ben.«

Das Verkaufen von Matratzen war völlig in Ordnung. Für jeden anderen. Aber nicht für Ben. Das war eine Vergeudung seines Talents.

»Sieben Dollar fünfundzwanzig die Stunde, plus sieben Prozent Provision auf sämtliche Verkäufe«, fuhr er fort und setzte kurz ein Lächeln auf. Dann starrte er wieder auf den Tisch.

»Diese sogenannte Stelle als ›Tutor‹ war also ein Verkaufsjob in einem Matratzenladen. Das Geld für den Lattenzaun kam also von da.«

»Ja, die Wochen zuvor waren ganz gut gelaufen. Der Typ, der mich eingestellt hat, beharrte darauf, dass es Verkäufer geben würde, die allein mit ihrer Provision jedes Jahr vierzig- bis fünfzigtausend verdienten. Vielleicht trifft das für andere Läden zu. Aber hier? Da springt nicht so viel heraus. Noch ein Grund, warum ich alles verschwiegen habe. Ich hatte vor, es dir zu erzählen, sobald ich etwas angespart hätte, so zehn- bis zwanzigtausend Dollar. Ein kleines, nettes Polster, das das Donnerwetter abfedern würde.«

Er räusperte sich. »In Wahrheit verkaufe ich aber nur eine Matratze in der Woche. Wenn überhaupt. In einer Woche, die gut läuft, verdiene ich vierhundert. Manchmal weniger. Ich habe noch einen weiteren Job gesucht. Doch das Studium an einer geisteswissenschaftlichen Uni in Vermont und eine zu drei Vierteln fertige Doktorarbeit beeindruckt hier scheinbar niemanden. Ich weiß, wir machen uns immer lustig über das, was du verdienst. Aber es ist verdammt schwer, mehr als das nach Hause zu bringen. Ich habe nie geglaubt, dass ich das einmal sagen würde, aber Diamond Trucking ist ein echter Segen.«

Mir machte es nichts aus, die Bombe platzen zu lassen. »Ich bin am Freitag entlassen worden.«

»Tut mir leid«, sagte er.

»Nicht deine Schuld.«

»Es tut mir auch leid, dass ich gelogen habe. Und dass ich dich im Stich gelassen und in fast jeder Hinsicht enttäuscht habe.«

Meine Wut und meine berechtigte Empörung darüber, dass Ben mich belogen hatte, waren bereits anderen Gefühlen gewichen. Ich empfand Mitleid für ihn. Und ich bedauerte, was er verloren hatte.

Was wir beide verloren hatten. Bens Traum war auch immer mein Traum gewesen. Wie oft hatten wir uns einen billigen Wein genehmigt – ehe die Dinge so kompliziert wurden – und in dem Gedanken geschwelgt, eines Tages ein Leben als Mr und Mrs Professor Benjamin J. Barrick zu führen?

Das war jetzt vorbei. Zumindest für mich.

Vielleicht aber nicht für ihn. Ich sah ihn an, und mir wurde schlagartig klar, dass er nicht mehr länger mit mir zusammenbleiben konnte. Das würde ihm nur schaden. Ben war dieser wunderschöne Vogel, dem jeden Tag eine neue Feder ausgerissen werden würde, blieben wir weiterhin zusammen. Schon bald könnte er nicht mehr fliegen.

Das konnte ich nicht zulassen. Ich griff nach seinen Händen und suchte seinen Blick, der noch immer auf den Tisch gerichtet war.

»Ben, warum gehst du nicht einfach nach Temple? Ruf Kremer an. Bitte und bettle. Sag ihm, dass du einen schrecklichen Fehler gemacht hast. Sag ihm, dass du diese Riesenerleuchtung gehabt hast und dass du bereit bist, jedes Opfer zu bringen, das notwendig ist. Er wird dich zurücknehmen. Er mag dich. Du wirst weiter an deiner Doktorarbeit schreiben können und in null Komma nichts fertig sein. Und danach, wer weiß? Vor dir wird wieder eine leuchtende Zukunft liegen.«

Er sah mich noch immer nicht an, also sprach ich weiter. »Das ist doch das, was du willst. Und es ist auch das, was ich für dich will. Ich muss mich hier gerade durch ein Riesenchaos kämpfen und … Ich habe im Moment weder die Zeit noch die Kraft, eine Ehefrau zu sein. Ich werde alles tun, um diese Drogenklage niederzuschmettern und Alex zurückzubekommen. Das Sozialamt hat uns ja schon erklärt, dass du in dem Fall so gut wie kein Mitspracherecht hast. Du kannst mir also nicht helfen. Deshalb bringt es nichts, hierzubleiben und es zu versuchen. Du kannst am Montag die Scheidung einreichen. Ich werde nicht widersprechen. Viel zum Aufteilen gibt es ja nicht. Nimm einfach, was immer du willst, und zieh so weit wie möglich von hier weg, okay? Ich kann nicht damit leben, dieser Klotz an deinem Bein zu sein, der dich daran hindert, dein Potential auszuschöpfen. Geh einfach! Geh und schreib mir, wenn du eine Festanstellung bekommen hast, wie gut es für dich gelaufen ist. Das ist wirklich das Beste, was du im Moment für mich tun kannst.«

Und dann fügte ich noch hinzu, weil ich es ehrlich so meinte: »Ich werde dich immer lieben. Lebwohl!«

»Mel, warte …«

Doch da lief ich bereits durch die Tür zurück zu meinem Trakt, wo ich sein Rufen nicht mehr hören könnte; wo ich mit meinem Schmerz allein sein konnte; und wo ich zumindest niemand anderes mehr mit in den Abgrund reißen konnte, egal wie schlimm es noch kam.

Außer Alex.

Aber vielleicht war es für uns sowieso schon zu spät.

23. KAPITEL

Amy Kaye spürte während des ganzen Wochenendes die Last der Zeit auf ihren Schultern.

Warren Plotz hatte vor vier Monaten zum letzten Mal eine Frau vergewaltigt. Mittlerweile musste er platzen vor angestauter sexueller Energie. Amy konnte das Knistern seiner Sicherungen förmlich hören.

Das Warten war für sie eine besondere Qual, da sie wusste, dass sie *so* dicht vor dem nötigen Beweis stand, um ihn zu fassen – und zur Strecke zu bringen. Es war eine langsame Qual.

Sie dachte tatsächlich darüber nach, ihn persönlich zu beschatten, um ihn vielleicht auf frischer Tat zu ertappen oder eine weitere Vergewaltigung zu verhindern. Dann verwarf sie die Idee, sie war zu verrückt und waghalsig. Sie war Staatsanwältin, keine Polizeibeamtin. Sie bekämpfte das Verbrechen im Gerichtssaal, nicht auf der Straße.

Trotzdem. Er war da draußen. Bestimmt verfolgte er bereits wieder sein nächstes Opfer.

Könnte sie ihn verhaften lassen? Der Gedanke war verlockend. Ein Opfer von vor vielen Jahren, das jetzt eine Vermutung äußerte ... die Tatsache, dass Plotz im selben Unternehmen arbeitete wie eines der anderen Opfer ... Plotz' Lebenslauf, der zeitlich zu den begangenen Vergewaltigungen passte ...

Das würde in einem Prozess eine großartige Logikkette ergeben. Doch Amy musste ehrlich zugeben, dass es für einen hinreichenden Verdacht nicht genügte. Die Gefahr bestand darin, die gesamte Verurteilung zunichtezumachen, wenn sie ihn verhaften und ein Richter dann später befinden würde, dass der Verdacht doch nicht hinreichend war. Die Menschen jammerten, wenn Verbrecher wegen eines verfahrenstechnischen Fehlers freikamen. Dabei ließen sie die schlichte Tatsache außer Acht, dass das Gesetz aus *nichts* anderem als aus Verfahrenstechnik bestand.

Sie würde einfach geduldig sein müssen.

Trotzdem war ihr Wochenende von Nervosität bestimmt. Normalerweise kontaktierte Amy das Büro des Sheriffs nicht an einem Samstag oder Sonntag. Sie rief Jason Peters nur in dringenden Fällen an. Ansonsten bestand zwischen ihnen die Übereinkunft, dass die Arbeit bis Montag warten konnte.

An diesem Wochenende telefonierte sie viermal mit dem Beamten in der Zentrale, um zu erfahren, ob schwerwiegende Verbrechen vorlagen. Die Zeit dazwischen war sie so angespannt, dass sie immer wieder mit Butch spazieren ging, um sich zu beruhigen. Der Hund war mittlerweile völlig erschöpft.

Als sie am Montagmorgen aufwachte, griff sie als Erstes nach dem Hörer, um sich erneut beim Büro des Sheriffs zu erkundigen. Sie fragte noch mehrfach in dieser Woche nach.

Es würde nichts vorliegen, sagte man ihr jedes Mal.

Sie fuhr zur Arbeit. Eine zähe Angelegenheit, denn über Nacht war dichter Nebel ins Tal gezogen. Das schien einer dieser Tage zu werden, an dem es wohl eine Weile dauern würde, bis der Nebel sich auflöste. Wenn überhaupt.

Eigentlich liebte Amy Morgen wie diese. Genau dieses Wetter machte das Leben in einem Tal so interessant.

So unvorhersehbar. Und sie genoss die Berge noch mehr, wenn sie dann aus dem grauen Schleier wieder auftauchten.

Doch heute fühlte sich der Nebel nur unheilvoll an.

Tagsüber war die einzige Zeit, in der Amys Sorgen eine Atempause hatten, denn Plotz zog die Dunkelheit dem frühen Morgen vor.

Daher freute sie sich auf die Arbeit, die sie neben diesem Fall noch zu erledigen hatte. Als sie ihr Büro betrat, fand sie jedoch einen handgeschriebenen Zettel von Aaron Dansby vor.

Amy,
würdest du bitte so schnell wie möglich vorbeikommen.
Es ist wichtig.
Danke,
AHD

Sie war überrascht, denn Dansby war selten an einem Montagmorgen im Büro. Er ließ sich häufig erst mittwochnachmittags zum ersten Mal blicken.

Da sie das Gespräch hinter sich bringen wollte, legte sie ihre Tasche ab und marschierte los. Er hatte ein nettes Eckbüro, das seine Frau ausgestattet hatte und das daher so aussah wie aus der Einrichtungszeitschrift *Southern Living*.

»Hallo«, sagte sie und steckte den Kopf zur Tür herein. »Du wolltest mich sprechen?«

»Ja, komm rein!«

Er hatte dunkle Ringe unter den Augen, doch er ähnelte noch immer Matthew McConaughey. Nur eben einem Matthew McConaughey nach einem Besäufnis.

»Geht's dir gut?«, fragte Amy und zeigte ein eher untypisches Interesse für das Wohl ihres Chefs. »Du siehst müde aus.«

»Ja, ja, alles in Ordnung«, antwortete er und machte eine wegwerfende Handbewegung. Amy trat an seinen Schreibtisch. »Es geht um die Koks-Mami.«

»Sie hat einen Namen, Aaron. Sie heißt Melanie Barrick.«

»Meinetwegen.«

Amy runzelte die Stirn. »Was ist mit ihr?«

»Ihr Fall hat es in die Zeitung geschafft. Du hast doch bestimmt den Artikel in der Samstagsausgabe gelesen.«

»Ja. Und?«

»Die Partei auch.«

Wenn Aaron über »die Partei« sprach, meinte er damit die örtlichen Vertreter von Politik und Gesellschaft, zu denen er ebenfalls gehörte. Amy war nie ganz klar, wie sich dieser Personenkreis im Einzelnen zusammensetzte; ob es sich um eine große Gruppe von aufrechten Bürgern handelte oder ob es da nur einen Vorturner und ein paar wimmernde Speichellecker in einem sprichwörtlich verräucherten Raum gab. Auf jeden Fall bestand kein Zweifel daran, dass die Unterstützung der Partei wichtig war. Amy wusste, dass Dansby die Wahl ohne diese Unterstützung erst gar nicht gewonnen hätte. Und für seine bevorstehende Wiederwahl war er wieder darauf angewiesen.

»Okaaaay«, sagte Amy. »Und?«

»Und in der Sitzung gestern Abend kam man schon früh darauf zu sprechen. Anschließend war die Wahlliste für November Thema. Dabei ging es hauptsächlich um die Ämter im Parlament, doch das Amt des Staatsanwalts wurde ebenfalls am Rande diskutiert. Um ehrlich zu sein, blieb man dahingehend vage.«

»Vage … inwiefern?«

»Was die Parteilinie betrifft!«, platzte es aus Dansby heraus. »Keiner hat versichert, dass ich das Amt bekomme.«

Plötzlich verstand Amy, warum Dansby so müde aussah. Er hatte sich die ganze Nacht Sorgen gemacht und nicht geschlafen. Sollte die Parteilinie auf einen anderen Kandidaten hinauslaufen, war es durchaus möglich, dass Dansby keinen Job mehr hatte. Und das wäre nicht förderlich für seine Karriere, an der er gerade heftig arbeitete. Wunderkinder verloren nicht direkt ihre erste Bewerbung zur Wiederwahl.

»Entschuldigung, aber du musst mir hier auf die Sprünge helfen«, warf Amy ein. »Was hat die Unterstützung der Partei mit Melanie Barrick zu tun?«

»Sie hat damit nicht *direkt* etwas zu tun. Aber man hat die Sache da natürlich trotzdem auf dem Schirm. Nach Mookie Myers glaubte ich ihnen gezeigt zu haben, dass ich für den Job geeignet war. Doch du hättest mal hören sollen, wie sie von der Koks-Mami gesprochen haben. Ich meine, eine Frau und Mutter, die in dem Ausmaß mit Drogen dealt? Das steht für ... für einen Verfall von Moral ... und ein Versagen von Gesetz und Ordnung.«

Heb dir diese Rede für die Geschworenen auf, dachte Amy.

»Welcher Staatsanwalt lässt schon zu, dass so was in seinem Bezirk passiert?«, fuhr Dansby fort. »Mookie konnten wir eine saftige Haftstrafe aufbrummen« – Myers würde mindestens die nächsten zehn Jahre als Gast in einem Gefängnis des Staates Virginia verbringen, daran würde wohl auch seine kürzlich eingereichte Berufung nichts ändern –, »und ich glaube, dass es wirklich wichtig ist, mit der Koks-Mami genauso zu verfahren. Ich möchte der Partei zeigen, dass ich es ernst meine. Wann ist die Verhandlung? Können wir den Termin vorverlegen?«

»Es gibt noch keinen Termin. Barrick ist noch nicht angeklagt worden.«

»Dann stellen wir sicher, dass sie es wird. Und das eher heute als morgen. Die Partei legt die Wahlliste normalerweise bis Mitte April fest. Bis dahin möchte ich die Koks-Mami verurteilt sehen.«

»Aaron, wir haben jetzt März«, sagte Amy und warf einen Blick auf ihr Handy, um nach dem genauen Datum zu sehen. »Den Zwölften. Ich bezweifle, dass wir überhaupt einen Richter finden werden, der bis Mitte April für so einen Prozess einen freien Termin hat.«

»Ach, komm!«, sagte er unbekümmert. »Ich dachte, dass der vierte Zusatzartikel zur Verfassung ihr das Recht auf einen zügigen Prozess garantiert.«

»Das ist der sechste Zusatzartikel, Aaron.«

»Meinetwegen. Du hast verstanden, worauf ich hinauswill.«

»Sie hat bereits am achtzehnten Mai einen Prozesstermin. Da

wird der tätliche Angriff gegen einen Polizeibeamten verhandelt. Die Drogenklage wird auf keinen Fall vorher anberaumt werden.«

»Tätlicher Angriff gegen einen Beamten?«, fragte Aaron. »Wann hat sie die begangen?«

»Es gab da letzte Woche einen Vorfall im Sozialamt. Dann ist die Sache etwas aus dem Ruder gelaufen.«

Er sah Amy nachdenklich an. »Wie lange können wir sie dafür ins Gefängnis bringen?«

»Das ist eine Straftat der Kategorie sechs. Aber sie ist nicht vorbestraft. Außerdem wurde der Polizist eigentlich nicht verletzt, so wie ich das verstehe. Ehrlich gesagt, ist diese Anklage überzogen. Ich würde sie nie einer Jury vorlegen, da sie zu dem Schluss kommen könnte, dass wir es übertreiben. Ich hatte vor, die Anklage herabzustufen und sie in das Rehabilitationsprogramm für Ersttäter zu schicken. Doch selbst wenn wir die Anklage auf der Stufe halten, wird der Richter wahrscheinlich anordnen, dass sie an einem Kurs für Aggressionsbewältigung teilnimmt. Dann wird er eine Strafe von sechs Monaten auf Bewährung aussprechen und sagen, dass sie sich benehmen soll. So was in der Art. Was immer sie am Schluss bekommen wird, sie wird es wahrscheinlich gleichzeitig mit der Strafe verbüßen dürfen, die sie für die Drogen erhält.«

»Stell das Verfahren ein!«, sagte Dansby, ohne zu zögern.

»Echt? Bist du sicher?«

Eine Einstellungsverfügung ist ein Eintrag in die Strafakte, der besagt, dass die Staatsanwaltschaft eine Anklage nicht weiterverfolgt. Das war für Amy kein ungewöhnlicher Vorgang, doch stellte er normalerweise einen Teil eines Deals dar – sie stimmte der Einstellung eines Verfahrens zu, dafür erhielt sie im Tausch ein Schuldbekenntnis in einem anderen Verfahren.

»Ja. Diese Drogenklage soll durch nichts ausgebremst werden. Die Partei ist sowieso nur daran interessiert«, sagte er. »Ach so … Sie wird doch in beiden Anklagen durch denselben Anwalt vertreten, oder?«

»Der Pflichtverteidiger für die Drogensache steht noch nicht fest. Aber ja, normalerweise läuft das so.«

»Wer ist das in der Anklage, die auf tätlichen Angriff lautet?«

»Bill Honeywell.«

»Das ist der Kerl mit den Tränensäcken, oder?«

»Ja, genau.«

»Er ist im Grunde ein Winkeladvokat, oder?«

Er ist ein besserer Anwalt, als du es je sein wirst, dachte Amy im Stillen. »Man sollte ihn nicht unterschätzen.«

»Er wird aber trotzdem auf einen Deal eingehen, oder?«

»Wenn der Deal in Ordnung ist, denke ich schon.«

»Okay, dann schlag ihm vor, dass wir das Verfahren wegen tätlichen Angriffs einstellen, wenn wir dafür ein zügiges Verfahren in dieser Drogengeschichte bekommen. Glaubst du, dass er darauf eingehen wird?«

Amy verzog den Mund. »Ich weiß es nicht. Vielleicht. Zuerst müssen wir aber einen Richter finden, der einen freien Termin hat.«

»Das wirst du schon hinkriegen«, sagte Dansby und nickte eifrig. »Denk doch nur daran, wie aufgeschmissen du hier wärst ohne mich.«

Er warf ihr ein gewinnendes Lächeln zu. Amy gab sich alle Mühe, nicht die Augen zu verdrehen. »Du bist lächerlich«, sagte sie.

Er grinste noch breiter. Auch wenn er ein lausiger Anwalt war, besaß er als Politiker doch gewisse Fähigkeiten.

»Vielen Dank für deine Hilfe«, sagte er. »Lass mich wissen, wie es ausgegangen ist, okay?«

»Klar«, erwiderte sie.

Trotz Dansbys Defiziten und Lästigkeit wollte Amy eigentlich keinen neuen Chef. Ihr Job war gerade perfekt. Sie nahm ihr

Amt als Staatsanwältin so wahr, wie es ihrem Ethos entsprach, sie verhandelte Fälle und sprach Recht, wie sie es für richtig hielt, ohne dass sie sich mit politischem Mumpitz auseinandersetzen musste.

Dansbys Nachfolger könnte ein autoritärer, detailversessener Sonderling sein, der völlig andere Vorstellungen hatte, was ihre Herangehensweise betraf. Möglicherweise müsste sie am Ende noch um Erlaubnis bitten, zur Toilette zu gehen.

Dann doch besser unter mehreren Übeln dasjenige auswählen, das man schon kannte.

24. KAPITEL

Die Wiederholungstaste eines schrecklichen Schleudergangs schien gedrückt worden zu sein, als ich am Montagmorgen geweckt wurde und dem Mitarbeiter der Gerichtshilfe erneut die gleichen Fragen beantworten musste. Er wollte wieder von mir wissen, wie hoch die Wahrscheinlichkeit sei, dass ich vor meinen Problemen davonlief.

Wenn das mal so einfach wäre.

Am Montagnachmittag saß ich wieder auf dieser harten Bank und wartete zusammen mit anderen Insassinnen darauf, dass ich vor die Kamera trat, die mein Erscheinungsbild ins Gericht übertrug. Ich trug den orangefarbenen Overall, der keinen Zweifel an meinem verbrecherischen Status ließ.

Als ich schließlich an der Reihe war, schien der Richter noch gelangweilter zu sein als in der vorherigen Woche. In den wenigen Sekunden, die ich brauchte, um den Raum zu durchqueren und mich hinzusetzen, gähnte er zweimal.

Er erklärte mir, dass ich des Besitzes einer Droge der Klasse II angeklagt sei, mit der Absicht des Drogenhandels. Dann fragte er mich wie beim letzten Mal, ob ich ihn verstehen würde und einen Anwalt hätte. Da Mr Honeywell mich bereits in meiner anderen Anklage vertreten würde, übernähme er auch diesen Fall, erklärte er dann.

Habe ich denn eine andere Wahl, wollte ich fragen. Doch stattdessen antwortete ich: »Danke, Euer Ehren.«

Mr Honeywell kam in den unteren Rand des Bildschirms gewatschelt. Scheinbar trug er denselben zerknitterten grauen Anzug wie beim letzten Mal – oder ein sehr ähnliches Exemplar.

»Euer Ehren, ich würde mich gerne mit meiner Mandantin

kurz beraten, bevor wir mit der Kautionsverhandlung beginnen, wenn ich darf?«

»Bitte sehr!«

»Guten Morgen, Ms Barrick«, begrüßte mich Mr Honeywell und drehte sich zu mir um. »Ms Kaye, die Staatsanwältin, hat uns ein ungewöhnliches Angebot unterbreitet. Darüber würde ich gerne mit Ihnen sprechen, bevor ich es in Ihrem Namen annehme.«

»In Ordnung«, sagte ich und rückte mich in meinem Stuhl gerade.

»Die Staatsanwaltschaft ist damit einverstanden, die Klage wegen des tätlichen Angriffs gegen einen Beamten fallenzulassen. Doch im Gegenzug verlangt sie, dass die Drogensache sehr viel eher verhandelt wird, als es mir recht ist.«

»Wie viel eher?«

»Wir haben bei Richter Robbins vom Bezirksgericht nachgefragt, und er hat am neunten April einen Termin frei für eine eintägige Verhandlung.«

Ich musste nicht im Mondkalender nachsehen, um zu wissen, dass der neunte April vor dem achtzehnten Mai war. Die Möglichkeit, dass ich Alex einen Monat früher wiederbekommen könnte, schaltete mein vernünftiges Denken aus. Ich sprang fast auf von meinem Stuhl.

»Darauf lasse ich mich ein«, sagte ich wie aus der Pistole geschossen.

»Nicht so schnell!«, entgegnete mein stets bedächtig sprechender Anwalt. »Wir sollten gründlich darüber nachdenken. Natürlich ist es angenehm, dass wir uns keine Gedanken über die Anklage wegen des tätlichen Angriffs mehr machen müssen, doch die Drogenvorwürfe sind sehr viel schwerwiegender. Wir hätten nur vier Wochen Zeit, um Ihre Verteidigung vorzubereiten. Das ist nicht viel. Mein Opa hat immer gesagt, dass man überlegt und nicht überstürzt handeln soll.«

Mr Honeywell hatte alle Zeit der Welt. Ob April, Mai oder Juni machte für ihn keinen Unterschied. Er konnte nicht verstehen, dass in meinem Innern eine Uhr tickte und dass jede Sekunde eine Explosion stattfand. Diese ersten Lebensmonate von Alex wären für mich immer verloren. Und sie waren so kostbar. Das wusste ich aus den Fachbüchern, die ich gelesen hatte. Alle betonten, wie entscheidend die einzelnen Entwicklungsphasen eines Kindes waren, besonders im ersten Lebensjahr. Jeder Monat zählte. Jeder Tag zählte.

Vielleicht war es dumm von mir, auf diese Verhandlung zu drängen. Doch im Gegensatz zu Mr Honeywell, der Staatsanwältin, dem Richter und allen anderen glaubte ich noch immer an meine Unschuld. Was mich zu meiner nächsten Äußerung bewog.

»Wird schon schiefgehen«, sagte ich. »Ich nehme den Deal an.«

Mr Honeywell sah mich noch einmal eindringlich an.

»Okay. Also dann der neunte April«, sagte er und nickte hinüber zum Schreibtisch der Staatsanwältin.

Es folgte eine langatmige Diskussion über die angemessene Höhe meiner Kaution. Am Schluss schaffte es Mr Honeywell, dass der Richter einer Summe von vierzigtausend Dollar zustimmte. Man würde mir die zwanzigtausend Dollar, die bereits gesichert worden waren, gutschreiben, doch müssten noch immer zehn Prozent der zusätzlichen zwanzigtausend Dollar hinterlegt werden.

Ich wusste, dass Teddy nicht so viel Geld hatte. Ben ebenfalls nicht – wobei ich davon ausging, dass er sich noch nicht in Richtung Norden aufgemacht und seinen Scheidungspersilschein schon eingelöst hatte.

Nachdem die Kautionsfrage erledigt war, erklärte der Richter die Sendung aus dem Amtsgericht für beendet. Er stand auf, und die Gerichtskamera schwenkte nach rechts. Der Schreibtisch des

Gerichtsprotokollanten kam ins Blickfeld, danach die Wand und schließlich der Schreibtisch der Staatsanwältin.

Dann endete die Kamerafahrt, und der Zuschauerraum war zu sehen. Nur ein einziger Mann saß dort.

Marcus Petersen. Ich spürte sofort, wie dieses – starke – Gefühl der Dankbarkeit in mir aufstieg angesichts der unerwarteten, liebevollen Geste. In sein Gesicht zu schauen war so, als würde ich in einem Baugelände voller Unkraut einen Rosenstrauch entdecken.

»Marcus!«, rief ich. »Danke! Danke, dass du gekommen bist! Du bist einfach der Beste!«

Marcus deutete nicht an, ob er mich gehört hatte. Vielleicht war die Leitung auch schon gekappt worden.

»In Ordnung, Barrick«, sagte ein Wärter. »Lass uns gehen!«

»Aber Marcus sitzt da«, sagte ich, als würde das den Mann interessieren.

»Aha«, erwiderte er. »Lass uns gehen!«

Der Bildschirm war mittlerweile schwarz geworden.

Die Erinnerung an meinen Freund hinterließ auch noch zwei Stunden später in mir dieses warme, wohlige Gefühl, als ich in meinem Trakt war und derselbe Wärter zu mir kam.

»Barrick!«, sagte er. »Hol deine Sachen!«

»Ist die Kaution hinterlegt worden?«, fragte ich.

Er nickte.

Marcus. Er musste sie hinterlegt haben. Seine Familie besaß wohl Geld – zumindest so viel, dass er sich nicht wie der Rest von uns durchschlagen musste. Doch er hatte es nie zur Schau gestellt.

Ich sammelte meine Unterwäsche ein, knüllte sie zusammen und unterzeichnete, dass ich meine Jeans und mein Sweatshirt erhalten hatte. Dann zog ich mich rasch um, versuchte mein Haar zu richten und ging in den Warteraum.

Und tatsächlich. Da war er. Als wir uns vor fünf Jahren kennenlernten, war ich sechsundzwanzig und Marcus vierunddreißig. Damals kam er mir vor wie eine halbe Generation älter. Doch dieses Gefühl verflog, als wir dann Freunde wurden. Ob es daran lag, dass meine Seele alt oder sein Herz jung geblieben war, weiß ich nicht. Wir verstanden uns einfach auf Anhieb gut. Zwischen uns hatte es noch nie ein böses Wort oder einen peinlichen Moment gegeben.

Dann trat Ben in mein Leben, und er beharrte darauf, dass Marcus nur deshalb so großzügig zu mir sei, weil er weit mehr als nur freundschaftliche Gefühle für mich empfinden würde. Er führte an, wie komisch es doch sei, dass Marcus immer dann Zeit hätte, wenn ich den Wunsch äußerte, etwas zu unternehmen.

Ich beharrte darauf, dass das völliger Unsinn sei. Marcus stellte mich auf einen Sockel, ja. Aber er war einfach nur ein richtig netter Kerl, mehr nicht. Und das bewies er auch jetzt erneut.

»Hallo«, sagte er leise.

Marcus' Größe und Statur waren durchschnittlich, er hatte dunkelblondes Haar und blaue Augen. Mittlerweile war er neununddreißig, doch er wirkte durch seine Jungenhaftigkeit zehn Jahre jünger.

»Ich kann dir gar nicht sagen, wie sehr ich mich freue, dich zu sehen«, sagte ich und ging auf ihn zu.

Wir umarmten uns. Marcus drückte mich immer fest an sich, was Ben für ein weiteres Zeichen hielt, dass Marcus tiefere Gefühle für mich hegte. Ich konnte Ben dann aber doch noch davon überzeugen, glaube ich, dass seine Vermutung lächerlich war. Marcus hatte niemals angedeutet, dass er in seiner Ehe unglücklich war; und im Gegensatz zu Warren Plotz hatte er mich nie angebaggert, nicht einmal, wenn wir ausgingen und uns ein paar Drinks genehmigten.

Er verhielt sich mir gegenüber immer derart neutral, dass ich mich fragte, ob er schwul war, als ich ihn kennenlernte. Natürlich, er trug einen Ehering, aber das stellt heute ja kein sicheres Zeichen mehr für Heterosexualität dar. Dann sprach er von »Kelly«, doch das konnte auch ein Männername sein. Ich hörte erst auf, darüber nachzugrübeln, als ich Kelly dann traf.

»Ich habe mir *solche* Sorgen um dich gemacht«, sagte er und umarmte mich dabei noch immer.

»Danke«, erwiderte ich und ließ die Arme fallen. Er hielt mich noch ein, zwei Augenblicke länger fest. Dann ließ er mich ebenfalls los.

Ich holte tief Luft und atmete durch die Zähne aus. »Marcus, ich bin dir wirklich unendlich dankbar, aber ich ... ich weiß nicht, wann ich in der Lage sein werde, dir das Geld zurückzuzahlen.«

»Das ist nicht nötig. Ich habe keinen Kautionsagenten eingeschaltet, sondern die gesamten zwanzigtausend Dollar hinterlegt. Ich werde sie also wiederbekommen, sobald du vor Gericht erschienen bist.«

»O mein Gott, Marcus, das ist ... das ist ja unglaublich.«

»Kein Problem«, entgegnete er und schüttelte leicht den Kopf, als hätte er mir bloß einen Stift ausgeliehen. »Du musst mir nur einen Gefallen tun, ja? Du darfst Kelly kein Sterbenswörtchen davon sagen, okay?«

»Äh, okay.«

Ich wollte kein großes Thema daraus machen – nicht nachdem er mich so ritterlich davor bewahrt hatte, sechs Wochen lang schlecht zu schlafen und noch schlechter zu essen –, doch er hatte mich noch nie darum gebeten, dass ich etwas vor seiner Frau verheimlichte. Marcus und Kelly gehörten zu jenen Paaren, die ihr Facebook-Konto teilten und das Passwort der E-Mail des anderen kannten. Soweit ich wusste, hatten sie keine Geheimnisse voreinander.

»Ich habe ein paar Aktien verkauft, die mir meine Großeltern hinterlassen haben, und na ja ...«

»O mein Gott, Marcus, du kannst doch nicht …«

»Bleib locker! Das ist echt keine große Sache. Ich glaube, dass der Wert der Aktien sowieso bald in den Keller gefallen wäre. Das Geld ist also viel sicherer bei Gericht als auf dem Aktienmarkt. Wenn die Sache hier vorbei ist, werde ich Kelly erzählen, dass ich die Papiere verkauft habe. Das ist wirklich nur ein kurzer, zinsloser Kredit.«

»Okay«, meinte ich resigniert. Mein Verhalten war zwar egoistisch, doch ich musste mir um Wichtigeres Gedanken machen als um eine harmlose Lüge, die Marcus seiner Frau erzählen würde. »Danke«, fügte ich hinzu.

»Lass uns gehen!«, sagte er.

Wir verließen das Gebäude, und mich empfing ein neblig feuchter Tag, der bildlich meiner unklaren Zukunft entsprach.

Ich brauchte Unterhaltung, was Marcus spürte, denn er redete ununterbrochen während der kurzen Fahrt zur Desper Hollow Road.

Als wir dort ankamen, stand Bens Auto nicht in der Einfahrt. War er im Matratzenladen? Oder schon in Philadelphia?

Marcus hielt an.

»Soll ich was zu essen holen oder so?«, fragte er. »Kelly arbeitet heute bis spätabends, ich muss also eigentlich nirgendwohin.«

»Danke, aber nein. Ich muss« – ich blickte dorthin, wo Ben normalerweise seinen Wagen parkte – »mich noch um einige Sachen kümmern.«

»Okay«, sagte er.

Ich griff nach meiner Unterwäsche, die ich im Fußraum verstaut hatte, und sah Marcus an. »Danke noch mal für alles.«

»Nicht der Rede wert«, sagte er, und seine Lippen umspielte ein Lächeln. »Wirklich nicht der Rede wert.«

Wir umarmten uns noch einmal. Dann stieg ich aus, winkte ihm kurz zu und eilte die Treppe hinauf zur Haustür.

Ich betrat das Haus und wusste innerhalb von drei Sekunden, dass etwas anders war.

Nicht so offensichtlich wie vor einigen Tagen, als das gesamte Haus auf den Kopf gestellt worden war. Die Veränderung war dezenter. Irgendwo war eine Stelle, wo etwas fehlte, doch ich konnte nicht sofort sagen, was es war.

Die Möbel und der Fernseher standen an ihren angestammten Plätzen. Der TV- und Hi-Fi-Schrank war …

Das war es. Der TV- und Hi-Fi-Schrank.

Dort gähnte ein Loch. Es war da, wo Ben seine Schallplattensammlung aufbewahrte.

25. KAPITEL

Ich stand erst einmal wie erstarrt da.

Unser TV- und Hi-Fi-Schrank stammte von IKEA und bestand aus einer schwarz laminierten Spanplatte, die sich bereits in der Mitte durchzubiegen begann. Die Schallplatten lenkten für gewöhnlich von der Schäbigkeit des Möbelstücks ab. Sie waren ein Tupfer vielfarbiger Fröhlichkeit, die ein strahlendes Mosaik vertikaler Linien ergaben.

Jetzt klaffte da ein schwarzes Loch, das aussah wie ein fehlender Zahn.

Ich überprüfte schnell das Inventar in den restlichen Räumen. In der Küche stellte ich fest, dass der Entsafter fehlte. Wir hatten uns das Gerät zu Weihnachten geschenkt und uns gegenseitig versprochen, uns gesünder zu ernähren, da wir jetzt ein Kind hatten. Wir hatten uns für ein generalüberholtes statt für ein neues Modell entschieden. Das war zwar dementsprechend günstiger, aber immer noch teuer gewesen.

Echt jetzt?, dachte ich empört. *Du verlässt mich und nimmst das mit? Eines der wenigen sinnvollen Haushaltsgeräte, die wir haben?*

Dann ging ich nach oben. Seine Hälfte des Schranks war leerer als sonst. Doch seine schickeren Klamotten – die Professorenkleidung – hingen eigenartigerweise noch immer da. Nur seine Freizeitkleidung fehlte.

Auch seine Kommode gab mir ein Rätsel auf. Er hatte den Großteil seiner Socken und Unterwäsche mitgenommen, so wie auch die meisten seiner T-Shirts und seine älteren Jeans, über die ich immer gewitzelt hatte, dass sie aus seiner Hiphop-Zeit stammten. Er hatte nur die Hosen zurückgelassen, die er trug, wenn er den Rasen mähte oder renovierte.

Er schien für eine lange Reise gepackt zu haben. Doch eine Reise, deren Ziel keinen Sinn ergab. Wenn er zu Professor Kremer nach Temple gefahren war, wieso hatte er dann nicht seine Jacketts und Hosen mitgenommen?

Hatte er nun die Flucht ergriffen oder nicht?

Was mich eigenartigerweise immer noch glauben ließ, dass er da sein könnte, war die Tatsache, dass er mir keine Nachricht hinterlassen hatte. Denn das hätte er sicherlich getan – ein paar letzte Worte an die Frau, mit der er die letzten fünf Jahre, zumeist gute Jahre, das Leben geteilt hatte –, und sei es auch nur aus Höflichkeit.

Doch er hatte mir nicht geschrieben, da er nicht wirklich gegangen war. Er wusste nicht, dass ich auf Kaution freigelassen worden war. Wahrscheinlich hatte er all unsere wertvollen Gegenstände vor seiner Schicht im Matratzenladen eingesammelt – die Platten, den Entsafter –, um sie an Kommissionsläden zu verkaufen und mich so aus dem Gefängnis zu holen. Deshalb hatte er seine Professorenklamotten nicht mitgenommen. Die Hiphop-Jeans mussten einen besonderen Sammlerwert haben, wovon ich keine Ahnung hatte.

Ben war bestimmt gerade bei der Arbeit und versuchte verzweifelt, noch ein paar Matratzen mehr zu verkaufen. Wahrscheinlich rechnete er gerade aus, wie viel er noch zusammenkratzen musste, um die erforderliche Kautionssumme aufzubringen.

Oder er hatte alles verkauft, um zu tanken und abzuhauen.

Ob so oder so, ich musste es wissen. Der Laden war nur wenige Minuten entfernt. Kurze Zeit später bog ich in eine der Parkbuchten vor der Ladenzeile ein, wo sich Mattress Marketplace befand.

Ich betrat durch eine Glastür einen großen Verkaufsraum und näherte mich einem dürren jungen Mann. Er war ein paar Jahre jünger als ich und saß allein hinter einem Schreibtisch. Als er mich sah, stand er auf.

»Willkommen bei Mattress Marketplace«, begrüßte er mich. »Möchten Sie sich nur umsehen oder kann ich …«

»Guten Tag. Ich suche eigentlich Ben Barrick.«

»Er ist gerade nicht da. Aber ich kann Ihnen auch helfen. Suchen Sie nach einer festeren Matratze oder …«

»Ich bin keine Kundin«, unterbrach ich ihn. »Ich bin seine Frau.«

Der junge Kerl konnte seine Überraschung kaum verhehlen. Er hatte keine weiße Frau erwartet.

»Ach so«, murmelte er.

»Ist er da hinten?«, fragte ich und marschierte los, als wüsste ich, wo ich hinging.

»Er … er ist nicht hier«, erwiderte er.

»Hat er gerade Pause?«

Der junge Mann starrte mich nur an. Sein Adamsapfel wanderte auf und ab. »Hat er … hat er es Ihnen denn nicht gesagt?«

»Was gesagt?«

»Dass er gekündigt hat. Er ist am Samstagmorgen einfach reingekommen, hat verkündet, dass er aufhören würde, und ist wieder gegangen.«

Ich weiß nicht mehr, ob ich etwas erwidert habe. Ich weiß nur noch, dass ich wohl alles andere als elegant den Laden verlassen habe.

Die Riesenwelle von Emotionen, die mich erfasste – Verlegenheit, Scham, Wut – machte es schwierig, an die eher grundlegenden Funktionen wie Gehen und Atmen zu denken.

Ich schwankte zu meinem Auto und war kaum in der Lage, den Schlüssel in die Zündung zu stecken. Ich musste dringend von diesem Parkplatz und von diesem dürren, fassungslos blickenden Kerl weg.

Ben war wirklich gegangen.

Sosehr ich mich auch anstrengte, mich selbst davon zu überzeugen, dass ich eine selbstsichere Frau war, die es geschafft hatte, ihre scheußliche Kindheit zu überleben, gab es immer noch irgendwo in mir dieses kleine Mädchen, das genau von den beiden Menschen im Stich gelassen worden war, die es eigentlich am meisten hätten lieben müssen.

Dieses kleine Mädchen hatte immer vermutet, dass dieser Tag kommen würde. Dieses kleine Mädchen wusste, dass keine Liebe von Dauer war. Beziehungsweise dass die Menschen, die behaupteten, sie zu lieben, nicht beständig waren. Ihre Liebe dauerte nur so lange, wie sie es für dienlich hielten. Das hatte für ihre Eltern gegolten und für all die Pflegeeltern.

Jetzt galt es auch für Ben.

Mein zukünftiger Exmann hatte es weder für nötig befunden, seine Entscheidung, mich zu verlassen, noch einmal zu überschlafen, noch hatte er sich mehr als eine Stunde Zeit genommen, um sie zu treffen. Um wie viel Uhr hatte er das Gefängnis am Samstagmorgen verlassen? Um zehn? Um halb elf? Entweder war er da direkt zu dem Matratzenladen gefahren, um zu kündigen, oder er hatte es erledigt, als er, nachdem er seine Sachen zusammengerafft hatte, die Stadt verließ. Ich war erstaunt, dass da keine Reifenspuren in unserer Einfahrt waren, so schnell wie er sich aus dem Staub gemacht hatte.

Doch er hatte natürlich seine Entscheidung nicht übereilt getroffen. Wahrscheinlich hatte er schon seit der Hausdurchsuchung nach einer Hintertür gesucht, um zu verschwinden. Vielleicht sogar noch länger – vielleicht seitdem er zum ersten Mal das hellhäutige Kind sah, dessen Vater er offensichtlich nicht war.

Als ich ihm dann eine Tür aufmachte, ging er einfach hindurch. Nein, er lief hindurch.

Ich musste ihn aus meinem Kopf verbannen, denn ihm nachzutrauern oder zuzulassen, dass die Trauer mich handlungsunfähig machte, würde mir nicht helfen. Ben war jetzt ebenfalls ein Mensch meiner Vergangenheit, eine weitere Wunde, die langsam heilen würde. Ich kehrte zu meinem natürlichen Daseinszustand zurück: allein, weit und breit gab es niemanden, auf den ich mich verlassen konnte.

Doch ich war nicht allein. Denn es gab ja Alex. Wie immer der Staat Virginia auch entscheiden würde, ich war noch immer seine Mutter.

Ich musste für ihn weiterhin stark bleiben, um ihm eine solche Kindheit zu ersparen, wie ich sie in dem System erlebt hatte. Ich würde ihn nicht im Stich lassen, wie meine Eltern mich im Stich gelassen hatten.

Der neunte April rückte näher. Vergiss Ben! Vergiss Warren Plotz und Diamond Trucking! Mein Hauptaugenmerk musste auf Alex liegen – und auf dem Prozess, der es mir ermöglichen würde, ihn zurückzubekommen.

Ich fragte mich, ob Teddy mit dem Bild vorangekommen war, das ich ihm geschickt hatte.

Eigentlich müsste er jetzt gerade von der Arbeit nach Hause kommen. Ich rief ihn an, doch er meldete sich nicht.

Die Abbiegung zur Desper Hollow Road tauchte auf, doch ich wusste bereits, dass ich nicht nach Hause, sondern zu Teddy fahren würde. Vielleicht könnten wir gemeinsam herausfinden, wer dieser Mann mit der Narbe auf dem Kopf war.

Mein Bruder wohnte auf der anderen Seite der Stadt in einem großen, hochaufragenden, grausam verschachtelten Haus im viktorianischen Stil.

Ich parkte am Straßenrand, ging die Steintreppe neben dem Gehweg und dann die Holztreppe zur Veranda hinauf. Teddy hat mir stets versichert, dass ich das Haus einfach betreten könne. Die anderen Jungs würden wissen, wer ich sei, und es wäre ihnen egal. Doch da mir das stets unangenehm war, klingelte ich.

Ein paar Sekunden später öffnete mir einer seiner Mitbewohner die Tür. Vor mir stand der junge Beamte, der für den Sheriff arbeitete. Er trug eine Jeans und war barfuß, so dass er weitaus harmloser aussah als in seiner Polizeiuniform.

»Hallo«, sagte er und ließ mich herein.

»Hey, danke«, erwiderte ich mit einem kurzen Lächeln, ehe ich zur Treppe ging, um in Teddys Zimmer im zweiten Stock zu gelangen.

»Teddy ist nicht da, solltest du ihn suchen«, sagte er, so dass ich nach den ersten Stufen stehen blieb. »Du hast ihn gerade verpasst.«

»Oh«, sagte ich. »Hat er zufällig gesagt, wo er hingehen würde?«

»Nein. Dieses Mädel war bei ihm.«

»Welches Mädel?«, fragte ich. Mein dreiundzwanzigjähriger Bruder musste mich bestimmt nicht über sein Liebesleben in Kenntnis setzen, doch von einer neuen Freundin wusste ich nichts.

»Du weißt schon, die, mit der er schon mal zusammen war.«
Mir wurde übel.

»Wendy?«, fragte ich und verzog dabei den Mund.

»Ja, ich glaube, so heißt sie. Dunkles Haar, ungefähr so groß wie du«, antwortete er und deutete mit seiner Hand meine Größe an. »Eine echt heiße Braut, aber auch echt chaotisch?«

»Ja, das ist sie.«

»Sie hat die vergangenen Tage hier verbracht«, fuhr er fort. »Die beiden haben vielleicht vor fünfzehn, zwanzig Minuten das Haus verlassen.«

Meine Schultern sackten nach unten. Das musste er wohl bemerkt haben, denn er fügte hinzu: »Geht mich zwar nichts an, aber … das sind schlechte Neuigkeiten, was?«

»Mehr als schlecht.«

»Ich habe nur gedacht …, na ja, egal. Wie schon gesagt, es

geht mich nichts an«, wiederholte er. »Soll ich ihm ausrichten, dass du hier gewesen bist?«

»Nein«, antwortete ich entschieden. »Nicht nötig.«

Ich ging zurück zu meinem Auto und setzte mich hinein. Dann rief ich mir unser Gespräch auf dem Parkplatz in Erinnerung, als er mich aus dem Gefängnis geholt und ich – die allwissende, ältere Schwester – geglaubt hatte, die Wahrheit in seinen Augen ablesen zu können.

Bist du wieder mit Wendy zusammen?, hatte ich ihn gefragt.

Nein!, hatte er beharrt.

Und ich hatte ihm tatsächlich geglaubt. Nun stellte ich mir die Frage, die ich mir am allerwenigsten stellen wollte.

Wobei hatte er sonst noch gelogen?

26. KAPITEL

Sie spürte eine Hand auf ihrer Hüfte, die nur leicht gegen sie drückte.

In diesem Zustand, halb wach, halb schlafend, war Amy Kaye sich nie ganz sicher, ob ihr Mann tatsächlich auf der Bettkante saß oder ob er Teil eines Traums war.

»Ame... Ame...«, sagte er.

Sie blickte ihn verständnislos an. Dann begriff sie endlich: Ja, es war ihr Mann, der da saß. Er trug zwar nicht mehr seine Kochuniform, doch er roch noch immer nach Zwiebeln. Konnte man in Träumen riechen? Nein. Sie musste also wach sein.

»Dein Handy hat geklingelt. Da ich gesehen habe, dass es Jason Powers war, bin ich drangegangen«, sagte er leise.

Seine Finger deckten die Sprechmuschel ab, doch jetzt hielt er ihr das Telefon hin. Amy nahm es und setzte sich auf. Ihr Verstand begann langsam zu arbeiten. Sie blickte auf den Wecker neben ihrem Bett. Es war Dienstag, 2.58 Uhr.

»Hey, ich bin's, Amy.«

»Ja, hallo. Tut mir leid, dass ich dich wecke«, sagte er. Die Stimme des Sheriffs klang düster, sie wies keine Spur ihrer sonst üblichen Heiterkeit auf.

»Kein Problem. Was gibt's?«

»Eine Vergewaltigung. Ich glaube, es ist dein Kerl.«

Amy fluchte und schlug wütend auf das Kissen neben ihr ein.

»Ich bin gerade Patrouille gefahren, als der Anruf reinkam«, sagte er. »Wir wissen noch nicht alle Einzelheiten, doch laut dem Opfer hat der Angreifer eine Maske getragen und die ganze Zeit geflüstert. Wir werden sie gleich zur Untersuchung ins

Krankenhaus bringen, doch ich wollte dir vorher noch die Möglichkeit geben, mit ihr zu sprechen.«

»Wo bist du?«

Powers nannte eine Adresse in Mount Solon, das im nördlichen Gebiet des Augusta County lag, mindestens dreißig Autominuten entfernt von Staunton. Amy wollte nicht unnötig Zeit verlieren. Die Spuren der Vergewaltigung mussten gesichert werden. Jede Sekunde zählte.

»Glaubst du, dass es objektives Beweismaterial gibt?«, fragte Amy. Sie musste Powers nicht genauer erklären, was sie damit meinte.

»Möglicherweise.«

»Dann lass sie uns ins Krankenhaus bringen! Hattest du an das Augusta Health gedacht?«

»Ja, das war der Plan.«

»In Ordnung. Fahr schon mal los, ich werde nach der Untersuchung mit ihr sprechen.«

»Okay«, sagte er. »Dieses Gespräch wird bestimmt interessant für dich sein.«

»Was soll das heißen?«, fragte sie.

»Das wirst du schon sehen, wenn du mit dem Opfer sprichst«, sagte er und beendete das Telefonat.

Augusta Health, das Bezirkskrankenhaus, war nur fünfzehn Minuten von Amys Wohnort entfernt. Dort gab es Personal, das für die Untersuchung von Fällen sexueller Gewalt rechtsmedizinisch geschult war. Amy konnte, wenn notwendig, auch noch später den Tatort in Mount Solon in Augenschein nehmen. Jetzt mussten erst einmal die Beweise gesichert werden.

Sie zog ihren Hosenanzug an und bürstete sich kurz das Haar. Sie fühlte sich körperlich krank. Das, wovor sie sich das gesamte Wochenende gefürchtet hatte, war eingetreten. Nein, eigentlich hatte sie sich davor gefürchtet, seitdem sie Warren Plotz dazu gebracht hatte, diese Sprite-Dose zu küssen.

Plotz war fällig gewesen – genau genommen überfällig. Sie hatte das Böse in ihm spüren können, als sie ihm gegenübergesessen hatte. Er war bis zum Rand damit voll gewesen.

Sie stellte bereits ihr Handeln der letzten Tage in Frage. Hatte sie wirklich genügend Druck auf Chap Burleson ausgeübt? Vielleicht hätte sie vor dem Labor kampieren sollen, bis er ihr das Ergebnis gegeben hätte.

Sie hätte Plotz in der Tat auch verhaften können. Okay, sie hatte keinen bombenfesten, hinreichenden Tatverdacht gehabt, doch hätte der DNA-Beweis erst einmal vorgelegen, hätte kein vernünftiger Richter – und bestimmt kein Richter im konservativen Augusta County – ihr deswegen die Hölle heiß gemacht.

Sie hätte noch so viel tun können, noch so viel tun sollen. Das würde einer jener Fehler sein, die sich für immer in ihren Kopf einnisten und an ihrem Gewissen nagen würden. Das war ihr schon jetzt klar. Die Erinnerung daran käme immer wieder hoch, sobald sie sich für ihre vergangenen Versäumnisse ausschimpfen würde.

Amy eilte zur Tür und gab sich, diesem Opfer und allen zukünftigen Opfern ein Versprechen: Erst wenn Warren Plotz hinter Gittern saß und nie wieder einer Frau etwas antun könnte, würde sie Ruhe geben.

»Warte nicht auf mich!«, waren ihre letzten Worte an ihren Mann.

Lilly Pritchett. So hieß die junge Frau, die Amy nie vergessen würde.

Lilly war einundzwanzig und studierte im nahe gelegenen Bridgewater College. Sie wohnte auf dem Land in einem Cottage zur Miete. Dieses Cottage befand sich auf dem Grundstück eines älteren Ehepaars, das vom Haupthaus aus natürlich weder etwas gesehen noch gehört hatte. Das Anwesen lag derart abgeschieden, dass andere Zeugen eher unwahrscheinlich waren.

Das waren die einzigen Informationen, die Amy von einem Beamten erhielt, der zusammen mit ihr wartete, dass die forensischen Spuren der Vergewaltigung gesichert wurden. Bisher kannte niemand den Tathergang. Sheriff Powers hatte vor Ort entschieden, dass das Opfer ihn nur einmal schildern sollte. Und er fand, dass Amy die geeignete Person war, das Opfer anzuhören.

Powers war noch immer in Mount Solon und sammelte Beweise ein. Amy und der Beamte waren im Krankenhaus und warteten vor dem Zimmer des Opfers. Der aseptische, sterile Geruch in dem Gang stand in völligem Widerspruch zu der Widerwärtigkeit der Tat.

Um kurz nach sechs hatten die Krankenschwestern ihre Arbeit beendet. Das medizinische Personal verließ das Zimmer, und Amy ging hinein.

Lilly saß aufrecht im Bett. Ein Laken war bis zu ihrem Bauch gezogen. Sie hatte blondes Haar und grüne Augen, und sie trug einen sauberen Schlafanzug, kein Krankenhaushemd. Im Augusta Health war man sich des sensiblen Umgangs mit Opfern sexueller Gewalt bewusst. Ihr Haar war zerdrückt, doch ihre Augen leuchteten noch, obwohl dieses Leuchten mühelos hätte ausgelöscht werden können. Amy fand das ermutigend.

»Hallo, Lilly. Ich bin Amy vom Büro des Staatsanwalts.«

»Lilly Pritchett«, erwiderte sie und streckte Amy die Hand entgegen.

Sie schüttelten die Hände. Lillys Griff war immer noch fest.

»Wie geht es Ihnen?«, fragte Amy.

»Ich bin müde.«

»Ja, bestimmt. Ich wollte Ihnen ein paar Fragen stellen. Möchten Sie sich lieber erst ausruhen? Soll ich später noch einmal vorbeikommen?«

»Nein. Bringen wir es hinter uns.«

»In Ordnung. Erzählen Sie doch einfach.«

»Okay«, erwiderte Lilly und zog das Laken noch etwas höher. »Ich denke, dass ich so gegen elf ins Bett gegangen bin. Als der Kerl in mein Zimmer drang, war ich im Tiefschlaf.«

»Haben Sie eine Ahnung, wie er hereingekommen ist?«

»Die Haustür war abgeschlossen, wenn Ihre Frage darauf zielt. Es gibt noch eine Hintertür. Wenn man fest dagegen drückt, springt sie auf, aber ... die Antwort lautet: Nein, ich weiß nicht, wie er hereingekommen ist.«

»Okay. Fahren Sie fort!«, sagte Amy.

»Die Tür zu meinem Schlafzimmer war zu, doch das Haus ist alt. Wenn man sie öffnet, macht sie dieses knarrende Geräusch, und ich habe einen ziemlich leichten Schlaf. Davon bin ich aufgewacht. Und dann hat er angefangen zu ... zu flüstern. Das war sehr unheimlich.«

»Was hat er gesagt?«

»›Schhh... schhh...‹ begann er. ›Nicht schreien ... Ich bin nicht hier, um Ihnen weh zu tun.‹ Dann hob er so eine Art Schwert und meinte: ›Ich werde davon nur Gebrauch machen, wenn ich muss.‹ Mir fielen die Handschuhe, die dunklen Kleider und diese schwarze Skimaske auf und ... Ich glaube, da bin ich dann ausgeflippt.«

Ich werde davon nur Gebrauch machen, wenn ich muss, war ein Satz, den mehr als ein Dutzend Opfer zu Protokoll gegeben hatten. Jetzt stand zweifellos fest, dass diese Vergewaltigung im Zusammenhang mit den anderen Vergewaltigungen stand.

»Er trug also eine Maske«, sagte Amy. »Wie können Sie ihn sonst noch beschreiben? Wissen Sie ungefähr, wie groß oder wie schwer er war?«

»Das habe ich versucht einzuschätzen. Als mir klar war, dass ich gegen diesen Kerl einmal aussagen würde, hat es in meinem Kopf klick gemacht. Ich ... Ich habe viele Wiederholungen von *Law & Order* gesehen, als ich zur Highschool gegangen bin. Und da habe ich mir immer gedacht, dass ich Mariska Hargitay so viele Informationen wie möglich geben wollte, wenn sie mich mal befragen würde. Hört sich das albern an?«

»Überhaupt nicht«, versicherte ihr Amy. »Das ist sogar sehr hilfreich. Es bedeutet nämlich, dass Sie Ruhe bewahrt haben. Sie werden eine gute Zeugin sein, wenn wir diesen Kerl schnappen.«

Lilly lächelte zaghaft. »Glauben Sie, dass Ihnen das gelingt?«

»Die Chancen stehen gut, denke ich. Aber wir dürfen nicht vorschnell sein. Fahren Sie fort! Wir waren gerade bei der Größe und dem Gewicht.«

»Ja, also … Ich würde sagen, dass er durchschnittlich groß war, so um einen Meter achtzig. Und das Gewicht … Das kann ich von Männern nie so gut einschätzen. Aber er war nicht dick. Vielleicht so fünfundachtzig Kilo? Ist das normal für einen Mann?«

Amy ging davon aus, dass Plotz eher fünfundneunzig Kilo wog. Doch eine Abweichung von zehn Kilo lag noch innerhalb eines Toleranzbereichs.

»Können Sie mir sagen, welche Hautfarbe er hatte?«

»Weiß.«

»Sonst noch etwas in Bezug auf sein Äußeres?«

»Nein … eigentlich nicht. Tut mir leid. Es war dunkel, und …«

»Ich verstehe. Keine Sorge, Sie machen das großartig«, sagte Amy. »Er ist also in Ihr Zimmer eingedrungen. Was ist dann geschehen?«

»Wie schon gesagt, er begann zu flüstern und meinte, dass ich keine Angst haben müsste. Er würde mir nicht weh tun, solange ich mit ihm kooperieren würde. Und er sagte immer wieder ›bitte‹ und ›danke‹. Er war … für einen Vergewaltiger richtiggehend *höflich*, verstehen Sie?«

Amy nickte.

»Ich fing trotzdem an zu weinen, da ich so Angst hatte, und … Er hat tatsächlich versucht, mich zu beruhigen, und sagte: ›Schh, nicht weinen, nicht weinen!‹ Dann meinte er, dass es ihm leidtue, was er mir da antut. ›Wenn es Ihnen leidtut, warum tun Sie es dann überhaupt? Warum hören Sie nicht einfach auf? Tun Sie es nicht!‹, erwiderte ich. ›Ich muss es tun.‹ antwortete er. Dann sagte er noch einmal, dass es ihm leidtun würde, und forderte mich auf, die Kleider auszuziehen. Ich weigerte mich. Da hob er das Schwert und sagte so was wie: ›Wäre doch schade, wenn ich Ihr Gesicht damit bearbeiten müsste.‹«

Amy hielt das für einen Beweis der von Profilern bezeichneten Entwicklung eines machtmotivierten, selbstunsicheren Vergewaltigers hin zu einem machtmotivierten, selbstsicheren Vergewaltiger. Ihm ging es noch immer um die Illusion einer romantischen Begegnung – denn das war es, was ihn in Erregung versetzte –, doch vielleicht war er bereit, dafür Gewalt einzusetzen, was ihn noch viel gefährlicher werden ließ.

»Was haben Sie gemacht?«, fragte Amy.

»Na ja, ich denke, ich … Ich wusste, dass er das tun würde, was er tun würde. Und da ich schon Sex mit Kerlen gehabt habe, mit denen ich eigentlich keinen Sex haben wollte, habe ich mir einfach eingeredet, dass ich nur ein weiteres Mal schlechten Sex haben würde. Das hat mir geholfen, mich zu beruhigen.

Und dann … Ich weiß nicht, dann ging mir durch den Kopf, dass ich vergewaltigt werde, egal was passiert. Und ich wollte, dass dieses Schwein geschnappt wird. Ich dachte: ›Wie schaffe ich es bloß, ein genaueres Bild von diesem Kerl zu bekommen, um ihn später identifizieren zu können?‹ Er trug ja diese Skimaske und diese dunklen Kleider … Also habe ich ihm gesagt, dass ich mich schämen würde, wenn nur ich nackt wäre, und dass ich mich nur ausziehen würde, wenn er sich auch auszieht.«

»Wow!«, sagte Amy, beeindruckt von Lillys Geistesgegenwart. »Hat er's gemacht?«

»Nein. Er sagte, dass das so nicht funktionieren würde. Nur ich würde die Kleider ausziehen. Trotzdem habe ich die ganze Zeit weiter an *Law & Order* und Mariska Hargitay gedacht und daran, was sie wohl später gern wissen würde. Da fielen mir DNA beziehungsweise Fingerabdrücke ein. Also sagte ich zu ihm: ›Okay‹, zog mich aus und ließ ihn … in mich eindringen. Und dann … Jetzt werden Sie mich wohl für eine richtige Schlampe halten, aber …«

»Ganz bestimmt *nicht*!«, widersprach Amy ihr sofort. »Hören Sie damit auf! Sie sind eine Überlebende, und dazu noch eine verdammt schlaue!«

»Ich tat dann so, als würde ich darauf abfahren, verstehen Sie? Nur um ihn abzulenken. Ich mimte voll den Pornostar und rief: ›O ja, Süßer, das fühlt sich echt gut an.‹ Dabei hätte ich mich die ganze Zeit am liebsten übergeben. Doch ich wartete nur auf den richtigen Augenblick.«

»Den richtigen Augenblick? Wofür?«

»Um ihm die Handschuhe herunterzureißen«, antwortete Lilly. »Zuerst legte er seine Hände auf das Bett. Da bekam ich sie nicht zu fassen. Doch dann griff er nach meiner Brust, und ich zerrte ihm den Handschuh einfach herunter. Er sagte: ›Was zum …?‹ Aber ich machte weiter auf Pornostar und meinte: ›Ich will deine Hand auf meiner Haut spüren.‹ Da sagte er: ›Gib mir den Handschuh wieder!‹ Doch ich blieb weiter in meiner Rolle und rief nur: ›Hör nicht auf! Komm schon, Großer! Fester! Fester!‹ Schließlich konnte ich ihn gegen das Bett stoßen, und da berührte er den Bettpfosten und auch die Bücher auf dem Bett, in denen ich vorm Einschlafen geblättert hatte.«

In den vorherigen Fällen hatte man immer vergeblich gehofft, auf einen Fingerabdruck zu stoßen. Das war ein bemerkenswert cleveres Vorgehen von einer verängstigten einundzwanzigjährigen Studentin.

»Sie sind wirklich unglaublich tapfer!«, stellte Amy bewundernd fest. »Möglicherweise haben Sie uns das geliefert, was wir brauchen, um den Kerl zu schnappen. Ich möchte gern den Sheriff anrufen, um sicherzustellen, dass er diese Information hat.

Würde es Ihnen etwas ausmachen, wenn ich diesen Anruf kurz erledige?«

»Nein. Kein Problem!«

Amy ging in den Flur und wählte Powers' Nummer.

»Das wirst du jetzt *niemals* glauben, doch das Arschloch scheint Fingerabdrücke hinterlassen zu haben«, platzte es aus ihr heraus, als Powers ans Handy ging.

»Das wirst du jetzt niemals glauben«, antwortete er. »Doch auf dem Weg zur Tür hinaus, hat dein Opfer uns gesagt, dass wir nach Fingerabdrücken suchen sollen. Und ich glaube, wir haben gerade welche gefunden.«

27. KAPITEL

Ich schlief in jener Nacht in der Mitte des Betts.

Das war wohl mein – jämmerlicher – Versuch, Kontrolle über meine Situation auszuüben; Kontrolle über den Mann auszuüben, der mich verlassen hatte, Kontrolle über den Bruder auszuüben, der wieder mit seiner drogenabhängigen Freundin zusammen war, und Kontrolle über die Menschen auszuüben, die dabei waren, mir mein Kind zu stehlen.

Meine Versuche der Selbstermächtigung (und Selbsttäuschung) dauerten bis in den Morgen an. Die Fünf-Tage-Verhandlung fand erst um 10.30 Uhr statt. Also pumpte ich meine Milch ab, duschte und zog dann das für einen Gerichtstermin geeignetste Kleidungsstück an, das meine Garderobe aufwies. Es war ein langärmeliges, gegürtetes Maxikleid aus einem Secondhandladen, in dem ich aber aussehen würde wie Kate Middleton, hatte man mir gesagt.

Ich betrieb den ganzen Aufwand nur deshalb, weil ich wusste, wo ich gleich hinfuhr. Das Jugend- und Familiengericht spielte in vielen meiner Kindheitserinnerungen eine maßgebliche Rolle. Keine davon war erfreulich.

Am deutlichsten sind mir die Frauen und ihre Traurigkeit in Erinnerung geblieben. Sie hatten nicht nur ihren Stolz, ihre Selbstachtung oder ihr gutes Aussehen verloren; sie waren von Blutergüssen oder Narben gezeichnet oder einfach von verschiedenen Aspekten des Systems überfordert.

In ihren Augen war noch immer dieses Erstaunen zu sehen, als würden sie und all die anderen vom Schicksal gezeichneten Frauen nicht dort hingehören. Sie begriffen zwar, welche ihrer

Entscheidungen sie an diesen Ort gebracht hatten: der Kerl, den sie nie hätten heiraten sollen; die Drogen, die sie nie hätten nehmen sollen, und die Armut, der sie besser hätten entfliehen sollen. Doch all das waren sie noch nicht *wirklich*. Oder zumindest nicht das, was sie hätten sein sollen.

Ich kann mich an meine Wut gegen meinen Vater erinnern, weil er meine Mutter zu einer dieser Frauen gemacht hatte.

Jetzt saß ich in einem Café in Downtown Staunton, knabberte an einem Scone, trank Tee und tat so, als ob ich ebenfalls nicht zu dieser Sorte Frauen gehörte.

Auf der Suche nach einem fröhlicheren Gedanken durchforstete ich mein Gedächtnis nach einer Erinnerung an Alex, die meine gute Laune, die ich so dringend brauchte, wieder etwas herstellen sollte. Meine Begeisterung fürs Muttersein hatte sich definitiv gelegt. Sie war von der Wirklichkeit eingeholt worden, über die einem vorher niemand etwas verrät. Elternsein war nämlich meistens nur anstrengend und ermüdend.

Ich hatte Alex von Mrs Ferncliff abgeholt und ihn abends gestillt. Danach schlief er normalerweise, und wenn ich Glück hatte, bis um ein oder zwei Uhr morgens.

Er betrachtete eigentlich nichts – sondern schaute nur ziellos herum, wie jedes neugeborene Kind –, doch dann blieb sein Blick auf mir haften. Seine Augenfarbe hatte sich noch nicht endgültig ausgebildet, wie für Neugeborene üblich. Doch es schien, als würden sie diese bezaubernde blaugraue Farbe annehmen. Er hatte jene Augen, in denen man sich verlieren konnte.

Und ich war gerade dabei, mich in seinen Augen zu verlieren, als dieses kleine Wunder geschah: Ein riesiges Lächeln breitete sich über sein Gesicht aus, als wäre ihm soeben eine fabelhafte, neue Idee gekommen.

Ich hatte schon zuvor hin und wieder geglaubt, Anzeichen eines Lächelns zu erkennen. Doch ob es tatsächlich ein Lächeln war oder nur seine Mimik beim Pupsen, war schwer zu sagen.

Auf jeden Fall fühlte es sich zum ersten Mal so an, als würde er gewollt lächeln.

Das war einer jener Augenblicke, in denen ich das Band zwischen uns – das schon so fest war – noch stärker spürte.

Jetzt saß ich hier in diesem Café und brauchte diese Augen und dieses Lächeln so sehr wie die Luft zum Atmen.

Ich wartete bis um zwanzig nach zehn. Erst dann betrat ich das Gerichtsgebäude. Ich wartete deshalb so lange, weil ich mich nicht in diesen Termin hineinsteigern wollte. Ich würde zum ersten Mal vor den Richter treten, der maßgeblich über mein Schicksal entscheiden würde. Nachdem ich die Sicherheitskontrolle passiert hatte, ging ich zu dem mir bekannten Saal des Jugend- und Familiengerichts, der sich seit meiner Teenagerzeit kaum verändert hatte. Es war ein schmaler, niedriger Raum mit sieben Zuschauerrängen. Die Bänke ähnelten denen in Kirchen, was eigenartig war, denn ich fand stets, dass es keinen Ort gab, der weiter weg von Gott war wie dieser.

Mr Honeywell stand vorne und scherzte mit einer Frau, die ebenfalls Anwältin zu sein schien.

Ich sah ihn zum ersten Mal persönlich. Er hatte in der Kamera jünger ausgesehen – er war mindestens fünfundsechzig, doch er hätte auch für fünfundsiebzig gehalten werden können, so schlaff hing alles an ihm herunter. Seine Nase überzog ein feines Netz von Adern, das darauf hindeutete, dass er oft Trost im Alkohol suchte. Er hatte statt seines zerknitterten Anzugs ein blaues Jackett und eine graue Hose angezogen. Die Krawatte lag oben auf seinem runden Bauch auf, während sie unten mindestens dreißig Zentimeter abstand.

Als er mich bemerkte, blickte er verdutzt zweimal hin, als würde ihn mein Anblick überraschen. Er beendete sein Gespräch und kam auf mich zu. Dabei hinkte er und schonte sein linkes Bein, was ich in der Kamera nicht hatte sehen können.

Sein Blick war eigenartig. Als hätte ich einen Krümel an der Wange kleben, und er könnte sich nicht entschließen, ob er mir das sagen sollte. Schließlich brachte er ein Lächeln zustande.

»Ms Barrick, Sie sehen heute Morgen ganz wunderbar aus, wenn ich das sagen darf.« Seine Worte klangen freundlich und nicht wie das schmierige Kompliment eines alten Mannes. Ich glaube, dass es an seinem warmen Lächeln lag. Und dem Augenkontakt.

Mir fiel ein, dass er mich zum ersten Mal persönlich sah. Die vorherigen Male hatte ich ihm, in einen orangefarbenen Gefängnisoverall gekleidet, von einem Bildschirm aus entgegengeblickt.

»Danke«, sagte ich.

Er betrachtete mich noch drei Wimpernschläge länger als nötig. Dann setzte er sich neben mich, um mit mir so leise zu sprechen, dass uns niemand verstehen konnte.

»Die Fälle, die sonst noch für heute Morgen auf dem Prozessplan gestanden haben, sind bereits alle erledigt. Richter Stone macht nur gerade eine Pause«, sagte er.

Dann erklärte er mir die im Gerichtssaal anwesenden Personen. Vorne standen Donna Fell, die Anwältin, die das Sozialamt vertrat, eine attraktive, dunkelhaarige Frau, die Mitte vierzig zu sein schien; Tina Anderson, die Familiensachbearbeiterin, die ich bereits kennengelernt hatte, und der Prozesspfleger, der als Vertreter für Alex sprechen würde, sowie der Vertreter der Kinderschutzorganisation Courts Appointed Special Advocates.

Mr Honeywells Glupschaugen traten mit einem Mal noch weiter hervor. Ich folgte seinem Blick zum Eingang des Saals. Die Leiterin des Sozialamts vom Shenandoah Valley, Nancy Dement, war gerade hereingekommen. Sie trug einen auffällig gemusterten Blazer mit Schulterklappen und schien noch eine Extraschicht Schminke aufgelegt zu haben.

»Was macht *die* denn hier?«, murmelte er wohl eher zu sich

selbst. »Das ist …«, begann er, ohne den Blick vom Eingang abzuwenden.

»Nancy Dement«, beendete ich seinen Satz. »Ich weiß. Ist sie in solchen Fällen normalerweise nicht dabei?«

»Nein, ich habe sie schon seit Jahren nicht mehr gesehen. Genauer gesagt, seit sie die Leitung des Amts übernommen hat«, antwortete er. Die Falten in seinem Gesicht vertieften sich noch mehr.

»Und was macht sie dann hier?«

»Ich habe keine Ahnung«, erwiderte er. »Aber lassen Sie uns nach vorne gehen, zu unserem Tisch. Ich glaube, die Verhandlung beginnt gleich.«

Wir hatten uns gerade hingesetzt, als ein Beamter des Sheriffs energischen Schrittes den Gerichtssaal betrat und verkündete: »Erheben Sie sich!«

Als ich aufstand, betrat Richter Stone den Saal. Er war ein hochgewachsener, afroamerikanischer Mann mit genau der richtigen Anzahl von grauen Sprenkeln in seinem ansonsten schwarzen Haar.

»Setzen Sie sich!«, sagte er zu den anwesenden Parteien in einer tiefen Bassstimme, die für einen Kirchenchor hätte tonangebend sein können. »Wir verhandeln heute die vorläufige Inobhutnahme im Fall *Sozialamt gegen Barrick*. Mr Honeywell, das ist Ms Barrick, nehme ich an?«

»Ja, Euer Ehren.«

»Sind ansonsten alle notwendigen Vertreter der Parteien da?«

Im Saal wurde genickt.

»Gut. Dann beginnen wir. Ms Fell, legen Sie doch los.«

»Danke, Euer Ehren«, antwortete Donna Fell. »Als erste Zeugin rufe ich Tina Anderson auf, Familiensachbearbeiterin im Sozialamt des Shenandoah Valley.«

Ms Anderson legte in den nächsten zwanzig Minuten ihre durch Ms Fell geführte Zeugenaussage ab. Einige Fragen waren reine Formsache – Dauer ihrer Beschäftigung beim Sozialamt, beruflicher Werdegang etc. Dann kam man zum Kern der Sache. Das Büro des Sheriffs habe das Sozialamt über die Razzia in meinem Haus und das dort lebende Kind informiert, sagte Ms Anderson. Sie sei während der Hausdurchsuchung vor Ort gewesen.

»Sie haben im Vorgarten gestanden, stimmt das?«, fragte Fell.

»Ja.«

»Was haben Sie beobachtet?«

»Die Beamten kamen mit Drogenutensilien aus dem Haus. Ihrer Meinung nach sprachen sie für einen großen Vertriebsring. Man zeigte mir eine Schachtel, in der sich Waagen, Tüten zum Verpacken von Drogen, Ms Barricks Handy und eine Liste mit Telefonnummern befanden. Laut den Beamten waren es die Nummern polizeibekannter Drogenkonsumenten hier aus der Gegend.«

Ms Barricks Handy? Hatte ich es deshalb nicht finden können? Doch wie konnte es nur in dieser Schachtel gelandet sein, zusammen mit all den anderen Sachen, die ich noch nie vorher gesehen hatte?

Doch dann begriff ich. Die Leute, die mir etwas anhängen wollten, mussten es vom Verandatisch gestohlen haben. Damit hatte ich es ihnen viel zu leicht gemacht. Sie brauchten es nur noch zu dem anderen belastenden Material hinzufügen, um meine Schuld zu besiegeln. Ich konnte ja schlecht behaupten, die Sachen in der Schachtel noch nie gesehen zu haben, wenn mein Handy sich darin befand.

»Und wo, haben die Beamten gesagt, hätten sie diese Schachtel gefunden?«, fragte Fell.

»In einem Wandschrank im Kinderzimmer.«

Gütiger Gott!

»Sie bezeichnen es als ›das Kinderzimmer.‹ Hat das Kind da auch geschlafen?«

»Ja.«

»Haben die Beamten sonst noch etwas gefunden?«

»Ja. Nachdem sie auf die Drogenutensilien gestoßen waren, entdeckten sie auch die Drogen. Sie zeigten mir mehrere Tüten mit weißem Puder und erklärten mir, dass es Kokain sei.«

»Haben die Beamten Ihnen erzählt, wo sie das Kokain gefunden haben?«

»Ja. Ebenfalls im Kinderzimmer. Versteckt in einem Luftschacht.«

Jetzt war mir klar, warum die Abdeckung der Klimaanlage gefehlt hatte. Das bedeutete auch, dass Alex eine Nacht in seinem Zimmer geschlafen hatte und dabei nur wenige Meter von einem halben Kilo Kokain entfernt gewesen war.

Dann schilderte Anderson, wie sie »Kenntnis davon erlangt habe«, dass Ida Ferncliff, eine vom Sozialamt zugelassene Tagesmutter, Alex betreuen würde. Sie sei dort hingefahren und habe ihn mitgenommen.

»In welchem körperlichen Zustand befand sich Alex zu diesem Zeitpunkt?«, fragte Fell.

Ich wappnete mich.

»In einem hervorragenden Zustand. Er schien in jeder Hinsicht gesund zu sein. Ein sehr aufgewecktes Kind«, antwortete Anderson. »Ms Ferncliff hatte ihm gerade die Windel gewechselt. Die Betreuung war zweifellos gut.«

»Haben Sie die Tagesmutter nach ihren Eindrücken in Bezug auf die mütterliche Fürsorge befragt?«

»Ja. Sie hat gesagt, dass die Mutter des Kindes sehr liebevoll sei und sich ausgezeichnet um ihren Jungen kümmere. Sie sträubte sich zuerst, mir das Kind zu geben, weil sie einen Missbrauch schlichtweg für unmöglich hielt.«

Ich spürte eine solche Welle der Dankbarkeit für Mrs Ferncliff, dass ich fast weinte.

»Wie haben Sie Ms Ferncliff dann doch noch von der Notwendigkeit des Vorgehens überzeugen können?«, fuhr Fell ihre Befragung fort.

»Ich habe ihr von den in Ms Barricks Haus gefundenen Drogen erzählt.«

»Also von dem Kokain?«

»Ja.«

Was wiederum erklärte, warum Mrs Ferncliff so aufgebracht gewesen war.

»Was haben Sie dann gemacht?«

»Ich habe das Kind in unser Büro nach Verona gebracht. Dort haben wir es dann gründlich untersucht.«

»Und was ist dabei herausgekommen?«

»Das Kind erschien sehr gesund. Es hatte weder Blutergüsse, noch wies es andere Anzeichen körperlichen Missbrauchs auf. Angesichts des im Haus gefundenen Kokains gehört es allerdings auch zu unserem Standardverfahren, das Kind auf Drogen zu testen.«

»Welche Art von Tests haben Sie durchgeführt?«

»Einen Bluttest, einen Haarfollikeltest und einen Hauttest.«

Ich war tatsächlich erleichtert, als ich das hörte. Endlich würden hier exakte wissenschaftliche Ergebnisse auf den Tisch kommen, nicht nur anonyme Anschuldigungen und Verdächtigungen von Polizeibeamten, die leicht in die Irre geführt werden konnten. Die Menschen, die mir das antaten, konnten zwar Drogen in mein Haus schmuggeln, aber niemals mein Kind damit vollpumpen.

Das würde ein erster, entscheidender Schritt sein, der meine Unschuld beweisen würde. Ich lehnte mich auf den Schreibtisch, als Ms Fell mit ihrer Befragung fortfuhr.

»Hat man Sie darin geschult, diese Tests durchzuführen?«

»Ja, mehrfach«, antwortete Ms Anderson.

»Liegen die Ergebnisse bereits vor?«

»Die Ergebnisse des Blut- und Haarfollikeltests noch nicht.

Sie dauern eine Weile. Nur das Ergebnis des Hauttests ist bereits da.«

»Dann lassen Sie uns doch über den Hauttest sprechen. Können Sie dem Gericht bitte schildern, wie dieser Test durchgeführt wird?«

»Das ist ziemlich einfach. Man streicht einen Wattebausch über die Haut des Kindes und achtet dabei besonders auf dessen Hände, da es die Drogen am ehesten darüber aufnimmt – sollten in der häuslichen Umgebung tatsächlich Drogen vorhanden sein. Dann versiegelt man den Wattebausch in einem Glasröhrchen und kennzeichnet das Siegel mit seinem eigenen Namen, um zu verhindern, dass jemand anders in der Beweismittelkette diesen Beweis manipulieren kann. Dann schickt man das Röhrchen in ein Labor hier in Staunton.«

»Haben Sie das Ergebnis bereits zurückerhalten?«

»Ja. Haut und Hände des Kindes wurden positiv auf Kokain getestet.«

Ich sprang sofort auf. Diese Behauptung war einfach zu grotesk, als dass ich noch eine Sekunde länger stillsitzen bleiben könnte.

»Nein«, rief ich. »Das ist *völlig* unmöglich. Ms Anderson hat den Test falsch durchgeführt.«

»Ms Barrick!«, sagte Richter Stone und warf mir einen finsteren Blick zu.

»Sie hat entweder den Test falsch durchgeführt, oder sie hat die Ergebnisse gefälscht.«

»Ms Barrick, Sie werden sich jetzt beherrschen, oder ich werde Sie aus dem Gerichtssaal entfernen lassen.«

»Aber, Herr Richter, Sie verstehen nicht. Da muss ein Fehler passiert sein. Alex kann auf *keinen* Fall ...«

Dann hielt ich inne. Mir fiel etwas ein. Ich erinnerte mich an den Morgen, als ich zum ersten Mal auf Kaution freigelassen worden war.

240

Ich war ins Kinderzimmer gegangen, hatte mich über dessen Leere gewundert, an Hemingway gedacht und dabei auf das Kinderbett gestarrt. Und da, auf dem Laken, hatte ich dieses feine, weiße Puder entdeckt.

Es war kein Babypuder gewesen.

28. KAPITEL

Der Computer im Büro des Sheriffs, der die Fingerabdrücke einscannte, war ein absolutes Spitzengerät. Als es damals angeschafft wurde. 2003.

Anderthalb Jahrzehnte später war dieses Desktopmodell ein launischer Apparat. Die Verbindung zu den anderen elektronischen Geräten der unmittelbaren Umgebung war dürftig, und Amy war fest davon überzeugt, dass ein Hamster in einem Laufrad das Gerät betrieb, da es derart langsam arbeitete.

Der Mann, dessen unglückselige Aufgabe es war, Ergebnisse aus diesem vorsintflutlichen Apparat herauszukitzeln, war Deputy Justin Herzog. Er hatte eine kräftige Statur, war ehemaliger Meister im Kickboxen und sah mit seinen kurzgeschorenen Haaren so aus, als käme er geradewegs aus einem Katalog für Polizeiausrüstung. Seine Aggressionen, ob groß oder klein, herbeigeführt durch den Kampf mit diesem Computer, arbeitete er bestimmt später wieder an einem Sandsack ab.

Sein Refugium im Büro des Sheriffs war ein kleiner Raum, in dem es schon fast unerträglich nach Chemikalien roch. Amy blickte ihm über die Schulter, als er die Abdrücke in den Computer einscannte und digital bereinigte, um die Chance zu erhöhen, einen Treffer in der Datenbank zu landen. Nach ein paar Minuten hatte er genug von Amys ungeduldigem Warten. »Wie wär's, wenn ich dich anrufe, wenn ich hier fertig bin?«, sagte er.

Es dauerte fast bis zum Mittag, bis er sich endlich meldete. Amy, die ihre Zeit bei den anderen Polizeibeamten totgeschlagen hatte, konnte sich gerade noch zurückhalten, nicht zu ihm hinzulaufen.

»Okay, was hast du gefunden?«, fragte sie, ohne die geringste Spur von Müdigkeit zu verspüren, obwohl sie seit drei Uhr morgens auf den Beinen war.

»Nicht genug, befürchte ich«, antwortete Herzog. »Die Beamten haben viele Fingerabdrücke genommen. Ich habe sie selbstverständlich noch nicht alle bearbeiten können. Doch sie stammen auf jeden Fall von zwei Personen.«

»Ja, vom Opfer und vom Täter«, stellte Amy fest.

»Ich bezeichne sie als Person A und Person B. Person A ist das Opfer. Die von ihr genommenen Fingerabrücke sind natürlich überall zu finden. Von Person B liegen mir nur Teilabdrücke vor – er war leider nicht so freundlich, seine Finger auf unseren Scanner zu legen.«

»Ich verstehe.«

»Ich habe die beiden besten Exemplare ausgesucht, sie durch unsere Datenbank gejagt und drei ähnlich aussehende Abdrücke gefunden«, – was nicht ungewöhnlich war, doch das musste er Amy nicht erklären. »Als ich sie mir dann aber näher angeschaut habe ... Fehlanzeige.«

»Bist du dir sicher?«

»Wir können die ganzen Bögen, Kringel und Schleifen gern miteinander besprechen, aber du kannst mir auch einfach glauben. Es gibt keinen einzigen Treffer. Person B ist uns nicht bekannt.«

»Okay«, sagte Amy. »Und was jetzt?«

»Das entscheidest du«, erwiderte Herzog. »Wir können die Fingerabdrücke nach Roanoke schicken, wenn du willst.«

Das wollte Amy nicht. Auch wenn der Rückstau bei unbearbeiteten Proben von Fingerabdrücken nicht ganz so groß war wie der bei DNA-Proben, würde es trotzdem noch Monate dauern, bis das staatliche kriminaltechnische Labor Ergebnisse hätte.

»Kannst du für mich prüfen, ob es jemanden in der Datenbank gibt namens Warren Plotz?«

»Ja, klar. Buchstabier mir den Namen.«

Amy buchstabierte den Namen. Justin Herzog strich mit der abgenutzten, verschmierten Maus über die entsprechenden Felder. Anschließend klickte er auf Suchen. Der Hamster begann zu laufen. Amy wartete.

»Tut mir leid«, sagte Herzog schließlich. »Kein Warren Plotz.«

Amy verschränkte die Arme, starrte auf den Bildschirm und atmete die chemiedurchdrungene Luft tief ein. Diesen Punkt hatte sie schon einmal mit Warren Plotz erreicht. Sie war ihm auf den Fersen. Dicht. Sehr dicht. Aber nicht dicht genug, um ihn zu schnappen.

Die DNA-Ergebnisse konnten jederzeit eintreffen und die Überprüfung der Fingerabdrücke unnötig machen. Auf der Sprite-Dose befanden sich möglicherweise sogar Plotz' Fingerabdrücke. Doch Amy hatte sich nicht damit aufgehalten, die Dose daraufhin zu untersuchen, da der Vergewaltiger noch nie zuvor überlistet worden war und seine Fingerabdrücke hinterlassen hatte.

In beiden Fällen würde sie aber trotzdem warten müssen. Was war, wenn ihr dringliches Bitten um eine beschleunigte Bearbeitung nur dreißig oder sechzig Tage einbrachte?

Sie hatte in der Sache mit Warren Plotz nie Druck gemacht. Sie war geduldig, maßvoll und vorsichtig gewesen …

Doch jetzt war es genug. Sie dachte an Lilly Pritchett, die sie vor dieser Geißel nicht hatte schützen können; an Daphne Hasper und all die anderen Opfer; selbst an Melanie Barrick. Auch sie verdiente es, dass ihr Vergewaltiger hinter Gitter kam, egal ob sie nun eine Drogendealerin war oder nicht.

Wenn sie jetzt entschlossen handeln würde, müsste sie keine weitere Frau kennenlernen, die ein Opfer des Flüsterers geworden war..

»Wann endet deine Schicht?«, fragte sie Herzog.

»Um sechs.«

»Gut. Dann bleib in der Nähe! Ich werde dir heute Nachmittag Fingerabdrücke liefern, die zu Person B passen.«

Sie marschierte aus dem Zimmer und überredete einen der Beamten, ihr einen Computer zu überlassen, der mit einem Drucker verbunden war. Sie öffnete die Facebook-Seite von Warren Plotz, wählte eines der Bilder aus, auf dem er nicht diese dämliche Pilotenbrille trug, und druckte es aus.

Sie starrte kurz auf den Bildschirm. Ihr war klar, dass sie eine ordnungsmäßig zusammengestellte Fotoreihe brauchte, um die von einem Zeugen vorgenommene Täteridentifizierung rechtlich zu verwerten. Diese Fotoreihe musste aus mindestens sechs Bildern bestehen. Die darauf abgebildeten Personen mussten allesamt eine ähnliche Größe, ein ähnliches Erscheinungsbild und eine ähnliche Hautfarbe haben. Selbst die Machart des Bildes musste gleich sein: Man durfte nicht fünf Porträts und daneben eine ungestellte Aufnahme zeigen.

Das Präzedenzrecht hatte in dieser Angelegenheit genügend Schriftstücke verfasst, dass deshalb wohl schon ganze Wälder gerodet worden waren. Der Oberste Gerichtshof nahm sich dieses Thema immer wieder vor, was den Tod von weiteren fünfhundert Bäumen bedeutete. Das Handbuch für Staatsanwälte umfasste viele Seiten zu diesem Sachverhalt und wurde ständig aktualisiert.

Die Erstellung eines ordnungsgemäßen Verbrecheralbums würde Zeit in Anspruch nehmen.

Zeit, die Amy nicht länger verschwenden konnte.

Sie dachte nicht noch einmal darüber nach, sondern druckte einfach fünf weitere Fotos aus, die sie von Warren Plotz' Facebook-Seite auswählte. Dann steckte sie sämtliche Bilder in eine Mappe und fuhr zum Augusta Health Hospital. Sie öffnete die Tür zu Lillys Krankenzimmer und blieb kurz stehen, da sie die junge Frau auf keinen Fall wecken wollte. Doch sie saß aufrecht in ihrem Bett, als würde sie auf Besuch warten.

»Hallo«, sagte sie.

»Guten Tag, Lilly. Wie geht es Ihnen?«

»Ich bin noch immer müde.«

»Ich habe hier eine Mappe mit Fotos, die zur Identifizierung des Täters dient. Fühlen Sie sich in der Lage, die Bilder anzuschauen?«

Lilly nickte.

»Ich werde sie Ihnen nacheinander zeigen«, sagte Amy. »Nehmen Sie sich so viel Zeit wie nötig. Es kann sein, dass der Mann nicht dabei ist. Sollte das der Fall sein, keine große Sache, okay? Probieren Sie es einfach nur so gut, wie Sie können.«

Amy reichte Lilly das erste Foto. Sie betrachtete es ungefähr zehn Sekunden lang. Dann legte sie es mit dem Gesicht nach unten auf das Bett und ließ sich das nächste Foto geben.

Nach dem dritten Bild sagte Lilly: »Das ist … das ist immer derselbe Kerl, oder.«

»Nein, ist er nicht«, entgegnete Amy entschieden.

Drei Jahre Jurastudium. Vierzehn Jahre Mitarbeiterin im Büro des Staatsanwalts von Fairfax. Hunderte von Fällen hatte sie dort verfolgt. Drei Jahre Staatsanwältin in Staunton. Noch mehr Fälle. Sie hatte noch nie das Gesetz wissentlich gebrochen.

Doch jetzt brach sie es, ohne dass ihre Stimme ins Stocken geriet.

Lilly konzentrierte sich wieder auf die Fotos. Nachdem sie alle betrachtet hatte, wanderte ihr Blick zurück zu dem dritten und vierten Bild. Sie studierte sie genauer, dann wählte sie das vierte Bild aus.

»Er könnte es sein«, sagte sie. »Er sieht dem Täter am ähnlichsten.«

»Okay, danke«, sagte Amy.

Die Zeugin identifizierte den Verdächtigen eindeutig aus einer Reihe von Fotos. Amy verfasste bereits in Gedanken die Anklageschrift. Sie würde den Haftbefehl innerhalb von zwei Stunden bekommen.

Um das Verbrecheralbum konnte sie sich auch später noch kümmern. Es würde kaum noch dem ähneln, das Lilly Pritchett durchgeblättert hatte, wenn sie es dem Anwalt von Warren Plotz zuschickte.

Zur Hölle mit dem Obersten Gerichtshof.

29. KAPITEL

Ich kann kaum beschreiben, wie es ist, in einem Gerichtssaal zu sitzen und von achtbaren, vernünftigen, aufrechten Menschen wie eine Mutter gemustert zu werden, die es zulässt, dass ihr drei Monate altes Kind sich in Kokain wälzt.

Der Blick der Gerichtsschreiberin war finster und nach unten gesenkt, als fände sie es abstoßend, mit mir die gleiche Luft zu atmen.

Der Gerichtsdiener starrte mich mit unverhohlener Verachtung an. Er konnte es kaum erwarten, nach Hause zu fahren und seiner Frau von dieser menschlichen Kakerlake zu erzählen, die in seinem Gerichtssaal herumgekrochen war.

Richter Stone, der sich gerade noch bremsen konnte, mich nach meinem Ausbruch nicht aus seinem Gerichtssaal zu werfen, blickte mich weiter aus den Augenwinkeln heraus an. Ich war nicht nur eine von JENEN FRAUEN, die ihre Gefühle nicht unter Kontrolle hatten, sondern auch noch das personifizierte Böse.

Ich machte mir indes Sorgen um Alex' Gesundheit. War dieses Kokain nur äußerlich an ihm haftengeblieben, oder hatte er es tatsächlich in sich aufgenommen? Wenn ja, wie würde sich das langfristig auf seine Gesundheit auswirken?

Die allerwichtigste Frage war jedoch: Welcher Idiot würde ein Kind derart gefährden? Und das auch noch wissentlich? Wozu wäre diese Person noch bereit?

Ich bekam die restliche Aussage von Tina Anderson nur noch verschwommen mit, da diese Gedanken mich beschäftigten.

Erst als Nancy Dement und ihre Schulterklappen den Zeu-

248

genstand betraten, konzentrierte ich mich wieder. Sie beantwortete mit ihrer jaulenden Stimme dem Gericht die gleichen routinemäßigen Fragen zu ihrer Person und Ausbildung.

Dann begann Donna Fell das Rätsel um Nancy Dements Anwesenheit zu lösen.

»Ms Dement, können Sie dem Gericht bitte schildern, wie Sie auf Ms Barrick und ihr Kind aufmerksam geworden sind?«, fragte Fell.

»Ms Anderson bat mich in diesem Fall um Rat«, antwortete Dement. »Sie erzählte mir, dass sie einen Anruf von Lieutenant Peter Kempe vom Büro des Sheriffs erhalten habe, und sie wollte, dass ich einen bestimmten Aspekt des Falls mit ihm bespreche.«

»Und worüber haben Sie und Lieutenant Kempe gesprochen?«, fragte Fell in einer Weise, aus der zu schließen war, dass sie die Antwort bereits wusste.

»Er erzählte mir, dass er in der Strafsache gegen Ms Barrick mit einem Informanten zusammengearbeitet habe und an eine Information gelangt sei, die für uns von Interesse sein könnte.«

»Und was war Inhalt dieser Information?«

»Dass Ms Barrick ihr Kind verkaufen wollte.«

»Ihr Kind verkaufen!«, stieß Richter Stone hervor.

Allein die Vorstellung empörte ihn schon so sehr, dass er sich von Dement abwandte und zu mir drehte. Er hätte seine Abscheu kaum deutlicher ausdrücken können.

Doch das war mir egal, zumindest in dem Moment. Ich konzentrierte mich auf die Enthüllung selbst. Das war es also, was Dement mir in der vorherigen Woche in ihrem Büro nicht erzählen wollte. Zumindest hatte ich jetzt einen Hinweis, woher diese entsetzliche Anschuldigung stammte, obwohl das nur zu einem weiteren Rätsel führte: Wer war dieser Informant?

Dieser Vorwurf konnte nicht Nancy Dements Phantasie entspringen, auch wenn ich das am liebsten geglaubt hätte. Sie wür-

249

de keinen Beamten des Sheriffs in eine solche Lügengeschichte mit hineinzuziehen.

Es musste eine reale Person geben, die diese erfundene Geschichte erzählt hatte.

Ich wandte mich zu Mr Honeywell. »Das ist nicht wahr«, sagte ich mit leiser, nachdrücklicher Stimme. »Es ist nicht wahr. Ich weiß nicht, wer dieser Informant ist, aber er lügt. Ich habe *niemals* zu jemanden gesagt, dass ich mein Kind verkaufen will.«

Donna Fell hatte einen Augenblick gewartet, damit der Richter sich von seinem Schock erholen konnte. Dann fuhr sie fort. »Und wie haben Sie darauf reagiert?«

»Ich war sprachlos, so wie jeder andere auch«, erwiderte Dement. »Wie schon gesagt, ich arbeite seit dreiunddreißig Jahren für das Sozialamt, doch vor einer Situation wie dieser habe ich noch nie gestanden.«

»Was haben Sie dann gemacht?«

»Ich habe Lieutenant Kempe gefragt, ob er weitere Details kenne, doch ihm war nichts bekannt. Ich glaube, dass er eher mit dem Drogenverkauf von Ms Barrick beschäftigt war und uns die Angelegenheit mit dem Verkauf des Kindes überlassen wollte. Dann meinte ich zu Lieutenant Kempe, dass ich mehr Informationen bräuchte. Ich fragte ihn, ob ich selbst mit dem Informanten sprechen könne.«

»Was hat Lieutenant Kempe geantwortet?«

»Er zögerte und erklärte mir, dass das Büro des Sheriffs die Identität seiner Informanten schützen müsse, was ich natürlich verstand. Er schlug vor, dass er meine Fragen dem Informanten übermitteln und mir die Antworten zuschicken würde. Ich erwiderte ihm, dass ich aufgrund der Sachlage unbedingt persönlich mit dem Informanten sprechen müsse. Wir diskutierten das Thema hin und her, bis wir uns schließlich darauf einigten, dass Lieutenant Kempe den Informanten in sein Büro bringen, von wo aus mich dieser Informant dann anrufen würde.«

Mr Honeywell sprang nach diesem Satz derart energisch von seinem Platz auf, dass es mich überraschte. Und zum ersten Mal, seitdem er in mein Leben getreten war, trat er so auf, als würde er eine unschuldige Frau verteidigen.

»Einspruch, Euer Ehren. Ms Fell scheint gleich Ms Dement zu bitten, die Einzelheiten des Gesprächs zu schildern, das der Informant angeblich mit Ms Barrick geführt haben soll. Ms Barrick ist zwar die Gegenpartei, so dass ihre Äußerungen nicht unter die Regel des Ausschlusses von Beweisen des Hörensagens fallen, doch worum Ms Fell hier gerade bittet, ist eindeutig das Akzeptieren des Hörensagens vom Hörensagen. Wenn das Sozialamt wünscht, dass das Gericht den Inhalt des Gesprächs zwischen diesem Informanten und Ms Barrick berücksichtigt, sollten wir diesen Informanten vorladen und ihn unter Eid aussagen lassen. Das ist meines Erachtens die einzige Möglichkeit für das Gericht, zuzulassen, dass Ms Dement dieses Gespräch als Beweis vorlegt.«

Ich wusste nicht, was in ihn gefahren war. Doch als er seine Rede beendet hatte, wäre ich am liebsten aufgestanden und hätte ihm applaudiert; oder ihm vielleicht einen Kuss auf seine runde, faltige Wange gegeben.

Endlich setzte sich jemand für mich ein – jemand, der tatsächlich von Bedeutung war.

Und Richter Stone schien über den Einwand meines Anwalts nachzudenken, was noch besser war.

»Ms Fell, was haben Sie dazu zu sagen?«, fragte er.

Die Anwältin der klagenden Partei drückte den Rücken durch und machte sich noch größer. »Euer Ehren, ich würde liebend gern diesen Informanten vorladen und ihn aussagen lassen. Aber das ist unter den gegebenen Umständen einfach nicht möglich. Die Kenntnisse dieses Informanten zu diesem Fall können allerdings meiner Meinung nach nicht außer Acht gelassen werden. Und es gibt keine andere Möglichkeit, sie zu Protokoll zu geben.

Ich bitte Sie, Euer Ehren, nicht zu vergessen, dass die Gerichte schon seit langem die Rolle von Informanten in der Durchsetzung unserer Gesetze anerkannt haben, insbesondere unserer Betäubungsmittelgesetze. Wir vertrauen darauf, dass die Polizisten die Zuverlässigkeit ihrer Informanten richtig einschätzen können. Und es erscheint zumutbar, dass auch dieses Gericht dieses Vertrauen in Lieutenant Kempe setzen kann. Dieser Informant ist keine Person, die Lieutenant Kempe von der Straße aufgelesen hat. Es ist jemand, mit dem er schon bei anderen Fällen zusammengearbeitet hat und den er für zuverlässig hält.«

Der Richter wandte sich wieder zu uns. »Mr Honeywell?«

»Euer Ehren, die Gerichte haben die Wichtigkeit von Informanten in *Strafangelegenheiten* anerkannt. Doch hier handelt es sich nicht um eine Straf-, sondern um eine Zivilsache. Und es ist immer noch Hörensagen vom Hörensagen, egal vor welchem Gericht. Ich möchte Sie bitten, Ms Dements gesamte Aussage nicht zu berücksichtigen. Wir sprechen hier von den Grundsätzen eines ordentlichen Verfahrens.«

Richter Stone presste die Finger gegeneinander, eine Geste, die ihn in der Tat sehr richterlich aussehen ließ. Im Gerichtssaal wurde es still.

Ich hatte die rechtlichen Feinheiten nicht verstanden, um die es in diesem gerade stattgefundenen verbalen Schlagabtausch gegangen war. Und ich kannte auch nicht die gesetzlichen Regeln zum Hörensagen, sie waren mir in meinen Literaturvorlesungen nicht beigebracht worden. Doch ich begriff die Tragweite dessen, was der Richter gleich sagen würde.

Damit würde er eine grundsätzliche Entscheidung darüber treffen, ob ich meinen Sohn während der Dauer dieses Prozesses sehen dürfte oder nicht. Sollte Nancy Dements Aussage nicht berücksichtigt werden – und damit auch nicht die absurde, erfundene Geschichte dieses Informanten –, würde das Sozialamt keine Grundlage haben, mir beaufsichtigte Besuche zu verweigern.

Ich stellte mir kurz vor, wie ich Alex wieder in den Armen hielt; wie sein kleiner, weicher Kopf sich an meine Wange schmiegte und ich seinen warmen, runden Körper an mich presste. Ich spürte den Verlust dieser Berührungen wie einen Phantomschmerz.

Richter Stone verschränkte die Arme und blickte in den hinteren Teil des Gerichtssaals. Schließlich sah er Mr Honeywell an und sagte einen Satz, der mir das Herz brach.

»Tut mir leid, Mr Honeywell, aber ich muss Ihren Einspruch ablehnen«, erklärte er. »Wäre das hier ein Geschworenengericht, würde ich Ihnen recht geben. Aber wie Sie wissen, spricht das Gesetz einem Richter die Fähigkeit zu, einen Beweis wie diesen in einer differenzierteren Weise einzuschätzen und ihm die angemessene Bedeutung zuzuschreiben. Ich bin derjenige, der am Ende des Tages über das Wohl dieses Kindes entscheiden muss. Und dazu brauche ich alle Beweise, die mir zur Verfügung stehen. Ich kann Ihnen versichern, dass ich den Gesichtspunkt des Hörensagens berücksichtigen werde. Mit diesem Vorbehalt werde ich die Aussage zulassen.«

Mr Honeywell setzte sich wieder hin. Er sah mich nicht an. Vielleicht begriff er nicht, wie sehr ich am Boden zerstört war.

Oder vielleicht wusste er es ganz genau.

Fell knüpfte dort an, wo sie aufgehört hatte. »Ms Dement, Sie haben also das Angebot von Lieutenant Kempe angenommen und mit dem Informanten gesprochen?«

»Ja.«

»Wann fand dieses Telefonat statt?«

»Noch am selben Tag, ein paar Stunden später. Der Informant rief an und bestätigte mir, dass Ms Barrick ihn gefragt habe, ob er jemanden kennen würde, der vielleicht daran interessiert sei, ein

Kind zu kaufen. Der Informant war sich darüber im Klaren, dass er weiterhin seine Fassade aufrechterhalten musste. Also antwortete er ihr, dass er sich umhören würde. Ms Barrick erklärte ihm, dass sie mindestens fünftausend Dollar haben wolle.«

Als Dement den Betrag nannte, schoss der Blick des Richters zu mir herüber. Er kniff die Augen zusammen, und da wusste ich, dass ich all sein richterliches, doppelzüngiges Gerede über die Einschätzung gewisser Beweise vergessen konnte.

Nancy Dement kam zum Ende ihrer Aussage. Es war klar, dass der Richter sein Urteil in der Sache Melanie Anne Barrick bereits gefällt hatte. Meine eigene Aussage – bei der Mr Honeywell versuchte, meine angeschlagene Glaubwürdigkeit wiederherzustellen – brachte da nicht mehr viel.

Als Richter Stone die verschiedenen Bekanntmachungen und Entscheidungen herunterrasselte, spie er seine Worte förmlich aus. Er gab dem Antrag auf vorläufige Inobhutnahme statt und bestätigte die dringliche Inobhutnahme, die er in der vorherigen Woche erteilt hatte. Er erklärte mir, dass ich mir eine Arbeit suchen müsse und nicht ins Gefängnis kommen dürfe, wenn ich auch nur die geringste Hoffnung haben wolle, ihn davon zu überzeugen, dass ich Alex ein passendes Zuhause bieten könne.

Seine Ausführungen endeten damit, dass er mir ein Kontaktverbot erteilte. Demnach war es mir untersagt, meinem Sohn wissentlich näher als bis auf fünfhundert Meter zu kommen, mit der Pflegefamilie in Verbindung zu treten, in deren Obhut er sich befand, und Versuche zu unternehmen, ihn zu finden.

Mir fiel die Kinnlade herunter, und ich bin mir ziemlich sicher, dass sie die ganze Zeit unten blieb. Natürlich konnte ich mir sagen, dass ich reingelegt worden war, dass diese ganze Sache das Werk unsichtbarer Hände war, die die Hebel der Justiz meisterlich für ihren Zweck manipuliert hatten, und dass nichts davon die objektive Realität wiedergab.

Doch Tatsache blieb nun einmal, dass gerade Recht gesprochen worden war – äußerst real und äußerst vollziehbar.

Und dieses Recht besagte, dass ich jene Art von Mutter war, deren Kind vor ihr geschützt werden musste.

30. KAPITEL

Ich verließ den Gerichtssaal derart niedergeschlagen und benommen, dass ich mir wie ein verprügelter Hund vorkam.

Da ich diesen entsetzlichen Gerichtssaal mit seiner abge-
standenen Luft und den absurden Anschuldigungen unbedingt
hinter mir lassen musste, eilte ich hinaus auf die Straße und lief
zu meinem Auto.

Ich glaubte kurz, meinen Namen zu hören. Doch das war un-
sinnig. Hier gab es niemanden, der mich suchte.

Dann hörte ich wieder meinen Namen. »Ms Barrick, Ms Barrick!«

Ich drehte mich um und sah Mr Honeywell. Er war mir aus
dem Gerichtssaal gefolgt.

»Warten Sie!«, rief er.

»Ich … Ich möchte nicht reden«, sagte ich in seine Richtung
und ging wieder schneller.

»Sie haben Ihre Handtasche liegen gelassen«, rief er erneut.

Er wedelte damit und hinkte so schnell, wie er konnte.

»Moment!«, sagte er. »Ich bin ein alter Mann. Die Zeiten,
in denen ich jungen Frauen hinterhergelaufen bin, sind schon
lange vorbei.«

Ich ging ihm entgegen und kam mir ungehobelt vor, weil er
mir hinterherjagen musste.

Er gab mir meine Handtasche. »Danke«, sagte ich. »Das weiß
ich wirklich zu schätzen.«

Dann drehte ich mich wieder um. Ich wollte zu meinem
Wagen gehen, doch Mr Honeywell hatte mir noch etwas zu
sagen.

»Warten Sie! Nur eine Sekunde«, sagte er außer Atem. »Ich möchte kurz mit Ihnen sprechen.«

»Was gibt es denn jetzt noch zu besprechen?«, sagte ich gereizt und deutete zum Gericht. »Dieser Richter hasst mich und wird mir meinen Sohn bestimmt nie zurückgeben.«

»Aber nicht doch! Richter Stone ist nur … Na ja, Sie haben heute zum ersten Mal vor ihm gestanden. Da will er Ihnen deutlich machen, worum es geht. Einige Frauen lassen in diesen Verhandlungen nämlich schon mal den nötigen Ernst vermissen. Aus dem Grund ist er anfangs immer etwas ruppig.«

»*Etwas* ruppig?«, entgegnete ich.

»Ms Barrick«, sagte er und keuchte noch immer leicht.

Dann überraschte er mich. »Würden Sie sich mit mir dort hinsetzen?«

Er zeigte auf eine Bank unter einem Baum vor dem Gerichtsgebäude.

»Äh, sicher«, sagte ich.

Beinahe hätte ich nach seinem Arm gegriffen, um ihn beim Gehen zu stützen. Und ich hätte es auch getan, wenn ich nicht befürchtet hätte, ihn damit zu kränken.

»Ach ja. Das ist besser«, seufzte er erleichtert, als er sich gesetzt hatte.

Er klopfte auf die Bank. Ich nahm ebenfalls Platz. Dann griff er nach einem Taschentuch und tupfte sich das Gesicht damit ab.

»Hören Sie, ich möchte ehrlich zu Ihnen sein: Da drinnen ging es ziemlich hoch her«, sagte er. »Ich bin mir nicht sicher, ob ich je eine Fünf-Tage-Verhandlung erlebt habe, die so … Dazu fällt mir nur das Wort ›kämpferisch‹ ein. Sollten Sie sich benommen fühlen, wundert mich das nicht. Mir geht es genauso.«

»Danke«, sagte ich. Und ich meinte es auch so.

»Tut mir leid, dass der Richter trotz meines Einspruchs diese unsinnige Behauptung des Informanten als Beweis zugelassen hat«, sagte er und schüttelte den Kopf, während er das Taschentuch zurück in seine Hosentasche steckte.

»Ich bin Ihnen trotzdem sehr dankbar, dass Sie es versucht haben«, sagte ich. »Wer *ist* überhaupt dieser Informant? Können wir das herausfinden?«

»Möglicherweise«, antwortete er.

»Und wie?«

»Tja, darüber habe ich schon nachgedacht. Und Ihrem Anwalt sind da ein paar Ideen gekommen, die vielleicht funktionieren könnten. Der Durchsuchungsbefehl kann eingesehen werden, das ist nicht das Problem. Das Problem ist, dass der Informant in diesem Durchsuchungsbefehl nicht namentlich erwähnt wird, sondern nur als Nummer auftaucht. Die einzige Möglichkeit, ihn zu enttarnen, ist es, den Durchsuchungsbefehl anzufechten.«

»Können Sie ihn denn anfechten?«

»Ja, sicher. Das würde im Zusammenhang mit Ihrer Strafsache geschehen. Also drüben im Bezirksgericht. Ich kann einen Antrag auf Ausschluss des Durchsuchungsbefehls als zulässiges Beweismittel stellen und es damit begründen, dass der Informant das Büro des Sheriffs belogen hat. Der Richter wird die Polizei auffordern, ihren Informanten preiszugeben. Dann findet die Anhörung zum Antrag statt. Je nachdem, wie sie verläuft, kann das Ihr ganzer Fall sein.«

»Wie meinen Sie das?«

»Sobald ich diesen Kerl in den Zeugenstand rufe, hoffe ich, dass ich ihn bei einer Lüge erwische. Vielleicht auch bei mehr als nur einer Lüge. Wenn der Richter erkennt, dass der Informant nicht hundertprozentig ehrlich ist, wird ihm nichts anderes übrigbleiben, als den Durchsuchungsbefehl in den Papierkorb zu werfen. Wenn die Staatsanwaltschaft den Durchsuchungsbefehl verliert, sind sämtliche Beweise, die im Zuge der Durchsuchung gefunden wurden, nicht zulässig.«

»Nicht zulässig, also …«

»Futsch«, sagte er. »Und ohne Beweise, haben sie keinen Fall. Die Staatsanwältin müsste die Anklage fallenlassen.«

Ich holte tief Luft. Es war verführerisch, Mr Honeywell zuzuhören und durch seine einfache, schnörkellose und scheinbar denkbare Strategie wieder Hoffnung zu schöpfen.

Aber hatte ich nicht schon erfahren, wie gefährlich dieses Gefühl sein konnte?

Ich blickte in den Baum. Er war voller Knospen, die bald aufbrechen würden. Sie waren so schwer, dass die Zweige sich bogen. Dieser Baum war eines dieser Zeichen des Frühlings. Eines dieser Zeichen der Wiedergeburt. Und er ließ mich an die Tulpen auf meiner Veranda denken.

Sie hatten mich auch einmal mit Optimismus erfüllt; und was war nur aus ihnen geworden.

»Glauben Sie wirklich, dass das funktioniert?«, fragte ich.

»Das werden wir erst wissen, wenn wir es versuchen.«

Wir. Das war es wieder, mein feines Ohr für Personalpronomen. Doch es gab mir Auftrieb, die erste Person Plural aus seinem Mund zu hören. Ich betrachtete ihn – meinen faltigen Streiter – und fragte mich, wodurch diese Verwandlung herbeigeführt worden war. Bis vor kurzem hatte er sich genauso skeptisch mir gegenüber verhalten wie alle anderen. Irgendein Umstand musste zweifellos seine Denkweise verändert haben.

»Mr Honeywell, vielen Dank … Also, ich weiß, das ist eine ziemlich neugierige Frage: Aber wieso setzen Sie sich so für mich ein?«

Die Frage schien ihn zu amüsieren. »Ms Barrick, ich weiß, dass mein äußeres Erscheinungsbild nicht gerade beeindruckend ist, aber ich bin Ihr Anwalt.«

»Nein … Das weiß ich, aber … Ich bin nicht naiv. Das Gericht zahlt Ihnen so gut wie nichts für Ihre Arbeit. Und Sie haben wahrscheinlich schon etliche Mandanten gehabt, die so wie ich behauptet haben, dass sie unschuldig sind. Und Sie … Sie können nicht allen glauben. Ich weiß, dass Sie mir wahrscheinlich anfangs auch nicht geglaubt haben. Doch im Gericht gerade, da haben Sie sich anders verhalten.«

Er gluckste leise. »Das ist … das ist schwer zu beantworten.«

»Versuchen Sie's!«

Wir saßen eine Weile schweigend da, während er sich eine Antwort zurechtlegte. Schließlich begann er zu sprechen, und seine Stimme klang etwas tiefer und trauriger.

»Ms Barrick, ich arbeite schon eine lange Zeit als Anwalt. Vielleicht bin ich nicht immer gut, und bestimmt habe ich damit keine Reichtümer verdient; doch ich mache diese Arbeit schon lange. Nach vierzig Jahren als Strafverteidiger weiß man, dass kein Mensch nur gut oder nur schlecht ist. Wir liegen alle irgendwo dazwischen, und manchmal hängt es nur davon ab …, was die Welt für uns bereithält, um auf der einen oder auf der anderen Seite des Gerichtssaals zu landen. Können Sie mir so weit folgen?«

»Sicher.«

»Ich mache mir in Bezug auf meine Mandanten nichts vor. Sie haben wahrscheinlich Schlimmes verbrochen, da haben Sie recht. Doch sind es keine schlechten Menschen, auch wenn manche Leute in unserem Rechtssystem sie gern dafür halten. Meine Aufgabe ist es, sie trotzdem zu vertreten. Ich muss dafür sorgen, dass das Gericht sie fair behandelt. Und vielleicht, wenn ich einen guten Tag habe, gelingt es mir sogar, das Gericht dazu zu bringen, sie so zu sehen, wie ich sie sehe – als diese Mischung aus gut und böse, die wir alle sind. Das ist wahrscheinlich das Beste, was ich für die meisten tun kann. Und ich kann nachts gut schlafen, da ich weiß, dass ich mir die größte Mühe gegeben habe.«

Er hielt kurz inne und seufzte schwer. »Doch ab und zu gibt es Mandanten …«

Jetzt blickte Mr Honeywell in den Baum. »Heute Morgen im Gericht, da war ich wirklich beeindruckt von ...«

Er rang mit den Worten, stotterte fast. »Lassen Sie es mich so ausdrücken, Sie erinnern mich an jemanden. Vielleicht habe ich heute Morgen erkannt, wer Sie wirklich sind, als ich Sie in diesem Kleid sah.«

»Was soll das heißen?«, fragte ich verwundert.

»Ich sehe Sie, Ms Barrick«, sagte er geheimnisvoll. »Ich sehe Sie.«

»Ich verstehe Sie nicht.«

»Und ich kann es Ihnen nicht erklären«, erwiderte er. »Es ist aber ohnehin egal.«

Dann erhob er sich langsam von der Bank. Er hatte Tränen in den Augen, stellte ich erstaunt fest. Er zog das Taschentuch noch einmal hervor und tupfte sich das Gesicht damit ab.

»Ich sehe Sie, Ms Barrick«, sagte er ein letztes Mal. »Und das erschreckt mich zu Tode, um ganz ehrlich zu sein.«

»Was meinen Sie damit?«, fragte ich erneut verwundert. »Mr Honeywell, warten Sie!«

Doch er hinkte bereits davon.

31. KAPITEL

Die Wagenkolonne bestand aus vier Fahrzeugen, drei Polizeiwagen mit dem senfgelb-braunen Emblem des Büros des Sheriffs von Augusta County und einem Zivilfahrzeug, auf dessen
hinterer Stoßstange lediglich ein Coexist-Aufkleber war. Sie
bewegten sich in Richtung des Hauses von Warren Plotz.

Die Autos bildeten ein eigenartiges Quartett, das aber passend
war. Dies war kein normales Ereignis für Amy Kaye, die Fahre-
rin des Zivilfahrzeuges. Sie erfuhr von Verhaftungen üblicherweise nur auf dem Papier.

Doch diese Festnahme wollte sie nicht verpassen. Drei Jahre
Arbeit steckten dahinter, davon eine riesige Anzahl von privaten
Stunden.

Die Beamten, die sich normalerweise wohl dagegen gesperrt
hätten, dass eine Staatsanwältin ihre Arbeit überwachte, protes-
tierten nicht, als Amy erklärte, dass sie dabei sein wolle.

Das war ihre Verhaftung. Auch wenn sie Plotz nicht die Handschellen anlegen würde, wussten doch alle, dass es ihr Verdienst
war.

Neben dem selbstzufriedenen Gefühl, das sie genoss, als sie in
das Viertel von Plotz einbog, war da auch noch sehr viel Rache,
die sie stellvertretend für die Opfer verspürte. Sie hatte sie fast
alle kennengelernt, mit manchen hatte sie mehr als nur einmal
gesprochen. Sie hatte den Schmerz in ihren Augen gesehen, als
sie ihr von dem grauenvollsten Ereignis berichteten, das ihnen je
im Leben widerfahren war.

Sie wollte diesen Frauen schildern können, wie ihr Peiniger
ausgesehen hatte, als er begriff, dass man ihn gefasst hatte; dass

er nie wieder als freier Mann leben würde; dass eines seiner Opfer ihn besiegt hatte.

Amy hoffte, dass er schreien oder weinen oder um Vergebung betteln würde. Nach den vielen Tränen, die diese Frauen wegen ihm vergossen hatten, wäre das nur die ausgleichende Gerechtigkeit.

Plotz' Haus befand sich in einem Neubaugebiet, in dem die Gärten noch spärlich bepflanzt und das Pflaster der Einfahrten noch nicht gerissen war. Der Anblick eines sich zügig nähernden Polizeikonvois war für die Bewohner eher ungewohnt. Die Beamten bogen in Plotz' Einfahrt ein und parkten einen Dodge Ram 2500 zu, aus dessen Anwesenheit zu schließen war, dass sein Besitzer sich zu Hause befand und ihre Ankunft vielleicht sogar von drinnen beobachtete.

Doch das war unwichtig. Die Polizisten wollten sich nicht heimlich heranschleichen. Sie wollten Macht demonstrieren.

Sie waren zu sechst, alle trugen schusssichere Westen. Laut den ihnen vorliegenden Unterlagen durfte Plotz eine verdeckte Waffe tragen. Sie wollten kein Risiko eingehen.

Zwei Beamte marschierten zur Rückseite des Hauses, sollte Plotz versuchen zu flüchten. Die anderen vier gingen die Treppe hinauf zum Eingang. Amy folgte ihnen. Sie hatte das Gefühl, die emotionale Autorität der Opfer zu tragen.

Die Beamten hielten sich nicht damit auf, zu klopfen. Plotz hatte diese Höflichkeit seinen Opfern auch nie entgegengebracht. Sie rissen die Haustür mit einem kleinen Rammbock nieder.

Ein Sergeant ging zuerst hinein. »Hier ist die Polizei! Warren Plotz, wir haben einen Haftbefehl gegen Sie «, rief er. »Widerstand ist zwecklos. Das Haus ist umstellt.«

Dann drängten die anderen Beamten mit erhobener Dienstwaffe herein. Sie schwärmten aus und durchkämmten systematisch die Zimmer im Erdgeschoss.

Plotz war nicht da. Die Beamten trafen vor der mit Teppich ausgelegten Treppe wieder zusammen und gingen zügig nach oben. Der Sergeant führte die Männer erneut an.

Vor dem Schlafzimmer blieb er stehen und wechselte kurz einen Bick mit seinen Untergebenen, um sich zu vergewissern, dass alle bereit waren. Möglicherweise hatte Plotz sich in seinem Schlafzimmer verschanzt, um letzten Widerstand zu leisten.

Die vier Beamten hatten ihre Gewehre aus dem Halfter gezogen. Sie würden davon Gebrauch machen, sollte Plotz sich ihnen entgegensetzen. Aber wollte er tatsächlich so sterben? Wollte er sich etwa durch den tödlichen Schuss auf einen Polizisten selbst umbringen?

Amy stand auf der Treppe und trat zwei Stufen zurück. Sie spähte aber noch immer um die Ecke. »*Eins ... zwei*«, formte der Sergeant mit den Lippen. Auf Drei öffnete er die Tür.

In dem Raum war es stockfinster, was für einen sonnigen Nachmittag im März völlig unnatürlich war. Es war 15.00 Uhr. Durch das spärliche Licht, das vom Flur in das Zimmer drang, erkannte Amy, dass das Rollo vollständig heruntergezogen war und keinen Sonnenstrahl hereinließ. Die Beamten schienen in der Dunkelheit verschwunden zu sein.

»Keine Bewegung, Warren Plotz! Sie sind verhaftet!«, erklang es eine Sekunde später.

Es war die Stimme des Sergeants. Einer der Beamten schaltete das Licht ein.

Amy sah jetzt, dass ein weiterer Polizist seine Waffe auf Plotz richtete. Dieser saß aufrecht in einem Doppelbett, das in der Mitte des Zimmers stand und blickte entsprechend erstaunt, da er von vier bewaffneten Männern geweckt worden war. Sein Oberkörper war nackt. Die untere Hälfte seines Körpers steckte noch immer unter einem Gewirr aus Laken.

»Verfluchte ...?«, begann Plotz und beendete den Satz mit einem äußerst unfeinen Substantiv.

Als Amy das Zimmer betrat, griff Plotz nach seinen Ohren und zog zwei Ohropax heraus. Ohrstöpsel. Er hatte mit Ohrstöpseln geschlafen. Deshalb hatte er nicht gehört, wie sie die Tür aufgebrochen beziehungsweise hereingestürmt waren. Er schlief den größten Teil des Tages, weil seine nächtlichen Aktivitäten ihn so auslaugten.

Da sah er Amy und zuckte leicht zusammen.

»Oh, verfluchte …?«, sagte er erneut und beendete den Satz mit dem gleichen Schimpfwort. »Hat mir das Melanie Barrick eingebrockt, diese Schlampe? Was hat diese Schlampe sonst noch über mich gesagt? Was immer es gewesen ist, es ist eine Lüge. Sie ist ein verlogenes Miststück.«

»Mr Plotz, drehen Sie sich um und legen Sie sich auf den Bauch«, befahl ihm der Sergeant.

Doch Plotz kam der Aufforderung nicht nach. Er deutete auf Amy, sein verschlafenes Gesicht war wutentbrannt.

»Melanie Barrick ist ein verlogenes Miststück. Ja, das ist sie. Wir haben schon lange Zoff miteinander. Ich habe sie letzte Woche gefeuert, weil sie Abschaum ist. Weil sie eine ekelhafte Drogendealerin ist. Sie ist nichts weiter als eine ehemalige Mitarbeiterin, die sauer auf mich ist. Sie erzählt nur Lügen über mich. Wenn Sie mich verhaften, werde ich Sie allesamt vors Gericht zerren und auf Schadenersatz verklagen.«

»Halten Sie die Klappe, Plotz!«, unterbrach ihn der Sergeant. »Drehen Sie sich um und legen Sie sich auf den Bauch! *Sofort*, oder wir machen es auf die harte Tour!«

Plotz stieß noch mehrere Flüche gegen Melanie Barrick aus, ehe er der Aufforderung nachkam. Der Sergeant griff nach seinen Handgelenken und legte ihm Handschellen an.

»Na bitte, geht doch!«, sagte der Sergeant. »Bringen wir das Arschloch von hier weg!«

Schon beim ersten Mal hatte es ewig gedauert, bis die Ergebnisse der Fingerabdrücke vorgelegen hatten. Jetzt erschien die Wartezeit endlos.

Doch dieses Mal war nicht die Technik daran schuld, sondern es lagen menschliche Gründe vor. Plotz hatte dem Haftrichter vorgeführt und anschließend erkennungsdienstlich behandelt werden müssen. Und die Bürokratie ließ sich nun mal nicht hetzen.

Außerdem musste Plotz ein Anruf gewährt werden. Seine Frau, sein Vater und sein Anwalt waren mittlerweile im Büro des Sheriffs eingetroffen. Ihre gespannte Energie durchdrang den Empfangsbereich.

Vielleicht war ihnen schon klar, warum Plotz verhaftet worden war. Womöglich ahnten sie es, insbesondere die Ehefrau. Ihr Mann war ein geduldiger Jäger gewesen, der seine Opfer sorgfältig ausspioniert hatte, ehe er zuschlug. Die Frauen, die er überfallen hatte, waren nicht zufällig allein gewesen. Sie musste sich doch zumindest gefragt haben, wohin er jede Nacht verschwand?

Trotzdem hatte Amy Mitleid mit den Angehörigen, denn sie würden ebenfalls zu Warren Plotz' Opfern gehören. Ihre verwandtschaftliche Beziehung zu dem schlimmsten Serienvergewaltiger des Shenandoah Valley würde ihr Leben unweigerlich verändern. Sie würden traurige Berühmtheit erlangen als die Ehefrau und der Vater von …

Amy entfernte sich aus dem Empfangsbereich und vermied es, Justin Herzog zu bedrängen, um die Ergebnisse aus ihm herauszuquetschen. Sie würde schon alles erfahren, sobald die Zeit gekommen war.

Amy hoffte, bis zum Abend ein Geständnis zu haben. Sie fragte sich, ob er mit der Tat gegen Lilly Pritchett beginnen und die restlichen Vergewaltigungen zugeben würde, wenn sie ihn damit konfrontierte, dass die DNA übereinstimmte, oder ob er sofort alles zugeben würde.

Eines war sicher: Sie würde die Opfer noch an diesem Abend

benachrichtigen. Zuerst Lilly und dann Daphne Hasper. Anschließend vielleicht Melanie Barrick. Vielleicht würde dieses Gespräch nicht so lange dauern. Doch Barrick verdiente die gleiche Behandlung wie die restlichen Frauen, egal ob Drogenklage oder nicht.

Amy hoffte nur, dass sie alle Opfer erreichte. Denn sie würde Aaron Dansby nicht lange davon abhalten können, diese Neuigkeit den Medien zu »leaken«. Und sie wollte unbedingt, dass die Frauen die Nachricht durch sie erfuhren und nicht durch die Zeitung.

Darüber dachte Amy nach, als Herzog sie endlich anrief. Der kickboxende Meister über die Fingerabdruckdatenbank war für sie bereit.

Ihre Waden hatten die Energie eines Turboladers, als sie den Gang entlangjagte zu diesem widerlich riechenden Raum. Ihre Nerven waren zum Zerreißen gespannt.

»Hallo«, begrüßte sie Herzog, als sie eintrat.

Er blickte vom Bildschirm auf. Sie stellte sich hinter ihn. Die beiden Fingerabdrücke waren nebeneinander auf dem Bildschirm angeordnet.

»Okay«, sagte er und zeigte auf den rechten Abdruck. »Das ist der Teilabdruck von Person B.« Dann wanderte sein Finger nach links. »Und das ist der Abdruck des Kerls, den du gerade ins Revier gebracht hast.«

Amy kniff die Augen leicht zusammen, als sie die Bilder betrachtete. Da war etwa anders, doch sie konnte es nicht genau eingrenzen. Obwohl sie als Staatsanwältin schon viele Fingerabdrücke miteinander abgeglichen hatte, war sie noch nicht in der Lage, sie so schnell zu deuten.

Anders als Herzog.

Er hatte sie bereits gedeutet.

»Das sind zwei unterschiedliche Personen«, sagte er. »Tut mir leid.«

Amy spürte förmlich, wie ihr das Blut aus dem Gesicht wich. Sie brauchte einen Augenblick, um überhaupt die Sprache wiederzufinden.

»Bist du ... bist du dir sicher, dass du sie nicht ... na ja, vielleicht vertauscht hast, oder ...«

»Tut mir leid«, sagte er noch einmal.

Sie starrte noch eindringlicher auf die Abdrücke. Und ja, tatsächlich, Person B besaß unverkennbar einen Kringel, der Warren Plotz fehlte.

Die beiden Abdrücke stimmten nicht überein.

Warren Plotz war nicht der flüsternde Vergewaltiger. Amy musste sich zwei schmerzhafte Wahrheiten eingestehen.

Erstens: Sie hatten den falschen Mann verhaftet.

Und zweitens: Sie stand genau da, wo sie schon einmal vor zwei Wochen gestanden hatte.

Vor dem Nichts.

32. KAPITEL

Der Junge wollte so gehalten werden, dass er die Welt betrachten konnte.

Das war der ganze Trick. Mehr steckte nicht dahinter. Das war, Herrgott noch mal, *alles*.

Drückte man den kleinen Kerl zum Schmusen an sich, führte er sich auf, als würde man ihn gegen heiße Kohlen schubsen. Er krümmte und wand sich unentwegt und jammerte, bis sein Gesicht dunkelrot anlief.

Drehte man ihn aber um, schien ein Schalter umgelegt zu werden, und er wurde augenblicklich ruhig.

Ein glückliches Kind.

Eine glückliche Pflegemutter.

Und ja, es dauerte fünf – verdammt lange – Tage, in denen sie ernsthaft in Erwägung zog, sich umzubringen oder sich einen spitzen Schraubenzieher in die Ohrtrommeln zu stopfen. Ihr fielen noch zahlreiche Alternativen ein. Sie hielt allesamt für weitaus schmerzfreier, als dem Geschrei dieses Kindes weiter zuzuhören.

Doch jetzt? Jetzt war er das zufriedenste Kind der Welt. Sicher, er hatte seine Bedürfnisse. Dann schrie er. Und wenn er müde war, quengelte er.

Doch meistens musste sie ihn nur füttern, die Windeln wechseln und ihm einen netten Ausblick liefern, bis er sein nächstes Schläfchen hielt.

»Du willst dich einfach nur umschauen. Das ist alles«, sagte sie zu ihm. »Ich wette, dass du mal viel unterwegs sein wirst, wenn du größer wirst.«

Sie machte Spaziergänge mit ihm durch die Umgebung, denn sie stellte fest, dass er noch glücklicher war, wenn er sich umsehen konnte und dabei noch *draußen* war.

Einmal fragte eine Nachbarin, ob sie ihn halten dürfte. Und natürlich begann er sofort zu brüllen, als sie ihn umdrehte und an sich drückte – so wie die Menschen nun mal Kinder hielten. Es war schon fast komisch. Zumindest jetzt, da sie das Geheimnis kannte.

»Oh«, erklärte sie. »Er mag lieber andersherum gehalten werden.«

Nach dieser einfachen Erkenntnis war die Ordnung wiederhergestellt. Sie konnte Hausarbeiten erledigen – solange sie diese mit einer Hand verrichtete und den Jungen so hielt, dass er alles mitbekam.

Sie konnte sogar staubsaugen. Das Gerät schien ihn zu faszinieren.

Und so kehrte der Mann eines Abends in einen verhältnismäßig ruhigen, verhältnismäßig sauberen und verhältnismäßig krisenfesten Haushalt zurück.

Er fand seine Frau tanzend im Zimmer vor. Sie hatte sich das BabyBjörn umgeschnallt. Der Junge ruhte mit dem Rücken gegen ihren Körper, so dass er die Umgebung wahrnehmen konnte, während sie sich langsam drehte.

»Ihr beiden scheint euch ja großartig zu verstehen«, sagte er und lächelte warmherzig.

Sie hielt in der kreisenden Bewegung inne. »Ich habe nachgedacht. Sollten wir nicht seinen Namen ändern?«

»Und wie soll er heißen?«

»Ich weiß nicht. Vielleicht … Also, ich finde, dass er so heißen sollte wie sein Daddy, oder?«

Der Mann lächelte noch breiter.

»Lass uns den Antrag morgen stellen«, sagte sie. »Ich habe ein paar Standardformulare aus dem Internet heruntergeladen, als der Kleine heute Nachmittag sein Schläfchen hielt. Wir können zum Gericht fahren und die Unterlagen abgeben.«

»Wir sollten nichts überhasten!«, sagte der Mann. »Zuerst muss die Adoption bewilligt werden.«

»Ich weiß, aber … du hast doch gesagt, dass es nur eine Frage der Zeit ist.«

»Ist es. Ist es.«

»Das sagst du schon seit Wochen. Aber was ist, wenn … was ist, wenn Melanie die Rechte nicht abgesprochen werden?«

Melanie. So nannte man die Mutter des Kindes in diesem Haushalt. Als würde man sich kennen. Als wäre man miteinander befreundet.

»Ich kann …«, fuhr die Frau fort, doch dann stockte ihre Stimme. »Ich kann den Gedanken einfach nicht ertragen, ihn zu verlieren.«

Sie schlang die Arme um den Jungen und küsste ihn beschützend auf den Kopf.

»Das wird nicht geschehen«, entgegnete der Mann entschieden. »Wie schon gesagt: Ich bin an der Sache dran.«

33. KAPITEL

Ich begann am Mittwochmorgen sofort mit der Stellensuche, um der Aufforderung von Richter Stone nachzukommen.

Angesichts meiner persönlichen Umstände setzte ich meine Erwartungen niedrig an und bemühte mich deshalb erst gar nicht um einen Bürojob. Die Menschen, die in diesem Bereich einstellten, lasen normalerweise Zeitung und recherchierten im Internet.

Ich fuhr zuerst bei Starbucks vorbei. Wäre Marcus dort noch Geschäftsführer gewesen, hätte ich ihn lediglich bitten müssen, meinen Namen wieder im Dienstplan aufzunehmen. Doch wie sich herausstellte, arbeitete seit seinem Weggang schon der dritte Geschäftsführer in der Filiale von Staunton, so dass sich niemand mehr an ihn erinnerte. Ich betrat das Café und blickte zur Theke. Keine der Bedienungen war mir bekannt.

Der neue Geschäftsführer erklärte mir kurzangebunden, dass sie im Moment nicht einstellten. Er schrieb sich meine Telefonnummer auf, für den Fall, dass sich an der Situation etwas ändern würde. Doch wir wussten beide, dass der Zettel abhandenkommen würde, sobald ich zur Tür hinausgegangen war.

Danach folgte eine lange und frustrierende Rundfahrt durch Staunton. Die Restaurantleiterin der örtlichen Chili's-Filiale durchbohrte mich förmlich mit ihrem Blick. Sie kannte wohl mein Gesicht aus der Zeitung. Die Niederlassung von Firehouse Subs suchte Verstärkung in ihrer Führungsmannschaft, benötigte aber eine Überprüfung des Bewerbers.

Weder Walmart noch Staples stellten ein und auch keiner der Läden in der vom Pech verfolgten Staunton Mall. Lowe's wollte

272

wissen, ob ich Erfahrungen im Heimwerken hätte. Ich führte mein selbstgestrichenes Wohnzimmer an, doch schien das als Eignung nicht zu genügen. Meine Arbeitssuche verlief auch bei den restlichen Großmärkten glücklos, die ich abklapperte.

Martini's, einer der örtlichen Lebensmittelläden, suchte einen Warenmanager. Meine Ansprechpartnerin schien interessiert zu sein, als ich ihr meine Erfahrungen schilderte, die ich am anderen Ende der Lieferkette gesammelt hatte, und sie mit meinem detaillierten Wissen über Haltbarkeitszeiträume beeindruckte. Dann fragte sie, ob sie Diamond Trucking anrufen könnte, um eine Auskunft über mich einzuholen.

Im gleichen Stil ging es weiter. Ich füllte in mindestens zehn verschiedenen Läden einen Bewerbungsbogen aus, erhielt aber nur vage Aussagen, ob oder wann man sich wieder bei mir melden würde.

Dann fuhr ich zu Mattress Marketplace. Es war meine vorletzte Anlaufstelle. Vielleicht besetzten sie gerade Bens Stelle neu. Auf dem Weg dorthin versuchte ich dieses starke Gefühl des Verlusts abzuwehren, das mich bei dem Gedanken erfasste, dies könnte ein Zeichen dafür sein, dass das Universum doch einen Sinn für Gerechtigkeit besaß: Ben hatte sich zwar am Tiefpunkt meines Lebens aus dem Staub gemacht, was mich verdammt verletzte, doch zumindest würde er mir seinen Job hinterlassen.

Der Geschäftsführer lächelte mich erst freundlich an und sagte dann, dass es ihm leidtäte, doch sie hätten bereits einen Ersatz gefunden.

Der Tag war mittlerweile schon ziemlich weit vorangeschritten, und die Verzweiflung stand mir wohl ins Gesicht geschrieben. Er versuchte auf jeden Fall, mich zu trösten, und wies darauf hin, dass das Waffle House einstellen würde, soweit er wüsste.

Ich betrat den Laden gegen vier Uhr nachmittags, lange nach dem mittäglichen Hochbetrieb und vor der abendlichen Stoßzeit. Die Frau hinter der Theke dirigierte mich nach hinten. In

einem trostlosen, fettverschmierten Büro der Größe einer Ab-
stellkammer saß eine gestresst wirkende Restaurantleiterin. Ihr
Blick war der eines Menschen, der scheinbar schon vor langer
Zeit mit so ziemlich allem abgeschlossen hatte und den es selbst
erstaunen würde, noch hier zu sein – wobei mit »hier« der Pla-
net gemeint war, nicht nur das Restaurant.

Zuerst fragte sie mich, ob ich über Erfahrungen im Service-
bereich verfügte. Ich erzählte ihr von den zwei Jahren bei Starbucks. Dann wollte sie wissen, ob es für mich in Ordnung wäre,
wenn ich in keiner regelmäßigen Schicht arbeitete – es würde
immer mal zu Engpässen im Dienstplan kommen. Ich antwortete, dass ich damit kein Problem hätte. Solange Alex noch in
staatlicher Obhut war, konnte ich arbeiten, wann immer sie mich
brauchte.

Der Stundenlohn betrug zwei Dollar und dreizehn Cent plus
Trinkgeld, das ich genau abrechnen musste. Sollte ich am Ende
des Gehaltszeitraums trotz Trinkgeld keinen Stundenlohn von
sieben Dollar und fünfundzwanzig Cent erreichen (die traurige
Auffassung von Mindestlohn in Virginia), würde Waffle House
die Differenz ausgleichen.

Ich fragte die Restaurantleiterin, wie oft das vorkommen würde. »Das werden Sie herausfinden, wenn es so weit ist, Schätzchen«, lautete ihre Antwort. »Wollen Sie nun arbeiten oder
nicht?«

Richter Stone hatte gesagt, dass ich einen Job bräuchte. Ob
gut oder schlecht, darüber hatte er sich nicht ausgelassen.

34. KAPITEL

Amy Kaye hatte an diesem Donnerstagmorgen zweimal Kopfschmerzen.

Die ersten Kopfschmerzen waren auf Warren Plotz zurückzuführen.

Der Erbe des Firmenimperiums von Diamond Trucking war
kein verängstigtes Bürschchen, das einfach dankbar war, wieder auf freiem Fuß zu sein. Er war entrüstet. Und er schwang
die Keule der Entrüstung unbarmherzig, indem er die kleine
Fleischwunde, die man ihm in den wenigen Stunden zugefügt
hatte, in denen er fälschlicherweise eines Verbrechens bezichtigt
worden war, in eine klaffende seelische Blutung verwandelte.

Schließlich willigte er ein, sich mit einem Entschuldigungs-
schreiben des Staatsanwalts von Virginia besänftigen zu lassen.
Doch selbst dieses Vorhaben verwandelte sich in eine Welle der
Empörung, da der auf seine Wiederwahl bedachte Staatsanwalt
sich weigerte, etwas zu unterzeichnen, das möglicherweise den
Medien gegenüber »geleakt« werden könnte.

Am Schluss akzeptierte Plotz widerwillig einen von der stellvertretenden Staatsanwältin Amy Kaye unterzeichneten Brief,
begleitet von einer persönlichen Entschuldigung.

Inmitten dieses Hin und Her erhielt sie dann noch einen Anruf von Chap Burleson, dem Leiter des Labors in Roanoke. Seine Mitteilung war ein weiterer Schlag ins Gesicht.

Wie nicht anders zu erwarten war, stimmte die DNA-Probe der Getränkedose nicht mit der DNA überein, die aus den
anderen sexuellen Übergriffen stammte. Burleson war zwar höflich, doch schwang in seinen Worten ein Unterton mit, aus dem

herauszuhören war, dass sie ihm seine Zeit mit diesem Auftrag gestohlen hatte.

Amy regte sich unterdessen über ihren gravierendsten Fehler auf: Sie hatte sich in diesem Fall zu sehr von ihren Gefühlen leiten lassen. Dadurch war sie übereifrig geworden, was dazu geführt hatte, dass sie die Grundsätze und Verfahren missachtet hatte, die genau deshalb einmal aufgestellt worden waren. Denn der Tatendrang einer Person durfte keinen unzulässigen Einfluss auf ein Verfahren haben, das eigentlich sachlich sein sollte.

Als Amy dann am Mittwochabend das Büro verließ, fühlte sie sich wie ein Welpe, dessen Fehler ihm zu häufig unter die Nase gerieben worden waren. Sie traf schließlich eine Entscheidung, die sie schon die ganze Zeit hätte treffen sollen: Sie ging in das Restaurant ihres Mannes und betrank sich langsam, aber sicher mit Whisky. Anschließend ließ sie sich von ihm nach Hause bringen und ins Bett stecken.

Sie hatte ihr kleines Besäufnis für eine ausgezeichnete Idee gehalten –, bis sie am Donnerstagmorgen aufwachte.

Und zum ersten Mal Kopfschmerzen hatte.

Die zweiten Kopfschmerzen bekam sie, als sie darauf aufmerksam gemacht wurde, dass eine Rechtsbeschwerde im Namen von Demetrius »Mookie« Myers eingelegt worden war. Die Rechtsbeschwerde selbst war keine Überraschung – Myers hatte einen neuen Anwalt, der seit einem Monat für ihn arbeitete.

Amy hatte keine Schwierigkeiten erwartet. Vielleicht eine Klage auf Unfähigkeit des Rechtsbeistands oder eine Spitzfindigkeit in Bezug auf die Belehrung der Geschworenen, doch eigentlich würde sie in nichts davon verwickelt sein. Die meisten Rechtsbeschwerden im Strafrecht waren lediglich rechtliche Spaghetti, die gegen die Mauern des Berufungsgerichts in Richmond geworfen wurden, in der Hoffnung, dass sie daran kleben blieben.

Doch zu Amys Überraschung schien diese Beschwerde genügend Klebkraft zu besitzen. Eine der Zeugen gegen Myers war eine ältere Nachbarin gewesen. Sie hatte mutig ausgesagt, dass sie ihn wiederholt beim Verkauf von Kokain in einem schmalen Weg hinter ihrem Wohnblock beobachtet hätte. Die Dame hatte sich gemeldet, weil sie von den unerwünschten Personen genug hatte, die Myers' Geschäfte anzogen.

Der Zeugin, die sich vor Myers' verbliebenen Fußsoldaten fürchtete, war laut Antrag eine Summe von fünftausend Dollar aus einem Opfer- und Zeugenfonds gezahlt worden, um in eine andere Gemeinde zu ziehen. Das war ein sehr üblicher Vorgang, den das Büro des Sheriffs durchführte, und es gab rechtlich nichts daran zu beanstanden.

Bloß war diese kleine Tatsache nie im Prozess erwähnt worden. Myers' neuer Anwalt führte jetzt an – leider berechtigterweise –, dass die Geschworenen davon hätten in Kenntnis gesetzt werden müssen. Sein Einwand lautete, dass die Zahlung möglicherweise dazu beigetragen haben könnte, die Zeugin zu ihrer Aussage zu bewegen. Je nachdem, wie der Berufungsrichter diesen Schnitzer einschätzte, könnte dies zu einer neuen Verhandlung für Myers führen.

Wenn die Behauptung stimmte. Und es gab eine Möglichkeit, das schnell herauszufinden.

Amy zog ihr Handy heraus und hoffte, dass sie Glück haben und Sheriff Jason Powers einmal sofort an die Strippe bekommen würde.

»Hallo«, meldete er sich nach zweimaligem Klingeln.

»Hey, Jason, ich bin's, Amy Kaye.«

»Wie geht's?«

»Nicht gut. Ich sitze hier gerade über der Rechtsbeschwerde im Fall Mookie Myers.«

»Ja? Und?«

»Erinnerst du dich an diese nette alte Dame, die euch den Fall gemeldet hat?«

»Ja.«

»Habt ihr der Zeugin fünftausend Dollar Umzugshilfe gezahlt?«

»Äh, ja. Sie hat diese Nummer abgezogen, dass sie nur von der Rente lebt und erst aussagen würde, wenn wir sie dort herausholen würden. Warum?«

»Findest du nicht, dass du mir das besser hättest sagen sollen?«

»Haben wir das nicht gemacht?«

Amy stieß einen tiefen Seufzer aus und schüttelte ihren pochenden Kopf.

Zwei Stunden später trat Amy durch die Glastür des Büros des Sheriffs. Sie hatte mittlerweile mehrere Kopfschmerztabletten genommen und so viel Wasser getrunken, wie sie in sich hineinbekam.

Sie dachte bereits über ihre Beweise und deren nochmalige Darlegung nach. Lieutenant Kempe hatte die Ermittlungen geleitet. Er würde ihr das Leben bestimmt nicht schwermachen wegen einer erneuten Aussage, denn immerhin hatte er sich die Sache selbst zuzuschreiben.

Die alte Dame war eine weitere Zeugin. Kempe sollte sie kontaktieren, um sicherzustellen, dass sie nicht noch einmal umgezogen war.

Blieben noch die Drogen und die Waffen.

Die Waffen existierten noch. Man hatte sie beschlagnahmt, und sie sollten eingeschmolzen werden. Das war ein Vorgang, den das Büro des Sheriffs einmal im Jahr durchführte. Im Dezember.

Um die Drogen sollte das Büro des Sheriffs sich bereits gekümmert haben. Es lag in ihrem Aufgabenbereich, sie nach dem Prozess zu vernichten und dies dem Richter anschließend zu bestätigen. Allerdings konnte Amy die Bestätigung nicht in der Akte finden.

Was bedeutete, dass die Drogen noch immer in der Asservatenkammer sein mussten. Das hielt sie für einen kleinen Vorteil. Denn in großen Drogenfällen wie diesem legte sie den Geschworenen gern dieses Beweisstück vor, um das Verbrechen greifbarer zu machen. *Schauen Sie her, sehen Sie das?* So sieht die Gefahr aus. Das ist die Krankheit, die dieser Mann in unserer Gemeinde verbreitet.

Jetzt musste sie nur sicherstellen, dass die Vernichtung der Drogen nicht ausgerechnet für den heutigen Tag geplant war.

Amy hätte diese Angelegenheiten telefonisch erledigen können. Doch dem leitenden Ermittler zu erklären, dass er ein so wichtiges Detail vermasselt hatte, stellte eine ziemlich heikle Sache dar. Und da sie ihr gutes Verhältnis zu Lieutenant Kempe schätzte, wollte sie lieber persönlich mit ihm darüber sprechen.

Sie traf Lieutenant Skip Kempe in seinem kleinen Büro an, direkt neben dem Arbeitsbereich der Beamten. Er hatte sie schon immer an einen introvertierten Lehrer erinnert, und sie konnte ihn nicht richtig einschätzen. Vielleicht lag es an seinem bescheidenen Auftreten. Oder daran, dass sie ihn einmal beim Lesen eines Romans von Aldous Huxley ertappt hatte.

Als Amy sein Büro betrat, sackten seine Schultern sofort nach unten, und er ließ den Kopf hängen.

»Es tut mir leid«, sagte Kempe. »Schrecklich leid. Der Sheriff hat mich deswegen schon ordentlich zusammengestaucht, aber wenn Sie auch noch mal loslegen wollen, bitte sehr. Ich habe es völlig verdient.«

»Schon okay«, erwiderte Amy. »Wir haben eben nicht immer unseren besten Tag.«

»Nein, das ist *überhaupt nicht* okay. Als der Sheriff es gesagt hat, da … da konnte ich einfach nicht glauben, dass ich so was Grundlegendes verbockt habe.«

»Mach dich deswegen nicht zu sehr verrückt!«, entgegnete Amy. »Kann sein, dass der Richter uns vom Haken lässt und zu dem Schluss kommt, dass diese Auskunft nichts an dem Urteil geändert hätte. Außerdem, sollte es einen neuen Prozess geben, wird unser Fall genauso wasserdicht sein wie vorher, okay?«

»Ja, ich weiß, ich weiß. Es ist nur ... ich finde, dass wir zu viel Zeit damit verbracht haben, diesen Fisch an Land zu ziehen, um ihn so einfach wieder zurückzuwerfen.«

»Mach dir keine Gedanken, den werden wir schon wieder an Land ziehen«, beruhigte ihn Amy. »Apropos, mir ist beim Durchsehen der Akte keine Bestätigung über die Vernichtung der Drogen in die Hände gefallen. Ist das noch nicht geschehen?«

Kempe sank noch mehr in sich zusammen, wenn das überhaupt möglich war.

»Was ich dir jetzt sagen werde, wirst du nicht gern hören.«

Amy neigte bloß den Kopf zur Seite.

»Ein paar Wochen nach der Verhandlung habe ich alle meine Aufzeichnungen eingesammelt, um sie ins Archiv zu bringen. Anschließend vernichte ich normalerweise die Drogen, okay? Danach schreibe ich dem Richter diesen kleinen Bericht und versichere ihm mit meiner Unterschrift, alles ordnungsgemäß erledigt zu haben. Doch als ich in die Asservatenkammer ging, um die Drogen zu holen, waren sie ... waren sie weg.«

»*Weg?*«, stieß Amy entgeistert hervor. »Was soll das heißen?«

»Ich weiß nicht, wie ich es dir erklären soll. Der Sergeant und ich haben die gesamte Asservatenkammer ausgeräumt und alles durchgesehen. Die Drogen waren nicht dabei.«

»Und wo sind sie?«

Kempe spreizte bloß die Hände. »Das würde ich dir sehr gern sagen. Doch ich kann mir nicht mal was aus den Fingern saugen. Laut Begleitschein, müssten sie noch immer da sein.«

»Wann hattest du vor, mir das zu erzählen?«

»Ganz ehrlich, ich hatte gehofft, dass sie entweder wiederauftauchen oder dass wir herausfinden würden, wer von unseren Jungs das Zeug gestohlen hat, um ihm das Fell über die Ohren zu ziehen und es wieder zurückzustellen, ehe man außerhalb der Polizei davon erfahren würde.«

Amys Kopfschmerzen, die gerade etwas nachgelassen hatten, kehrten mit voller Wucht zurück. Sollte diese Sache in dem zweiten Prozess aufgedeckt werden, würden sie wie Dummköpfe dastehen.

Je nachdem, wie gut Myers' neuer Anwalt war und wie sehr er diesen groben Schnitzer ausschlachtete, könnte es sie sogar die Verurteilung kosten.

35. KAPITEL

Meine erste Schicht begann am Donnerstagmorgen und dauerte bis zum Donnerstagnachmittag. Damit umfasste sie zwei Stoßzeiten, das Frühstück und das Mittagessen. Der Führungsstil der Restaurantleiterin bestand darin, das Personal zu beschimpfen. Und so maßregelte sie mich zumeist wegen kleinerer Fehler. Einer davon war, dass ich die Scheine nicht in die richtigen Fächer der Kasse legte.

Nach acht Stunden harter Arbeit und Kritik, betrug mein Trinkgeld einundfünfzig Dollar und vierundsiebzig Cent. Der größte Betrag stammte von einem Lkw-Fahrer, der für seine Rechnung in Höhe von fünf Dollar und neunundsiebzig Cent einen Zehn-Dollar-Schein gab und meinte, dass ich den Rest behalten solle. Das war völlig angemessen, denn in den zwei Stunden, die er geblieben war, ließ er sich neunmal Kaffee nachgießen, und er glotzte mir jedes Mal auf den Hintern, wenn ich wieder wegging.

Ich schleppte mich nach meiner Schicht zu meinem Wagen und trug dabei noch immer die Uniform des Waffle House. Der Drang zu kündigen war übermächtig. Meine Füße und Knöchel pochten. Mein Haar klebte und roch, als hätte ich es in Fett getränkt. Ansonsten stank ich nach verbranntem Kaffee.

Nur der Gedanke an Alex hielt mich davon ab, umzukehren und der Restaurantleiterin zu erklären, dass sie sich ihre Kasse sonst wohin schieben könnte. Ich stellte mir vor, wie Richter Stone mich hochmütig anstarrte und fragte, ob ich mir einen Job besorgt hätte, so wie verlangt. Ich musste in der Lage sein können, ihm mit Ja zu antworten.

Ich ließ mich in den Fahrersitz fallen und war sogar zu müde, um direkt loszufahren. Also sah ich erst einmal nach meinem Handy. Zwei Nachrichten waren darauf hinterlassen worden.

Die erste stammte von Mr Honeywell, der in meiner Strafsache einen Antrag gestellt hatte, den Durchsuchungsbefehl als zulässigen Beweis auszuschließen. Er teilte mir mit, dass die Verhandlung dazu schon bald stattfinden würde, da die Sache vor dem Prozess am neunten April entschieden sein müsste.

Dann legte er auf. Er ging nicht auf das seltsame Ende unserer Unterhaltung ein, die wir auf der Parkbank geführt hatten, oder versuchte es zu erklären. Vielleicht würde er nie mehr darauf zu sprechen kommen.

Die zweite Nachricht stammte von Teddy. Es war eine SMS.

Hey,
habe gute Neuigkeiten für dich. Kann sein, dass sie noch bessere Neuigkeiten zur Folge haben. Wo bist du?

Ich hatte meinen Bruder nicht vergessen, seitdem ich wusste, dass er sich wieder mit Wendy herumtrieb. Doch sein jüngstes Spiel mit der Gefahr hatte einfach keinen Vorrang gehabt. Eigentlich hatte ich auch ohne Teddys Schwierigkeiten schon immer mit meinen eigenen Problemen genug zu tun gehabt.

Wo bin ich, dachte ich. *Wo bist* du, *Teddy? Und was zum Teufel führst du im Schilde?*

Doch das simste ich nicht. Ich war zu müde für Dramen. Also tippte ich:

Bin auf dem Weg nach Hause. Wo bist du?

Dann fuhr ich zur Desper Hollow Road. Auf halber Strecke simste Teddy mir zurück.

Bin gleich bei dir. Hab 'ne Überraschung. 'ne gute.

Großartig, dachte ich. Ich kann es kaum erwarten.

Zu Hause angekommen, schnappte ich mir die Milchpumpe. Es schien ewig zu dauern, bis Milch herauskam, wodurch meine Stimmung noch düsterer wurde. Ich ging die Treppe hinauf, um mich umzuziehen, und war gerade damit fertig, als ich auch schon das rumpelnde Geräusch eines Pick-ups in meiner Einfahrt hörte. Ich spähte durch einen der Schlitze des Rollos. Und tatsächlich, es war Teddy.

Ich jagte die Treppe hinunter zur Haustür, fluchend und vor Wut schäumend. Doch seine Ankunft war nicht der Grund meines Zorns. Der Grund saß auf dem Beifahrersitz.

Wendy Mataya. Der Sukkubus höchstpersönlich.

Ich habe Wendy kennengelernt, als sie sechzehn war. Schon damals war sie verstörend schön, diese menschliche Kreatur, von der ich dachte, dass es sie nur in Liebesromanen gibt: das Haar so dunkelbraun, dass es praktisch schwarz war; makellose, helle Haut; riesige grüne Augen, die an Smaragde erinnerten, und dann das, was den Kerlen besonders gefiel – eine Figur so kurvenreich, aber trotzdem mit einer dermaßen schlanken Taille, dass dafür eigentlich ein Korsett notwendig war.

Ich hasste sie nicht, weil sie umwerfend aussah oder einen tollen Körper besaß, nur um das klarzustellen. Ich hasste sie, weil sie mich bestohlen und belogen hatte, seitdem wir uns kannten. Außerdem hatte mein Bruder wegen ihr die Hölle durchgemacht.

Ich stand auf der Veranda, als sie aus dem Auto stiegen.

»Was macht *die* denn hier?«, fauchte ich.

»Sie hat mir geholfen«, erwiderte Teddy in einem unschuldigen, leicht trotteligen Ton. So sprach er immer in der Nähe von Wendy. Er hatte sich offensichtlich seit ein paar Tagen nicht mehr rasiert. Wendy stand auf einen Dreitagebart.

»Bist du clean?«

»Ja«, antwortete er. »Du kannst mit der spanischen Inquisition aufhören. Wir sind beide clean.«

Sie hatten mittlerweile die Motorhaube des Pick-ups erreicht und gingen Hand in Hand den Weg entlang. Wendy trug eine enge Jeans, ein T-Shirt, das nur knapp ihren Atombusen verhüllte, und eine offene Kapuzenjacke, um ihr hervorstechendstes, körperliches Merkmal in Szene zu setzen.

»Sie kann nicht mit reinkommen«, erklärte ich. Ich erkannte immer sofort, ob Teddy bekifft war oder nicht. Bei Wendy war ich mir da nie sicher. Sie konnte hinter ihrem Gesicht alles verbergen.

»Wie wär's, wenn du dich mal lockermachen würdest? Sie versucht endlich, ihr Leben in den Griff zu kriegen.«

»Ach ja? Seit wann bist du clean, Wendy?«

»Seit drei Wochen«, antwortete sie.

»O mein Gott, schon so lange!«, erwiderte ich sarkastisch und verdrehte die Augen. Mir hatten schon so oft Menschen versichert, ein neues Kapitel aufschlagen zu wollen, und waren dann nach nur wenigen Wochen wieder in ihr altes Leben zurückgekehrt. Wenn ein Junkie nach drei Wochen behauptete, clean zu sein, war nur sein Vorsatz noch nicht richtig auf die Probe gestellt worden.

Wendy stand mittlerweile am Fuß der Treppe, die zur Veranda führte. Sie hielt noch immer Teddys Hand und blickte mich mit ihren hexenartig grünen Augen an.

»Melanie, ich weiß, dass … dass ich dich hintergangen habe. Und nicht nur dich. Auch viele andere Menschen. Doch bei dir, da … da weiß ich, dass ich richtig viel Mist gebaut habe. Da war dieses Armband …, dann die Sache mit der Kreditkarte … ich habe mir mal dein Auto genommen … nein, ich habe es mir viele Male genommen. Es tut mir leid, okay? Es tut mir echt leid. Und ich werde nichts unversucht lassen, um es wiedergutzumachen.«

»Schöne Rede«, spie ich. »Woher hast du die? Von der Webseite der Anonymen Narkotiker?«

»Komm schon, Schwester! Sie gibt sich Mühe. Würdest du ihr bitte eine Chance geben?«

»Das habe ich. Vor sieben Jahren. Dann noch mal vor sechs. Muss ich das wirklich alles noch mal aufwärmen? Das kann ich, wenn du willst.«

Teddy trat mutig nach vorne. »Okay, okay. Ich hab's kapiert. Du bist noch immer sauer. Aber dafür haben wir jetzt keine Zeit.«

Er griff mit seiner freien Hand in die hintere Hosentasche, faltete ein Fotopapier auseinander und hielt es mir entgegen. Ich erkannte das Profil meines geheimnisvollen Klempners wieder, auf 20 x 25 cm vergrößert.

»Sie weiß, wer der Kerl ist«, sagte Teddy. »Und möglicherweise trifft er sich bald mit uns. Willst du jetzt mehr wissen oder nicht?«

Sie folgten mir ins Haus und saßen steif auf der Couch, als würden sie die Mutter eines Freundes gerade kennenlernen.

Ich stellte mich mit verschränkten Armen vor sie hin. Mein Misstrauen gegenüber Wendy war noch zu groß, um meinen Schutzschild abzulegen.

»Dann schieß mal los!«, forderte ich ihn auf.

»Ich habe den Typen sofort erkannt, als ich das Bild gesehen habe«, begann er. »Ich wusste zwar nicht, wie er heißt, doch er ist einer von den Kerlen, die immer in der Stadt oder bei der Valley Mission rumhängen.«

Die Valley Mission war ein Obdachlosenheim auf der West Beverly Street, gegenüber dem Thornose Cemetery. Ich hatte ein- oder zweimal dort übernachtet, nachdem ich aus meiner Wohnung rausgeworfen worden war. Danach beschloss ich, lieber in meinem Auto zu kampieren. Das Heim selbst war sauber und wurde ordentlich geführt. Es war eher das Publikum, das mich abschreckte.

Die Umgebung des Heims war das Epizentrum der Drogenszene von Staunton. In Teddys Sturm-und-Drang-Zeit rief mich seine Mutter mindestens ein Dutzend Mal panisch an und erzählte mir, dass er wieder einmal verschwunden war. Meistens gabelte ich ihn auf den ausgetretenen Pfaden zwischen Kneipe, Stadt und Heim wieder auf, völlig zugekifft.

»Du hast zwar gesagt, dass ich mir das Bild nur ansehen und nichts unternehmen soll, doch ich bin davon ausgegangen, dass das eigentlich nicht so ernst gemeint war – denn du hast ja während der Zeit im Gefängnis gesessen und selbst nichts unternehmen können«, fuhr er fort. »Also bin ich am Samstag zum Obdachlosenheim gefahren. Nur mal, um die Lage zu sondieren.«

»O Teddy«, warf ich ein und vergrub das Gesicht in den Händen. Das Szenario, das er gerade beschrieb – das Aufsuchen von Orten und Menschen, die so oft zu seinem Drogenkonsum geführt hatten –, klang wie ein Rezept zu einem erneuten Rückfall.

»Entspann dich! Ich habe mich nur umgesehen und weder mit jemandem geredet noch sonst was. Aber da habe ich Wendy wiedergesehen.«

Natürlich, wen sonst.

»Die Leute im Heim versuchen, mir einen richtigen Job zu verschaffen«, sagte sie. »In der Zwischenzeit helfe ich dort aus, verteile Mittagessen und so.«

Klar. Nach drei Wochen ohne Drogen, war sie praktisch eine Kandidatin zur Heiligsprechung.

»Ehrlich gesagt, habe ich beim ersten Mal gar nicht mit ihr gesprochen«, sagte Teddy. »Du weißt ja, sie triggert mich.«

»Warte mal, ich dachte, *du* würdest *mich* triggern«, neckte sie ihn und tätschelte sein Knie.

Sie gingen so widerlich nett miteinander um, dass ich gar nicht fragen musste, ob sie wieder miteinander schliefen. Meine Misere hatte zur Neuauflage ihrer Liebesgeschichte geführt. Und ja, diese Liebesgeschichte hatte mit edlen Absichten begonnen. Trotzdem fürchtete ich mich vor ihrem Ende. Der Kampf meines Bruders gegen seine Abhängigkeit hatte nämlich eigentlich nichts mit Alkohol, Marihuana oder Heroin zu tun. Seine bevorzugte Droge war stets Wendy Mataya gewesen.

»Jedenfalls habe ich mich zurückgehalten, weil ich nicht wirklich mit jemandem reden wollte. Weder mit Wendy noch mit sonst jemandem«, sagte er. »Ich war nur dort, um den Kerl von dem Foto zu suchen. Dann hat sie mich schließlich angesprochen.«

Wendy erzählte weiter. »Ich hab' zu ihm gesagt: ›Ich sehe dich, du Dummkopf. Ich kann einen gutaussehenden Kerl von mehr als ein Meter neunzig nun mal nicht übersehen.‹«

»Dann haben wir uns unterhalten«, sagte Teddy. »Und sie hat gesagt, dass sie ihr Leben geändert hätte.«

»Das musste ich auch, nach dem, was mir passiert ist«, führte Wendy die Geschichte fort. »Ich bin vor kurzem in einem Krankenwagen aufgewacht, und mir fehlten drei Tage meines Lebens. Der Notarzt hat mir erzählt, dass mein Herz aufgehört hatte zu schlagen, als sie mich gefunden haben. Sie mussten mich wiederbeleben.«

Wendy schauderte.

»Wie dem auch sei, dieses Mal bin ich fertig damit«, fuhr sie fort. »Ernsthaft. Keine Drogen mehr. Kein Alkohol. Nicht einmal mehr Gras. Mir ist klar, dass ich als Statistik enden werde, wenn ich nicht aufhöre.«

Teddy setzte den Bericht fort. »Nachdem wir miteinander geredet hatten, zeigte ich ihr das Bild.«

»Und da habe ich sofort gesagt: O mein Gott, das ist Slash!«, rief Wendy.

»Slash?«, fragte ich.

»Ja«, antwortete Wendy. »So wird er zumindest genannt. Wegen seiner Narbe. Er ist so 'ne Art Landstreicher. Behauptet, dass er sich seinen Lebensunterhalt mit dem Renovieren von Häusern verdient. Aber ich habe ihn noch nie mit einem Lieferwagen oder mit Werkzeug gesehen. Er ist einfach nur einer von diesen Kerlen, die einem immer mal wieder begegnen. Wenn er nicht im Obdachlosenheim ist, hängt er bei Hardee's herum oder an der Bushaltestelle in der Nähe vom Howard Johnson Hotel. Also habe ich Teddy gefragt, ob er sich da schon umgesehen hätte.«

»Und ich hatte mich da noch nicht umgesehen«, sagte Teddy. »Also sind wir dorthin. Wir haben uns ein bisschen umgehört. Ganz unauffällig. Die Leute haben einfach nur gedacht, dass wir Slash suchen würden, um Drogen zu kaufen. Dann wurde es interessant, denn an der Bushaltestelle sprachen alle davon, dass er irgendein Riesending gelandet hätte. Er fährt nicht mehr mit dem Bus.«

»Seit wann?«, fragte ich.

»Tja, genau das ist der Punkt. Vor zwei Wochen ist er wohl von der Bildfläche verschwunden. Bis dahin war er der normale, alte Slash, so wie ihn alle kannten. Er fuhr mit dem Bus zur Arbeit, übernachtete im Obdachlosenheim oder in einer Pension, wenn er genügend Geld hatte. Und dann, mit einem Mal, war er richtig gut bei Kasse.«

»Weil ihm jemand einen Haufen Geld bezahlt hat, um mir diese Drogen unterzuschieben«, schlussfolgerte ich.

»Das ist es, was wir glauben«, sagte Wendy.

»Aber du hast doch gesagt, dass du ihn getroffen hast?«, meinte ich an Teddy gerichtet. »Wie hast du das geschafft?«

»Wir haben die Nachricht verbreitet, dass wir ihn sprechen möchten«, antwortete er. »Und dann haben wir ein paar Leute ausfindig gemacht, die ihn kennen, und ihnen erzählt, dass wir ihn suchen. Wegen einer geschäftlichen Angelegenheit. Und dass wir abends bei Hardee's herumhängen würden, wenn er uns finden wollte.«

»Und hat das funktioniert?«, fragte ich.

»Zuerst nicht«, antwortete Teddy. »Wir waren am Montag und Dienstag da, aber ... nichts.«

Ich dachte an den Montag zurück. Ich war so zwischen 17.15 und 17.20 bei Teddy vorbeigefahren. Deshalb hatte ich sie verpasst. Sie hatten sich auf den Weg zu Hardee's gemacht, da sie hofften, Slash dort zu treffen.

»Doch dann ist gestern einer seiner Kumpels aufgetaucht und meinte: ›Ey, ihr sucht doch Slash, oder?‹«, fuhr Wendy fort. »Und wir: ›Ja.‹ Daraufhin er: ›Was wollt ihr von ihm?‹ Und wir, ganz auf cool: ›Wenn er das wissen will, muss er schon selbst herkommen.‹ Der Typ hat ihm das gesimst, und Slash hat zurückgesimst, dass er uns heute Nachmittag so gegen fünf treffen will.«

Ich blickte zu der Uhr an der Wand. Es war Viertel vor fünf.

36. KAPITEL

Wir zwängten uns alle auf die Vorderbank in Teddys Pick-up.

Während der Fahrt kamen wir zu dem Schluss, dass ich auf jeden Fall im Hintergrund bleiben musste, da Slash nur zwei Leute erwartete. Im Vergleich zu Teddy und Wendy – beide tätowiert und gepierct – sah ich mit meiner 08/15-Jeans und der tattoolosen Haut aus wie eine Herbergsmutter. Allein mein Anblick könnte ihn derart erschrecken, dass er sich sofort aus dem Staub machte.

Unser wichtigstes Ziel war es, Slash seinen richtigen Namen zu entlocken. Teddy und Wendy meinten, dass sie schon einige Ideen hätten.

Sobald wir seinen Namen hätten, könnte Mr Honeywell den Mann vorladen. Er würde vielleicht vor Gericht nicht erscheinen oder eine Falschaussage unter Eid ablegen. Doch allein den Geschworenen beweisen zu können, dass es den Mann mit der Narbe tatsächlich gab – vermutlich auch noch mit einem riesigen Vorstrafenregister –, wäre schon ein Erfolg.

Sollte Slash zu gerissen sein, seinen richtigen Namen preiszugeben, womit zu rechnen war, könnte ich wenigstens bessere Bilder von ihm machen. Ich ging davon aus, dass er der örtlichen Polizei bekannt war. Vielleicht wäre ein freundlicher Beamter bereit, uns seinen Namen zu verraten.

So weit waren wir mit unserem Plan gekommen, als ich mich zu Wendy drehte. »Danke, übrigens«, sagte ich. »Ich bin dir wirklich dankbar für deine Hilfe.«

»Gern geschehen«, erwiderte sie.

Dabei beließen wir es. Zwei Blocks vom Hardee's entfernt

setzte Teddy mich ab, damit uns niemand zusammen aus dem-selben Fahrzeug steigen sah. Kurze Zeit später betrat ich das Restaurant. Wendy und Teddy saßen bereits an einem Tisch in einer Nische gegenüber der Theke.

Außer einem älteren Paar, das schweigend aß, war das Lokal leer. Ich bestellte einen Burger, obwohl ich viel zu nervös war, um zu essen. Anschließend setzte ich mich zwei Nischen von meinem Bruder entfernt hin und blickte auf mein Handy.

Wenige Minuten später brachte mir die Bedienung meinen Burger. Ich knabberte daran herum und sah erneut auf mein Handy. Fünf Uhr. Niemand tauchte auf.

Es vergingen zehn Minuten. Fünfzehn Minuten. Teddy bau-melte mit den Beinen. Ein weiteres älteres Paar kam herein. Da-nach ein Vater mit zwei Kindern. Er schlenderte an mir vorbei und schielte auch noch, während er das Essen für seine Kinder bestellte, zu Wendy hinüber. Er saß ein paar Tische weiter weg, jedoch so, dass er einen guten Blick auf sie hatte.

Sonst passierte nichts. Ich sah mir noch einmal dieselbe E-Mail an, die ich bereits dreimal gelesen hatte. Dann studierte ich Schlagzeilen, deren Wörter ich nicht einmal erfassen konnte.

Mittlerweile war es 17.25 Uhr. Die Zeit tröpfelte weiter. 17.35 Uhr. Männer mit dem Spitznamen »Slash« legten be-stimmt keinen besonderen Wert auf Pünktlichkeit, das war mir klar. Trotzdem glaubte ich langsam, dass wir versetzt worden waren.

Um 17.37 Uhr spürte ich schließlich einen leichten Luftzug, als die Tür sich hinter mir öffnete. Ich drehte mich nicht um, denn eine Frau, die mit ihrem Handy beschäftigt war, würde nicht bemerken, wenn jemand das Restaurant betrat. Anders als Teddy, dessen Blick auf dem Neuankömmling förmlich klebte.

Dann ging ein Mann an mir vorbei. Ich schielte nach links, ohne den Kopf zu bewegen oder den Eindruck zu erwecken, dass ich meine Aufmerksamkeit nicht mehr dem Display meines Handys widmete. Slash war im wahren Leben noch hagerer als auf dem Foto. Im Gesicht und an den Armen war kein Gramm Fett.

Er war ein Weißer, doch seine Haut hatte diese lederartige Beschaffenheit, die erkennen ließ, dass er den größten Teil seiner Zeit draußen verbrachte. Nur seine Narbe war richtig weiß. Sie verlief quer über den Kopf, von einem Ohr zum anderen und wirkte wie ein äußerst schmaler Kopfhörer, der zu weit vorne getragen wurde. Er blieb vor dem Tisch von Teddy und Wendy stehen.

»Ihr habt nach mir gesucht?«, sagte er in einem starken Südstaatenakzent.

»So is' es«, antwortete mein Bruder lässig.

»Wendy, richtig?«, sagte er zu ihr.

»Ja.«

»Ich kenn' dich. Wir haben uns mal bei Cooch's gesehen.«

Ich hatte keine Ahnung, wer oder was Cooch's war. Doch mir schien, als würde Slash sich sehr viel besser an Wendy erinnern können als umgekehrt.

»O ja«, erwiderte sie. »Das war 'ne geile Sache.«

»Setz dich!«, sagte Teddy. Er wechselte geschickt zu Wendys Seite des Tisches, so dass Slash mit dem Gesicht zu mir sitzen würde.

Slash glitt in die Nische. Ich hatte die Kamera-App bereits geöffnet und hielt das Handy hoch – tat dabei aber immer noch so, als würde ich Schlagzeilen lesen –, um ein ordentliches Bild von ihm zu schießen.

Was allerdings unmöglich war, denn er zappelte viel zu sehr herum. Seine Bewegungen waren fast so schnell wie die eines Vogels. Innerhalb weniger Sekunden wischte er sich die triefende Nase ab, ließ den Kopf kreisen und legte die Ellenbogen auf den Tisch. Er beugte sich so weit nach vorne, dass Teddys Rü-

293

cken mir die Sicht versperrte. Ich nahm das Handy wieder herunter, um nicht verdächtig zu erscheinen.

»Ich hätt' da vielleicht was, was erledigt werden müsste«, begann mein Bruder und klang älter als seine dreiundzwanzig Jahre. Er hatte die Hände vor den Mund gelegt, um die Stimme zu dämpfen.

»Ach ja? Und das wäre?«, fragte Slash und blickte überallhin, nur nicht zu meinem Bruder.

»Ich hab' gehört, dass du dich darauf verstehst, Leute in Schwierigkeiten zu bringen.«

Slashs Kopf schnellte nach links und dann nach rechts. »Ich hab' keine Ahnung, wovon du redest. Ich streiche Häuser.«

»Ich hab' gehört, dass du dieser Frau das Zeug untergeschoben hast, über die in den Nachrichten berichtet wurde.«

Slash bestritt die Behauptung mit saftigen Flüchen.

»Ja, ja, schon gut«, erwiderte Teddy und blieb gelassen. »Aber sagen wir doch einfach mal, ich würde dich gern anheuern, dass du das Gleiche noch mal machst. Bei jemand anderem.«

Slash zappelte daraufhin noch nervöser herum. Er wischte sich wieder die Nase ab. Ich hatte noch immer nicht versucht, ein Foto von ihm zu schießen. Das Risiko war einfach zu groß und die Chance auf Erfolg zu gering.

»Arbeitest du für die Bullen?«, fragte er. »Bist du 'n Spitzel?«

»Meinst du das im Ernst?«, sagte Teddy.

»Komm schon, Slash, du glaubst ja wohl echt nicht, dass ich mit so einem rumhängen würde, oder?«, warf Wendy ein.

»Doch. Und du musst es nicht einmal wissen«, schäumte Slash. »Die Bullen haben ihre Spitzel überall.«

Sagte der Kerl, der wusste, wovon er sprach.

»Ich arbeite nicht für die Bullen«, beharrte Teddy. »Nur gibt es da jemanden, dem ich eins auswischen muss, mehr nicht.«

»Und warum machst du's nicht selbst?«, fragte Slash.

»Weil ich gehört habe, dass du der Richtige dafür bist. Woher hast du eigentlich diesen Lieferwagen?«

Slash Lippen umspielte ein Lächeln, und zum ersten Mal zappelte er nicht herum. Ich zückte mein Handy, als würde ich ein Selfie machen, und drückte fünfmal auf den Auslöser.

Anschließend sah ich mir die Bilder an. Keines davon war brauchbar. Ich hatte Teddys Schultern und Wendys Hinterkopf aufgenommen. Slashs Gesicht tauchte nirgends auf.

»Woher weißt du von dem Auto?«, fragte Slash.

»Spielt keine Rolle. Ich kenn' eben Leute.«

»Heb dein Hemd hoch!«, befahl Slash.

»Häh?«, sagte Teddy verwirrt.

»Ich will sehen, ob du verkabelt bist.«

»Von mir aus«, sagte Teddy, griff nach dem Saum seines T-Shirts und hob es kurz an, ohne dabei aufzustehen.

»Zeig mir dein Handy! Du könntest unser Gespräch aufzeichnen.«

Teddy kramte das Telefon hervor, tippte die PIN ein und gab es Slash, damit er sich vergewissern konnte, dass sein Misstrauen unbegründet war. Slash war abgelenkt, und so hielt ich mein Handy erneut hoch, dieses Mal dreister, und schoss noch mehr Bilder. Allerdings befürchtete ich, nur seinen Kopf abgelichtet zu haben. Es sollte doch nicht so schwierig sein, eine Person zu fotografieren, die nicht wusste, dass sie fotografiert wurde. Mich ergriff langsam Panik, dass ich es nicht schaffen würde.

»Hör zu, Slash, er arbeitet nicht für die Bullen«, sagte Wendy noch einmal.

Slash beachtete sie nicht. Dann schniefte er laut. »Okay, ich weiß zwar immer noch nicht, wovon du redest, aber du könntest es dir sowieso nicht leisten.«

»Woher willst du das wissen?«, fragte Teddy.

»Weil mindestens fünf fällig wären, wenn ich so eine Sache machen würde, und ich mach's ja nicht.«

»Fünf?«, erwiderte Teddy. »Du meinst fünf Riesen?«

»Hast du gesagt, nicht ich. Aber so ist es, und du lieferst den Stoff, von dem ich aber auch noch mal zehn Prozent bekomme. Als Dankeschön.«

»Okay, verstanden. Verstanden. Verdammt«, sagte Teddy und blickte Wendy an. »Glaubst du, unser Freund könnte das möglich machen?«

»Vielleicht«, spielte Wendy mit. »Das Zeug kann er besorgen, aber die Bezahlung wird er über die Western Union abwickeln wollen. Er wird das Geld direkt an Slash schicken. Uns wird er so viel Bares niemals anvertrauen.«

Die Western Union? Was meinte Wendy damit? Ich würde niemandem Geld überweisen können, denn ich hatte keins. Mittlerweile war mein Blickwinkel für ein Foto noch miserabler geworden. Teddy versperrte mir erneut die Sicht.

»Ja, wahrscheinlich hast du recht«, sagte Teddy.

»Western Union?«, sagte Slash. »Davon halt' ich nix. Ich …«

»Nein, das ist echt easy«, unterbrach ihn Teddy. »Der Kerl bezahlt uns die ganze Zeit so. Er überweist das Geld an die Western Union, und der Lebensmittelladen zahlt den Betrag aus. Man sagt seinen Namen, zeigt seinen Ausweis und anschließend kriegt man sein Geld. Wie heißt du überhaupt? Könnte sein, dass die fünftausend schon morgen für dich bereitliegen.«

Ah. Jetzt begriff ich. Genial.

Leider zappelte Slash wieder herum. »Nee, Mann. Ich mach's nur gegen Bargeld.«

»Unser Kerl zahlt nicht bar«, wandte Teddy ein.

»Ihr zieht hier doch gerade 'ne Scheißnummer ab und versucht mich reinzulegen«, sagte Slash. »Ich streiche Häuser. Mehr nicht!«

Er glitt aus der Nische und stand auf. Mittlerweile war ich derart verzweifelt, dass ich das Handy hochhielt, ihn im Kameraausschnitt einfing und wild auf das Display stach. Ich wollte so viele Fotos wie möglich schießen und hoffte darauf, dass wenigstens eins davon zu gebrauchen war.

»Komm schon, Mann«, sagte Teddy. »Hab dich nicht so!«

Slash hatte genug. Er beschimpfte meinen Bruder ein letztes Mal und marschierte zum Ausgang.

Sein Weg würde direkt an meiner Nische vorbeiführen. Das war meine Chance, meine einzige Chance. Er machte einen Schritt zu mir hin, dann noch einen.

Ich hatte mittlerweile aufgegeben, Zurückhaltung vorzutäuschen und drückte derart hektisch auf den Auslöser, dass die Konturen meines Fingers verschwammen.

Als er unmittelbar an mir vorbeiging, blickte er mich kurz an. Ich konnte die Neugierde fast sehen, die durch sein zugedröhntes Hirn zuckte.

Was macht die da? Warum richtet die dieses Ding auf mich?

Doch er konnte letztlich aus der dort zufällig sitzenden Frau und ihrem Handy keine zuverlässigen Schlussfolgerungen ziehen. Anderes blockierte seine Neuronen zu sehr – die Wut und das Misstrauen gegenüber meinem Bruder; das Kokain, das er sich gerade reingezogen hatte, und das ganze Kokain, das er schon vorher konsumiert hatte.

Er ging einfach nur an mir vorbei.

Als er draußen war, kamen Teddy und Wendy zu mir herüber.

»Die Sache mit Western Union war ein netter Versuch«, sagte ich.

Ich tippte auf die Fotogalerie und sah mir die Bilder an.

Ja. Ich hatte es geschafft und ihn vollständig abgelichtet, als er das Restaurant verließ – gestochen scharf, in der Mitte des Displays.

Ich reichte Teddy das Handy. Er lächelte. »Super Aufnahmen!«, meinte er und zeigte sie Wendy.

»Volltreffer!«, sagte sie.

»Ich werde sie sofort meinem Anwalt mailen«, sagte ich.

Ich wählte das beste Foto aus und schilderte ihm kurz unser Treffen im Hardee's. Sollte die Polizei ihm nicht helfen, die Identität des Mannes herauszufinden, würde er es über einen anderen Weg schaffen. Vielleicht über einen Kollegen, der Slash schon einmal verteidigt hatte. Oder über einen Kautionsagenten. Es musste jemanden geben, der Slashs wahren Namen kannte.

Nachdem ich die E-Mail abgeschickt hatte, verließen wir das Restaurant und quetschten uns erneut in Teddys Pick-up.

Auf dem Weg nach Hause sprachen wir darüber, was wir gerade eben erfahren hatten. Der Auftraggeber von Slash hatte ihm also ein halbes Kilo Kokain beschafft (davon gingen fünfzig Gramm als zusätzliche Prämie an einen Drogenabhängigen), ihm einen falschen Aufkleber für einen Lieferwagen besorgt und fünftausend Dollar gezahlt, damit er in mein Haus einbrach und die Drogen deponierte.

Der Auftraggeber – die Person, die mich von Alex trennen wollte – hatte offenkundig sehr viele Mühen in Kauf genommen und die Sache sorgfältig geplant. Außerdem war jetzt klar, dass es sich um eine Person handelte, die über einige finanzielle Mittel verfügte, was aber eigentlich schon vorher eine begründete Vermutung gewesen war.

Die erste Frage, die sich mir stellte, war: Wer war diese Person?

Offenbar jemand, der unbedingt ein Kind haben wollte. Doch es musste auch einfachere Möglichkeiten geben, um dieses Ziel zu erreichen. Das warf die zweite Frage auf, die mich wirklich verwirrte: Warum Alex?

Hatte man nur wahllos ein gesundes, weißes Kind ausgesucht und verfolgt? Oder war es gezielt gewesen? Lag es daran, dass seine Mutter sowohl gut ausgebildet (und ihrem Nachwuchs wahrscheinlich die Intelligenz vererbt hatte) als auch arm war (und daher wohl eher nicht in der Lage sein würde, sich zu wehren, wenn man ihr etwas anhängte). Oder gab es etwas, das Alex besaß, was diese Person besonders schätzte?

Ich hatte keine Antworten darauf, genauso wenig wie Teddy oder Wendy.

Es wurde langsam dunkel, als wir in meine Einfahrt einbogen. Die Scheinwerfer von Teddys Pick-up strahlten ein Fahrzeug an, das dort parkte, was mich überraschte. Es war eine Limousine, die ich nicht kannte.

»Wer ist das?«, fragte Teddy.

»Keine Ahnung«, antwortete ich.

Teddy brachte den Wagen zum Stehen, und ich sprang aus dem Pick-up.

Gleichzeitig stiegen zwei Leute aus dem parkenden Auto: ein Mann auf der Fahrerseite und eine Frau auf der Beifahrerseite. Sie kamen auf uns zu.

Als ihre Gesichter zu erkennen waren, spürte ich, wie ich nach hinten schwankte. Ich musste mich an dem Pick-up abstützen.

Sie sahen aus wie die Doppelgänger zweier Menschen, die ich einmal vor langer Zeit gekannt hatte. In einem anderen Leben. Sie waren älter geworden, ihre Gesichter dünnhäutiger und faltiger, und ihre Bewegungen steifer.

Aber natürlich erkannte ich sie. Es gibt Gesichter, die vergisst man nie, sosehr man es sich auch wünscht.

Sie standen einfach nur da und lächelten verlegen. Ich wusste nicht, was ich machen sollte. Schreiend davonlaufen, sie auffordern, mein Grundstück umgehend zu verlassen oder Teddy bitten, sie mit seinem Pick-up zu rammen.

Dann sagte meine Mutter: »Hallo, Mäuschen. Wir haben dich so sehr vermisst.«

37. KAPITEL

Einem Menschen, der sich gerade zwei Lines Kokain reingezogen hat und bereits das dringende Verlangen nach einer
dritten Line verspürt, fällt es schwer, einen klaren Gedanken
zu fassen.

Verdammt noch mal, was war denn das für ein Gespräch,
fragte sich Slash, als er das Hardee's verließ und die Straße entlangging.

Dann grübelte er darüber nach, was wäre, wenn die zwei wirklich fünftausend auftreiben könnten? Sollte er zurückgehen?

Ehrlich gesagt, war das Angebot verlockend. Die Sache, die er
da erledigt hatte, war ziemlich einfach gewesen. An dem Abend
vor dem Einbruch stahl er der Frau, über die jetzt überall in den
Zeitungen berichtet wurde, das Telefon. Er hatte genau gewusst,
wo es war, da sein Auftraggeber ihm den Aufbewahrungsort mitgeteilt hatte. Am nächsten Tag brach er in ihr Haus ein, um die
Drogen zu platzieren.

Nur wenige Stunden Arbeit, und er hatte fünftausend dafür
kassiert. Obendrein dann auch noch all das Koks.

Was, wenn der Auftrag wieder so einfach sein würde? Was,
wenn diese Leute – die scharfe Wendy und dieser unbekannte
Typ – tatsächlich liefern könnten?

Aber nein, besser nicht. Slash hatte ein mulmiges Gefühl.
Wieso mussten sie seinen Namen kennen? Warum bezahlten sie
nicht einfach in bar, so wie jeder andere auch?

Er konnte die Falle förmlich riechen, und er wollte nicht in
sie hineintappen. Das Gefängnis hatte er bereits von innen kennengelernt. Auf einen weiteren Besuch war er nicht scharf. Doch

dazu fehlte nicht mehr viel. Angesichts seiner Bewährungsstrafen war nur noch ein Ausrutscher notwendig.

Er wollte mehr Geld, ja. Und ihm war auch klar, dass die Hundertdollarscheine, die mal einen schönen Stapel geformt hatten, ihm nur so durch die Finger rannen. Doch dieser Zahltag war das Risiko nicht wert.

Slash befürchtete, dass Wendy und der Typ ihn beobachteten oder versuchten, ihm zu folgen. Deshalb ging er an seinem Hotel vorbei, bis er außer Sichtweite war. Er hielt das für eine glänzende Idee. Dann spazierte er um den Block, betrat das Howard Johnson durch den Hintereingang und ging die Treppe hinauf in das Zimmer 307.

Er wohnte mittlerweile seit mehr als einer Woche in dem Hotel, schaute HBO, zog sich Lines rein, veranstaltete Partys mit sich selbst, während das Schild BITTE NICHT STÖREN an der Tür hing, ging in die Stadt, um zu feiern, und kehrte wieder zurück, um noch mehr zu feiern. Das war der größte Coup seines Lebens, und er ließ es richtig krachen.

Das Howard Johnson war im Vergleich zum Obdachlosenheim – oder dem Wald, wo er manchmal schlief – fast wie ein Schlaraffenland. Er hatte ein nettes Dach über dem Kopf und ein weiches Bett zum Schlafen. Keiner sagte ihm, dass er nicht high sein durfte oder dass er bis zu einer bestimmten Uhrzeit seinen Hintern wieder herausgeschafft haben müsste. Keiner nervte ihn mit Jesus.

Slash betrat das Zimmer, schloss die Tür und legte die Kette vor. Er musste plötzlich dringend seine Vorräte überprüfen. Er zog den Stoff und das Geld aus dem Versteck hervor.

Zuerst hatte er versucht, sich das Kokain einzuteilen und seinen Konsum auf ein vernünftiges Maß zu beschränken. Nicht mehr als acht Lines am Tag. Na gut, vielleicht auch zwölf. Oder sechzehn. Aber *auf keinen Fall* mehr.

In letzter Zeit war er vielleicht nicht mehr ganz so achtsam gewesen. Außerdem hatte er mit ein oder zwei Frauen gefeiert, und …

Moment mal! War das alles, was noch übrig war? War das der ganze Rest?

Sein Bargeldbestand war sogar noch alarmierender. Von den ursprünglich fünftausend Dollar waren nur noch vierzehn Hundertdollarscheine übrig. Ja, das Howard Johnson war teuer – und da Slash keine Kreditkarte besaß, hatte der Hotelmanager auf einer Kaution von fünfhundert Dollar bestanden, sollten Schäden an dem Zimmer auftreten. Und ja, er hatte viel ausgegeben. Und ja, da waren diese Frauen gewesen.

Aber hatte er tatsächlich schon so viel Kohle durchgebracht?

Er brauchte noch eine Line. Danach würde er wieder klar denken können. Slash zog die Rasierklinge, den Spiegel und einen aufgerollten Hunderter hervor, den er zum Koksen benutzte, da er sich so wie ein knallharter Gangster vorkam.

Bloß beruhigte ihn das Koks nicht. Im Gegenteil. Es machte ihn nur noch angespannter.

Wo war bloß das ganze Geld geblieben? Hatte ihn jemand bestohlen?

Und wer *war* dieser Typ, den Wendy da mitgebracht hatte? Wie waren die überhaupt auf ihn gekommen?

Er betrachtete den Stoff und zog sich noch eine Line rein.

Seine Gedanken bestanden mittlerweile nur noch aus einem einzigen Wirrwarr. Doch ein Gedanke kam ihm schließlich immer wieder.

Er sollte den Mann anrufen, der ihn engagiert hatte. Damit würden alle Probleme gelöst werden.

Slash fummelte an seinem Handy herum, bis er es endlich schaffte, die richtigen Tasten zu drücken.

»Was willst du?«, fragte der Mann.

»Hallo, ich bin's, Slash.«

»Ja, weiß ich«, erwiderte der Mann. »Was willst du?«

»So 'n Typ hat mich gerade gefragt, ob ich in das Haus von jemandem einbrechen und Koks deponieren könnte. Er tat so, als wüsste er Bescheid, dass ich das bei der Frau letztens gemacht habe.«

»Was? Wer?«

»Ich weiß es nicht«, sagte Slash. »Dieser Typ eben. Ich kenne ihn nicht. Er hatte diese Braut dabei. Ich glaube, sie heißt Wendy.«

»*Wendy?* Beschreib mir Wendy!«

»Sie ist … verdammt, na ja, sie hat 'n unglaublich geilen Hintern. 'ne echt scharfe Tusse.«

»Haarfarbe?«

»Braun. Schwarz. Was weiß ich.«

»Augenfarbe?«

»Weiß ich nicht. Ich war zu sehr damit beschäftigt, mir ihre Titten anzusehen.«

»Sonst noch was Auffälliges? Irgendwelche Tattoos?«

»Ja. Ein paar.«

»Okay«, flüsterte der Mann. »Dann musst du dir keine Gedanken machen.«

»Verdammt noch mal, muss ich wohl. Wie sind die auf mich gekommen?«

»Keine Ahnung. Hast du jemandem erzählt, was du gemacht hast? Hast du bei deinen Drogenkumpeln damit geprahlt?«

»Nee, Mann. Ich hab' niemandem was gesagt.«

»Tja, also ich habe es bestimmt niemandem erzählt.«

»Wie sind die dann auf mich gekommen?«, fragte Slash.

»Ich weiß es nicht.«

Und dann rückte Slash mit der Sprache heraus. »Ich will mehr Geld. Und mehr Koks.«

»Was? Nein. Vergiss es!«

»Diese Leute wissen über mich Bescheid. Ich leb' jetzt mit 'nem größeren Risiko, das ich so nicht eingeplant hatte.«

»Das ist dein Problem, nicht meins.«

»Sollte die Sache rauskommen, wird's dich schlimmer treffen als mich. Ich bin nicht derjenige, der so tut, als würde er ein ordentliches Leben führen.«

Das stimmte. Und beide wussten es.

»Ausgeschlossen«, sagte der Mann. »Außerdem habe ich es nicht.«

»Was? Das Geld oder das Koks?«

»Beides. Ruf mich nicht noch mal an!«

Der Mann legte auf. Slash zog sich eine weitere Line rein.

38. KAPITEL

Meine erste Sorge galt meinem Bruder – wie immer, wenn meine Eltern in der Nähe waren –, den ich instinktiv schützen wollte.

Ich hatte keine blasse Ahnung, wieso sie plötzlich bei mir aufkreuzten. Mir war ebenfalls schleierhaft, wie sie mich gefunden hatten oder was sie sich davon versprachen. Was immer der Grund ihres Besuchs war, ich wollte auf keinen Fall, dass Teddy dabei war. Er balancierte schon jetzt am Rand eines gefährlichen Abgrunds, dessen Boden mit jedem Blick, den er Wendy zuwarf, mehr bröckelte. Ich hatte Angst, dass er endgültig in die Tiefe stürzen würde, wenn er begriff, wer diese beiden Menschen waren.

»Bleibt da, wo ihr seid!«, fauchte ich meine Eltern an. »Bewegt euch keinen Zentimeter!«

Ich riss die Fahrertür des Pick-up auf, gegen den ich noch immer lehnte.

»Los, fahr jetzt!«, stieß ich keuchend in Teddys Richtung hervor.

»Wer sind diese Leute?«, fragte er.

»Niemand«, antwortete ich.

»O…okay«, stotterte Teddy. »Bist du dir sicher, dass du …«

»Fahr *jetzt*, verdammt nochmal!«, unterbrach ich ihn mit zusammengebissenen Zähnen.

Meine Eltern näherten sich dem Pick-up. Ich schlug Teddys Tür zu.

»Bleibt da stehen! Sofort!«, schrie ich meine Eltern an.

Ich durfte nicht zulassen, dass sie Teddy durch die Windschutzscheibe sahen. Die Wahrscheinlichkeit war zwar gering, dass sie den Jungen, den sie im Alter von neun Monaten zum letzten Mal gesehen hatten und der mittlerweile zu einem jungen Mann von dreiundzwanzig Jahren herangewachsen war, wiedererkennen würden, doch ich wollte kein Risiko eingehen.

Sie blieben stehen. Obwohl Teddy im Auto saß, spürte ich seine Unentschlossenheit. Daher klopfte ich zweimal auf die Motorhaube und schrie erneut: »Fahr los!«

Schließlich legte er den Gang ein und fuhr die Einfahrt rückwärts hinunter. Ich straffte die Schultern, um meinen Eltern zum ersten Mal entgegenzutreten, seitdem sie mich vor zweiundzwanzig Jahren verlassen hatten.

Meine Mutter, deren Haar bei unserer letzten Begegnung so dunkelbraun gewesen war wie meines, war mittlerweile fast völlig ergraut. Ihr Gesicht war wettergegerbt. Ihre Augen jedoch waren sehr viel schärfer als der größte Teil meiner Erinnerungen; alles in allem sah sie besser aus, als ich es vermutet hätte.

Nun denn, ich hatte sie ja auch eigentlich für tot gehalten.

Mein Vater hatte zwar noch immer breite Schultern, doch lief er gebeugt und war bei weitem nicht mehr so groß wie früher. Sein ehemals dichtes, sandfarbenes Haar war mittlerweile grau und schütter. Er trug einen Schnurrbart, der eher der ursprünglichen Farbe seines Haars entsprach.

Sie standen vor ihrem Wagen, die Gesichter hoffnungsvoll und nervös.

Ich hatte mir diesen Augenblick unzählige Male vorgestellt, als ich ein Teenager war – meine unerwartet auftauchenden Eltern, die verkündeten, dass sie bereit seien, wieder ihre Rollen in meinem Leben einzunehmen. Die Szene beinhaltete meistens ein langes Auflisten der Schrecken und Demütigungen meinerseits, die ich aufgrund ihres Verhaltens hatte ertragen müssen. Denn bevor von Vergebung gesprochen werden konnte, musste erst einmal die Strafe erfolgen. In diesen Tagträumen probierte ich eine große Bandbreite von Gefühlen aus. Am Anfang stand normalerweise meine Wut, weil sie mir meine Kindheit geraubt hatten, ehe ich mich dann dankbar zeigte, gerettet zu werden.

Doch jetzt verspürte ich nur Wut, als ich tatsächlich in ihre Gesichter sah.

»Wie habt ihr mich gefunden?«, fragte ich.

»Mäuschen, es tut mir leid, ich …«, sagte meine Mutter.

»Hör auf, mich Mäuschen zu nennen!«, unterbrach ich sie ungehalten. »Ich bin eine erwachsene Frau und heiße Melanie.«

»Ja, Mel… Melanie, natürlich.«

»Wir wollten dich vorher anrufen«, schaltete mein Vater sich ein. »Doch wir haben nur eine Adresse gefunden, keine Telefonnummer. Es tut mir leid, dass wir …«

»Ihr sollt meine Frage beantworten!«, fiel ich ihm ins Wort. »Wie habt ihr mich gefunden?«

Meine Mutter begann zu zittern und zu weinen. Mit jeder anderen Frau in der Situation hätte ich Mitleid gehabt. Aber nicht mit ihr. Sie hatte zu oft meine Tränen verursacht.

»Deine Mutter ist im Internet auf deinen Namen gestoßen«, erwiderte mein Vater. »Sie hat jahrelang nach dir gesucht.«

»Ich habe immer wieder darum gebetet, dich zu finden«, ergriff sie das Wort. »Die Mitarbeiter vom Sozialamt haben uns nie erzählt, wohin sie Teddy und dich gebracht haben. Wir haben zwar gewusst, dass die Familie, die Teddy adoptiert hat, nicht mehr in der Gegend lebte, aber nicht, wohin sie gezogen war. Man erklärte uns, dass du in Kontakt mit uns treten könntest, wenn du wolltest, doch sie dürften uns keine Informationen über dich geben.«

»Datenschutzgesetze«, fügte mein Vater hinzu.

Meine Mutter fuhr fort. »Dein Vater war gerade aufs Meer hinausgefahren zum Fischen, als ich diesen Artikel über dein … dein Problem las. Wir sind sofort hierhergefahren, als er zurückkehrte. Ich habe nicht gewusst, dass du deinen Namen geändert hast. Bist du … Bist du mittlerweile verheiratet?«

»Was geht das dich an?«, blaffte ich.

»Melanie, mein Schatz, es tut mir leid. Schrecklich leid. Ich habe … viel Schlimmes in meinem Leben getan, so viel Schlimmes, was ich … Ich kann dir gar nicht sagen, wie sehr ich das alles bedaure«, sagte sie mit bebender Stimme. »Nachdem wir dich verloren hatten …«

»Ihr habt mich nicht verloren, ihr habt mich verlassen.«

»Ich weiß, ich weiß«, sagte sie. »Ich kann nicht davon ausgehen, dass du verstehst, wie düster, wie furchtbar düster es in mir aussah. Ich war einfach … Ich habe mich selbst gehasst. Da war dieses Loch in mir, und ich … Ich weiß, du wirst das jetzt vielleicht nicht glauben, aber ich habe wirklich geglaubt, dass es für dich das Beste wäre, wenn wir unsere Rechte abtreten würden.«

»Großartig. Ich gratuliere«, sagte ich.

»Melanie, bitte. Wir verdienen es nicht, dass du uns vergibst, und wir bitten nicht einmal darum. Doch … Wir haben unsere Sucht besiegt. Das hat einige Jahre gedauert und war mit sehr viel Schmerzen verbunden. Aber wir haben es geschafft, unser krankhaftes, zerstörerisches Verhalten zu erkennen und zu begreifen, dass der Missbrauch von Alkohol und Tabletten die Wurzel allen Übels war. Wir haben unser Leben seither Jesus Christus gewidmet. Seine Liebe gibt uns die Kraft, nicht rückfällig zu werden. Wir gehen in eine wunderbare Kirche …«

»Toll!«, unterbrach ich sie erneut. »Warum geht ihr nicht wieder sofort dorthin zurück?«

Die Hand meiner Mutter schnellte zum Mund. Sie versuchte vergeblich, ein Schluchzen zu unterdrücken. Ich war grausam und kindisch – als würde ich mich in das neun Jahre alte Mädchen von damals zurückverwandeln, das von seinen Eltern verlassen worden war –, doch das war mir egal. Sie verdienten eine noch viel schlimmere Behandlung.

»Melanie«, begann mein Vater erneut. »Wir wissen, dass du wütend bist, doch …«

»Sei du bloß still!«, knurrte ich. »Du hast nicht einmal das Recht, überhaupt das Wort zu ergreifen. Lassen wir mal außer Acht, was du mir und dieser armen Frau angetan hast. Wieso sitzt du nicht wegen deiner Vergehen an Charlotte im Gefängnis?«

Er senkte sofort den Kopf.

»Ach was? Hast du etwa geglaubt, dass ich das nicht weiß?«, platzte es aus mir heraus. Ich schrie mittlerweile. »Oder dass ich es je vergessen würde? Welcher Mann hat schon Sex mit einem vierzehnjährigen Mädchen, und dann auch noch mit der Tochter seiner Frau? Du bist widerlich! Einfach widerlich!«

Es war eigenartig erfrischend, das auszusprechen, was mir so oft durch den Kopf gegangen war, und ihn mit meinen Vorwürfen zu konfrontieren.

»Wir hatten keinen Sex miteinander. Ich habe, wenn ich betrunken war, lediglich …«

»Halt die Klappe!«, brüllte ich. »Halt einfach deine Klappe! Dafür gibt es keine Entschuldigung. Nicht eine einzige.«

»Dein Vater war deswegen fünf Jahre im Gefängnis«, sagte meine Mutter leise. »In der Zeit hat er aufgehört zu trinken. Er wurde neu geboren. Seit seiner Entlassung hat er keinen Tropfen Alkohol mehr angerührt. Er war es nicht, der Charlotte diese Dinge angetan hat. Das war der Alkohol. Er hätte nie …«

»Redet ihr euch das ein, um nachts schlafen zu können?«, fuhr ich sie an. »Da bin ich ja froh, dass das bei euch so funktioniert. Damit ist es für mich nicht getan.«

»Ich weiß, ich weiß«, sagte mein Vater beschwichtigend. »Und das werfe ich dir auch überhaupt nicht vor. Das … Das, was ich getan habe, ist beschämend … Und eines Tages wird man über mich richten, das weiß ich. Ich kann jetzt nur versuchen, für den Rest meines Lebens die Lehren von Jesus Christus zu beherzigen und ihn um Vergebung zu bitten. Ich …«

»Warum bittest du nicht erst einmal Charlotte um Vergebung?«

Diese Frage ließ ihre Versuche, sich zu erklären und zu entschuldigen, ins Stocken geraten. Sie sahen sich an und traten von einem Fuß auf den anderen. Dann stieß mein Vater einen tiefen Seufzer aus.

»Hat man dir das nicht erzählt?«, fragte meine Mutter.

»Was erzählt?«

»Charlotte, sie … O mein Schatz, das ist schon so lange her. Charlotte … ist mit neunzehn Jahren an einer Überdosis Drogen gestorben. Sie war damals nach New York davongelaufen. Und da geriet sie … in einen ziemlichen Schlamassel. Und … O Melanie.«

Diese sehr verspätete Nachricht über den Tod meiner Halbschwester war eine weitere Information, die ich nicht verarbeiten konnte, solange ich in meiner Einfahrt stand und den Eltern, die ich seit meinem neunten Lebensjahr nicht mehr gesehen hatte, in die Augen blickte.

Ich hatte immer angenommen, dass Charlottes Weg so wie meiner verlaufen war. Dass sie irgendwo ein neues Leben begonnen hatte; dass sie überlebt hatte, wenn auch vielleicht nicht völlig geheilt von den Wunden, die Mr und Mrs William Theodore Curran ihr zugefügt hatten.

Stattdessen stellte sich heraus, dass es sie am schlimmsten getroffen hatte. All die Jahre hätte ich um sie trauern müssen, wenn ich von ihrem Tod gewusst hätte. Doch das Sozialamt war aufgrund ihres Alters nicht mehr für sie zuständig gewesen. Und ich lebte in einem anderen Bundesstaat, als die Traurigkeit sie in den Tod riss. So war niemand auch nur auf die Idee gekommen, mich zu benachrichtigen. So hatte sich niemand dafür interessiert.

»Großartig! Vielen Dank, dass ich das siebzehn Jahre zu spät erfahre.« Ich setzte meinen Sarkasmus als Schutzschild ein. »Wenn ihr nichts dagegen habt, gehe ich jetzt in mein Haus und genieße erst mal diese Neuigkeit. Ich wünsche euch beiden noch einen schönen Abend.«

Ich stapfte zu meiner Veranda und den herausgerissenen Blumenzwiebeln. Sie lagen noch immer da, wo ich sie zurückgelassen hatte – nur waren sie jetzt brauner und sahen etwas verschrumpelt aus.

»Melanie, wir sind gekommen, um dir zu helfen«, sagte meine Mutter und machte ein paar Schritte auf mich zu. »Wir haben einen Anwalt engagiert. Er wird das Gericht bitten, in Erwägung zu ziehen, uns deinen Sohn dauerhaft in Obhut zu geben. Wir sind doch seine Großeltern. Wir können uns um ihn kümmern, während du deine Angelegenheiten in Ordnung bringst.«

Ich schnellte herum. Dieses Szenario stellte selbst den allerschlimmsten Albtraum in den Schatten, den sich die dunkelsten Bereiche meines Unterbewusstseins hätten ausdenken können.

»Oh. Mein. *Gott!*«, schrie ich. »Das ist also eure Vorstellung von Hilfe? Ihr haltet euch für solch phantastisch begabte Eltern, dass ihr es verdient, auch noch die nächste Generation vermurksen zu dürfen? Ist das euer Ernst? Ihr seid unfassbar!«

Mein Vater legte den Arm um meine Mutter. »Unser Wiedersehen muss ein Schock für dich sein. Das verstehe ich«, sagte er. »Und ich verstehe auch, dass du wütend bist. Das ist dein gutes Recht. Doch unser Anwalt meint …«

»Ich will nichts mehr davon hören …«

»Dass du dein Kind so am ehesten behalten könntest. Wir können deinen Sohn adoptieren. Er kann bei uns leben, solange du deine Strafe absitzt. Wenn du wieder draußen bist, könnten wir dann als Familie zusammenleben.«

Ich ballte meine Hände zu Fäusten und raufte mir die Haare. »Als Familie? Soll das ein Witz sein? Ihr redet hier tatsächlich von *Familie*? Das war einmal. Doch dann hast du dich immer wieder volllaufen lassen«, schrie ich und zeigte auf meinen Vater. »Die Familie hast du dabei durch den Fleischwolf gedreht, bis nichts mehr davon übrig war.«

»Ich weiß«, erwiderte mein Vater. »Und ich verstehe, dass du jetzt zu aufgebracht bist, um mit uns zu reden. Wir übernachten nicht weit von hier, in der Econo Lodge. Dürfen wir dir wenigstens unsere Handynummern dalassen, damit du uns anrufen kannst, wenn du mit uns sprechen möchtest?«

»Weißt du was?«, sagte ich. »Ich will, dass ihr von meinem Grundstück verschwindet. Und aus meinem Leben. Euch von mir fernzuhalten war das Beste, was ihr je als Eltern zustande gebracht habt. Ihr hättet es besser dabei belassen sollen.«

Ich öffnete die Haustür und schlug sie so fest zu, wie ich konnte.

Zuerst war ich viel zu wütend, um überhaupt einen klaren Gedanken fassen zu können. Ich lief nach oben ins Kinderzimmer, wenn auch nur deshalb, um noch mehr Abstand zwischen mir und meinen Eltern zu schaffen.

Ich fühlte mich im ersten Stock einigermaßen sicher und beobachtete sie. Sie lehnten aneinander wie in einer Art Umarmung und schienen noch einmal alles durchzusprechen. Dann tappten sie zu ihrem Wagen.

Ungefähr eine Minute saßen sie bewegungslos da, während der Motor lief und die Scheinwerfer eingeschaltet waren. Mein Blickwinkel ließ kaum erkennen, was sie gerade machten. Ich befürchtete schon, dass sie sich eine neue Taktik überlegten.

Schließlich fuhren sie die Einfahrt rückwärts hinunter und hielten am Ende an. Mein Vater stieg aus, öffnete den Briefkasten und legte etwas hinein – einen Zettel? Ein Stück Papier mit ihren Handynummern?

Dann fuhren sie weg.

Mein erstes Gefühl war Wut auf mich selbst, wütend zu sein. Ich wollte doch die erwachsene Frau sein, die in ihrem Leben weitergekommen war, und nicht die bockige Teenagerin, die ihre Eltern beschimpfte und ihnen, wann immer sich die Möglichkeit bot, einen Schlag unter die Gürtellinie verpasste. Sie hätten mich nicht mehr derart aus der Fassung bringen dürfen.

Doch ich konnte meine Wut nicht unterdrücken. Mein ganzes Leben versank gerade im Chaos, die Kräfte, die sich zusammengetan hatten, um mich von meinem Kind zu trennen und ins Gefängnis zu stecken, waren mir unbekannt, und ausgerechnet da tauchten meine heißgeliebten Eltern wieder auf. Doch sie schrieben keinen Brief oder überließen mir die Wahl, zu entschieden, ob und wie sie wieder in mein Leben treten sollten. Nein, sie legten die Form fest.

Doch das war nicht ungewöhnlich. Es hatte sich schon immer alles um Billy und Betsy gedreht. Ich hatte selbst jetzt das Gefühl, dass sie mich mit ihrem sogenannten Hilfsangebot nur benutzen wollten, um vor ihrer Gemeinde verkünden zu können: *Seht, Jesus ist so gutherzig, er hat uns sogar unsere Tochter nach all den Jahren zurückgebracht. Halleluja! Lobet den Herrn!*

Da ich sonst nichts mit mir anzufangen wusste, griff ich nach Mr Snuggs und setzte mich mit ihm in den Schaukelstuhl. Ich dachte an die absurden Vorschläge meines Vaters, Alex zu adoptieren oder in Pflege zu nehmen.

Und ich zog sie tatsächlich in Betracht. Sollten das wirklich die besten meiner nicht vorhandenen Alternativen sein? Mein Vater hatte recht: Sollte das Gericht sich bereit erklären, Alex in die Obhut seiner Großeltern zu geben, würde er Teil meines Lebens bleiben, selbst wenn ich eine Haftstrafe verbüßen müsste.

In Goochland gab es ein Frauengefängnis. Es war weniger als zwei Stunden von Northumberland entfernt. Sollte ich dort hingeschickt werden, könnten sie mich jedes Wochenende besuchen. So würde ich noch immer miterleben, wie er heranwuchs. Noch wichtiger war jedoch, dass er wusste, nach wie vor eine Mutter zu haben. Eine Mutter, die ihn mehr als alles andere auf der Welt liebte und die sich nichts sehnlicher wünschte, als mit ihm zusammen zu sein.

Nach meiner Haft könnten wir wieder zusammen sein. Wie alt wäre Alex dann? Sechs? Natürlich wäre es für ihn anfangs eigenartig. Doch mir bliebe noch viel Zeit, um ihn von da ab zu umsorgen, bis er eines Tages das Nest verlassen würde. Mit sechs verloren die Kinder gerade mal ihre Milchzähne. Sie hatten noch kein Buch von Roald Dahl gelesen und keine schwierigen Brettspiele gelernt. Sie kannten weder das Einmaleins, noch hatten sie schon das unternommen, was ich mir vorstellte, mit Alex zu unternehmen.

Meine Eltern waren weit davon entfernt, ideal zu sein. Ich müsste schon einen sehr großen Vertrauensvorschuss leisten, um zu glauben, dass sie sich tatsächlich geändert hatten und fähig waren, auf Alex aufzupassen und ihm die Liebe zu schenken, die er brauchte, bis ich wieder draußen war.

Die Alternative war, dass ich Alex für immer verlieren und er von demjenigen großgezogen werden würde, der in einer Auktion für weißhäutige Kinder das höchste Angebot abgegeben hatte.

Aber wäre das tatsächlich die schlimmere oder die bessere Alternative? Möglicherweise gab es unter den Bietern ein nettes Paar, das nicht einmal wusste, dass es Opfer einer kriminellen Vereinigung geworden war. Man hatte ihnen erzählt, dass sie all die tausend Dollar für die medizinische Versorgung oder für rechtliche Kosten gezahlt hätten. Ich konnte mir durchaus vorstellen, dass diese Menschen tatsächlich liebende Eltern waren.

Während ich mich mit dem Thema quälte, kam mir eine Erinnerung aus meiner Kindheit. Ich war vielleicht sieben Jahre alt, und mein Vater war gerade von Nova Scotia zurückgekehrt. Ich war noch immer in einem Alter, in dem ich die Reaktionen meiner Mutter einfach nachahmte. Also freute ich mich über die Rückkehr meines Vaters, weil sie sich so sehr freute. Schließlich war dieses Mal alles anders. Sie hatte die Haare schick frisiert und trug ein neues Kleid. Die Familie aß zu Abend, und als ich ins Bett ging, war ich durchdrungen von einem Gefühl der Wärme, der Liebe und des Optimismus.

Ich wachte von dem klirrenden Geräusch zerbrochenen Glases auf.

Mein Vater jagte meine Mutter durchs Haus und bewarf sie mit Flaschen. Er schrie, dass sie ein verdammtes Luder sei. Sie wollte scheinbar keinen Sex mit ihm haben, da sie ihre Tage hatte (das ist die Interpretation aus meiner heutigen Sicht als Erwachsene). Diese Weigerung versetzte meinen Vater in rasende Wut.

Ich trat mit nackten Füßen aus meinem Zimmer, um meine Mutter zu beschützen – wie ich das bewerkstelligen wollte, war mir nicht klar. Meine Tapferkeit brachte mir eine tiefe Schnittwunde an der Ferse ein, die mit elf Stichen genäht werden musste. Rückblickend betrachtet war diese Verletzung aber bei weitem nicht so schlimm wie die anschließende viermonatige Unterbringung in einer Pflegefamilie, als meine Sozialarbeiterin herausfand, was passiert war.

Das waren meine Erinnerungen an meine Eltern und an meine Kindheit. Sie hatten zwar gesagt, dass sie neu geboren wären – ihre Sucht besiegt hätten und im Einklang mit Jesus leben würden –, doch wie oft hatte ich das schon in unterschiedlicher Wortwahl gehört? Sie hatten bei mir schon vor langer Zeit ihr Recht auf eine zweite Chance verspielt.

Ich konnte diesen Menschen, die sich nie darum geschert hatten, mir eine richtige Kindheit zu bereiten, unmöglich Alex anvertrauen.

Am nächsten Morgen rief ich Mr Honeywell an und erklärte ihm, dass ich den Antrag meiner Eltern auf das Sorgerecht für Alex ablehnte.

Er hörte mir kommentarlos zu. »Glauben Sie, dass meine Meinung hierzu überhaupt eine Rolle spielt?«, fragte ich zum Schluss.

»Tja, also Großeltern haben in diesem Prozess keine besonderen Rechte«, antwortete er. »Der Richter wird sich unsere Stellungnahme anhören. Seine Entscheidung wird wahrscheinlich davon abhängen, wie gut Ihr Sohn in seiner derzeitigen Pflegestelle zurechtkommt. Und er wird seine Entscheidung zum Wohle Ihres Kindes treffen.«

»Okay, vielen Dank! Ich weiß es zu schätzen …«

»Warten Sie! Legen Sie noch nicht auf! Ich habe ein paar Neuigkeiten für Sie.«

»Ach ja? Welche?«

»Also, erstens haben wir Ihre Verhandlung mit dem Sozialamt auf den zehnten April festgelegt. Das ist zwar der Tag nach Ihrer Verhandlung in der Strafsache. Aber vielleicht haben wir bis dahin ja etwas Positives, das wir Richter Stone präsentieren können.«

»Hoffentlich! Was noch?«

»Ich habe das Foto, das Sie mir von dem Kerl mit der Narbe gemailt haben, einem befreundeten Polizeibeamten in Staunton gezeigt.«

»Großartig«, sagte ich. Fixe Arbeit.

»Er hat ihn sofort erkannt. Sagt Ihnen der Name Richard Coduri etwas?«

Nein, sagte er mir nicht. Ob nun geheimnisvoller Klempner, Slash oder Richard Coduri, ich war dem Mann noch nie begegnet.

»Nein. Tut mir leid.«

»Das überrascht mich kaum. Mr Coduri ist für die örtliche Polizei so was wie ein alter Bekannter. Der befreundete Beamte hatte ein paar schillerndere Ausdrücke für ihn parat. Die Polizei nimmt ihn immer mal wieder fest wegen Landstreicherei, Trinken in der Öffentlichkeit, Urinieren in der Öffentlichkeit und so weiter.«

»Reizend!«, meinte ich.

»Tja, das könnte es werden. Denn der Beamte hat mir erzählt, dass sein Vorstrafenregister praktisch bis zum Kindergarten zurückreicht. Die Delikte haben zwar zumeist etwas mit Drogen zu tun, doch es liegt auch ein Einbruch vor und eine vorsätzliche Körperverletzung. Im Moment ist er auf Bewährung draußen. Doch ihm drohen wegen dieser Geschichten fünf Jahre Gefängnis, sollte noch etwas dazukommen. Das können wir in der Anhörung verwenden. Außerdem ist da noch der optische Aspekt.«

»Was meinen Sie damit?«, fragte ich.

Er überlegte kurz, bevor er antwortete. »Zuerst sollten Sie wissen, dass ich eine Hauptverhandlung ohne Geschworene für ratsamer halte. Wir verzichten damit auf unser Recht einer Jury und überlassen es dem Richter, zu entscheiden, ob Sie schuldig oder unschuldig sind. Ihr Fall hat eine derartige öffentliche Aufmerksamkeit erlangt, dass die Geschworenen zu voreingenommen sein könnten. Abgesehen davon ist dieser Richter …«

Ich wartete, dass er den Satz beendete, was aber nicht geschah. Also hakte ich nach. »Was ist mit dem Richter?«

»Ms Barrick, ich muss aufpassen, dass ich nicht wie ein alter, lüsterner Mann klinge. Aber Sie erinnern sich doch bestimmt noch daran, als ich Sie vor kurzem gebeten habe, ein Kleid zu tragen?«

»Ja.«

»Vor Gericht spielt das Erscheinungsbild nun mal eine Rolle. Deshalb werde ich Sie weiterhin bitten, ein Kleid anzuziehen. Sie sind eine attraktive junge Frau, Ms Barrick, und das wird auf diesen Richter Eindruck machen. Er soll Sie im direkten Vergleich sehen zu diesem Typen, diesem Coduri, der überall Tattoos und eine Riesennarbe hat. Wenn Coduri eine Aussage trifft, der Sie widersprechen, so dass der Richter gezwungen ist, zu entscheiden, wem er eher glaubt, könnten wir gewinnen. Verstehen Sie mich?«

»Ja«, erwiderte ich.

Ich stellte mir Coduri beziehungsweise Slash schon schniefend und zappelnd im Zeugenstand vor.

»Gut. Dann bis bald.«

»Einen Moment noch, Mr Honeywell.«

»Ja, Ms Barrick?«

»Dürfte ich Ihnen eine unverschämte Frage stellen?«

»Sie dürfen mich alles fragen, Ms Barrick.«

»Wenn das Erscheinungsbild derart wichtig ist, wieso kleiden Sie sich dann so nachlässig?«

Er lachte nur leise in sich hinein und verabschiedete sich.

»Einen schönen Tag noch, Ms Barrick.«

39. KAPITEL

Amy Kaye konnte sich nicht daran erinnern, wann sie sich zum letzten Mal derart auf einen Samstagmorgen gefreut hatte.

Die restlichen Tage ihrer Arbeitswoche hatten an mittelalterliche Folter erinnert, nur dass der Henker schicke Herrenschuhe trug. Sie musste auf einer offiziellen Untersuchung bestehen, was die verschwundenen Drogen aus dem Fall von Mookie Myers betraf, die die Bundespolizei durchführen und das Büro des Generalstaatsanwalts überwachen würde.

Sie veranlasste die Untersuchung und war sich darüber im Klaren, dass sie sowohl notwendig, aber auch völlige Zeitverschwendung war. Denn Kempe hatte bereits, nachdem er den Verlust entdeckt hatte, auf dem kleinen Dienstweg nachgeforscht. Der fähigste Ermittler des Augusta County hatte mit sämtlichen Personen gesprochen, die die Asservatenkammer betreten durften, und das Bildmaterial der Überwachungskamera überprüft.

Seine Befragung wie auch die Sichtung der Aufnahmen hatten nichts ergeben, was daran lag, dass die Festplatte der Kamera lediglich die Daten der letzten dreißig Tage speicherte.

Anschließend hatte er den Vorfall Sheriff Powers gemeldet, der durch das Revier gestürmt und seine Männer unter Druck gesetzt hatte, denjenigen Kollegen anzuzeigen, den sie dafür verantwortlich hielten. Powers nahm an, dass der Mitarbeiter gelegentlich Drogen konsumierte. Er wollte ihm auf die Schliche kommen, indem er seine Personalnummer zufällig für einen Drogentest auswählte.

Doch selbst das resolute Vorgehen des Sheriffs führte zu nichts. Und so schaltete Amy nicht nur die Bundespolizei ein, sondern ordnete auch noch an, dass man überprüfte, ob die Richtlinien und Verfahren bei der Verwaltung der Asservatenkammer eingehalten worden waren. Da das Kind bereits in den Brunnen gefallen war, waren diese Maßnahmen allesamt zwecklos. Trotzdem mussten sie durchgeführt werden.

Die ganze Arbeit war eine Plackerei. Jetzt war Samstagmorgen und Amy bereit, all das hinter sich zu lassen. Der Meteorologe sprach von einem spätwinterlichen Tag, der mit Sonnenschein, Temperaturen von nahezu zwanzig Grad und einem leichten Wind sich anfühlte, als wäre man mitten im Frühling.

Amy hielt das für einen perfekten Tag, um mit Butch eine Wanderung zu machen. Sie hatte in einer der unzähligen Antiquitätenläden von Staunton für fünf Dollar eine abgewetzte Karte aus dem Jahr 1936 erstanden, die das Civilian Conservation Corps unter dem Titel »Die schönsten Wanderwege in Augusta County« erstellt hatte.

Die jungen Männer, die diese Wege damals schufen und die Karte anfertigten – als Franklin D. Roosevelt während der Weltwirtschaftskrise öffentliche Arbeitsmaßnahmen ins Leben rief –, waren mittlerweile sehr alt oder schon tot. Hatte ihre Arbeit sie vielleicht aber überdauert? Gab es diese Wanderwege noch?

Das herauszufinden, sollte Amys Abenteuer sein. Sie stärkte sich mit einem Frühstück, das aus Waffeln bestand, die in Ahornsirup schwammen, ging in ihr Arbeitszimmer und breitete die Karte aus, um einen Wanderweg auszuwählen.

Genau da stachen ihr die Worte Mount Solon ins Auge.

Lilly Pritchett war dort vergewaltigt worden.

Ihr Blick fiel auf Weyers Cove. Das war der Ort, an dem eines der ersten Opfer gelebt hatte.

Ihre Augen wanderten weiter zur Desper Hollow Road. Ihr fiel unweigerlich Melanie Barrick ein.

Noch ehe sich Amy darüber im Klaren war, was sie überhaupt erreichen wollte, hielt sie schon eine Schachtel mit Nadeln in der

Hand. Sie befestigte die Karte an der Pinnwand und markierte die Orte, an denen ihrer Erinnerung nach Vergewaltigungen stattgefunden hatten. Die restlichen Namen sah sie in ihrer eselsohrigen Akte nach, die sie in ihrem Arbeitszimmer aufbewahrte.

Als sie die Dokumente durchforstete, beschloss sie, systematisch und korrekt vorzugehen. Sie fing noch mal von vorne an, entfernte die Nadeln und steckte sie an den genauen Adressen fest, wenn sie bemerkte, dass sie nicht ganz richtiggelegen hatte. Sie sah sämtliche Akten durch und dachte scharf nach, wenn das Haus an einer Straße lag, die es damals, als die Karte erstellt wurde, noch nicht gab.

Fishersville. Markiert. Stuart Draft. Markiert. Middlebrook. Markiert.

Sie verwendete blaue, grüne und gelbe Nadeln, was immer sie gerade aus der Schachtel zog. Hier ging es nicht um Kunst. Außerdem würde sie diese Wanderkarte, die mehr als achtzig Jahre alt war und in der nicht einmal die Interstate 81 verzeichnet war, nie einer Jury vorlegen. Doch sie hielt sie für ein geeignetes Instrument, um mit ihrer Untersuchung noch einmal von vorne zu beginnen.

Als sie fertig war, trat sie von der Karte weg und betrachtete sie aus diesem Blickwinkel. Sie konnte kein Muster erkennen. Spottswood lag im Süden, Mount Sidney im Norden, Buffalo Gap im Westen, Sherando im Osten. Alle Himmelsrichtungen waren vertreten.

Doch das war es nicht, was Amy ins Auge sprang, als sie jetzt zum ersten Mal die geographische Anordnung der Tatorte betrachtete.

Es war die herzförmige Aussparung in der Mitte der Karte, die das Gebiet von Staunton umfasste.

Am Stadtrand steckten zwar Nadeln, wie zum Beispiel im Norden, wo Daphne Hasper vergewaltigt worden war. Doch das Stadtgebiet selbst wies keine einzige Nadel auf.

Amys Zuständigkeitsbereich umfasste nur das Augusta County, nicht Staunton. Staunton besaß eine eigene Polizei, einen eigenen Staatsanwalt.

Verblüfft nahm Amy die geographische Verteilung der Überfälle wahr. Der Vergewaltiger hatte – soweit ihr bekannt war – nie innerhalb der Stadtgrenzen zugeschlagen, obwohl es sicherlich ein Umfeld war, das über zahlreiche Ziele verfügte: Wohngebäude, alte Häuser, in die leicht einzubrechen war, und sogar ein College, an dem nur Frauen studierten.

Amy hatte nie Kontakt mit ihren Kollegen in Staunton aufgenommen, um zu erfahren, ob sie gegen einen Serienvergewaltiger ermittelten. Das hätte Dansby nie erlaubt.

Gab es etwa noch weitere Fälle, von denen sie nichts wusste? Und vielleicht sogar Beweismaterial, das ihr nützen könnte? Oder hatte der Vergewaltiger tatsächlich nie in Staunton ein Opfer gefunden, das nach seinem Geschmack war? Amy hatte sich stets darauf konzentriert, wo dieser Verbrecher zugeschlagen *hatte*, dass sie nie daran gedacht hatte herauszufinden, wo er *nicht* zugeschlagen hatte.

Sie blickte zu Butch, der auf dem Boden ein Nickerchen machte. Das Wetter war so wie vorausgesagt, warm und sonnig.

Doch ihr war bereits klar, dass die Wanderung ausfallen würde.

Sie zog ihr Handy hervor und rief Jim Williams an, den Chef der Polizei von Staunton. Amy hatte den Mann schon immer gemocht. Er hatte eine lockere Art und war humorvoll. Außerdem konnte er Fehler zugeben und brachte seinen Beamten bei, dass das Verzeihen von kleineren Verstößen oft verhinderte, dass daraus größere wurden. Demut war eine der liebenswertesten Charaktereigenschaften, die ein Polizeichef besitzen konnte.

»Wie kann ich dem Augusta County heute behilflich sein?«, fragte Williams, nachdem sie sich kurz geneckt hatten.

Angesichts Dansbys Anweisung, ihre Ermittlungen nicht bekanntzumachen, blieb Amys Antwort vage.

»Ich trage gerade Informationen über einen Angeklagten zusammen«, sagte sie, was nicht der Unwahrheit entsprach. »Und ich hatte gehofft, dass ich in dem Zusammenhang vielleicht euer Archiv benutzen könnte.«

»Moment mal, ich bin aber nicht der Angeklagte, oder?«, witzelte er.

»Noch nicht«, scherzte sie zurück.

»Okay«, erwiderte er. »Triff mich in einer Viertelstunde im Revier!«

Fünfzehn Minuten später betrat sie die Wache. Nach weiteren fünfzehn Minuten saß sie an einem kleinen Schreibtisch im Archiv der Polizei von Staunton.

Sie arbeitete so schnell wie möglich sämtliche Akten ungelöster Sexualfälle durch, die sie finden konnte. Die Bevölkerung von Staunton betrug ungefähr ein Fünftel der Bevölkerung von Augusta County.

Die Anzahl der Fälle war entsprechend geringer. Die meisten konnte sie schnell ausschließen: Entweder hatte der Angreifer nicht die passende Größe, Gestalt oder Hautfarbe. Amy musste nur selten in die Polizeiberichte eintauchen, um dann doch noch ein Detail zu erfahren, weshalb der Fall nicht in Betracht kam.

Trotzdem war es fast Mitternacht, bis sie aus dem Archiv wieder auftauchte.

In der ganzen Zeit war sie in keiner einzigen Akte auf einen flüsternden Vergewaltiger gestoßen.

40. KAPITEL

Meine Eltern versuchten noch dreimal, mich zu kontaktieren, und hinterließen am Freitag, am Samstag und am Sonntag eine Nachricht an meiner Haustür.

In der ersten Nachricht baten sie mich, noch einmal darüber nachzudenken, ob ich ihren Antrag auf das Sorgerecht für Alex nicht doch unterstützen wollte. In der zweiten schlugen sie vor, gemeinsam essen zu gehen, nur um zu reden. Sie boten ebenfalls Geld für einen Anwalt an. In der dritten Nachricht ließen sie mich wissen, dass sie für mich beteten und hofften, bald von mir zu hören.

Das würde nicht passieren. Auch wenn sich meine Wut gelegt hatte, weil sie einfach aufgetaucht waren, bedeutete das noch lange nicht, dass ich bereit war, wieder ein Band mit ihnen zu knüpfen.

Am Montag schienen sie begriffen zu haben, dass ich Zeit brauchte, denn an diesem Tag lag keine Nachricht vor. Auch nicht am Dienstag.

Allmählich nahm mein Leben diese neue, eigenartige Routine an. Ich war in die Schicht von 11.00 bis 19.00 Uhr beim Waffle House eingeteilt worden – und übernahm auch noch jede andere Schicht –, um so hoffentlich mein Haus behalten zu können.

Am Abend kehrte ich stets todmüde nach Hause zurück. Meine Füße brannten, und ich roch nach Fett und verbranntem Kaffee. Ich setzte mich gewöhnlich erst einmal in den Schaukelstuhl mit Mr Snuggs, dem Teddybären. Während ich die Milch abpumpte und versuchte, darüber hinwegzusehen, wie gering die Menge war, kreisten meine Gedanken um Alex.

324

Marcus kam ein paarmal vorbei. Seitdem Ben mich verlassen hatte, sah er täglich nach mir. Wir bestellten Essen (das er bezahlte), schauten uns gemeinsam Filme an und vertrieben uns die Zeit mit Brettspielen. Kelly schien immer bis spät in den Abend hinein zu arbeiten – es schien, als hätte ich sie schon ewig nicht mehr gesehen –, so dass wir beide Gesellschaft brauchten.

Ich traf mich auch mit Teddy. Er und Wendy wollten es in ihrer neu entflammten Liebe langsam angehen lassen und verbrachten absichtlich nicht ihre ganze Zeit miteinander. Ich spielte gern den Lückenbüßer.

Doch es gab auch Abende, an denen mir einfach nicht nach Menschen zumute war. Dann blieb ich allein zu Hause und versuchte, an nichts zu denken, sofern das möglich war. Weder an das fehlende Kind noch an den abwesenden Ehemann, die bis vor kurzem mein Leben ausgefüllt hatten. Ich sah mir alles an, worauf mein Finger auf der Fernbedienung verweilte, nur um in den Schlaf zu gleiten. Hirnverbrannte Sendungen wie Koch- und Heimwerkershows oder Wiederholungen von *Castle*.

Das funktionierte allerdings nicht immer. Denn die Traurigkeit übermannte mich manchmal so sehr, dass ich die Bilder auf dem Schirm einfach nicht sah. Ich weinte oder schluchzte hemmungslos in ein Kissen und war nicht in der Lage, diesen Tsunami der Traurigkeit abzuwehren, der mich wegzuspülen drohte.

In jenen Momenten vergegenwärtigte ich mir, dass man mich möglicherweise für ein Verbrechen schuldig sprach, das ich nicht begangen hatte und für das ich zweifach bestraft werden würde. Erstens mit einer fünfjährigen Haftstrafe. Und zweitens – was noch viel schlimmer war – mit dem lebenslänglichen Verlust meines Kindes.

Ich malte mir schon aus, wie ich, noch trauriger und verbitterter, nach meiner Entlassung von Spielplatz zu Spielplatz schlich, von Grundschule zu Grundschule, um nach meinem Kind zu suchen. Einem Kind, das mittlerweile fünf oder sechs Jahre alt war, so dass ich es vielleicht nicht einmal mehr erkennen würde.

Und dann? Es würde für immer so weitergehen. Ich wusste bereits jetzt ganz klar, dass der Schmerz nie aufhören würde. Ein Teil von mir würde sich immer nach Alex sehnen.

Was Ben betraf, würde das Leiden irgendwann verklingen. Doch das machte die momentane Situation nicht erträglicher. Ich vermisste ihn – seine Berührungen, seine Gesellschaft, seine Art, Schwierigkeiten positiver zu betrachten – und war gleichzeitig richtig wütend auf ihn. Nur weil ich ihm die Erlaubnis gegeben hatte, gehen zu dürfen, bedeutete das nicht, dass er das Angebot hätte annehmen sollen.

Er meldete sich tatsächlich zweimal. Einmal rief er an. Fast hätte ich abgehoben, doch dann entschied ich mich dagegen. Mir war wirklich nicht nach einem Gespräch zumute. Die Nachricht, die er hinterließ, war ein unsinniges Gefasel, das kaum zu hören war, da er so leise sprach.

»Ich wollte einfach nur deine Stimme hören. Ich bin nur … Ich fühle mich gerade schrecklich einsam. Ich hoffe … ich hoffe, dass du diese Nachricht irgendwann abhörst …, denn das bedeutet, das bedeutet …, dass es bergauf geht. Doch im Moment darf ich nicht so sehr darüber nachdenken. Das würde mich … Egal, ich vermisse dich. Sehr. Ich liebe dich. Ich denke, das wollte ich dir einfach nur sagen.«

Seine Nachricht machte mich wütend, und ich begann, zuerst auf das Telefon und dann auf Ben zu schimpfen. »Wenn du mich so sehr vermisst, warum hast du mich dann verlassen, du Blödmann?«, beendete ich meine Tirade.

Das nächste Mal schickte er mir eine SMS. Sie erreichte mich, als ich gerade das Waffle House verließ.

Hallo, ich weiß, dass du dich nicht bei mir melden wirst. Ich will dir nur sagen, dass ich an dich denke. Ich vermisse dich so sehr. Ich liebe dich.

Seine Nachricht erinnerte mich an meine Zeit im College. Ein Kerl aus einer Studentenverbindung hatte mit mir Schluss gemacht. Eine Woche später versuchte er wieder anzubandeln und behauptete, dass er mich schon immer geliebt hätte. Ich bin schon damals nicht auf diese Tour hereingefallen. Und es würde bestimmt auch jetzt nicht passieren. Obwohl es schon den einen oder anderen Moment gab, in dem ich fast schwach geworden wäre und ihn angerufen hätte.

Ansonsten lebte ich meinen neuen Alltag und behielt meine juristischen Angelegenheiten im Auge. In meiner Drogensache nahte die Anhörung des Antrags zur Nichtzulassung des Durchsuchungsbefehls als Beweis, und Mr Honeywell versuchte noch immer, den Namen des Informanten vom Büro des Sheriffs herauszubekommen.

Die Besprechungen verliefen kontrovers. Das Büro des Sheriffs sperrte sich, die Identität des Informanten preiszugeben –, die im Grunde genommen geheim sein sollte. Der Richter versprach, dass die Anhörung unter Ausschluss der Öffentlichkeit stattfände und dass die Protokolle versiegelt werden würden. Das stellte das Büro des Sheriffs schließlich zufrieden. Jedoch nicht das Büro des Staatsanwalts. Das äußerte seine Bedenken, dass bei Drogenfällen schon Rache an den Zeugen genommen wurde. Die Staatsanwältin, Amy Kaye, wollte den Namen des Informanten erst in der Verhandlung preisgeben.

Doch Mr Honeywell ging auch in dieser Streitfrage als Sieger hervor. Offensichtlich hatte das Berufungsgericht in einem Fall namens Keener entschieden, dass die Staatsanwaltschaft von Virginia nicht nur den Namen ihres Zeugen preisgeben musste, sondern das auch noch in einem angemessenen Zeitraum zu tun hatte, um der Verteidigung die Möglichkeit zu geben, sich entsprechend vorzubereiten.

Mr Honeywell und Ms Kaye zankten sich am Dienstag über diese Angelegenheit, während ich die typischen Hash Browns im Waffle House servierte. Ich kannte daher keine Einzelheiten.

Erst als meine Schicht endete, stellte ich fest, dass Mr Honeywell mir eine dringende Nachricht auf der Mailbox hinterlassen hatte. Der Richter hatte doch noch eine Lösung gefunden, die alle Seiten zufriedenstellte.

Und diese Lösung beinhaltete ein persönliches Treffen mit der Angeklagten.

Am Mittwochmorgen erwartete mich Mr Honeywell in der Eingangshalle des Gerichts.

Er hatte mich gebeten, etwas Nettes zu tragen. Und so wählte ich ein hellblaues, ärmelloses Strickkleid aus, das ich auf einem meiner Streifzüge durch die Secondhandläden erstanden hatte. Mr Honeywell trug wieder seinen grauen Anzug. Allmählich fragte ich mich, ob das der einzige Anzug war, den er besaß.

Nachdem ich durch den Metalldetektor gegangen war, erhob er sich von einer Bank und kam hinkend auf mich zu.

»Guten Morgen, Ms Barrick«, begrüßte er mich. »Sie sehen reizend aus.«

»Danke«, sagte ich und schüttelte seine Hand. »Was soll dieses Treffen hier überhaupt?«

»Ich habe keine Ahnung«, antwortete er und zuckte leicht mit den Achseln. »Richter Robbins war früher einmal Staatsanwalt in Waynesboro. Wir hatten da unsere Auseinandersetzungen. Glauben Sie mir, er neigt nicht dazu, der Verteidigung einen Gefallen zu tun. Mitunter kann er auch … na ja, formulieren wir es mal so, etwas unkonventionell sein. Er wollte Sie kennenlernen, bevor er die Identität des Informanten preisgibt. Meiner Erfahrung nach ist es das Beste, einem Richter seinen Willen zu lassen. Tja, und deshalb sind wir jetzt hier.«

Mr Honeywell ging in den ersten Stock. Ich folgte ihm in seinem langsamen Tempo. Wir saßen eine Weile in dem Empfangsbereich von Richter Robbins, der gerade etwas erledigte. Was immer auch Richter erledigten, wenn sie nicht auf dem Richterstuhl saßen. Schließlich wurden wir in sein Büro gebeten. Die Wände säumten Bücherregale, und in der Mitte stand ein stattlicher Schreibtisch aus Eiche, hinter dem ein weißhaariger Mann mit Doppelkinn saß, der durch einen Spitzbart kaschiert wurde. Er trug einen dunkelblauen Anzug.

Vor dem Schreibtisch des Richters standen drei Stühle. Auf einem davon saß Amy Kaye.

»Guten Morgen, Richter Robbins«, sagte Mr Honeywell, während er im Türrahmen stand, und nickte anschließend der Staatsanwältin zu. »Ms Kaye.«

»Kommen Sie herein!«, erwiderte der Richter. Er hatte eine hohe, leicht piepsige Stimme. Als er aufstand, um uns zu begrüßen, musste er sich anstrengen, seinen Bauch unter dem Tisch hervorzuzwängen.

»Ich möchte Ihnen Melanie Barrick vorstellen.«

»O Gott, Bill, *das* ist Ihre Mandantin?«, fragte Richter Robbins ungläubig.

Er hatte die Melanie Barrick erwartet, die er von dem Polizeifoto kannte, vermutete ich – eine Frau in einem orangefarbenen Overall und mit zerzaustem Haar. Sein Blick wanderte mindestens dreimal über meinen Körper. Ich war dankbar für Mr Honeywells kleidungstechnische Bitte und noch dankbarer für seine Fähigkeiten als Verteidiger. Jetzt begriff ich, wieso er den »optischen Aspekt« erwähnt hatte, als er mir erklärte, dass er eine Hauptverhandlung ohne Geschworene anstrebte.

In meiner Studentenzeit hätte ich mich als aktive Frauen-

329

rechtlerin über die Degradierung der Frau zum Objekt und über das patriarchalische System geärgert. Diese Themen waren mir noch immer wichtig, aber nicht so sehr wie mein Sohn.

»Ja, Herr Richter«, antwortete Mr Honeywell mit gleichbleibender Stimme.

»Freut mich, Sie kennenzulernen, Richter Robbins«, sagte ich, ohne anzudeuten, dass mir bewusst war, wie sehr er mich mit seinen Augen verschlang.

Der Richter versuchte, seine Fassung wiederzuerlangen. »Nehmen Sie bitte Platz.«

Mr Honeywell und ich setzten uns auf die Stühle, die links standen, so wie im Gerichtssaal. Kaye saß auf der rechten Seite.

»Ms Barrick, ich …«, sagte Richter Robbins, doch dann stockte er. Er wirkte noch immer etwas verwirrt. Schließlich begann er noch einmal von vorne. »Wie Ihnen bekannt ist, hat die Staatsanwaltschaft ein Problem damit, Ihnen und Ihrem Anwalt den Namen des Informanten preiszugeben«, sagte er und deutete mit dem Kopf zu Ms Kaye. »Das hat Ihnen Ihr Anwalt erklärt, oder?«

»Ja, Herr Richter«, antwortete ich.

»Ich kann die Bedenken von Ms Kaye natürlich nachvollziehen. Gleichwohl gibt es Grundrechte, die ich Ihnen nicht verwehren kann. Letztendlich muss die Staatsanwaltschaft diesen Zeugen vorladen, damit eine sogenannte Franks-Verhandlung stattfinden kann. Doch bevor ich den Namen bekanntgebe, will und muss ich Ihnen eines unmissverständlich erklären.«

»Ja, Herr Richter«, sagte ich erneut.

Er zeigte mit dem Finger auf mich. »Wir müssen uns hier im Shenandoah Valley keine Sorgen darüber machen, dass unsere Zeugen eingeschüchtert werden, und das wird auch so bleiben. Haben wir uns da verstanden? Einen Zeugen umzubringen stellt im Staat Virginia ein Kapitalverbrechen dar. Wissen Sie, was das bedeutet?«

Ich blickte zu Mr Honeywell. Seine Augen waren noch weiter hervorgetreten als sonst.

»Das bedeutet, dass Sie dafür die Todesstrafe erhalten«, fuhr der Richter fort.

Mr Honeywell umklammerte seinen Stuhl. Selbst Amy Kaye wirkte beunruhigt.

»Richter Robbins«, begann sie. »Ich glaube wirklich nicht, dass dies ...«

»Ich spreche nicht mit Ihnen, Ms Kaye, sondern mit Ms Barrick«, unterbrach er sie. »Hier oben im Norden gibt es ein paar liberale Richter, die im Umgang mit der Todesstrafe zimperlich sind. Ich gehöre nicht dazu. Sie erwecken nicht den Eindruck, als würden Sie Schwierigkeiten machen, Ms Barrick. Doch ich beurteile ein Buch nicht nach seiner Hülle. Sollte diesem Zeugen etwas zustoßen, werde ich Sie persönlich dafür verantwortlich machen. Der Zeuge wird weder bedroht noch belästigt, noch nähert sich ihm eine Person Ihres Umfelds in irgendeiner Weise. Sollte der Zeuge verschwinden, werde ich dafür sorgen, dass Sie die Giftspritze erhalten, und wenn es das Letzte ist, was ich tue. Haben wir uns verstanden?«

»Herr Richter«, ergriff Mr Honeywell das Wort, sichtbar empört. »Diese Belehrung ist äußerst unangemessen und vorverurteilend. Das werde ich nicht ...«

»Halten Sie Ihren Mund, Billy! Ich spreche auch nicht mit Ihnen«, unterbrach ihn Robbins. Dann wandte er sich wieder zu mir. »Haben wir uns verstanden, Ms Barrick?«

»Ja, Herr Richter«, antwortete ich ein drittes Mal. Was hätte ich sonst auch sagen sollen?

»Gut«, sagte er und kramte nach einer Mappe auf seinem Schreibtisch. »Ah ja, hier. Das ist der Informant. Ms Kaye war so freundlich, uns allen sein Vorstrafenregister auszudrucken. Natürlich ist der Mann kein Chorknabe. Das sind sie ja nie. Doch diese Verhandlung wird sich mit seinen Aktivitäten beschäftigen, die im Zusammenhang mit diesem Fall stehen. Seine Vorstrafen werden da nicht erörtert. Ist das klar?«

Mr Honeywell warf dem Richter einen wütenden Blick zu, ehe er ein knappes »Ja« herauspresste.

Richter Robbins schob Mr Honeywell die Mappe zu. Er griff danach und beugte sich zu mir, so dass ich ebenfalls Einblick nehmen konnte. Obenauf lag ein Polizeifoto. Als ich es sah, fiel ich fast vom Stuhl.

Der Informant war Slash, alias Richard Coduri, alias der geheimnisvolle Klempner.

Er hatte mir also nicht nur die Drogen untergejubelt, sondern auch noch das Büro des Sheriffs angerufen, ihnen den Tipp gegeben und behauptet, dass er Drogen von mir gekauft hätte.

Danach hatte er dem Büro des Sheriffs – und anschließend dem Sozialamt – die Lüge aufgetischt, dass ich mein Kind verkaufen wolle.

Für fünftausend Dollar und einen Haufen Kokain.

Ich konnte nur noch an die Schwierigkeiten denken, die ich bekommen würde, wenn Richard Coduri an einer Überdosis starb; oder wenn ihn ein Auto zufällig anfahren würde; oder wenn ihm sein Lebenswandel einen anderweitigen frühen Tod bescherte; oder wenn Teddy und Wendy zu dem Schluss kommen würden, dass die Verfolgung des Mannes das nächste Kapitel ihrer Romanze sein sollte.

Mr Honeywell räusperte sich. Ich musste ihm nicht erklären, wer dieser Mann war. Er hatte bereits begriffen, dass es derselbe war, den ich im Hardee's fotografiert hatte. Jetzt versuchte er, diese neue Erkenntnis mit den bereits bekannten Tatsachen zusammenzuführen. So wie ich.

»Danke, Herr Richter«, war alles, was er sagte.

»Ich meine es ernst, Ms Barrick. Ihnen ist jeglicher Kontakt zu dem Zeugen untersagt. Ist das klar?«

»Ja, Herr Richter«, antwortete ich.

»Gut. Ich bin froh, dass wir uns verstehen«, sagte er und stand auf. »Ich danke Ihnen allen für Ihr Kommen.«

Mr Honeywell, die Staatsanwältin und ich erhoben uns ebenfalls. Amy Kaye verabschiedete sich von dem Richter. Mr Honeywell hinkte wortlos zur Tür. Er war offensichtlich noch immer wütend und wollte nichts sagen, was er später bereuen würde. Ich folgte ihm.

Als wir wieder den Empfangsbereich des Richters betraten, dachte ich, dass wir alles hinter uns gebracht hätten. Doch dann rief Ms Kaye überraschend: »Ms Barrick, hätten Sie einen Moment Zeit für mich?«

Ich drehte mich zu ihr um. Sie war etwa zehn Jahre älter als ich, kräftig gebaut, mit dunklem, kurzgeschnittenem Haar. Wir hatten bei unserer ersten Begegnung vor einem Jahr auf derselben Seite des Gesetzes gestanden. Jetzt waren wir Gegner.

Trotzdem hatte sich ihr Verhalten mir gegenüber seltsamerweise nicht geändert. Ich konnte nicht genau erklären, was es war. Ich wusste nur, dass sie noch immer den Fünf-Sekunden-Test bestanden hatte.

»Ja?«, sagte ich.

Mr Honeywell war stehen geblieben und drehte sich ebenfalls um.

»Ich habe nicht vergessen, was Ihnen letztes Jahr im März zugestoßen ist«, sagte sie.

»Oh«, war das Einzige, was ich hervorbringen konnte.

»Am achtzehnten März«, sagte sie, sah mir direkt in die Augen und hielt Blickkontakt, um mir zu verstehen zu geben, dass sie ihre Worte ernst meinte. »Ich habe es nicht vergessen«, bekräftigte sie noch einmal.

»Danke«, sagte ich.

Sie nickte, dann ging sie hinaus.

41. KAPITEL

Ihre Äußerung hatte Amy wahrscheinlich noch mehr überrascht als Melanie Barrick.

Ich habe nicht vergessen, was Ihnen zugestoßen ist.

Sie hatte das Büro von Richter Robbins nicht mit dem Gedanken betreten, diesen Satz zu sagen. Melanie Barrick war des Drogenbesitzes in einem besonders schweren Fall angeklagt. Ja, es gab gelegentlich Täter, die in einem anderen Verbrechen Opfer waren. Doch normalerweise trennte Amy diese beiden Sachverhalte streng voneinander.

Wie hatten ihr diese Worte nur über die Lippen kommen können? Lag es bloß daran, dass Barrick ihr leidtat, weil Robbins – dieses wandelnde Pulverfass, bekannt als fanatischer Verfechter von Recht und Ordnung – ihr mit der Todesstrafe gedroht hatte?

Oder hatte sie ein schlechtes Gewissen, weil sie mit Warren Plotz danebengelegen hatte?

Oder lag es daran, weil sie zu Hause so lange auf diese mit Nadeln gespickte Wanderkarte gestarrt hatte?

Sie wusste noch immer nicht, was sie davon halten sollte. Vielleicht gar nichts. Der Vergewaltiger war vielleicht einfach nur vorsichtig. Staunton war eine Stadt – zwar keine große, aber trotzdem eine Stadt. Die Bevölkerungsdichte war höher als auf dem Land. Das bedeutete, dass die Nachbarn eher etwas mitbekamen und die Anzahl der Polizisten pro Quadratmeile größer war, wodurch man eher geschnappt werden konnte. Es gab viele praktische Gründe, sich von der Stadt fernzuhalten.

Oder bedeutete es doch etwas, dass der Mann sich scheinbar nur auf das Augusta County konzentrierte?

Das menschliche Hirn ist darauf ausgerichtet, die Welt zu begreifen und Verbindungen zwischen Ereignissen herzustellen, egal ob diese Verbindungen existieren oder nicht. Aus der Sicht der Vernunft ist es ein Fehler im System. Diese gedankliche Herangehensweise hat dazu geführt, dass Menschen in der Antike glaubten, sie könnten durch Tanzen Regen herbeiführen. Und sie hat dazu geführt, dass Menschen heutzutage glauben, Impfungen könnten Autismus auslösen.

Amy versuchte, sich vor dieser Denkweise zu hüten. Zumal ihr Hirn gerade unbedingt eine Verbindung zwischen den verschwundenen Drogen, die aus einer (vermeintlich) sicheren Asservatenkammer im Büro des Sheriffs von Augusta County gestohlen worden waren, und ihrer Wanderkarte herzustellen, deren Nadeln sich allesamt im Zuständigkeitsbereich … des Sheriffs von Augusta County befanden.

Das führte zu einer Schlussfolgerung, die sie nicht ziehen wollte. Sie dachte an Skip Kempe und Jason Powers. Ihr Erscheinungsbild passte zu der äußerst breit gefassten Beschreibung eines durchschnittlich großen weißen Mannes unter fünfzig.

Aber sie kannte doch die beiden. Oder etwa nicht? Es waren grundanständige, gesetzestreue Männer. Sie erinnerte sich an Powers' Stimme, als er ihr von Lilly Pritchett berichtete. Er war so begeistert gewesen, als er die Fingerabdrücke am Tatort fand. Sie dachte an Kempe, der gern Aldous Huxley las und in Prozessen geduldig aussagte.

Die beiden Beamten konnten unmöglich dahinterstecken. Es musste jemand anders sein, einer ihrer Kollegen.

Amy dachte an ein weiteres Ereignis, während sie vom Richterzimmer zurück zu ihrem Büro ging: die Hausdurchsuchung bei Melanie Barrick. Sie versuchte, sie im Zusammenhang mit den anderen Vorfällen zu sehen.

Barrick stellte in der Drogenwelt tatsächlich einen Sonderfall dar. Eine gebildete Frau ohne Vorstrafen, verheiratet und Mutter, fing plötzlich an zu dealen, mit einunddreißig Jahren. Amy hatte sich über diese Merkwürdigkeit nie gewundert, da die Drogen nun mal zweifellos in Barricks Haus gefunden worden waren.

Doch wer hatte sie dort entdeckt? Das Büro des Sheriffs von Augusta County. Mit Kempe als leitendem Beamten. Und mit Powers als oberstem Boss.

Lächerlich. Völlig lächerlich. Korrelation bedeutet nicht kausaler Zusammenhang. Tanzen führt nicht zu Regen. Wahrscheinlich hatte es noch weitere Vergewaltigungen gegeben – in Staunton und benachbarten Bezirken –, von denen sie nur nichts wusste. Sie musste einfach so lange weiterforschen, bis sie einen Durchbruch erzielte.

Doch einen Durchbruch hatte sie ja schon erzielt: die Fingerabdrücke. Sie würde sie an das Labor in Roanoke schicken und geduldig auf die Ergebnisse warten. Wenn sie auf diese Weise weiterarbeitete – so wie sie es im Fall von Plotz *nicht* getan hatte –, würde sie den Kerl irgendwann schnappen.

Und was war mit Melanie Barrick? Sie blieb eine merkwürdige Drogendealerin. Doch Amy durfte sich nicht mit Verschwörungstheorien abgeben. Als Staatsanwältin musste sie genügend Beweise liefern, um begründeten Zweifel auszuräumen. Ihre Aufgabe war es nicht, jede These zu widerlegen, die ein äußerst erfinderischer Geist hervorbrachte.

Außerdem stand außer Frage, zu welchem Ergebnis ein vernünftiger Mensch kommen würde aufgrund der Fakten, die diesem Fall zugrunde lagen.

Als Amy ihr Büro betrat, fand sie eine Notiz auf ihrem Schreibtisch vor. Aaron Dansby bat um eine Audienz.

Da sie bereits am Dienstagnachmittag eine solche Notiz ignoriert hatte, beschloss sie, das Gespräch hinter sich zu bringen. Sie ging zu seinem Büro.

Dansby trug einen seiner teuren Anzüge und eine Fliege. Claire hatte mal wieder zugeschlagen.

»Hallo«, sagte er, als er Amy in der Tür sah. »Nimm Platz! Ich wollte nur auf neuesten Stand gebracht werden. Die Rechtsbeschwerde von Mookie Myers, was gibt es da Neues? Hat Powers diese Drogen schon wiedergefunden?«

»Nein, tut mir leid«, antwortete Amy und setzte sich. »Vielleicht sollten wir langsam der Tatsache ins Auge sehen, dass sie für immer verschwunden bleiben.«

Dansby trommelte mit einem Kuli auf den Schreibtisch. »Klär mich bitte auf! Wann wird die Sache herauskommen?«

»Erst nach Mitte April, wenn du dir wegen des Zeitrahmens Sorgen machst«, sagte Amy. »Ich habe noch nicht einmal unsere Antwort auf die Beschwerde verfasst. Ich habe dafür ein paar Wochen Zeit. Das Berufungsgericht wird dann einen Termin für die mündliche Verhandlung festlegen, die aber erst in ein paar Monaten stattfinden wird. Danach wird es noch mal eine Weile dauern, bis das Gericht seine Entscheidung verkündet. Sollte diese Entscheidung gegen uns ausfallen, geht die Sache zurück zum Bezirksgericht. Das legt dann einen Termin für den Prozess fest, der aber erst nach November über die Bühne gehen wird. Da bin ich mir sicher.«

»Tatsächlich?«, sagte er, und seine Miene hellte sich auf. »Glaubst du, dass du das so lange hinausschieben kannst?«

»Ich schiebe da nichts hinaus. Es dauert einfach so lange.«

»Das sind ja großartige Neuigkeiten«, sagte er.

Eigentlich hätte sich Amy über Dansbys Reaktion ärgern müssen, nur war sie davon nicht überrascht. Ihm war es egal, ob sie verlieren würden, solange er seine Wahl gewann.

»Ich treffe mich gleich mit dem Rotary Club und möchte ihnen etwas Positives berichten. Wie steht's um die Koks-Mami?«

Amy musste nicht erklärt werden, dass es zwischen dem Rotary Club und dem Personenkreis, der über Dansbys politische Zukunft entschied, eine große Schnittmenge gab.

»Nächste Woche Freitag findet eine Anhörung zu einem Antrag statt, den die Verteidigung eingereicht hat«, antwortete sie.

»Was hat sie denn beantragt?«

»Dass der Durchsuchungsbefehl als zulässiger Beweis ausgeschlossen werden soll. Sie begründen es damit, dass alles, was der Informant dem Büro des Sheriffs erzählt hat, frei erfunden ist.«

»Wie bitte?«, rief Dansby entgeistert und setzte sich auf. »Ist das möglich?«

»Ich bezweifle es. Kempe sagt, dass der Kerl vertrauenswürdig ist.«

Dansby nickte, doch seine Miene verriet Amy, dass er noch immer nachgrübelte.

»Dann muss Kempe also in dieser Verhandlung aussagen?«, fragte er.

»Er und der Informant, ja.«

»Der Informant sagt aus?«

»Ja.«

»Er bleibt also nicht mehr geheim? Das ist doch widersinnig. Können wir das verhindern?«

»Das haben wir bereits versucht«, antwortete Amy. »Doch wenn die Verteidigung die Glaubwürdigkeit des Informanten zum Thema macht, muss das Büro des Sheriffs letztendlich die Karten auf den Tisch legen. Melanie Barrick hat das Recht, zu wissen, wer sie eines Verbrechens beschuldigt.«

»Wirst du den Informanten in den Zeugenstand rufen?«

»Das ist die Aufgabe der Verteidigung. Der Informant ist in dieser Verhandlung tatsächlich ihr Zeuge. Auch Kempe übrigens. Das macht es für die Verteidigung schwieriger. Denn so kann sie sich nicht einfach nur zurücklehnen und wie sonst bloß

Seitenhiebe austeilen. Sie muss tatsächlich eine Argumentationskette aufbauen.«

»Ja, aber was passiert, wenn der Informant unter dem Druck zusammenbricht oder wenn er hereingelegt wird? Jeder gute Anwalt ist in der Lage, einen durcheinanderzubringen.«

»Dann liegt es an mir, die Glaubwürdigkeit dieses Mannes im Kreuzverhör wiederherzustellen.«

»Ja, aber wenn es wirklich schlecht läuft. Ich meine …, diese Informanten sind ja meist Junkies oder verkrachte Existenzen, nicht? Wenn dieser Typ es im Zeugenstand richtig vermasselt, was geschieht dann?«

»Rein theoretisch? Dann kann es sein, dass wir den Durchsuchungsbefehl verlieren. Und damit auch den Fall. Aber das wird nicht passieren. Nicht mit Robbins als Vorsitzendem Richter. Du hättest ihn vorhin hören sollen. Ich war dabei, als er Melanie Barrick in seinem Büro erklärt hat, persönlich dafür zu sorgen, dass sie zum Tode verurteilt wird, sollte dem Informanten vor seiner Aussage etwas zustoßen.«

Amy schüttelte den Kopf.

Dansby lächelte. »Ich mochte den Kerl schon immer.«

»Robbins wird nicht zulassen, dass wir diesen Durchsuchungsbefehl verlieren«, sagte sie.

»Okay. Also kann ich dem Rotary Club sagen, dass alles nach einer Verurteilung aussieht?«

Amy dachte über berechtigte Zweifel nach. Und über Regentänze.

»Auf jeden Fall«, erwiderte sie. »Die ist so gut wie sicher.«

42. KAPITEL

Mittwochnacht war eine weitere sich als Schlummer tarnende Foltersitzung, in der meine Gedanken von einem schrecklichen Thema zum nächsten sprangen.

Alex – und die Frage, wo er gerade war, was man mit ihm machte und ob man sich gut um ihn kümmerte – stand natürlich wie immer an oberster Stelle.

Doch auch die Drohung von Richter Robbins beschäftigte mich.

Da ich kaum geschlafen hatte, schwollen meine Füße am Donnerstag noch schlimmer an. Als ich abends vom Waffle House nach Hause fuhr, zog sich die Schwellung bis hinauf zu den Knien.

Dafür hatte ich, dank einer Reisegesellschaft, die gegen Mittag hereingetrudelt war und ungewöhnlich viel Trinkgeld gegeben hatte, 81,77 Dollar verdient.

Bevor ich in die Einfahrt bog, sah ich in meinem Briefkasten nach. Es war keine neue Nachricht von meinen Eltern darin; nur eine Kreditkartenabrechnung und Werbung.

Als ich das Haus betrat, öffnete ich den Brief mit der Abrechnung und musste augenblicklich nach Luft schnappen. Normalerweise bezahle ich nicht viel mit meiner Karte, und angesichts der düsteren finanziellen Lage, in der ich steckte, war ich in letzter Zeit besonders zurückhaltend gewesen.

Deshalb wusste ich sofort, dass der Betrag nicht stimmen konnte. Er lag mindestens siebenhundert Dollar über der Summe, die ich erwartet hatte, und damit weit über der Summe, die ich mir leisten konnte, wenn ich die Hypothek im April zahlen wollte.

Leicht panisch vertiefte ich mich in die Abrechnung. Die erste mir unbekannte Lastschrift stammte von einer Tankstelle in Pennsylvania. Es folgten weitere Lastschriften von Hotels, Fastfood-Restaurants und Tankstellen in New Jersey, einem Bundesstaat, in dem ich mich bestimmt nicht aufgehalten hatte.

Aber offensichtlich Ben.

Mein Noch-Ehemann hatte vom zehnten bis zwölften März in einem Hotel in Camden übernachtet. Am dreizehnten und vierzehnten März war er in Elizabeth gewesen. Wo er danach hingefahren war, wusste ich nicht, da der Abrechnungszeitraum am vierzehnten März endete.

Camden war nachvollziehbar, denn es lag gegenüber von Philadelphia. Möglicherweise hatte er nach einer günstigeren Unterkunft gesucht, während er Vorbereitungen traf, um bei Professor Kremer in Temple anzufangen.

Aber was machte er dann in Elizabeth? Ich griff nach meinem Handy, um herauszufinden, wo die Stadt genau lag. Und tatsächlich, sie befand sich anderthalb Autostunden entfernt von Philadelphia im Norden. Gab es da etwa noch ein anderes College oder eine Uni?

Sogar mehrere, wie ich feststellte. Kenan College, Seton Hall, Rutgers-Newark lagen alle im Umkreis. Und es gab noch mehr. Ich hätte Ben anrufen können, um herauszufinden, wo er war, doch ich wollte einfach nicht mit ihm sprechen. Unser Gespräch hätte nur darin geendet, dass ich ihn anschrie.

Und so entschied ich mich für das Nächstbeste. Ich rief das Kreditkartenunternehmen an, erklärte ihnen die Situation und löste das Konto auf. War das ein passiv-aggressives Verhalten? Bestimmt. War es befriedigend? Auf jeden Fall.

Danach ging ich nach oben ins Kinderzimmer, wo Mr Snuggs schon auf mich wartete. Ich sah in seine kleinen Glasaugen.

»Du würdest nie mit meiner Kreditkarte Schindluder treiben, oder?«, fragte ich ihn.

Mr Snuggs gab keine Antwort.

»Woher soll ich diese verdammten siebenhundert Dollar herbekommen?«

Mr Snuggs gab wieder keine Antwort.

Mein Handy klingelte. Es war Marcus.

»Hallo«, sagte ich.

»Hallo. Was machst du gerade?«

»Ich unterhalte mich mit einem Teddybären.«

»Soll ich vorbeikommen und was zum Essen mitbringen? Vielleicht vom Thai? Kelly muss wieder lange arbeiten. Wir wären also nur zu zweit.«

»Nette Idee, aber … ehrlich gesagt, bin ich total erledigt. Ich habe gestern Nacht kaum geschlafen.«

»Kein Problem«, sagte er. »Alles in Ordnung? Du klingst deprimiert. Ist was passiert?«

Ich blickte auf die Rechnung, die ich auf den Boden geworfen hatte. Marcus hatte bestimmt siebenhundert Dollar. Und er würde sie mir, ohne zu zögern, leihen, wenn ich ihn fragte.

Doch ich konnte ihn nicht fragen. Ich schuldete ihm schon zu viel.

»Nein, ich bin nur müde«, antwortete ich.

»Okay«, sagte er. »Du weißt, dass du nur fragen musst, wenn du etwas brauchst, nicht?«

»Ja, das weiß ich. Danke, Marcus. Du bist großartig.«

»Bis bald dann«, sagte er.

»Noch einen schönen Abend!«

»Dir auch.«

Mr Snuggs war weggekippt. Ich richtete ihn wieder auf und tätschelte ihm noch einmal sanft den Kopf.

43. KAPITEL

Richard Coduris Geld wurde langsam knapp. Nicht nur das, auch sein Koksvorrat.

Er hatte aufgehört, den Stoff zu rationieren. Sein Konsum wurde lediglich durch seine ständig blutende Nase gebremst. Er sniffte mittlerweile genauso viel Blut wie Kokain, wenn er sich eine Line reinzog.

Die Party neigte sich dem Ende zu.

Sofern er nicht eine Möglichkeit fand, sie weiter in Gang zu halten.

Das brachte ihn auf die Idee, den Mann noch einmal anzurufen. Er erklärte ihm, dass er mehr Geld haben wolle. Der Mann weigerte sich. Coduri war sauer, aber was konnte er schon machen?

Dann flatterte die Vorladung in Zimmer 307, das er im Howard Johnson bewohnte. Ihm war schleierhaft, wie die Bullen überhaupt wissen konnten, dass er sich dort eingemietet hatte.

Er hielt das für einen guten Grund, den Mann erneut anzurufen. Dieses Mal hinterließ er eine Nachricht, die eher wie eine Drohung klang, obwohl er nicht direkt sagte: *Hallo, ich bin's, Slash. Man hat mich vorgeladen. Entweder schieben Sie noch mehr Geld rüber, oder ich werde allen erzählen, wofür Sie mich bezahlt haben.*

Vielleicht hatte er aber doch so etwas in der Art gesagt.

Der Mann rief zurück. Wütend erklärte er Coduri, dass sie eine andere Abmachung hätten und dass ihm seine Dienste mehr als angemessen vergütet worden wären. Der Mann erinnerte Coduri daran, dass er ins Gefängnis wandern würde, wenn irgendwas herauskäme. Er erinnerte ihn auch daran, dass er nicht einmal den Namen seines Auftraggebers wissen würde und was er den Behörden denn überhaupt erzählen wolle? Dass *irgendein Typ* ihn dafür bezahlt habe, im Haus der Frau Drogen zu deponieren? Was würde das bringen?

Coduri erwiderte, dass ihm das egal sei. Das Gefängnis würde ihm gefallen, fügte er hinzu

Das war natürlich ein Bluff. Coduri würde niemals zurück in den Knast gehen.

Doch das wusste der Mann nicht, der alle möglichen wütenden Geräusche von sich gab und das Gespräch mit der Warnung beendete, dass Coduri ihn nie wieder anrufen solle. Egal. Coduri wusste, dass der Kerl einknicken würde. In einem Kräftemessen gewinnt stets derjenige, der weniger zu verlieren hat.

Und so lächelte er, völlig zugedröhnt, als er Donnerstagnacht, vielleicht war es auch früher Freitagmorgen, die Nummer des Mannes im Display seines Handys aufleuchten sah.

Sein Bluff hatte funktioniert. Er würde bald wieder reich sein. Doch dieses Mal würde er dafür sorgen, dass es so blieb.

»Slash hier«, meldete er sich.

»Ich habe über das, was Sie gesagt haben, nachgedacht«, begann der Mann.

»Ach ja? Und was ist dabei herausgekommen?«

»Ich werde Ihnen das Geld geben. Aber vorher müssen Sie noch was erledigen.«

»So wie beim letzten Mal?«

»Ja. Im Grunde schon. Natürlich bei einer anderen Person.«

»Die Bezahlung ist aber schon die gleiche?«

»Ja.«

Ein Lächeln breitete sich auf Coduris Gesicht aus, so dass die wenigen Zähne aufblitzten, die er noch hatte.

»Okay?«, sagte er. »Was soll ich machen?«

»Das will ich übers Telefon nicht besprechen«, erwiderte

der Mann. »Sind Sie noch immer im Howard Johnson? Zimmer 307?«

»Ja.«

»Dann bis gleich. Ich bin in einer Viertelstunde da.«

Es war eher eine halbe Stunde später, als gegen Coduris Tür geklopft wurde.

Er spähte kurz durch den Spion. Der Mann hatte seinen Hut tief ins Gesicht gezogen und eine Sonnenbrille aufgesetzt. Wie beim letzten Mal.

Doch er trug dieses Mal auch ein Jackett mit vielen Taschen, dessen Kragen er hochgeschlagen hatte. Die Hände des Mannes steckten in beiden Taschen. Eine davon schien sich auszubeulen, stellte Coduri misstrauisch fest.

Er schob die Kette leise zurück. Dann riss er die Tür auf, packte den Mann beim Revers und zerrte ihn ins Zimmer. Der Mann taumelte durch den Raum und stützte sich an der Kommode ab, um nicht hinzufallen.

Der Mann drehte sich um, doch Coduri bedrängte ihn bereits und tastete das Jackett ab. Der Kerl würde auf keinen Fall schneller seine Waffe ziehen als Slash.

»Hören Sie damit auf!«, rief der Mann, doch Coduri suchte ihn weiter ab.

Seine Taschen waren leer. Die Ausbeulung stellte sich als Luft heraus.

»Ich will mich nur vergewissern, dass Sie nicht bewaffnet sind«, sagte Coduri und trat zurück. Der Mann glättete seine Jacke und zog den Hut wieder ins Gesicht.

»Ich bin nicht bewaffnet. Wie zugedröhnt sind Sie eigentlich, verdammt nochmal?«

»Völlig egal. Wie sieht der Plan aus? Wo ist mein Geld? Wo ist mein Stoff?«

»Ganz ruhig! Den musste ich verstecken«, antwortete der

Mann. »Meine Frau hat in der letzten Zeit öfter im Haus herumgeschnüffelt.«

»Okay.«

»Wir müssen einen Spaziergang machen«, sagte der Mann.

»Wohin?«

»Das werden Sie dann schon sehen. Kommen Sie!«

Coduri folgte dem Mann, der schnell und mit gesenktem Kopf die Straße entlangging. Sie kamen an dunklen Häusern und geschlossenen Ladenfronten vorbei. Wenn Coduri ihm eine Frage stellte, antwortete der Mann jedes Mal, dass er die Klappe halten und weitergehen solle.

Schließlich erreichten sie die eisernen Tore, die in den Thornrose Cemetery führten. Der Mann spazierte daran vorbei und sprang über die niedrige Mauer, die den Friedhof umgab.

Coduri blieb stehen.

»Wohin gehen Sie?«, fragte er.

»Nur noch den Weg da lang.«

»Ich geh' da nicht rein.«

»Das müssen Sie aber, wenn Sie bezahlt werden wollen.«

»Wovon reden Sie?«, fragte Coduri.

»Ich habe alles in der Familiengruft versteckt. Das war der einzig sichere Ort, der mir einfiel. Ich habe den Schlüssel dabei.«

Coduri bewegte sich nicht. Er wusste, dass ein Friedhof nicht grundsätzlich gefährlich war. Trotzdem war es ein unheimlicher Ort.

»Haben Sie etwa Angst vor ein paar alten Grabsteinen?«, stichelte der Mann. »Wollen Sie jetzt, dass ich Ihnen den Stoff gebe oder nicht?«

»Ja, will ich«, antwortete Coduri, sprang über die Mauer und folgte dem Mann. Sie gingen quer den Hügel hinauf.

»Es ist gleich da hinten«, sagte der Mann.

Sie gingen tiefer in den Friedhof hinein. Nur noch der sichelförmige Mond spendete Licht. Die Straßenlampen waren mittlerweile zu weit entfernt. Der Mann hatte seine Sonnenbrille abgesetzt.

Coduri befiel ein unbehagliches Gefühl. Er hätte umkehren können, doch er wusste, dass das Gefühl des Drogenentzugs ihm noch weniger gefiel.

Die Party *musste* weitergehen.

»Wir sind da«, sagte der Mann schließlich.

Er war vor einem großen Mausoleum aus Kalkstein stehen geblieben. Davor befand sich ein Denkmal. Coduri konnte den Namen erkennen, der eingraviert war. ECHOLS.

Der Typ hieß also Echols?

Der Mann war ein paar Treppenstufen hinaufgegangen und beugte sich nach unten, um etwas aufzuheben.

»Ich hole nur gerade meine Taschenlampe«, sagte er. »Dieser Schlüssel ist ziemlich knifflig. Könnten Sie das für mich halten?«

»Klar.«

Der Mann richtete den Strahl der Lampe direkt in Coduris Gesicht, so dass er geblendet war. Er schreckte bei dem grellen Lichtschein zurück, blinzelte und hielt die Hände schützend vor die Augen.

Aus dem Grund sah er auch nicht den Baseballschläger auf sich zukommen. Nicht einmal, als er krachend auf seinem Kopf landete.

Coduri taumelte, fiel aber nicht hin. In seinem zugedröhnten Zustand war sehr viel mehr nötig als ein einhändiger Schlag, um ihn aufzuhalten.

Er stürzte sich auf den Mann, noch immer geblendet von dem Licht. Coduri streckte die Hände aus, um seine Finger in die Augäpfel des Mannes zu bohren. Doch er verfehlte sein Ziel knapp und fügte ihm lediglich einen harmlosen Kratzer am Hals zu.

Mittlerweile hatte der Mann die Taschenlampe abgelegt. Jetzt benutzte er beide Hände.

Der nächste Schlag schmetterte Coduri nieder. Der Schlag danach zertrümmerte endgültig seinen Schädel.

44. KAPITEL

Ich schlief in jener Nacht wie eine Tote.

Der nächste Morgen war dann noch mal eine Sache für sich. Als ich aufwachte und auf den Wecker schaute – 6.28 Uhr –, sagte ich mir, dass ich aufstehen und den Tag produktiv beginnen sollte. Vielleicht mit einer Runde Yoga vor der Arbeit.

Dann schlief ich wieder ein.

Und hatte diesen Traum, der zu einem grässlichen Unkraut meines Unterbewusstseins geworden war. Jedes Mal wenn ich dachte, ich hätte dieses Unkraut mit den Wurzeln herausgerissen, kehrte es doppelt so groß zurück.

In dem Traum hörte ich das Flüstern des Mannes, der mich vergewaltigt hatte, und konnte aber, wie im wahren Leben, sein Gesicht nicht erkennen. Er war lediglich eine Gestalt, die sich in der Dunkelheit über mich beugte und mir zuflüsterte. Seine Stimme schien aus dem Nichts zu kommen – sie war gleichzeitig überall und nirgends.

Einzelne Teile des Traums änderten sich mitunter. So lag zum Beispiel der Ort, an dem der Traum stattfand, mal im Haus meiner Eltern in Northumberland, mal in einem der Pflegeheime, in denen ich untergebracht war; eher seltener tauchte meine Erdgeschosswohnung auf, in der die Vergewaltigung sich tatsächlich ereignet hatte.

Doch das Flüstern blieb immer dasselbe. Das würde ich nie vergessen.

Ich träumte stets von den Augenblicken kurz vor der Vergewaltigung. Er durchquerte den Raum, legte die Hand auf meinen Mund, und ich spürte das Leder des Handschuhs auf den Lippen. Der Traum endete stets vor der eigentlichen Vergewaltigung und kreiste um die Angst vor diesem fürchterlichen Ereignis.

Als ich die Augen wieder öffnete, war es 10.47 Uhr. Ich war schweißgebadet. Meine Schicht begann um elf Uhr. Das Waffle House war nur wenige Autominuten von der Desper Hollow entfernt, so dass ich noch immer rechtzeitig da sein könnte. Ich hatte bloß keine Zeit mehr zum Duschen. Ich hoffte, dass die Gäste meinen Angstschweiß nicht bemerken würden.

Manchmal war es zu schmerzhaft, an Alex zu denken, doch auf dem Weg zur Arbeit rief ich mir eine schöne Erinnerung ins Gedächtnis, als ich schwanger war.

Ich hatte gerade das Wunder erlebt, das alle Mütter erlebten, wenn ihr Kind sich zum ersten Mal im Mutterleib bewegte. Doch Alex' zarte Tritte –, die mir so gewaltig vorkamen, dass ich glaubte, die ganze Welt müsste sie spüren – konnte Ben noch nicht ertasten. Jedes Mal wenn ich seine Hand auf meinen Bauch legte, lächelte er mich nachsichtig an und gab schließlich zu, dass er nichts fühlte.

Dann, eines Sonntagmorgens, wir lagen faul im Bett, war Alex besonders aktiv. Mittlerweile war er schon so gewachsen, dass er ordentlich herumboxte. Also legte ich Bens Hand erneut auf meinen Bauch.

Keine drei Sekunden später drehte sich Alex. Ben erschrak so sehr, dass er tatsächlich aufschrie und die Hand wegzog. Er sagte, dass es sich wie eine Schlange anfühlen würde, die durch seine Hand glitt. Also nannten wir Alex eine Zeitlang »die Schlange«, einer von einem halben Dutzend Spitznamen, die wir ihm gaben.

Ab da fragte Ben mich ständig, ob Alex wach war und sich bewegte. Wenn ich ja sagte, sprach er mit ihm und wollte von ihm abgeklatscht werden.

Manchmal tat ich so, als würde ich die Geduld verlieren, und bat ihn, so lange zu warten, bis ich geduscht war, um mit seinem

Kumpel zu reden. Oder ich ging zur Toilette. Doch meistens freute ich mich, wenn er mich fragte. Die letzten drei Monate der Schwangerschaft hatte ich, anders als davor, endlich das Gefühl, dass wir sie gemeinsam erlebten.

Als ich auf den Parkplatz des Waffle House bog, schwelgte ich so sehr in meiner Erinnerung, dass ich den drei Wagen des Sheriffs von Augusta County keine besondere Beachtung schenkte. Sie waren kein ungewöhnlicher Anblick. Das Waffle House lag neben dem Highway, der Hauptverkehrsader des Bezirks, nur eine Ausfahrt von ihrer Zentrale entfernt.

Ich stieg aus meinem Wagen. Im nächsten Augenblick näherten sich sechs Typen in schwarzen Kampfanzügen. Sie kamen aus sämtlichen Richtungen. Einige umfassten ihre Halfter.

»Melanie Barrick, legen Sie die Hände auf Ihr Fahrzeug«, blaffte einer.

Ich war so verwirrt, dass ich nicht sofort reagierte. Ich stand einfach nur da in meiner schmierigen Uniform und fragte mich, was jetzt wieder los war. Der Kerl, der vorneweg ging, trat derart blitzartig auf mich zu, dass ich ihm nicht mehr ausweichen konnte. Er packte mich an den Handgelenken, knallte meine Hände auf die Motorhaube und drängte sich gegen mich, so dass ich mich vornüberbeugte.

»Keine Bewegung!«, befahl er.

Er tastete meinen Oberkörper und meine Beine ab. Ein widerlicher Schauer durchfuhr mich. Dann zerrte er mich hoch, riss meine Arme nach hinten und legte mir Handschellen an.

Als er mich zu seinem Wagen schob, fand ich endlich die Sprache wieder. »Was ist los?«, fragte ich. »Was soll das hier?«

Er antwortete nicht.

»Würden Sie bitte damit aufhören«, rief ich sinnlos. »Können Sie mir wenigstens sagen, was los ist?«

Schließlich sagte er: »Wir verhaften Sie wegen Mordes an Richard Coduri.«

45. KAPITEL

Kurz bevor Amy Kaye an diesem Freitagmorgen verschiedene Fälle im Bezirksgericht zu verhandeln hatte, teilte ihr einer der Beamten des Sheriffs die Neuigkeiten mit.

Eine Leiche – mit zertrümmertem Schädel – war auf dem Thornrose Cemetery gefunden worden, in unmittelbarer Nähe des Denkmals von John Echols, dem General der Konföderierten Staaten.

Mehr wusste der Beamte nicht. Doch nach der Hälfte der morgendlichen Verhandlungen zog der Richter sich für eine kurze Pause zurück, so dass Amy ihre Nachrichten kontrollieren konnte. Sie erfuhr, dass das Opfer identifiziert worden war und dass es sich um Richard Coduri handelte.

Amy versuchte, Jason Powers auf seinem Handy zu erreichen. Er wusste zwar, dass Coduri der Informant im Fall der Koks-Mami gewesen war. Doch möglicherweise wusste er nicht, dass man erst vor zwei Tagen Melanie Barrick den Namen des Informanten preisgegeben hatte.

Powers meldete sich nicht. Deshalb unternahm sie den ungewöhnlichen Schritt und rief ihn zu Hause an. Seine Frau nahm den Anruf entgegen und erklärte ihr, dass er, wie immer, noch spät auf Patrouille gewesen sei und deshalb noch schliefe. Doch er würde sie zurückrufen, sobald er aufwachen würde.

Amy ging zurück ins Gericht. Sie war besorgt, dass dieser wichtige Zeitraum, diese ersten kostbaren Stunden nach einem Verbrechen, verstreichen würde, ohne dass jemand die Zusammenhänge begriff.

Ihre Sorge war grundlos. Coduri hatte ebenfalls für die

Staunton City Police als Informant gearbeitet. Als die Polizei und das Büro des Sheriffs ihr gemeinsames Interesse an dem Opfer entdeckten, beschlossen sie, sich in der Ermittlungsarbeit zusammenzutun. Während Amy vor einem Richter stand, um Menschen zur Rechenschaft zu ziehen, die es versäumt hatten, ihre Autos rechtzeitig über den TÜV zu bringen, arbeiteten die beiden Behörden vereint zusammen.

Eine weitere Nachricht erreichte Amy in ihrer Mittagspause: Melanie Barrick war verhaftet worden.

Um 16.00 Uhr rief Powers zurück.

»Hallo«, sagte er.

»Hallo. Ihr scheint heute ziemlich beschäftigt zu sein.«

»Ja. Aber unser Lieblingsdealer war gestern Nacht offensichtlich noch beschäftigter.«

»Stimmt«, erwiderte Amy. »Ich bin den ganzen Tag im Gericht gewesen und konnte dir deshalb noch nicht deine Dosis staatsanwaltlicher Warnhinweise geben. Also: Bist du dir sicher, dass sie ihn umgebracht hat? Versteh mich nicht falsch, ich begreife, warum sie die Hauptverdächtige ist. Doch Richter Robbins hat ihr erst vorgestern unmissverständlich erklärt, dass er sie persönlich zur Verantwortung ziehen wird, wenn Coduri etwas zustößt.«

»Ja, das hat man mir heute schon dreimal erzählt. Hätte er einen elektrischen Stuhl, würde er ihn sofort einschalten.«

»Also kennst du seine Einstellung. Melanie Barrick aber auch. Scheint das nicht, na ja, ein bisschen dreist zu sein? Einen Kerl zu töten, obwohl der Richter ihr klipp und klar gesagt hat, wie die Gesetzeslage aussieht?«

»Ja, aber Verbrecher scheren sich nun mal nicht darum. Deshalb sind es ja Verbrecher.«

»Klar«, sagte Amy. »Und ich weiß auch, dass sie sich zum Schluss wohl als seine Mörderin herausstellen wird. Doch ich möchte sicherstellen, dass wir wenigstens andere mögliche Verdächtige in Betracht ziehen, okay? Typen wie Richard Coduri sind nicht für eine hohe Lebenserwartung bekannt. Vielleicht gibt es noch andere Leute, die ihm gern den Schädel eingeschlagen hätten. Könnte es jemand sein, über den er uns Informationen geliefert hat? Lass uns hier nicht betriebsblind werden.«

»Ach, das weißt du ja noch gar nicht.«

»Was?«

»Der Rechtsmediziner hat eben angerufen. Coduri hatte einen Zettel in seiner Tasche. Melanie Barricks Name, ihre Telefonnummer und die Wörter ›Mitternacht‹ und ›Thornrose‹ standen darauf.«

Amy verarbeitete schnell diese Neuigkeit. Das war genau jene Art von Beweis, nach der die Geschworenen sich die Finger leckten: Das Opfer schrie förmlich aus seinem Grab heraus, um auszusagen.

»Was glaubst du?«, fragte sie. »Dass Coduri von Melanie Barrick, von der Frau, die er der Polizei ans Messer geliefert hat, einen Anruf erhalten hat?? Dass er sich mit ihr um Mitternacht auf einem Friedhof getroffen hat, um zu sehen, ob sie Rezepte mit ihm austauschen will? Würde er wirklich so dumm sein?«

»Du hast Rick Coduri nicht gekannt«, antwortete Powers kichernd. »Gott hab ihn selig, aber er war so dumm wie Bohnenstroh.«

»Ich meine das ernst.«

»Ich auch. Es ist durchaus möglich, dass er nicht wusste, wen er uns da ans Messer geliefert hat. Melanie Barrick hat wahrscheinlich einen Decknamen benutzt, als sie ihm die Drogen verkauft hat. Ihr echter Name sagte ihm nichts.«

»Wie kann denn das sein? Der stand doch überall in den Zeitungen.«

»Rick Coduri war nicht der Typ, der Zeitung gelesen hat«, sagte Powers. »Wahrscheinlich hat er gedacht, dass es um ein

Geschäft gehen würde, und da hat er sich nicht beherrschen können. Ein Kerl wie Coduri würde sogar seine eigene Mutter für hundert Dollar verkaufen. Wenn er geglaubt hat, dass ihm ein Besuch auf dem Friedhof Bares bescheren würde, dürfte er um seine eigene Sicherheit nicht so besorgt gewesen sein. Zumal er sich mit einer Frau getroffen hat. Da ging er wohl davon aus, dass er sie überwältigen könnte. Er hat ja nicht wissen können, dass sie einen Baseballschläger dabeihaben würde.«

»Steht der Baseballschläger schon als Tatwaffe fest? Das hat man mir noch nicht gesagt.«

»Nein, das ist nur meine Theorie. Der Rechtsmediziner hat von stumpfer Gewalteinwirkung gesprochen – als wären wir nicht schon selbst darauf gekommen. Wäre Coduris Kopf nur ein- oder zweimal getroffen worden, könnte man eine Vermutung zur Tatwaffe anstellen. Doch sein Schädel wurde derart zertrümmert, dass wir wohl nicht in der Lage sein werden, die Tatwaffe zu bestimmen. Die Koks-Mami hat richtig auf ihn eingeprügelt.«

»Sollte sie es denn gewesen sein«, fühlte sich Amy bemüßigt einzuwerfen.

»Komm schon, wer könnte es sonst gewesen sein?«

»Genau das ist der springende Punkt. Denn wir müssen nicht nur ihre Schuld beweisen. Nein, wir müssen auch beweisen, dass wir keine anderen Möglichkeiten außer Acht gelassen haben. Sollte es wirklich zu einem Mordprozess kommen, werden ihr zwei Verteidiger zur Seite stehen. Sobald sie verurteilt ist, kommt es zur automatischen Berufung vor dem Obersten Gerichtshof, und die vielen schlauen Anwälte von Virginia, die gegen die Todesstrafe sind, treten auf den Plan. Einer davon wird bestimmt eine Möglichkeit finden, den Fall auf staatliche Ebene zu heben, so dass es noch mehr Berufungen geben wird. Unsere Aktivitäten der nächsten beiden Wochen werden über zehn Jahre hinweg von Menschen unter die Lupe genommen, die uns nicht einmal im Traum einfallen. Wir müssen sicherstellen, dass wir keine Fehler machen.«

»Ich weiß, ich weiß. Und aus diesem Grund habe ich eine Menge Leute auf eine sinnlose Suche geschickt. Wir haben das Bildmaterial der Kameras vom Friedhof durchgesehen. Selbstverständlich ergebnislos, angesichts der Tatzeit. Unsere Ermittler und ein paar der Beamten aus der Stadt suchen gerade Coduris Hotelzimmer auf Fingerabdrücke und alle möglichen anderen Rückstände ab. Außerdem durchkämmen wir gerade den Friedhof nach der Tatwaffe, und wir sprechen mit den Menschen in der Nachbarschaft. Vielleicht ist ihnen was aufgefallen. Sollten unsere Ermittlungen zu einem anderen Tatverdächtigen führen, verspreche ich dir, dass wir der Sache nachgehen werden.«

»Okay«, sagte Amy. »Halt mich auf dem Laufenden, ja?«

»Mach' ich.«

Als Amy auflegte, hatte sie noch immer ein ungutes Gefühl. Doch das hatte nichts mit dem Verdacht zu tun, den sie vor kurzem gegen Powers und sein Büro gehegt hatte und von dem sie sich hatte (weitestgehend) befreien können. Das hatte mit ihrer jahrelangen Erfahrung zu tun.

Es gab kaum einen schlimmeren Fehler als eine Ermittlung, die von einer zu sicheren Annahme ausging, oder einen Ermittler, der so tat, als wüsste er schon sämtliche Antworten.

46. KAPITEL

Ich verschloss die Augen vor der Realität, während die Beamten mich den Nachmittag über kritisch musterten und von einer Stelle zur nächsten schoben.

Obwohl ich schon vorher fälschlicherweise eines Verbrechens beschuldigt worden war, hielt ich noch immer an dem Glauben fest, dass sich alles aufklären würde. Dass ein Beweis gefunden werden würde, der den wahren Täter entlarvte. Dass ein Zeuge sich melden würde. Dass eine kluge Person – vielleicht Amy Kaye – begreifen würde, was wirklich vor sich ging.

Dass irgendetwas passieren würde.

Mir war noch ein kurzes Treffen mit Mr Honeywell gestattet, während ich im Büro des Sheriffs war. Ich versicherte ihm, dass ich mit Coduris Tod nichts zu tun hätte. Ich sei allein gewesen und um neun Uhr abends schlafen gegangen, was überhaupt nicht hilfreich war. Ich wünschte mir, ich hätte Marcus' Angebot angenommen und mit ihm bei mir thailändisch gegessen.

Ich fragte Mr Honeywell, ob er mit Bobby Ray Walters Kontakt aufnehmen und die Aufzeichnung seiner Kamera sicherstellen könnte, die bewies, dass ich zu meinem Haus gefahren und die ganze Nacht dort geblieben war. Ob das meine Aussage bestätigen würde?

Nein. Mr Honeywell hielt mir entgegen, dass die Aufzeichnung einer Kamera, die nur einen kleinen Teil meiner Einfahrt einfing, nicht bestätigen könnte, dass ich das Haus nicht doch zu Fuß oder mit Hilfe eines anderen Transportmittels verlassen hätte. Dieses Mal würde mir Bobby Rays Verfolgungswahn nichts nützen.

Dann erklärte mir Mr Honeywell, dass in einem Fall wie diesem selbst ein wasserdichtes Alibi seine Grenzen hätte. Die Staatsanwaltschaft würde einfach argumentieren, dass ich eine Drogendealerin mit weitreichenden kriminellen Verbindungen sei. Eine Person, die problemlos einen Mord in Auftrag geben könnte. Vor dem Gesetz würde ich als Mörderin gelten, egal ob ich den Abzug gedrückt oder jemand anderen dafür bezahlt hatte.

Der gesamte Fall der Staatsanwaltschaft würde auf der Frage des Motivs beruhen: Da ich nun mal einen zwingenden Grund besäße, um Richard Coduri umzubringen, müsste ich schuldig sein.

Kurz danach wurde ich dem Haftrichter vorgeführt, der mich unverzüglich ins Mid River Regional Jail steckte. Das Aufnahmeverfahren im Gefängnis war mir schon derart vertraut, dass es meine Situation auf traurige Weise kennzeichnete: Ich gab meine persönlichen Gegenstände ab, unterzeichnete Dokumente, bei denen mir nichts anderes übrigblieb, als sie zu unterzeichnen, und wurde von einer Stelle zur nächsten geschoben.

Selbst die erniedrigende Leibesvisitation kam mir schon wie Routine vor.

Als ich alles hinter mich gebracht und wieder den orangefarbenen Overall trug, bereitete ich mich innerlich darauf vor, zu den anderen Gefängnisinsassinnen gebracht zu werden, um noch mehr Sticheleien zu erfahren. Sie wussten wahrscheinlich mehr über die Umstände von Richard Coduris Tod als ich.

Ein Gefängniswärter schob mich in Handschellen durch die labyrinthartigen Gänge, bis wir die Stelle erreichten, an der wir rechts abbiegen mussten.

Stattdessen stieß er mich nach links.

»Wohin gehen wir?«, fragte ich.

»In den Einzelhafttrakt«, sagte er kaltschnäuzig.

Einzelhaft – auch bekannt als Isolationshaft. Ich hatte bereits gehört, dass sie als Strafe verhängt wurde für schlechte Führung.

Es bedeutete, dass man dreiundzwanzig Stunden allein in einer Zelle saß, fast die ganze Zeit mit niemandem sprach und auch niemanden sah und dass man weder besucht werden durfte noch andere Freiheiten besaß, die das Leben im Gefängnis etwas erträglicher machten.

»Einzelhaft? Warum? Ich habe ja nicht mal was verbrochen«, sagte ich und spürte bereits, wie Panik in mir aufstieg.

Der Kerl gluckste. »Da habe ich was anderes gehört.«

»Moment mal!«, widersprach ich. »Man wirft mir diese Tat lediglich vor. Da ist noch nichts bewiesen. Ich habe diesen Mord nicht begangen.«

Der Gefängniswärter schob mich weiter diesen seltsamen Gang entlang.

»Ja, klar«, sagte er. »Ich weiß nur, dass der Gefängnisdirektor Einzelhaft angeordnet hat. Zum Schutz.«

»Zum Schutz? Vor wem muss ich denn beschützt werden?«

Der Kerl lachte noch lauter. »Nicht zu deinem Schutz, Schätzchen. Zum Schutz der anderen. Daran solltest du dich besser gewöhnen. Nach deiner Verurteilung wirst du ebenfalls in Einzelhaft kommen. So ist das nun mal im Todestrakt.«

In dem Moment – als er das Wort »Todestrakt« sagte – wurde mir schlagartig die Realität bewusst. Mein Kopf schien mit einem Mal blutleer zu sein, und meine Beine sackten weg. Dann spürte ich auch schon den Boden unter mir. Ich hörte den Wärter wie durch eine Nebelwand nach einem Sanitäter rufen.

Ich war jetzt nicht mehr »nur« eine Drogendealerin, sondern eine Gewaltverbrecherin, deren offenkundige Gleichgültigkeit gegenüber dem Gesetz sie geradewegs zum elektrischen Stuhl führte.

Hier ging es nicht mehr um eine fünfjährige Strafe. Nein, hier ging es vielmehr darum, dass ich den Rest meiner Tage – wie viele es auch noch immer sein sollten – behandelt werden würde wie eine Mastkuh auf dem Weg zur Schlachtbank.

Es würde ein paar Jahre dauern, aber nicht sehr viele, bis alle Rechtsmittel ausgeschöpft wären. Ich habe einmal in einem Artikel gelesen, dass Texas zwar häufiger Todesurteile ausführen würde, Virginia dafür aber schneller sei, da man hier über ein strafferes Berufungsverfahren verfügte. So ist der Zeitraum vom Verbrechen bis hin zur Vollstreckung des Urteils der kürzeste in den gesamten Vereinigten Staaten. Genau dieser Zeitraum breitete sich plötzlich vor mir aus. Er war gleichzeitig unglaublich lang und viel zu kurz.

Ich würde die gesamte Zeit Melanie Barrick sein, die berüchtigte Mörderin. Sollte Alex je etwas über seine Mutter erfahren, dann nur, dass eine Reihe von rechtschaffenen Bürgern – Richter, Staatsanwälte und Geschworene – zu dem Schluss gekommen waren, dass die Welt ein besserer Ort sei, wenn ich daraus getilgt werden würde.

Ich würde ihn nie wiedersehen. Nicht einmal in einem eng gesteckten Rahmen als seine leibliche Mutter, der man die Rechte aberkannt hatte. Das Sozialamt würde nicht erlauben, dass ein Kind einen Todestrakt besucht; und die Gefängnisbehörde würde mir nicht gestatten, den Trakt zu verlassen.

Ich würde sterben, ohne Alex noch einmal in den Armen gehalten zu haben.

47. KAPITEL

Richter Robbins teilte seinen Beschluss am Montagmorgen mit.

Der Antrag auf Ausschluss des Durchsuchungsbefehls als zulässigen Beweis in der Sache *Virginia gegen Barrick* war mit knappen Worten abgelehnt worden. Der Richter hatte entschieden, dass es rechtlich nicht von Belang sei, ob der Informant gelogen hätte oder ob er noch atmete. Der Durchsuchungsbefehl basierte auf einer unter Eid getroffenen Aussage des stellvertretenden Sheriffs. Solange dessen Aufrichtigkeit nicht in Zweifel zu ziehen war – und es lagen keine gegenteiligen Behauptungen vor –, gab es keine hinlänglichen Gründe, um den Durchsuchungsbefehl aufzuheben.

Eine Anhörung war nicht nötig. Die Aussage des verstorbenen Richard Coduri war als rechtlich belanglos erachtet worden.

Wenige Sekunden nachdem Amy Kaye die elektronische Nachricht über den abgelehnten Antrag erhalten hatte, schickte die Sekretärin des Richters ihr eine E-Mail, in der sie daran erinnert wurde, dass der Prozess noch immer auf den neunten April festgelegt sei. Der Richter war entschlossen, den Fall weiter zu verhandeln, ob mit oder ohne Coduri, sollte das jemand noch nicht begriffen haben.

Amy dachte gerade über die Folgen dieses Beschlusses nach – ob er womöglich sogar einen Verfahrensfehler darstellte, der später angefochten werden könnte –, als ein offensichtlich gutgelaunter Aaron Dansby in ihrer Tür erschien.

»Guten Morgen«, begrüßte er sie strahlend.

»Hallo«, erwiderte Amy und war fassungslos, da er zum zwei-

ten Mal in einem Monat an einem Montagmorgen im Büro auftauchte.

»Hast du den Beschluss im Fall der Koks-Mami gesehen?«

»Klar. Du auch?«, fragte sie ungläubig. Sie konnte sich nicht
daran erinnern, wann Dansby zum letzten Mal überhaupt von
einem Beschluss auf einen Antrag der Verteidigung Kenntnis
genommen hatte.

»Ja. Das habe ich irgendwie schon kommen sehen«, antwortete er.

»Ach ja? Wie denn das?«

Er betrat ihr Zimmer und schloss die Tür.

»Ich war am Wochenende im Club und bin zufällig Richter
Robbins begegnet«, sagte er in verschwörerischem Ton.

»Zufällig begegnet?«

»Na ja, eher umgekehrt. Claire und ich haben dort zu Abend
gegessen. Er kam zu unserem Tisch herüber, um Hallo zu sagen
und sprach den Fall der Koks-Mami an. Sie war im gesamten
Club das Gesprächsthema Nummer eins.«

Dansby setzte sich uneingeladen auf einen Stuhl. Manchmal
fragte sich Amy, ob er nicht besser Klatschreporter geworden
wäre. Er schien Tratsch und Intrigen aufregender zu finden als
das Gesetz.

»Wahrscheinlich hat er schon was intus gehabt – du weißt
ja, wie gern er Scotch trinkt«, fuhr Dansby fort. »Er setzte sich
zu uns und meinte, dass wir die Koks-Mami unter keinen Umständen davonkommen lassen dürften. Dass wir eine Botschaft
senden und hart gegen Verbrecher vorgehen müssten. Dann verriet er mir, dass er sich bereits entschieden hätte, den Antrag von
Barrick abzulehnen, und dass er nur noch darauf wartete, den
Beschluss am Montagmorgen schriftlich mitzuteilen.«

»Hat jemand mitbekommen, dass ihr miteinander gesprochen
habt?«

»Ich weiß nicht. Warum?«

»Weil du da gerade eine Unterhaltung zwischen einem Richter und einem Staatsanwalt schilderst, die ohne Anwesenheit der gegnerischen Partei stattgefunden hat und daher unzulässig ist.«

»Ist ja gut. Aber warte, das Beste kommt noch.«

Klar. Als gäbe es bei Regelverstößen so was wie das Beste.

»Nachdem er mir erzählt hat, dass er den Antrag ablehnen würde, begann er, mir Ratschläge zu erteilen, wie wir weiter vorgehen sollten. So unter dem Motto: ›Wenn ich an Ihrer Stelle wäre, würde ich bla, bla bla …‹ Auf jeden Fall meinte er, dass wir an dem Zeitplan festhalten und sie erst wegen der Drogen anklagen sollten. Dann wäre sie nämlich schon eine verurteilte Straftäterin, wenn wir ihr den Prozess wegen Coduri machen würden, und sie würde eher die Todesstrafe bekommen. Was glaubst du? Können wir es so machen?«

»Äh, ja, sicher«, antwortete Amy. Die ganze Sache gefiel ihr überhaupt nicht: Ein Richter und ein Staatsanwalt, die in einem Country Club ihre Köpfe zusammensteckten und gemeinsame Sache machten. Zumal die Verteidigung bereits um eine Hauptverhandlung ohne Geschworene gebeten hatte.

»Gut. Unsere Anklage in der Drogengeschichte steht doch immer noch auf festen Füßen, oder?«, fragte er. »Also, jetzt, wo der Antrag abgelehnt worden ist, heißt es dann doch, Volldampf voraus, oder?«

»Ja, klar. Der Durchsuchungsbefehl ist rechtmäßig. Damit sind alle Beweise, die in dem Zusammenhang stehen, zulässig, was die Sache unkompliziert macht.«

»Gut. Was glaubst du? Soll ich Robbins für den kostenlosen juristischen Rat eine Flasche Glenlivet schicken?«

»*Untersteh* dich!«, fauchte Amy.

»War nur ein Spaß!«, sagte er und zwinkerte ihr zu. »Übrigens denke ich darüber nach, diesen Prozess zu übernehmen. Wann findet er noch mal statt?«

»Am neunten April«, antwortete sie und versuchte, keine Reaktion zu zeigen.

»Okay. Verstanden. Mach weiter so!«

Er klopfte zweimal auf ihren Schreibtisch, als er aufstand. Dann verließ er ihr Büro.

Als er aus der Tür war, runzelte Amy die Stirn. Wenn er von »Übernehmen« des Prozesses sprach, meinte er damit, dass er auf dem vordersten Stuhl der Staatsanwälte saß, was sein Vorrecht war.

Für Amy bedeutete das, dass sie noch mehr Arbeit hatte. Denn wenn sie zusätzlich Aaron Dansby auf einen Prozess vorbereiten musste, brauchte sie im Durchschnitt die dreifache Zeit.

Sie wandte sich wieder ihrer Arbeit zu und dachte noch immer über das seltsame Verhalten eines Richters nach, der einem Staatsanwalt erklärte, wie er seinen Job zu machen hatte.

Zwanzig Minuten später klingelte das Telefon. Es war Sheriff Powers.

»Amy Kaye«, meldete sie sich.

»Hallo, ich bin's«, sagte er. »Hast du heute Morgen irgendwelche Termine vor Gericht?«

»Nein, erst am Nachmittag.«

»Gut. Ich denke, dass du herkommen solltest.«

»Was ist los?«

»Hier ist gerade ein Kerl hereinspaziert und hat den Mord an Richard Coduri gestanden.«

Amy eilte so schnell zum Büro des Sheriffs von Augusta County, wie ihr Auto und ihre Beine es zuließen, und stürmte in das Besprechungszimmer. Detective Peter Kempe und Sheriff Jason Powers saßen bereits da.

Amy lächelte die beiden verlegen an. Sie wussten nichts von ihrer nadelgespickten Karte. Genauso wenig wussten sie, dass in ihrem Kopf noch immer der Gedanke herumschwirrte, einer

364

von ihnen könnte der Mann sein, hinter dem sie seit Jahren her war –, auch wenn sie die Möglichkeit für sehr unwahrscheinlich hielt.

Dann widmete sie ihre Aufmerksamkeit dem Mann, der gerade von einem Beamten hereingebracht wurde. Er war groß, hatte ein hageres Gesicht und breite Schultern. Dem äußeren Erscheinungsbild nach arbeitete er draußen. Amy schätzte ihn auf Mitte fünfzig.

»Setzen Sie sich!«, sagte Powers und deutete auf einen Stuhl. Der Mann nahm Platz.

Der Sheriff sah Kempe an. »Hast du das Aufnahmegerät dabei?«

Kempe wedelte damit. Er platzierte das kleine, silberne digitale Gerät vor den Mann und drückte eine Taste.

»In Ordnung«, sagte Powers. »Bist du sicher, dass es aufzeichnet?«

Kempe bestätigte, indem er den Daumen hochhielt.

»Gut. Dann legen wir los!«, sagte Powers. »Können Sie uns bitte Ihren Namen sagen?«

»William Theodore Curran. Doch alle nennen mich Billy. Billy Curran.«

»Danke, Mr Curran. Sie sind freiwillig hier, stimmt das?«

»Ja.«

»Und Sie wurden hinsichtlich Ihres Rechts auf Verteidigung belehrt.«

»Wie meinen Sie das?«

»Ich meine damit, dass Ihnen ein Anwalt zur Verfügung gestellt wird, wenn Sie das wünschen«, erklärte Powers.

»O ja, das hat man mir gesagt«, erwiderte Curran.

»Und Sie haben auf dieses Recht verzichtet?«

»Ja.«

»Also gut. Was möchten Sie aussagen?«

»Nur dass ich es getan habe?«

»Was getan haben?«

»Na, diesen Kerl umgebracht. Auf dem Friedhof. Melanie Barrick hat nichts damit zu tun.«

Er sprach den Namen »Melanie« in einer Weise aus, die Amy aufhorchen ließ. Ein warmer Ton lag in seiner Stimme. Sie schien für ihn keine Fremde zu sein. Dann dämmerte es Amy. Curran. Ein durchaus häufiger Name, ja. Doch es war auch Melanie Barricks Mädchenname, den sie damals, als sie vergewaltigt wurde, angegeben hatte. War dieser Mann mit ihr verwandt?

Powers setzte die Befragung fort. »Warum haben Sie ihn umgebracht?«

»Brauche ich einen Grund dafür? Ich habe ihn einfach umgebracht.«

»Aber haben Sie … das Opfer gekannt? Haben Sie etwas mit ihm zu tun gehabt?«

»Nein. Habe ich nicht. Meine Frau und ich sind am Donnerstagabend über diesen Friedhof spaziert, weil wir gern Friedhöfe mögen. Wir haben uns die Grabsteine angesehen, und dann tauchte plötzlich dieser Kerl vor uns auf und bedrängte uns. Ich bin mir ziemlich sicher, dass er vollgepumpt war mit Drogen, und da … Da habe ich Angst bekommen, dass er uns ausrauben könnte. Also habe ich ihn umgebracht. Es war Notwehr.«

»Ihre Frau ist also eine Zeugin?«

»Ja«, erwiderte Curran. »Wenn Sie wollen, kann sie hierherkommen und Ihnen alles bestätigen. Aber sie hat mit der Sache ebenfalls nichts zu tun. Ich habe die Tat ganz allein begangen.«

»Sie haben davon gesprochen, dass er sie ›bedrängt‹ hat. Was meinen Sie damit genau?«

»Also, er hat nach Geld gefragt, und ich habe geantwortet, dass ich ihm kein Geld geben würde. Wie schon gesagt, ich habe befürchtet, dass er uns ausraubt. Dann fing er an, mir zu drohen, und sagte, dass er mich fertigmachen würde.«

»Hat er eine Waffe dabeigehabt?«

»Ich weiß es nicht. Wahrscheinlich.«

»Aber haben Sie eine Waffe gesehen?«

»Ja. Ich glaube, er hatte ein Messer dabei«, antwortete Curran. »Aber vielleicht irre ich mich da. Es war ziemlich dunkel.«

»Also, hat er versucht ... Sie mit dem Messer anzugreifen?«

»Ich weiß nicht. Es ging alles ziemlich schnell. Ich ... ich hatte einfach nur Angst, und er bedrohte uns. Da habe ich ihn umgebracht, ehe er meiner Frau und mir hätte was antun können.«

»Und wieso legen Sie das Geständnis erst jetzt ab?«

»Weil ich in der Zeitung gelesen habe, dass eine junge Frau verhaftet wurde. Und ich möchte nicht, dass jemand für eine Tat büßen muss, die ich begangen habe.«

»Aber es war doch Notwehr. Warum haben Sie nach dem Vorfall nicht einfach die Polizei gerufen?«

Curran rutschte nervös auf seinem Stuhl herum. »Weil ich ein registrierter Sexualstraftäter bin. Ich soll in keine Schwierigkeiten geraten.«

»Oh«, sagte Powers, als würde das Currans Verhalten erklären.

»Ich habe geglaubt, dass es niemanden kümmern würde, wenn ein Schurke umgebracht worden ist«, sagte Curran. »Doch dann habe ich das Bild dieser jungen Frau in der Zeitung gesehen und mir gedacht, dass ich besser reinen Tisch machen sollte.«

Powers' Blick wanderte zu Kempe. Wahrscheinlich wusste keiner von beiden, dass Melanie Curran und Melanie Barrick ein und dieselbe Person waren. Trotzdem musste dieses Geständnis eines der fadenscheinigsten gewesen sein, die je im Büro des Sheriffs von Augusta County aufgezeichnet worden waren. Amy rechnete damit, dass der Sheriff sich nun eingehender mit der Geschichte befassen und sie als Lügenmärchen entlarven würde.

»Gut, dass Sie sich gemeldet haben«, sagte er stattdessen. »Ihnen ist klar, dass wir Sie jetzt verhaften und erkennungsdienstlich erfassen müssen?«

»Ja. Tun Sie, was immer Sie tun müssen.«

»Haben Sie einen Anwalt?«

»Nein.«

»Dann wird Ihnen der Richter einen Pflichtverteidiger zur Seite stellen …«

Amy schenkte dem Gespräch keine weitere Beachtung mehr. Ihre Aufmerksamkeit galt Powers. Warum schritt der Sheriff nicht ein? War er nicht am Freitag noch felsenfest davon überzeugt gewesen, dass Melanie Barrick hinter der Tat steckte? Brannte er wirklich so sehr darauf, einen Mord vom Tisch zu haben, dass es ihm offensichtlich egal war, wenn er den Falschen einsperrte?

Die nadelgespickte Karte. Die verschwundenen Drogen. Sie musste diesem Aberwitz ein Ende bereiten. Ein falsches Geständnis würde die Anklage gegen Melanie Barrick nur verkomplizieren.

»Einen Augenblick«, sagte sie derart energisch, dass die Köpfe aller anwesenden Männer in ihre Richtung schnellten. »Mr Curran, ich bin Amy Kaye, die stellvertretende Staatsanwältin des Augusta County. Dürfte ich Ihnen ein paar Fragen stellen?«

Curran sah den Sheriff an, der keine Reaktion zeigte.

»Ja, ich denke schon«, antwortete Curran.

»Danke. Sie haben gesagt, dass Sie über den Thornrose Cemetery spaziert sind. Der Friedhof ist ziemlich groß. Wo genau hat dieser Streit stattgefunden?«

»Ich weiß nicht. In der Mitte, glaube ich.«

»Haben Sie das Opfer nach der Tat an eine andere Stelle bewegt?«

»Nein.«

Amy blickte kurz hinüber zu Powers. Die beiden wussten, dass das Denkmal von General John Echols eher am westlichen Eingang lag als in der Mitte. Doch das war Haarspalterei. Eigentlich versuchte Amy lediglich den Verhörmodus beizubehalten.

»Haben Sie das Opfer berührt?«

»Nein.«

»Aber Sie wussten, dass er tot war?«

»Ja.«

»Um wie viel Uhr hat die Tat stattgefunden?«

»Irgendwann nachts. Ich weiß es nicht genau. Ich habe keine Uhr getragen.«

»So gegen Mitternacht vielleicht?«

»Ja, möglich.«

»Gut. Das stimmt ungefähr mit dem von uns ermittelten Todeszeitpunkt überein«, sagte Amy. »Aber vielleicht können Sie eine Sache klären. Das Opfer war so schwer verletzt, dass der Rechtsmediziner nicht feststellen konnte, ob er von zwei oder drei Kugeln getroffen wurde. Wie oft haben Sie auf den Mann geschossen?«

»Dreimal«, antwortete Curran, ohne zu zögern.

Amy sah Powers an, der die Augen verdrehte und leise fluchte.

»Es *könnte* allerdings auch nur zweimal gewesen sein«, sagte Curran. »Ich weiß es nicht mehr genau. Ich war ziemlich aufgeregt, verstehen Sie? Und ...«

»Mr Curran, Richard Coduri ist nicht erschossen worden«, unterbrach ihn Amy. »Und Sie sollten sich darüber im Klaren sein, dass ein falsches Geständnis eine Straftat darstellt.«

Currans Kopf sackte auf den Tisch. Als er schließlich wieder aufblickte, kämpfte er mit den Tränen.

»Tut mir leid, Melanie«, sagte er. »Ich habe es versucht.«

Es dauerte eine weitere Stunde, um das Chaos zu beseitigen, das Billy Curran verursacht hatte.

Der Sheriff hoffte, dass er die Angelegenheit einfach unter den Tisch kehren könnte, doch Amy wollte nichts davon wissen. Die Staatsanwaltschaft würde ganz bestimmt den Prozess verlieren, wenn sie entlastendes Beweismaterial verschwieg – und sei es ein offenkundig falsches Geständnis eines Verwandten. Dieses Geständnis musste ordnungsgemäß dokumentiert werden und die Verteidigung davon in Kenntnis gesetzt werden. So war es nun mal, wenn man auf der richtigen Seite des Gesetzes stand.

Amy ging gerade über den Flur, um das Büro des Sheriffs zu verlassen, als sie hörte, wie jemand ihren Namen rief. Sie drehte sich um und sah Deputy Justin Herzog mit gnadenlos kurzgeschorenen Haaren.

»Hallo, ich wollte dich gerade anrufen«, sagte er.

»Ach, ja? Was gibt's denn?«

»Ich hab' da was, das du dir ansehen solltest, wenn du einen Augenblick Zeit hast.«

»Ja, klar«, sagte Amy und folgte ihm in sein hutschachtelgroßes Büro.

Herzog setzte sich auf seinen Bürostuhl und zwang den launenhaften Computer zurück ins Leben. Amy fragte sich, ob er schon mal den Wunsch verspürt hatte, dem Gerät einen Tritt zu verpassen.

»Ich weiß nicht, ob der Sheriff es dir schon erzählt hat. Aber der Typ, der auf dem Friedhof gefunden wurde?«

»Richard Coduri.«

»Ja, genau der. Powers muss wohl gedacht haben, dass ich mich langweile. Aber wir haben Coduris Hotelzimmer auf Fingerabdrücke hin untersucht. Das weißt du, oder?«

»Powers hat so was erwähnt.«

»Hat er dir auch gesagt, dass ich mein ganzes Wochenende damit verbracht habe?«

»Nein, das hat er nicht erwähnt.«

»Glaub mir, ich werde ihn daran erinnern, wenn er mir wegen der Überstunden Schwierigkeiten macht. Auf jeden Fall haben wir in diesem Zimmer sehr viele Fingerabdrücke gefunden, wie du dir vorstellen kannst. Eine ganze Menge davon waren nur Teilabdrücke und sind daher nutzlos. Einige stammen von

370

unbekannten Personen. Natürlich hat auch das Opfer Fingerabdrücke hinterlassen, die schon in unserer Datenbank sind. Doch ein Fingerabdruck einer unbekannten Person fiel mir ins Auge. Es war ein ziemlich deutlicher Abdruck, da sehr viel Öl an den Fingern des Kerls klebte. Wir haben ihn auf der Kommode entdeckt. Eine schöne, glänzende Oberfläche. Meines Erachtens war der Abdruck frisch, da wir dort sonst nichts gefunden haben. Das lässt darauf schließen, dass diese Kommode wahrscheinlich erst vor kurzem abgewischt wurde.«

Herzog bewegte die Maus. Die Festplatte des Computers gab derart laute Geräusche von sich, dass Amy befürchtete, sie könnte sich überhitzen.

»Okay, los geht's!«, sagte er, als zwei Fingerabdrücke auf dem Bildschirm erschienen. »Du siehst dir genauso oft Fingerabdrücke an wie ich. Tatsächlich beginnt man, sie abzuspeichern. Ich wusste, dass ich den Abdruck hier schon mal gesehen hatte. Es ist ... Also, es ist fast so, als würde man durch eine Menschenmenge gehen und ein vertrautes Gesicht entdecken. Das springt einem sofort ins Auge.«

»Stimmt«, pflichtete Amy ihm bei.

»Also, du siehst den Abdruck hier?«, sagte er und zeigte auf die linke Seite des Bildschirms.

»Ja«, sagte sie.

»Der stammt von der Kommode aus Zimmer 307 im Howard Johnson.«

»Okay.«

»Da fing es in meinem Kopf an zu rattern, und ich fragte mich, wo ich den schon mal gesehen habe«, sagte Herzog. »Ich ging im Geist die letzten Fälle durch. Und dann erinnerte ich mich. Die Vergewaltigung von Lilly Pritchett. Der Typ, den wir als Person B bezeichnet haben.«

»Die Person, von der ich fälschlicherweise geglaubt habe, dass sie Warren Plotz sei?«

»Genau. Aber rate mal, wer es ist?«

»Wer?«

»Der Typ von der Kommode. Ich habe bereits sechzehn Ge-
meinsamkeiten entdeckt, was einer hundertprozentigen Übereinstimmung entspricht. Das ist ein Volltreffer.«

Amy Kaye starrte einfach nur auf den Bildschirm.

»Mit anderen Worten ...«, begann Amy, doch sie war zu verblüfft, um den Satz zu beenden.

Das übernahm Justin Herzog. »Mit anderen Worten, der
Mann, der Lilly Pritchett vergewaltigt hat, hat vor kurzem Richard Coduri in seinem Hotelzimmer besucht.«

48. KAPITEL

Mein neues Zuhause war genau zweieinhalb Meter breit und drei Meter lang. Das weiß ich deshalb so genau, weil ich nichts anderes zu tun hatte, als es auszurechnen. Ein Blatt diente als Lineal.

Außer der schweren Stahltür gab es noch eine fünfzig Zentimeter breite Öffnung in der Betonwand, in der das Fenster eingelassen war. Ein richterlicher Spruch des Obersten Gerichtshofs hatte verfügt, dass selbst Insassen in Einzelhaft einen Anspruch auf natürliches Licht besaßen – alles andere galt als grausame und unübliche Bestrafung.

Allerdings bestand das Fenster aus Milchglas, so dass ich eigentlich nicht nach draußen sehen konnte und es mich an einen fünfzig Zentimeter großen Mittelfinger erinnerte, den das Mid River Regional Jail mir und dem Obersten Gerichtshof zeigte.

In der Zelle gab es zwei künstliche Lichtquellen. Die eine war die in die Decke eingelassene und durch ein Metallgitter geschützte Leuchtstoffröhre. Die andere war das dreißig Quadratzentimeter große und fünf Zentimeter dicke Sicherheitsglas in der Tür, wodurch Licht vom Gang hereindrang.

Ich konnte weder die eine noch die andere Lichtquelle regulieren. Das Licht in der Decke wurde morgens um sechs Uhr eingeschaltet und abends um zehn Uhr ausgeschaltet. Das Licht im Gang wurde nie gelöscht. Es leuchtete rund um die Uhr, so dass ich gezwungen war, mit dem Rücken zur Tür zu schlafen, um dem Lichtschein auszuweichen.

Frühstück bekam man um sieben Uhr, Mittagessen gegen zwölf, Abendessen gegen halb sechs.

Die Mahlzeiten wurden durch den schmalen Schlitz in der Tür unterhalb des Sicherheitsglases gereicht. Auf meiner Seite der Tür gab es ein kleines Brett, worauf genau ein Tablett passte. Die Insassin, die mir das Essen brachte, musste es allerdings vorsichtig darauf ablegen, sonst landete es auf dem Boden. Manche warteten an der Tür, bis ich das Tablett entgegennahm. Andere feuerten es einfach achtlos durch den Schlitz.

Das Bett, das Waschbecken und die Toilette waren die einzigen Einrichtungsgegenstände in der Zelle, wenn man sie überhaupt als Einrichtungsgegenstände bezeichnen kann. Die Matratze war so dünn, dass sie kaum ein Polster bildete zwischen meinem Rücken und der harten Fläche darunter. Aus dem Hahn des Waschbeckens kam nur kaltes Wasser. Die Toilette war ein klobiges Teil aus geschmiedetem Edelstahl. Sie verfügte weder über eine Toilettenbrille noch über eine Spülung. Meine Ausscheidungen glitten entweder an der Toilettenschüssel herunter oder nicht. Wenn nicht, spritzte ich so lange Wasser hinein, bis sie verschwunden waren.

Trotz der grauenvollen Bedingungen versuchte ich weiterhin, meinen Milchfluss in Gang zu halten. Ich blendete meine Umstände so gut wie möglich aus, dachte an Alex und an den Moment, an dem er zu trinken begann, und stellte mir seine blaugrauen Augen vor.

Ich trieb auch weiterhin Sport, machte Liegestütze, Kniebeugen und alle sonstigen Übungen, die ich in dem kleinen Raum ausführen konnte. Mir ging es dabei eher um meine geistige als um meine körperliche Gesundheit.

Der andere Höhepunkt in meinem tristen Dasein trat immer dann ein, wenn einer der Wärter daran dachte, mir ein Buch mitzubringen. Die Gefängnisbücherei bestand fast ausschließlich aus belletristischen Titeln, zumeist Liebesromane und Krimis. Ein Krimi gefiel mir so gut, dass ich ihn fünfmal las. Die Hauptfigur war ein witziger, investigativer Journalist namens

Carter Ross. Ich war dankbar, dass er mir eine Pause von der Realität verschaffte.

Ich durfte mich ebenfalls eine Stunde im Freien aufhalten – wiederum dank des Obersten Gerichtshofs. Dafür musste ich vorher die Hände durch den Schlitz unterhalb des Sicherheitsglases in der Tür stecken. Dann legte ein Wärter mir Handschellen an, und ich wurde in einen käfigartigen Außenbereich geführt, der zwischen zwei Betonmauern lag. Die genaue Größe wusste ich nicht, da ich kein Papier hatte, um es auszurechnen. Doch ich schätzte ihn auf fünfundzwanzig Quadratmeter.

Alle zwei oder drei Tage, den genauen Rhythmus musste ich noch entschlüsseln, wurde meine Stunde im Käfig gekürzt. Dann ging ich duschen, unter Aufsicht einer Wärterin.

So sah mein Leben aus. Tagein, tagaus. Ehemalige Suchtkranke erzählen von dem Augenblick, als sie gewusst hätten, dass sie nicht mehr weiter sinken könnten, und ihnen klar gewesen sei, dass sie gegen ihre Abhängigkeit kämpfen mussten oder als Menschen nicht mehr zu erkennen sein würden.

Ich beneidete sie auf seltsame Weise. Sie hatten zumindest ihren Tiefpunkt irgendwann erlangt. In der Einzelhaft war das nicht so.

Da steigerten sich die Tiefpunkte mit jedem Tag.

49. KAPITEL

Amy Kayes Lieblingskurs während ihres Jurastudiums war eine praktische Übung im Bereich des Strafrechts gewesen, die sie im dritten Jahr belegt hatte.

Der Professor schrieb am allerersten Tag die Worte FOLGE DEM BEWEIS an die Tafel des Seminarraums und rahmte sie ein. Diese Ermahnung blieb dort für den Rest des Semesters stehen, zusammen mit einem in kleineren Buchstaben verfassten Zusatz NICHT WEGWISCHEN: DAS IST DIE WICH- TIGSTE ERKENNTNIS DIESES KURSES.

Am liebsten hätte Amy jetzt diesen Professor angerufen und ihn gefragt, was sie tun sollte, wenn der Beweis, dem sie folgte, nicht den geringsten Sinn ergab.

Der Mann, der Lilly Pritchett vergewaltigt hatte – und noch Dutzende Frauen mehr – war in Richard Coduris Hotelzimmer gewesen.

Richard Coduri, der bis zu seinem vorzeitigen Ableben der Hauptzeuge gegen Melanie Barrick gewesen war.

Melanie Barrick, die wiederum eines der Opfer des Vergewal- tigers war.

Gab es eine Welt, in der ein Drogenspitzel und ein Vergewal- tiger miteinander verkehrten? Das entsprach keinem Profil, das Amy aus ihrer Laufbahn kannte.

Außerdem hatte der Mord mitten in Staunton stattgefunden. Bedeutete das, dass ihre nadelgespickte Karte sie sogar beweis- technisch in die Irre führte? Ja, es war ein Mord und keine Ver- gewaltigung. Aber hatte der Vergewaltiger vielleicht auch in Staunton zugeschlagen – nur in einer Weise, die nicht in den

Akten auftauchte? Hatte er vielleicht vergewaltigt, aber dabei nicht geflüstert?

Amy betrachtete die Sache aus allen ihr erdenklichen Blickwinkeln. Sie versuchte verzweifelt, Muster zu erkennen, und erstellte dafür Ablauf- und Zeitpläne, malte Mengendiagramme und zeichnete Linien und Kreise.

Das Ergebnis war, dass sie nur Papier verschwendete.

Nach ein paar Tagen des Grübelns, kam sie zu dem Schluss, dass es entweder ein aberwitziger Zufall oder ein vorerst nicht zu lösendes Rätsel war.

Die stellvertretende Staatsanwältin hatte schließlich noch anderes zu tun. Der Bericht des Rechtsmediziners zu Coduri war eingegangen, in dem er stumpfe Gewalteinwirkung als Todesursache und Mord als Todesart bestätigte. Das Opfer hatte sich wohl kurz gewehrt und seinem Angreifer dadurch oberflächliche Wunden zugefügt. Das staatliche Labor in Roanoke musste noch die toxikologischen Berichte und Ergebnisse zu dem weiteren Beweismaterial liefern, das am Körper des Opfers gefunden worden war.

Andere Ermittlungen – wie die Befragung der Nachbarschaft und die Suche nach der Tatwaffe – hatten nichts erbracht.

Amy hatte mittlerweile auch Aaron Dansby auf den Prozess vorbereitet, um sicherzustellen, dass er in der Lage sein würde, Melanie Barrick zweifelsfrei nachzuweisen, dass sie Drogen besessen hätte mit dem Vorsatz, sie zu verkaufen. In Dansbys Kalender tauchten ihre Schulungen als »Strategiesitzungen« auf. Für Amy waren es eher Übungen zur Schadensbegrenzung.

Sie versuchte, in diesen Übungen vorauszuahnen, was ihr Chef möglicherweise verbocken könnte. Während des Prozesses gegen Mookie Myers hatte Dansby beinahe vergessen, Detective Kempe eine Liste von Fragen zu stellen, die Amy auf einer ganzen DIN-A4-Seite vorbereitet hatte. Zwei Jahre zuvor hatte er in einem Mordprozess einer entscheidenden Zeugin erklärt, dass sie bis zu ihrer Aussage im Gerichtssaal warten könnte – statt draußen. Hätte Amy sie nicht kurz vor den Eröffnungsplädoyers dort sitzen sehen, wäre die Zeugin vom Verfahren ausgeschlossen worden.

Dansbys Unfähigkeit in prozessualen Abläufen war einfach grenzenlos. Auch wenn er schnell umdenken konnte – und über eine gewisse Begabung als Redner verfügte, was Amy ihm widerstrebend eingestand –, durfte man sich in der Detailarbeit nicht auf ihn verlassen. Ein Schnitzer von Aaron Dansby in dem bevorstehenden Prozess, und Melanie Barrick würde freigesprochen werden.

Die erste »Strategiesitzung« fand am Freitagmorgen um 9.30 Uhr statt.

»Hier ist die Liste der Fragen an Kempe«, begann Amy. Sie zog ein Papier aus einer Mappe und gab es Dansby. »Sollen wir sie durchgehen?«

Dansby überflog die Fragen. »Eigentlich nicht«, antwortete er.

Amy schnaubte melodramatisch. »Aaron, wir müssen wirklich …«

»Hör mal, auf Kempe ist Verlass. Auf ihn ist immer Verlass. Wir sollten unsere Zeit deshalb nicht mit dieser Liste verschwenden«, unterbrach er sie. »Viel wichtiger ist doch: Wie sieht die Strategie des Anwalts der Koks-Mami aus? Es wird ja wohl darauf hinauslaufen, dass Barrick den Besitz dieser Drogen bestreiten wird, oder nicht?«

»Ja.«

»Okay. Wie wird sie das dem Richter glaubhaft machen? Als ich heute Morgen zum Büro gefahren bin, hat mich die Frage beschäftigt, wie ich vorgehen würde, wenn ich ihr Anwalt wäre.«

Amy setzte sich auf. Vielleicht hatten die letzten drei Jahre ja doch etwas gebracht.

»Das ist eine großartige Frage«, sagte sie. »Ich habe noch gar nicht nachgefragt, ob schon Vorladungen verschickt wurden. Warte mal kurz!«

In Virginia waren die Parteien im Beweisverfahren nicht dazu verpflichtet, eine Zeugenliste vorzulegen. Die Staatsanwaltschaft konnte nur dann Rückschlüsse auf Zeugen ziehen, wenn die Verteidigung das Gericht bat, Vorladungen auszustellen, was dann vorkam, wenn es befürchtete, dass ein Zeuge nicht erschien. Die Gesuche um Vorladungen mussten zehn Tage vor Beginn des Prozesses eingereicht werden – und der Prozess sollte in genau zehn Tagen stattfinden.

Amy griff nach dem Telefon auf Dansbys Schreibtisch und wählte die Durchwahl der Sekretärin von Richter Robbins. Sie scherzte kurz mit ihr und kam dann auf ihr eigentliches Anliegen zu sprechen. »Hat die Verteidigung in C-R-18000015700 bereits um Vorladungen gebeten?«, fragte sie und nahm mit dem Aktenzeichen Bezug auf den Fall *Virginia gegen Barrick*.

»Einen Augenblick!«, sagte die Sekretärin.

Sie tippte auf ihre Tastatur. »Ja, da ist gestern ein Gesuch eingegangen«, sagte sie. »Schauen wir mal … Die Verteidigung hat uns gebeten, Bobby Ray Walters vorzuladen. Er wohnt in Staunton, 102 Desper Hollow Road.«

Amy kannte die Adresse. Sie hatte sie erst vor wenigen Tagen mit einer Nadel in ihrer Karte gekennzeichnet. Das musste Melanie Barricks Nachbar sein. Wahrscheinlich sollte er vor Gericht aussagen, keinen übermäßigen Autoverkehr zu und von Melanies Grundstück beobachtet zu haben.

Was in Ordnung war. Die Staatsanwaltschaft musste nicht beweisen, wo Barrick die Drogen verkauft hatte, sondern nur dass sie mehr Drogen besessen hatte als für den persönlichen Verbrauch notwendig.

Die Sekretärin tippte erneut auf ihre Tastatur. »Ach, das wird Ihnen gefallen«, sagte sie dann. »Die Verteidigung hat uns auch gebeten, Demetrius Myers aus der Justizvollzugsanstalt in Haynesville vorzuladen.«

»Mookie Myers«, stieß Amy hervor, so dass Dansby die Stirn runzelte.

»Unser Liebling«, meinte die Sekretärin ironisch.

»In Ordnung«, sagte Amy. »Sonst noch jemand?«

»Nein. Aber ich rufe Sie an, sollte noch etwas hereinkommen.«

»Danke«, sagte Amy.

Dansby hatte die Arme verschränkt. »Habe ich da gerade richtig gehört? Die Verteidigung lädt Mookie Myers vor?«

»Ja.«

»Warum?«

»Keine Ahnung. Jason Powers vertritt die Theorie, dass Barrick sein Geschäft übernommen hat. Sie hat Drogen verkauft, die denselben Stempel hatten, und sie hatte dieselben Abnehmer. Aber ob das nun stimmt oder nicht, ist egal, denn eigentlich hat das keinen Einfluss auf den Fall.«

Dansby trommelte kurz mit den Fingern auf den Tisch.

»Was wenn Mookie Myers in der Verhandlung aussagt: ›Ich hab' dieser Crack-Lady auf keinen Fall mein Revier überlassen‹?«, fragte Aaron, und Amy zuckte zusammen, da er versuchte, Myers' Tonfall nachzuäffen.

»Erstens bezweifle ich, dass er das sagen wird. Er würde sich nämlich dadurch nur selbst Schaden zufügen. Und zweitens, was soll's? Sie wurde mit den Drogen erwischt. Das ist das Einzige, was zählt.«

»Das begreife ich, aber … Ich mache mir nur langsam Sorgen, dass es da etwas gibt, was wir übersehen haben.«

»Ja«, sagte Amy. »Ich mir auch.«

»Und was können wir dagegen machen?«, fragte Dansby und klang mittlerweile leicht beunruhigt.

Amy sah kurz auf seinen Schreibtisch. »Wir müssen einfach nur sicherstellen, dass wir diese Tür nicht öffnen.«

»Was meinst du damit?«

»Damit meine ich, dass wir unter keinen Umständen den Namen Mookie Myers erwähnen, wenn wir unseren Fall präsentieren. Er taucht weder in unserem Eröffnungsplädoyer auf, noch werden wir Kempe nach ihm befragen. Sollte die Verteidigung auf ihn zu sprechen kommen, werden wir Einspruch erheben und sagen, dass Mookie Myers nicht relevant sei. Normalerweise muss die Staatsanwaltschaft eine Grundlage für bestimmte Beweise errichten, die die Verteidigung dann versucht einzureißen. Jetzt werden wir den Spieß einfach mal umdrehen.«

»Glaubst du, dass das funktionieren wird?«

»Vielleicht«, antwortete Amy. »Das werden wir dann sehen.«

50. KAPITEL

Ich befand mich seit ungefähr anderthalb Wochen in Einzelhaft – die Tage nachzuhalten wurde immer schwieriger, da sie alle gleich waren – und lag auf meinem Bett. Während ich Löcher in die Decke starrte, wurde der Schlitz unterhalb des Sicherheitsglases in der Zellentür geöffnet.

Ich hatte mein Mittagessen bereits bekommen und für das Abendessen war es noch zu früh. Also wusste ich, was diese Unterbrechung bedeutete, und schwang meine Füße auf den Boden.

»Komm, Barrick! Hofzeit«, erklang es.

Ich erkannte durch das Sicherheitsglas die geflochtenen Zöpfe und die dralle Figur von Officer Brown, meiner Bekanntschaft aus früheren Tagen, an die ich mich nicht erinnern konnte.

Ich stand auf, wie das folgsame Lamm, das ich war, und steckte meine Hände durch den Schlitz.

»Wirst du mir Schwierigkeiten machen, Barrick?«, fragte sie.

»Nein, Officer Brown. Natürlich nicht.«

»Dann, denke ich, können wir uns diesen Schritt sparen«, sagte sie.

Da mir seit langem keiner mehr die geringste Freundlichkeit entgegengebracht hatte, stieg tatsächlich Misstrauen in mir auf. War das irgendein Trick? Wollte man mir gerade eine Falle stellen? Officer Brown war zwar schon vorher nett zu mir gewesen, aber diente es nur dem Zweck, um mich weichzuklopfen … und wenn ja, wofür?

Ich war etwas unsicher, als sie die Tür öffnete und mich den Gang entlangführte. Ich hatte mich bereits so sehr daran gewöhnt, in Handschellen herumzuschleichen, dass ich beim

382

Gehen tatsächlich die Hände vor den Körper hielt. Es kam mir natürlicher vor.

Officer Brown ging einen Schritt hinter mir, bis wir draußen waren. Als wir den Käfig erreichten, wo ich die nächste Stunde verbringen würde, schloss sie die Maschendrahttür auf und öffnete sie.

Der Käfig lag eingekeilt zwischen zwei Gebäuden, die mehrere Stockwerke hoch waren, so dass der Bereich nur gegen Mittag für wenige Stunden Sonnenlicht hatte. Mittlerweile war es so spät, dass meine Chance auf Sonne verstrichen war. Die letzten Strahlen fielen auf die Mauer neben dem Käfig und endeten drei Meter über meinem Kopf.

Es war der zweite April, wenn ich mich nicht irrte, ein warmer Tag. Meine Verhandlung fand in genau einer Woche statt. Der Frühling stand vor der Tür, oder vielleicht hatte er im Shenandoah Valley schon begonnen, auch wenn das eine abstrakte Vorstellung für jemanden war, der dreiundzwanzig Stunden seines Tages drinnen verbrachte.

Ich hatte den Käfig mittlerweile betreten, doch Officer Brown hatte ihn noch immer nicht zugeschlossen, wodurch mein Unbehagen noch größer wurde. Zuerst keine Handschellen, jetzt das. Versuchte sie es etwa so aussehen zu lassen, als hätte ich flüchten wollen? Was war die Strafe dafür? Gab es noch etwas Schlimmeres als Einzelhaft?

»Du kannst dich immer noch nicht an mich erinnern, oder?«, sagte Officer Brown dann.

Ich betrachtete diese stattliche Frau und kramte noch einmal in meinem Gehirn herum. Doch ich kam wieder zu keinem Ergebnis, wie schon die Male zuvor.

»Tut mir leid«, antwortete ich. »Ich wünschte mir, es würde mir einfallen.«

»Ich bin Tracee. Tracee Brown. Wir waren zusammen in St. Agnes.«

St. Agnes war ein Mädchenheim, in dem ich einige Monate verbracht hatte. Eine Zwischenstation, als ich vielleicht vierzehn oder fünfzehn war.

»Du hast mir damals bei den Mathehausaufgaben geholfen«, fuhr Officer Brown fort. »Erinnerst du dich? Ich war fürchterlich schlecht im Bruchrechnen. Man hatte es mir nie richtig beigebracht. Du hast mich dann einen Kreis ausschneiden lassen und gesagt, dass das $\frac{1}{1}$ ist. Dann musste ich den Kreis durchschneiden, und du hast mir erklärt, dass die beiden Teile jeweils $\frac{1}{2}$ ist. Ich weiß, das ist schon lange her.«

Aus der hintersten Ecke meines Kopfs tauchte dunkel eine Erinnerung auf. Ich sah ein pausbäckiges Mädchen mit vielen enggeflochtenen Zöpfen vor meinem geistigen Auge.

»Ach ja, richtig. Tracee Brown«, rief ich. Die dunkle Erinnerung nahm konkretere Formen an. »Du hast abends immer Cornflakes gegessen. Wir haben dich nicht dazu bringen können, etwas anderes auszuprobieren.«

»Ja, und heute wird mir allein bei dem Gedanken an eine Schachtel Cornflakes schon schlecht«, sagte sie und gluckste leicht.

»So geht es mir bei Ravioli aus der Dose«, sagte ich. »Eine meiner Pflegemütter hat die uns ungelogen sechsmal die Woche vorgesetzt. Ich kriege Schüttelforst, wenn ich im Supermarkt nur daran vorbeigehe.«

Sie lachte wieder. Es war schön, sich mal wieder wie ein Mensch zu fühlen.

Dann verschwand das Lächeln. »Du hast auch gesagt, dass ich den wichtigsten Teil meines Ichs hier drinnen verschließen muss, um ihn vor anderen zu bewahren«, sagte sie und tippte auf ihr Herz. »Ich solle nie vergessen, dass dieser Teil gut ist, egal was passiert. Auf diese Weise hättest du überlebt, hast du mir erzählt. Das war ... das war ein guter Ratschlag. Er hat mir geholfen, schwere Zeiten durchzustehen.«

Ich nickte.

»Diesen Rat solltest du auch hier drinnen beherzigen«, sagte sie leise.

»Ja«, erwiderte ich und sah auf den Betonboden. Sie hatte die Tür des Käfigs noch immer nicht zugemacht oder verschlossen.

Ich wollte ihr tausend Fragen stellen. Wie lange sie noch in St. Agnes gewesen war. Ob man sie adoptiert hatte. Wie sie überlebt und sich offensichtlich so positiv entwickelt hatte, dass sie einen guten Job wie diesen bekommen hatte.

Doch sie kam mir zuvor. »Ich habe deinen Fall verfolgt, seit du zum ersten Mal hier gewesen bist. Ein Cousin von mir arbeitet im Büro des Sheriffs. Hast du ... in letzter Zeit mal mit deinem Anwalt gesprochen?«

»Nein. Warum?«

»Also, ich weiß nicht, ob dir das hilft, aber da ist ein Mann bei der Polizei aufgetaucht, der den Mord an diesem Kerl auf dem Friedhof gestehen wollte.«

Ein kurzer Augenblick lang stieg Hoffnung in mir auf. »Wie meinst du das ›er wollte den Mord gestehen‹?«, fragte ich.

»Sein Geständnis hat sich als Lüge herausgestellt. Er hat behauptet, dass er den Kerl auf dem Friedhof erschossen hätte. Dabei ist der überhaupt nicht erschossen worden.«

»Wer ... wer würde denn so etwas machen?«

»Der Mann hieß Curran, hat mir mein Cousin erzählt. Den Vornamen weiß ich nicht.«

Ich sackte gegen einen der Pfosten des Käfigs und glitt daran herunter, bis ich auf dem Boden kauerte.

»Kennst du ihn?«, fragte sie.

»Er ist mein leiblicher Vater. Mit dem ich natürlich seit einer Ewigkeit nichts mehr zu tun habe.«

Tracees Hand schnellte zum Mund. Für eine ehemalige Mitbewohnerin von St. Agnes war keine weitere Erklärung nötig.

»O Mann«, sagte sie.

Zwei Worte, die meine Gedanken in dieser Angelegenheit passend zusammenfassten.

»Tja, ich muss den Käfig jetzt verschließen«, sagte sie entschuldigend.

»Verstehe.«

Ich lächelte, um ihr zu versichern, dass ich sie freisprach. Und ich meinte es so.

Ich kauerte noch eine Weile auf dem Boden. Schließlich stand ich auf und blickte zum Himmel. Dorthin, wo die Luft dünn und die Wolken in feinen Schleiern entlangzogen.

Mein Vater befand sich ebenfalls irgendwo unter diesem Himmel. Ich verspürte vielleicht zum ersten Mal in meinem ganzen Leben den Wunsch, mit ihm zu sprechen.

Diese Geschichte passte in das gesamte Bild unserer Beziehung, denn ich hatte diesen Mann nie verstanden. Als kleines Mädchen war ich stets verunsichert, weil er ständig wütend war. Was hatte ich bloß gemacht, um ihn so zu verärgern? War ich nicht brav genug? Wenn ich mein Zimmer saubermachte und mir die Zähne besser putzte, würde er mich dann endlich lieben?

Jetzt hatte er sich in ein noch größeres Rätsel verwandelt. Selbstlosigkeit war für den Billy Curran meiner Kindheit – den schlagenden Ehemann und Kinderschänder, der kein Problem damit hatte, seine Stieftochter zu befummeln – ein Fremdwort gewesen. Er hatte in der Tat sogar das genaue Gegenteil verkörpert.

Gab es eine Perspektive, die ich übersah? Sprang etwas für ihn dabei heraus?

Ich betrachtete die Sache von allen Seiten, doch ich fand nichts, was ihm einen Vorteil bringen würde. Er hatte versucht, meinen Platz im Gefängnis einzunehmen, vielleicht sogar im Todestrakt. Das war ihm zwar misslungen, doch war seine Tat der Inbegriff von Selbstlosigkeit

Und das von einem Mann, der genau wusste, was auf ihn zukam. Manche Menschen, die noch nie im Gefängnis gewesen sind, sind der irrigen Auffassung, dass es dort gar nicht so schlimm ist – kostenlose Übernachtung mit Vollpension, jede Menge Freizeit und so ein Unsinn.

Mein Vater hatte diese falschen Vorstellungen nicht. Er hatte das Grauen fünf Jahre lang durchlebt und seine Haftstrafe als verurteilter Kinderschänder abgesessen, einer, der in der Hackordnung ganz unten stand. Er wusste, was es bedeutete, unter Freiheitsentzug zu leiden.

Und er war bereit, das alles wieder auf sich zu nehmen. Für mich.

Hatte er sich wirklich geändert? Hatte das Gefängnis, hatte ein abstinentes Leben, hatte Jesus und hatten die letzten zwanzig Jahre, in denen er über seine Fehler hatte nachdenken können, einen anderen Menschen aus ihm gemacht? War er nicht mehr dieser verabscheuungswürdige Mann, den ich kannte?

Vielleicht hatte meine Mutter ja doch recht. Vielleicht hatte er schon immer einen guten Kern gehabt.

Und vielleicht, aber nur vielleicht, liebte er mich doch – was nach neunundzwanzig Jahren, in denen ich allen Grund gehabt hatte, das zu bezweifeln, ein für mich aufwühlender Gedanke war.

51. KAPITEL

Das Telefon klingelte am Freitag kurz vor dem Mittagessen. Was nicht heißen soll, dass Amy Kaye vorhatte, eine Mittagspause zu machen.

Sie hatte erst die Hälfte der Arbeiten hinter sich gebracht, die sie bis zum Ende der Woche erledigt haben musste – es war eine besonders dringende Liste, da sie den gesamten Montag mit dem Prozess gegen Melanie Barrick beschäftigt sein würde.

Amy runzelte die Stirn, als sie die Nummer im Display sah. Sollte das Aaron Dansby sein, der sein Wochenende bereits eingeläutet hatte und sie von seiner Veranda aus anrief, würde sie den Anruf zur Mailbox weiterschalten lassen. Dann erkannte sie, dass es die Rufnummer des staatlichen Labors in Roanoke war, und griff schnell nach dem Hörer.

»Amy Kaye.«

»Chap Burleson«, meldete sich der Anrufer.

Als sie seinen Namen hörte, stieg das peinliche Gefühl wieder in ihr auf, das sie noch immer wegen Warren Plotz verspürte. Sie war froh, dass Burleson nicht sehen konnte, wie sie rot wurde.

»Hallo«, sagte sie.

»Ich dachte, dass Sie vielleicht gern auf den neuesten Stand gebracht werden möchten«, sagte er. »Die Untersuchungen zu Coduri sind zwar noch nicht alle abgeschlossen, aber es liegen schon erste Ergebnisse vor. Haben Sie eine Minute Zeit?«

»Selbstverständlich. Danke«, sagte Amy und zog den Notizblock mit den Aufzeichnungen zu dem Fall hervor.

»Das erste Ergebnis wird Sie nicht überraschen. Coduri war

völlig zugedröhnt, als er umgebracht wurde. Er hatte so viel Kokain im Blut, dass selbst ein Elefant davon high gewesen wäre.«

»Nein, das überrascht mich nicht. Wie lautet das zweite Ergebnis?«

»Tja, also das ist der eigentliche Grund meines Anrufs. Ich habe in der Zeitung gelesen, dass Sie eine Frau für dieses Verbrechen verhaftet haben, richtig?«

»Ja. Melanie Barrick.«

»Tja, also, ich weiß zwar nicht, wer der Täter ist, aber es war ganz bestimmt keine Frau.«

»Wie kommen Sie darauf?«

»Unter dem rechten Zeigefinger haben sich ziemlich viele Hautzellen einer anderen Person befunden. Der Rechtsmediziner hat daraus geschlossen, dass Coduri den Täter gekratzt haben muss. Wir konnten davon eine hübsche Probe nehmen. Da es sich um einen Mordfall handelt, haben wir die Untersuchung vorgezogen. Ein Labormitarbeiter hat heute Morgen mit den Tests begonnen und mir eben mitgeteilt, dass die Probe eindeutig einem Mann zuzuordnen ist.«

»Sind Sie sich sicher?«

»Das Y-Chromosom ist kaum zu übersehen.«

»Verstanden. Wenn es also nicht Melanie Barrick ist, wer ist es dann?«

»So weit sind wir noch nicht gekommen«, antwortete Burleson. »Wahrscheinlich dauert es noch ein oder zwei Wochen, bis wir die DNA durch die Datenbank schicken können, um zu sehen, ob es eine Übereinstimmung gibt. Aber wenn eine Frau wegen dieser Sache im Gefängnis sitzt, sollten Sie vielleicht über eine neue Theorie des Verbrechens nachdenken.«

»Wie zum Beispiel Auftragsmord?«

»Ja, zum Beispiel«, antwortete Burleson. »Aber das ist Ihr Gebiet, nicht meins. Ich bin für die Wissenschaft zuständig.«

Kurz darauf beendeten sie das Telefonat. Als Amy den Hörer wieder auflegte, stieß sie einen tiefen Seufzer aus. Einen Auftragsmord strafrechtlich zu verfolgen war komplizierter. Zuerst musste bewiesen werden, dass es eine Gegenleistung gegeben hatte, höchstwahrscheinlich in Form von Geld – obwohl ein Drogendealer natürlich auch entsprechend in Naturalien bezahlen konnte.

Amy hatte Melanie Barricks finanzielle Situation bisher noch nicht unter die Lupe genommen. Sie wusste lediglich, dass das Büro des Sheriffs bei der Hausdurchsuchung viertausend Dollar beschlagnahmt hatte.

Doch da musste noch mehr sein. Die Frage war nur, wo Barrick das Geld aufbewahrte. Das Büro des Sheriffs ging bei Hausdurchsuchungen eigentlich immer sehr gründlich vor. Deshalb glaubte Amy nicht, dass im Haus noch irgendwo Bargeld herumlag.

Eine Bank war natürlich immer eine Möglichkeit. Einem gewieften Dealer fiel es nicht schwer, illegale Einkünfte rechtmäßig aussehen zu lassen.

Amy betrachtete ihre Liste der zu erledigenden Aufgaben, die sie bis jetzt kontinuierlich abgearbeitet hatte. Sie wusste bereits, dass sie nicht alles bis zum Wochenende schaffen würde.

In den TV-Polizeiserien rief einer bloß laut: »Überprüf mal ihre finanzielle Situation«, und innerhalb von Minuten lag eine Liste sämtlicher Transaktionen vor, die die Angeklagte seit ihrer Kindheit getätigt hatte, einschließlich der Barabhebungen vom Vortag, an dem das besagte Verbrechen begangen worden war.

Die Wirklichkeit sah anders aus. Amy konnte zwar eine rechtliche Anordnung erteilen, die ihr Zugang zu Melanie Barricks Bankunterlagen verschaffte. Doch zuerst musste sie herausfinden, bei welcher Bank Melanie Barrick ein Konto hatte. Und sie konnte auch nicht einfach sämtlichen Banken in der Umgebung

390

eine Anordnung erteilen und hoffen, dass sie fündig werden würde. Das wäre Herumstochern im Nebel, was Richter missbilligten. Sie musste genau wissen, wo Barrick Konten unterhielt.

Es gab zwei Möglichkeiten, um das herauszufinden. Amy konnte der Steuerbehörde eine rechtliche Anordnung erteilen. So würde sie Einsicht in Barricks jüngste Steuererklärung erhalten, in der die Zinseinkünfte sämtlicher Geldinstitute gemeldet waren. Allerdings würde ein Ergebnis mindestens zehn Wochen dauern.

Oder …

Kurz darauf stand Amy von ihrem Schreibtisch auf und ging zum Parkplatz. Die Desper Hollow Road war weniger als zehn Minuten entfernt. Sie musste die Adresse nicht einmal nachsehen.

Wenige Minuten später fuhr Amy unter den Gleisen hindurch an einem Wohnwagen vorbei, der einem Bewunderer der Geschichte der Südstaaten gehörte, bis zur Einfahrt der 104 Desper Hollow Road.

Eine am Straßenrand stehende Mülltonne – randvoll mit weggeworfenen Kontoauszügen und Kreditkartenabrechnungen – wäre das beste Szenario. Die Gerichte hatten entschieden, dass Angeklagte in Bezug auf ihren Müll nicht das Recht der Privatsphäre einfordern konnten, da er als herrenloser Besitz galt. Das bedeutete für Amy, dass sie kein Recht verletzte, wenn sie in der Mülltonne nachsah, sollte sie am Straßenrand stehen. Sie wäre damit entlastet.

Melanie Barrick befand sich aber schon seit zwei Wochen im Gefängnis. Deshalb glaubte sie nicht, dass sie noch Müll finden würde.

Doch es gab noch das zweitbeste Szenario.

Der Briefkasten.

Die Post einer fremden Person zu durchwühlen stellte eine

Straftat dar. Das galt ebenfalls für das Entfernen der Post aus dem Briefkasten eines Angeklagten. Damit verstieß man gegen den vierten Zusatzartikel.

Aber wenn der Briefkasten zufällig offen stand? So was soll ja vorkommen.

Und wenn Amy zufällig daran vorbeiginge, auf einer öffentlichen Straße, und ihr würde ein Kontoauszug entgegenleuchten? Ja, also das würde nur ihre Aufmerksamkeit erregen.

Amy hielt an und stieg aus. Sie zog einen Stift aus der Tasche, steckte ihn durch den Griff des Briefkastens und blieb dabei auf der Desper Hollow Road stehen, der öffentlichen Straße.

»Ups«, sagte sie, als sie die Klappe öffnete.

Sie spähte hinein. Der Briefkasten war fast komplett voll mit Post. Sie benutzte wieder den Stift – so dass sie wahrheitsgemäß aussagen könnte, nichts berührt zu haben, sollte die Frage gestellt werden – und durchsuchte den Stapel. Viel Werbung. Beziehungsweise Rechnungen.

Doch in der Mitte des Stapels stieß sie auf einen Briefumschlag der Shenandoah Community Credit Union, adressiert an Melanie A. Barrick. Ein monatlicher Kontoauszug, stellte Amy untrüglich fest.

Sie durchsuchte den restlichen Stapel. Doch sie fand keine weiteren Briefe einer Bank.

Natürlich war es möglich, dass Barrick noch weitere Konten hatte – eine Bank, die keine monatlichen Kontoauszüge schickte, oder ein Konto, dessen Auszüge noch fehlten. Doch es war ein Anfang.

Amy fuhr zurück ins Büro und verfasste eine rechtliche Anordnung an die Shenandoah Community Credit Union, deren Unternehmenszentrale in Staunton war – und deren Firmenjustitiar sie kannte.

Gegen vierzehn Uhr schickte sie die E-Mail ab. Um genau 15.17 Uhr klingelte ihr Telefon. Es war der Anwalt der Shenandoah Community Credit Union, der sich scherzhaft darüber beschwerte, dass sie ihm so eine Anordnung noch am Freitagnachmittag bescherte.

Um 16.36 Uhr sah Amy die Kontoauszüge der letzten vier Monate von Melanie Barrick durch.

Auf ihrem Konto befanden sich momentan 733,28 Dollar. Die letzte Transaktion war eine Gutschrift über 278,17 Dollar, eingegangen am vorigen Donnerstag, von Hokie Associates. Amy googelte den Namen. Es war die örtliche Filiale des Waffle House.

Waffle House? Die berüchtigte Kokaindealerin des Shenandoah Valley arbeitete beim Waffle House? Das war eine unerwartete Wendung.

Amy stieß auf keine beträchtlichen Abhebungen oder Überweisungen. Die höchsten Eingänge stellten wöchentliche Gutschriften von Diamond Trucking Inc. dar. Doch sie lagen unter sechshundert Dollar und endeten Anfang März. Die höchsten Lastschriften waren die monatliche Hypothek und ein wöchentlicher Scheck von zweihundertfünfzig Dollar an eine Ida Ferncliff. Doch auch diese Zahlung endete vor einem Monat. Amy ging davon aus, dass es sich dabei um die Kosten für die Kinderbetreuung handelte.

Und sonst? Monatliche Lastschriften des Stromversorgers und der Telefon- und Versicherungsgesellschaft. Die üblichen Verdächtigen in einer scheinbar von Gehaltsscheck zu Gehaltsscheck lebenden Person.

Barrick nutzte ihre Bankkarte, um Lebensmittel zu kaufen. Doch die Beträge ließen darauf schließen, dass sie in letzter Zeit nicht viel aß. Der höchste Betrag, den sie an einem örtlichen Bankautomaten abgehoben hatte, belief sich auf zwanzig Dollar.

Wenn Barrick das Leben einer unbekümmerten, ausgabefreudigen Drogenbaronin führte, dann nicht über dieses Konto.

Denn das bewies lediglich, dass sie genügsam war beziehungsweise völlig pleite.

Offensichtlich verbarg Melanie Barrick etwas, das Amy bisher noch nicht entdeckt hatte. Sie musste einfach nur weiter-
suchen.

52. KAPITEL

Die vorangegangene Woche war alles andere als verflogen, was daran lag, dass die Zeit in Einzelhaft so zäh vergeht, wie man es sich nur vorstellen kann.

Mr Honeywell war beunruhigend still. Er hatte mich weder angerufen noch besucht, sondern lediglich eine Nachricht geschickt, in der er mir schilderte, wie er sich auf den Prozess vorbereitete. Außerdem hatte er Kontakt mit Ben gehabt. Aus welchem Grund erklärte er mir nicht. Mir war schleierhaft, was Ben zu meinem Fall beitragen könnte. Insbesondere von New Jersey aus oder wo immer er gerade war.

Die Nachricht endete damit, dass ich nicht den Mut verlieren sollte.

Klar. War ja so einfach.

Da ich sonst nichts zu tun hatte, spulte ich die Ereignisse der letzten Wochen immer wieder in meinen Kopf ab und dachte an mein letztes Treffen mit Mr Honeywell, das im Büro des Sheriffs stattgefunden hatte. Sein Blick war anders gewesen. Als wäre ich nun ein verlorener Fall. Als würde er mich nicht mehr für unschuldig halten. Als würde ich wieder zu der Sorte von Mandanten gehören, deren Schicksal ihm keine schlaflosen Nächte bereitete.

Und daran konnte ich nicht einmal etwas ändern, denn ich hatte keine Briefmarke, um ihm zu schreiben, dass es mich seelisch aufbauen würde, wenn ich einen ausführlicheren Bericht zu meiner Verteidigung bekäme. Ich konnte mir auch keine Briefmarke im Gefängnisladen kaufen oder mir eine von den Wärtern leihen. Das war ihnen nämlich nicht gestattet – es verstieß gegen die Gefängnisvorschriften. Sie durften Insassen keinerlei Geschenke machen.

Am achten April, einem Sonntag und dem Tag vor meiner Verhandlung, regnete es. Dadurch unterschied er sich von den anderen Tagen. Am späten Nachmittag fragte mich ein Wärter, ob ich trotzdem von meinem verfassungsmäßigen Recht, eine Stunde im Freien zu verbringen, Gebrauch machen wollte. Ich überraschte ihn, indem ich ja sagte.

Wir brachten die übliche Routine mit Handschellen und Käfig hinter uns.

Als er die Tür verschlossen hatte, nahm er mir die Handschellen ab. Ich konnte mich frei bewegen – ein komisches Wort: frei – und meinen fünfundzwanzig Quadratmeter großen Hof erkunden.

Der Regen war warm. Es war ein Regen, der Getreide, Blumen und sonstiges Leben zum Wachsen brachte. Er fiel beständig. Kein Starkregen, aber fast. Das Wasser sammelte sich auf dem Betonboden und bildete Pfützen, die tänzelten, wenn die Regentropfen darauf trafen.

Innerhalb weniger Minuten war ich klatschnass. Das war gar nicht so unangenehm. Im Gegenteil, der Regen fühlte sich herrlich an.

Ich war vor allem deswegen nach draußen gegangen, um später gut schlafen zu können. Ich glaubte, dass frische Luft da helfen würde. Auch Sport. Also lief ich kleine Runden in meinem Käfig und machte ein paar Liegestütze.

Ich war stark. Kraftvoll sogar. Ich hatte fünf Pfund abgenommen, so dass meine Rippen sich abzeichneten. Meine Muskeln mussten weniger Masse bewegen. Ich schaffte alles mühelos. Ich kletterte den Maschendrahtzaun hinauf, als würde ich fliegen.

Dann stieß ich mich wieder ab, und meine Füße landeten mit einem zufriedenen, klatschenden Geräusch auf dem nassen Boden. Ich machte alle möglichen Übungen, einfach nur, weil es mich nicht anstrengte.

Mich so zu verausgaben war eigenartig belebend. Vielleicht weil ich auf diese Weise daran erinnert wurde, dass mein Körper trotz der Haftbedingungen noch immer mir gehörte.

Die Luft war erdig und frisch, trotz des Betons um mich herum. Der Regen wurde stärker. Ich steigerte entsprechend meine Übungen, sprang hin und her, sprintete und hüpfte, bis mir die Brust vom Einatmen weh tat.

Doch genau das war es, was ich wollte.

Ich wollte mich lebendig fühlen.

Als ich fertig war – als ich mich ausgepowert hatte – lag ich mit ausgestreckten Gliedern auf dem Boden, mitten in dem Käfig, und ließ den Regen auf mich herunterprasseln. Dabei dachte ich an Alex.

Ich rief mir keine meiner üblichen Erinnerungen aus der Vergangenheit ins Gedächtnis. Zum ersten Mal, seitdem dieses Martyrium begonnen hatte, erlaubte ich mir, an die Zukunft zu denken. Ich stellte mir ausgerechnet das Gebäude des Sozialamts vor und den Tag, an dem Alex wieder zu mir zurückkehren würde. Ich dachte an Tina Anderson, die Sachbearbeiterin. Ich dachte daran, wie sie mir mein Kind in die Arme legte. Ich dachte an sein freudiges Gesicht, und ich dachte an meine Erleichterung, wenn ich diese wunderschönen Augen und das strahlende Lächeln wiedersehen würde.

Diese Gedanken waren gefährlich.

Trotzdem klammerte ich mich daran.

53. KAPITEL

Regen bedeutete immer, dass der Tag anstrengend würde.

Denn Regen bedeutete, dass sie mit dem Kind nicht nach draußen gehen konnte. Sie musste im Haus bleiben und sich ständig etwas Neues einfallen lassen, um ihn zu bespaßen.

Und das war nicht mehr so einfach wie am Anfang, als er nur ein oder zwei Stunden am Stück wach blieb. Da hatte er sich noch in der Phase befunden, die Fachbücher als das »vierte Trimester« bezeichneten, und sich so verhalten, als würde er noch immer im Mutterleib sein. Wenn er nicht aß oder in die Windeln machte, schlief er.

Diese Zeiten waren vorbei. Schläfchen hielt er mittlerweile seltener, und die Zeitspannen dazwischen wurden größer. Das Kind wachte auf und wollte die Welt erkunden.

Womit die Frau kein Problem hatte. Auf jeden Fall nicht tagsüber. Sie hatte ihm einen wunderbaren kleinen Kinderstuhl aus Schaumstoff gekauft, so dass er aufrecht sitzen konnte; sie hatte einen Türhopser am Türrahmen befestigt, so dass er seine Beinchen bewegen konnte; und sie hatte eine Krabbeldecke auf dem Boden ausgebreitet, die von einer ringförmigen gepolsterten Stange überspannt wurde, an der viele kleine Tiere baumelten. Normalerweise verlor er nach einer Viertelstunde sein Interesse an den Aktivitäten. Doch sie konnte ihn weiter beschäftigen, da sie die Kraft besaß, ihn immer wieder hochzuheben und von vorne beginnen zu lassen.

Aber nicht mehr am Abend. Da war sie einfach erschöpft. Anders als eine leibliche Mutter, die mit allen möglichen Hormonen versorgt wurde, um genau diese Situation auch noch zu meistern, war sie ausgelaugt. Einfach erledigt.

Doch das schien den kleinen Kerl nicht zu kümmern. Es kam vor, dass er wach blieb, wenn er nachts aufwachte und Hunger hatte – insbesondere, wenn er tagsüber nicht draußen gewesen war –, und das einfach nur, weil er *munter* war.

Diese Nacht war so eine Nacht. Ein verregneter Tag hatte zu einem ruhelosen Abend geführt. Der Junge wachte um elf Uhr auf und blieb wach bis um ein Uhr. Er wollte spielen und bespaßt werden. Dann dauerte es noch eine Stunde, bis die Frau – die so übermüdet war, dass sie nicht sofort einschlafen konnte – endlich in den Schlaf glitt.

Jetzt war es vier Uhr morgens, und der Junge war schon wieder wach. Die Frau drehte sich um, als sie ihn hörte. Sie überlegte, ob sie ihren Mann wecken und ihm sagen sollte, dass er an der Reihe sei. Doch der schlief tief und fest, also …

… schleppte sie sich ins Kinderzimmer. Sie würde ihn nur schnell füttern und dann wieder hinlegen.

Dachte sie. Doch der Junge wollte nichts davon wissen. Er wollte noch mehr spielen. Also begann der Machtkampf. Ein Machtkampf, den sie nicht gewinnen konnte. Je mehr die Frau versuchte, ihn zu beruhigen und zum Schlafen zu bringen, umso zappeliger wurde er.

Der Frust der Frau stieg kontinuierlich an. In dieser angespannten Atmosphäre betrat der Mann das Kinderzimmer.

»Hallo. Was ist denn los?«, fragte er töricht.

»Was glaubst du? Wonach sieht es aus?«, blaffte sie ihn an und hielt ihm den Jungen hin, dessen Augen weit aufgerissen waren.

»Okay, okay. Warum gehst du nicht wieder schlafen, und ich übernehme?«, sagte er und versuchte, ihr das Kind abzunehmen.

»Nein«, erwiderte sie und wandte sich ab, so dass er nicht danach greifen konnte. »Mir geht's gut. Leg dich einfach wieder hin!«

»Dir geht's nicht gut. Du bist erschöpft. Das ist in Ordnung. Lass mich den Jungen nehmen!«

»Ich habe dir doch gesagt, mir geht's *gut*«, schrie sie.

Daraufhin begann das Kind zu weinen. Als die Frau sah, was sie angerichtet hatte, begann auch sie zu weinen.

Der Mann trat zu ihr und nahm ihr sanft den Jungen aus den Armen. Dann umarmte er seine todmüde Frau.

»Schhh. Es wird alles gut«, flüsterte er beruhigend.

54. KAPITEL

Die Nacht verging langsam. Trotz meiner Versuche, mich auszupowern, war mein Geist hellwach und meine Nerven bis zum Zerreißen gespannt. An Schlaf war daher nicht zu denken.

Der Drogenprozess stellte lediglich die erste Hürde dar, die ich überwinden musste. Der Mordprozess würde dann noch folgen – und zwischendrin musste ich die Verhandlung mit dem Sozialamt noch hinter mich bringen.

Fakt war jedoch, dass der Rest irrelevant wäre, wenn ich diese erste Hürde nicht überwinden könnte. Den Drogenprozess zu verlieren bedeutete auch, Alex zu verlieren. Wer immer ihn mir weggenommen hatte, hätte endgültig gewonnen.

Was gäbe es dann noch, wofür es sich zu leben lohnte? Da könnte man mich genauso gut auch hinrichten.

Das klingt vielleicht düster. Doch Optimismus ist nun mal Mangelware, wenn man morgens um zwei auf einer Pritsche liegt, in Einzelhaft, während einen die ganze Welt für schuldig hält.

Ich war gerade eingenickt, als das Licht in der Zelle anging. Sechs Uhr. Ich sprang auf, als ob ein Böller in meiner Zelle gezündet worden wäre. Mein Herz trommelte wild gegen das Brustbein. Ich trat zur Tür und wartete, dass eine der Wachen ihre turnusmäßigen Runden machte.

»He, Leute, heute ist mein Prozess. Das wisst ihr schon, oder?«, rief ich.

»Ja, wissen wir, Barrick«, war die Antwort. »Wir holen dich später ab.«

Ich war zu nervös, um einen Bissen meines Frühstücks herunterzubekommen, das sowieso grauenvoll war. Kurz nachdem das Tablett wieder entfernt worden war, erschienen zwei Gefängniswärter und übergaben mich zwei Beamten des Sheriffs, die mich zum Gericht fuhren.

Als ich den Haftraum hinter dem Gerichtssaal betrat, stellte ich überrascht fest, dass ein Kleid an dem Etagenbett hing – das hatte ich wohl Mr Honeywell zu verdanken. Es war mein Kate-Middleton-Kleid. Anscheinend gefiel es ihm. Die Schuhe, die ich stets dazu trug, befanden sich in einer Plastiktüte. Ich fragte mich, wie er in mein Haus gekommen war, um die Sachen zu holen.

An dem Kleiderbügel steckte ein Umschlag, auf dem mein Name stand. Ich öffnete ihn und zog die Kopie eines alten Fotos hervor. Ein schneidiges junges Paar war darauf zu sehen, ein Mann und eine Frau, offensichtlich sehr verliebt. Nach der Kleidung und den Frisuren zu urteilen – ganz abgesehen von den verblassten Farben – schätzte ich das Foto auf die Zeit um 1975. Ich hörte förmlich die Musik von *Saturday Night Fever* im Hintergrund.

Dann stutzte ich. Der gutaussehende Mann auf dem Foto war Mr Honeywell: ein sehr viel jüngerer, sehr viel schlankerer und sehr viel aufrechterer Mr Honeywell, dessen Haupthaar noch voll war. Er trug ein Hemd mit einem breiten Kragen und einen karierten Anzug, in dem er lässig elegant aussah. Er hatte weder Glupschaugen noch Tränensäcke. Im Gegenteil, seine Augen leuchteten.

Er war ein attraktiver Mann. Und dazu noch ein glücklicher.

Ich erkannte sofort den Grund. Es war die Frau, die ihn ansah. Sie liebte ihn über alles. Das war offensichtlich. Es war unmöglich, dass ein Mann, der eine Frau hatte, die ihn so ansah – und sei es nur einmal –, eine Entwicklung wie Mr Honeywell genommen haben konnte.

War sie seine Freundin oder …

Nein, sie war seine Ehefrau. Sie trugen Eheringe.

Dann betrachtete ich die Frau sorgfältiger. Dunkles Haar, der Schnitt fast wie meiner. Dunkle Augen, ähnlich geformt wie meine. Schlanke Figur, so wie ich. Sie trug ein Kleid mit einem Gürtel, das einer vierzig Jahre älteren Version meines Kate-Middleton-Kleids entsprach.

Sie hätte meine Mutter oder meine Schwester sein können. Was sie natürlich nicht war. Doch die Ähnlichkeit war derart frappierend, dass ich noch ein paar Sekunden länger auf das Foto starrte.

Dann hörte ich Mr Honeywells Stimme vom anderen Ende des Warteraums.

»Als ich Sie zum ersten Mal gesehen habe, verschlug es mir fast den Atem«, sagte er. »Es war so, als würde ich einen Geist sehen.«

Er hatte still auf einer Bank gesessen und mich beobachtet, wie ich seine Vergangenheit betrachtete.

»Dann war sie also … das ist Ihre Frau, nicht wahr?«, sagte ich und hielt das Foto hoch.

»Sie hieß Barbara.«

»Was ist passiert, wenn ich fragen darf?«

Es dauerte einen Moment, ehe er antwortete.

»Man kann es wohl als Unglück bezeichnen«, sagte er schließlich. »Unglück und schlechte Fahrkünste. Wir waren etwa ein Jahr verheiratet. Sie war schwanger. Schon mehrere Monate. Wir beide waren überglücklich. Ein Paar, das dabei war, eine Familie zu gründen. Wir fuhren an einem Abend über Land, ohne Ziel, nur so. Ich hatte einen Pontiac GTO. Ein Modell, das richtig viel PS unter der Haube hatte. Ich nahm die Kurven ziemlich eng und drückte auf die Tube. Barbara lachte nur. Sie hatte ein tolles, glockenhelles Lachen.«

Er sann kurz über dieses Lachen nach und fuhr dann fort.

»Die Straße machte eine Biegung, und da kam uns ein Farmer

403

mit seinem Traktor entgegen. Er hatte kein Vorderlicht eingeschaltet, nichts, und tuckerte mitten auf der Straße. Was zum
Teufel hat er nur da draußen in der Dunkelheit gemacht? Ich habe
keine Ahnung. Auf jeden Fall riss ich das Lenkrad herum, um ihm
auszuweichen, und verlor die Kontrolle über meinen Wagen. Die
Beifahrerseite des Autos prallte gegen einen Baum. Wir waren
nicht angeschnallt. Das war damals noch nicht üblich.«

Er hielt inne.

»Ihr Hinken rührt also von diesem Unfall her?«

Er nickte.

»Doch mein Inneres wurde schlimmer zerstört als mein Äußeres.«

»Und Barbara?«, fragte ich.

Er schüttelte bloß den Kopf.

»Und Sie haben nie wieder geheiratet?«

»Ich habe sogar nie wieder eine Freundin gehabt. Ich habe zu
viele Jahre damit verbracht, mich selbst zu hassen oder mich zu
bemitleiden, dass ich praktisch beziehungsuntauglich bin.«

Er stand von der Bank auf, hinkte zu meiner Zelle und sah
mich mit seinen traurigen, hervorstehenden Augen an.

»Ich habe Barbara enttäuscht«, sagte er. »Sie werde ich nicht
enttäuschen.«

Ich nickte ernst. »Danke«, sagte ich.

»Na gut«, sagte er. »Dann ziehen Sie sich an! Wir sehen uns
im Gerichtssaal.«

Nachdem er gegangen war, legte ich das Foto weg und zog mich
um. Ich konnte den Gürtel des Kleids um zwei Löcher enger
schnallen.

Zehn oder fünfzehn Minuten später holte mich ein Beamter
des Sheriffs ab. Er legte mir Fußschellen an – aber keine Handschellen – und führte mich über den Flur zu einer Tür, auf der
GERICHTSSAAL NR. 2 geschrieben stand.

Das Gehen stellte sich als ziemlich schwierig heraus, da ich aufgrund der Fußschellen und meiner Absätze nur kleine Schritte machen konnte. Ich musste mich stark konzentrieren, um nicht zu stolpern. Daher blickte ich nach unten, als ich den Gerichtssaal betrat.

Mr Honeywells rundliche Gestalt am Tisch der Verteidigung nahm ich nur aus dem Augenwinkel wahr. Erst als ich den Tisch erreichte und wieder mein Gleichgewicht fand, konnte ich den Kopf heben.

Mein Blick fiel zuerst auf den Tisch der Staatsanwaltschaft. Amy Kaye saß stocksteif auf dem zweiten Stuhl. Ein Mann, den ich nicht kannte, sprach zu ihr. Doch ich konnte nicht hören, was er sagte. Er hatte eine unangenehme Ausstrahlung, so dass ich ihn intuitiv nicht mochte. Das musste wohl an der Fliege liegen, die er trug.

Mein Blick wanderte weiter zum Publikum. In einer der hinteren Reihen saßen ein Mann und eine Frau. Beide wirkten gelangweilt und hielten Notizblöcke in den Händen. Es waren offensichtlich Reporter.

Etwas weiter vorne, in der dritten Reihe, saß Teddy. Treu an seiner Seite, Wendy.

Meine Eltern hatten in der zweiten Reihe Platz genommen. Ich war noch immer entsetzt darüber, wie alt sie aussahen. Meine Mutter lächelte mich nervös an. Mein Vater senkte den Kopf. Dann hob er ihn wieder. Ich winkte ihnen widerwillig zu.

Doch ich hatte keine Zeit mehr, über ihre Anwesenheit nachzudenken. Der Beamte, der mich hereingebracht hatte, umfasste behutsam meinen Ellenbogen.

»Ms Barrick«, sagte er. »Der Richter kommt gleich herein. Sie sollten nach vorne blicken.«

Sein Satz brachte mich endgültig in die Gegenwart. Ich setzte mich neben Mr Honeywell.

Mein Blick wanderte zum Tisch des Richters, der noch immer

leer war, aber alle anderen Möbel überragte und kaum einen Zweifel daran ließ, wer im Gerichtssaal die wichtigste Person war. Meine gesamte Aufmerksamkeit – mein gesamtes Karma, das ich in diesem Leben gesammelt hatte – war jetzt auf diesen Tisch und auf den Mann gerichtet, der bald dort sitzen würde.

Virginia gegen Barrick, ein eintägiger Prozess, der über den Verlauf meines restlichen Lebens entscheiden würde, stand kurz vor seinem Beginn.

55. KAPITEL

Amy Kaye beobachtete Aaron Dansby aus den Augenwinkeln. Ihr gefiel gar nicht, was sie da sah.

Mit zittrigen Händen sortierte er Unterlagen und Akten auf dem Tisch. Immer wieder nippte er nervös an seinem Wasserglas, was ein sicheres Anzeichen dafür war, dass er einen trockenen Mund hatte. Ständig klopfte er mit dem Fuß auf den Boden, was sonst eigentlich nicht Aaron Dansbys Art war.

Er warf auch immer wieder verstohlene Blicke nach hinten in den Zuschauerraum. Sollte das Publikum nur aus Melanie Barricks Freunden und Familie bestehen, schien das für ihn – gerade noch so – verkraftbar zu sein.

Dann betraten ein Mann und eine Frau den Gerichtssaal. Der Mann war ein Reporter von *The News Leader*. Amy kannte ihn gut. Die Frau hatte sie noch nie gesehen, doch sie schien ebenfalls Journalistin zu sein, vielleicht von der *Daily Progress* aus Charlottesville. Oder dem *Times-Dispatch* in Richmond. Oder vielleicht der *Washington Post*, wer weiß.

Das schien Dansby dann aber doch zu überfordern. Als die Reporter sich hinsetzten, wandte er sich zu Amy.

»Weißt du was?«, sagte er. »Ich glaube, ich überlasse dir das Feld.«

»Wie meinst du das?«, sagte Amy.

»Ich meine die Verhandlung. Du bist sowieso besser darauf vorbereitet. Außerdem glaube ich … Also, ich halte es einfach für klüger. Ist das in Ordnung?«

»Äh, ja«, antwortete Amy.

Das war sogar mehr als in Ordnung. Denn ihre einzige, rich-

407

tige Sorge war, dass der sicher geglaubte Sieg doch noch verspielt werden würde, weil Dansby etwas in der Verhandlung vergeigte. Melanie Barricks letzte und größte Chance, freigesprochen zu werden, hatte sich gerade von dem Fall zurückgezogen.

»Großartig!«, sagte Dansby. »Ich werde den Reportern erklären, dass ich für ein Interview später zur Verfügung stehe, den Prozess aber meiner Stellvertreterin überlasse. Sie sollen sehen, dass ich in der Lage bin, wichtige Angelegenheiten zu delegieren. Das beweist Führungsstärke.«

Amy war irritiert, zeigte es aber nicht. *Führungsstärke?*, wollte sie sagen. *Du ziehst, drei Minuten bevor der Prozess beginnt, den Schwanz ein, und nennst das Führungsstärke?*

»Okay. Klingt nach einer guten Idee«, sagte sie stattdessen.

Er stand auf, ging nach hinten und sprach kurz mit den Reportern. Dann nahm er zwei Reihen vor ihnen Platz. Amy fügte diese Geschichte zu all den anderen Geschichten hinzu, die sie einmal im Vertrauen erzählen würde, wenn Aaron Dansby im Senat saß.

Sie richtete ihr Augenmerk wieder auf den vorderen Teil des Gerichtssaals. Ein Beamter trat herein, ein Schritt dahinter folgte Richter Robbins.

»Erheben Sie sich!«, sagte der Beamte. Er rief zur Ruhe auf und schloss seine Rede mit den Worten, dass Gott den Staat Virginia und diesen ehrenwerten Gerichtssaal schützen solle.

»Guten Morgen, allerseits«, begrüßte Robbins die Anwesenden. »Setzen Sie sich bitte. Sind noch kurzfristig Fragen aufgetreten, um die wir uns kümmern müssen, ehe wir mit dem Prozess beginnen?«

»Nein, Euer Ehren«, antwortete Amy.

Honeywell schüttelte den Kopf.

Der Richter nickte Amy zu. »Na gut. Ist die Staatsanwaltschaft bereit, den Prozess zu eröffnen?«

»Ja, Euer Ehren«, erwiderte Amy und knöpfte ihr Jackett zu, als sie aufstand.

Sie hatte nicht vorgehabt, dieses Eröffnungsplädoyer zu halten. Trotzdem war sie vorbereitet. Sie hatte es geschrieben, jedes einzelne Wort. Dansby hätte es vortragen sollen, und sie war es so oft mit ihm durchgegangen, dass sie es auswendig kannte.

»Vierhundertsiebenundachtzig Gramm, Euer Ehren«, sagte sie. »Das ist eine unglaubliche Menge Kokain. In einem relativ kleinen Bezirk wie unserem stellt dieses Kokain eigentlich allein schon eine Seuche dar. Vierhundertsiebenundachtzig Gramm sind genug …, um Familien zu zerstören. Um Kriminalität steigen zu lassen. Um häusliche Gewalt zu schüren. Um in jede kleine Spalte unseres kleinen, verschlafenen Tals zu dringen. Um von allen möglichen Leuten konsumiert zu werden, vom Hardcore-Süchtigen bis hin zum Schüler, der einfach nur mal Kokain ausprobieren will. Und ich glaube, dass wir alle wissen, wie verheerend dieses erste Mal im Leben eines jungen Menschen sein kann.«

Sie senkte den Kopf und hielt kurz inne, um an diesen namenlosen Jugendlichen zu denken, dessen Leben gerade außer Kontrolle geriet. Dann sah sie wieder auf.

»Doch genau diese Menge, vierhundertsiebenundachtzig Gramm, hat das Büro des Sheriffs von Augusta County im Haus der Angeklagten gefunden, versteckt im Lüftungsschacht über dem Kinderbett. Die genaue Menge an Kokain, die die Angeklagte vor der Hausdurchsuchung besaß, ist uns nicht bekannt. Waren es sechshundert Gramm? Achthundert? Ein ganzes Kilo? Das lässt sich nicht sagen. Doch wir wissen, was sie damit gemacht hat, und was sie mit den restlichen vierhundertsiebenundachtzig Gramm vorhatte. Sie wollte es verkaufen, Euer Ehren. Laut Gesetz müssen wir das nicht einmal beweisen. Doch die Beweislage ist sehr eindeutig. Wir haben sämtliche notwendigen Drogenutensilien – Waagen, Rasierklingen und Plastiktütchen –

gefunden. Und dazu noch eine Liste mit Telefonnummern uns bekannter Drogenkonsumenten.

Aber das ist nicht alles, Euer Ehren«, fuhr Amy fort. »Die Angeklagte wird Ihnen gegenüber sicherlich aussagen, dass das Kokain, das wir in ihrem Haus gefunden haben, nicht ihr, sondern jemand anderem gehört. Obwohl es sich im Kinderzimmer befand, einem Ort, den keine Mutter einen Fremden betreten lassen würde, wird Ms Barrick Sie bitten, ihr das Märchen zu glauben, dass sie keine Ahnung hat, wie es dorthin gekommen sei. Doch wenn sie das aussagt, sollten Sie nicht vergessen, dass wir neben den Drogenutensilien auch noch ihr Handy gefunden haben – einschließlich Bildern von ihr selbst, ihrem Mann und ihrem Kind.«

Amy hielt inne, damit der Richter diese entscheidende Information in sich aufnahm.

»Sie hatte also die Verfügungsgewalt über die Drogen. Die Verteidigung wird versuchen, die Fakten durcheinanderzubringen, Euer Ehren. Wie Sie bestimmt wissen, hat Mr Honeywell einen verurteilten Drogendealer vorgeladen, der über die Drogenszene aussagen soll. Ein Nachbar, vielleicht auch noch weitere Menschen, werden Ihnen wahrscheinlich erzählen, dass sie nichts über Drogenverkäufe wissen seitens Ms Barrick. Doch all das ist irrelevant. Relevant sind nur die vierhundertsiebenundachtzig Gramm Kokain, die wir im Haus der Beklagten gefunden haben. Relevant sind nur die Drogenutensilien, die wir in dem Haus der Beklagten gefunden haben. Relevant ist nur das Handy der Angeklagten, das wir zusammen mit den Drogenutensilien gefunden haben. Einen eindeutigeren Fall von Drogenbesitz zum Zwecke des Verkaufs gibt es nicht, Euer Ehren. Vielen Dank.«

Amy setzte sich, zufrieden mit ihrem Vortrag.

»Danke, Ms Kaye«, sagte der Richter. Dann wandte er sich zum Tisch der Verteidigung. »Mr Honeywell, möchten Sie Ihr Eröffnungsplädoyer halten?«

Mr Honeywell bemühte sich kaum, aufzustehen. »Das werde ich halten, wenn die Staatsanwaltschaft ihren Fall dargelegt hat.«

»Das ist Ihr gutes Recht. Ms Kaye, würden Sie dann bitte Ihren ersten Zeugen aufrufen?«

Amy nickte dem Gerichtsdiener zu, der bereits auf dem Weg zur Tür war, um Peter Kempe zu holen. Amy hatte in der vergangenen Woche den Beamten – und alle seine Kollegen – im Auge behalten. Er hatte nichts gemacht, was ihr Misstrauen weiter geschürt hätte.

Kempe betrat den Gerichtssaal und trug einen schicken, aber nicht allzu schicken Anzug. Seine Krawatte war locker gebunden. Er nickte, als er an Richter Robbins vorbeiging, legte einen Eid ab und nahm anschließend Platz im Zeugenstand.

Amy stellte ihm die Fragen, die sie für Dansby auf einer Liste erstellt hatte. Sie betrafen zuerst seine Person und seine Qualifikationen. Dann ging sie auf die eigentliche Sache ein. Kempe sagte aus, dass einer seiner Stamminformanten an ihn herangetreten sei. Er hätte für das Büro des Sheriffs eine kleine Menge Drogen gekauft, was zu dem Durchsuchungsbefehl, der anschließenden Hausdurchsuchung und der Sicherstellung der Beweise geführt hätte.

Amy stellte ihm dann Fragen zu den sichergestellten Beweisen. Er berichtete von dem Handy, das sie gefunden hätten und das kein Passwort besessen hätte, so dass sie es schnell als das der Beklagten hätten identifizieren können; er berichtete vom Ergebnis des Labors, das bestätigte, dass das gefundene Puder tatsächlich Kokain sei, eine Droge der Klasse II; und er berichtete von den Telefonnummern, die sie polizeibekannten Drogenkonsumenten hätten zuordnen können.

An Kempes Aussagen war nichts zu beanstanden, so wie Amy es erwartet hatte. Das war der Staat in seiner Bestform: Zwei erfahrene Beamte, die sich an das Drehbuch hielten und ihre Beweise als Team präsentierten, ohne irgendwelche Überraschungen.

Als Amy die Befragung ihres Zeugen für beendet erklärte, lud Richter Robbins die Verteidigung ein, den Zeugen ins Kreuzverhör zu nehmen.

Das Drehbuch hatte nunmehr sein Ende erreicht. Honeywell stand auf, um Kempes Aussagen zu zerlegen.

Amys jahrelange Erfahrung hatte sie gelehrt, dass der eigentliche Prozess jetzt erst begann.

Honeywell fing langsam an und attackierte an den Stellen, an denen er attackieren konnte. Hatte Kempe je gesehen, wie die Angeklagte das Kokain gewogen und in die handelsüblichen Tüten verpackt hatte? Nein. Hatte er sie bei einem Drogenverkauf beobachtet? Nein. Hatte er jemals geprüft, ob Ms Barricks Handy möglicherweise gestohlen und zusammen mit den Drogenutensilien in die Schachtel gesteckt worden war? Nein.

Alles harmlose Fragen für die Staatsanwaltschaft, und Kempe war ein Meister darin, einsilbige Antworten zu geben.

Dann änderte Honeywell seine Angriffstaktik.

»Sie haben ausgesagt, dass Sie diese Namen und die Nummern, die Sie in der Schachtel gefunden haben, schon einmal gesehen haben«, sagte er.

»Ja«, antwortete Kempe.

»Wo?«

»Wie ich schon gesagt habe, sind sie uns als Drogenkonsumenten bekannt«, antwortete Kempe.

»Ja, aber wo genau haben Sie diese Namen und Nummern schon einmal gesehen?«, hakte Honeywell nach.

Amy erkannte an der Fragestellung, dass sie direkt zu Mookie Myers führen würde. Und das war genau die Tür, die geschlossen bleiben musste. Sie sprang von ihrem Stuhl auf.

»Einspruch«, rief sie. »Das liegt nicht im Rahmen der von Mr Kempe gemachten ursprünglichen Aussage.«

»Euer Ehren, Detective Kempe hat zweimal ausgesagt, dass es sich um bekannte Drogenkonsumenten handelt«, entgegnete Honeywell. »Wir haben ein Recht, zu erfahren, woher er das weiß.«

»Da stimme ich Ihnen zu. Einspruch abgelehnt«, sagte Robbins. »Fahren Sie fort, Herr Verteidiger.«

»Danke, Euer Ehren. Also, noch einmal, Detective Kempe, sind Ihnen diese Namen und Nummern in einem Fall der jüngeren Vergangenheit begegnet?«

»Ja.«

»In welchem Fall?«

Kempe beugte sich zum Mikrophon und sagte die Worte, die Amy gehofft hatte verhindern zu können.

»Im Fall Mookie Myers.«

»Danke, Detective. Und sollte dieser Fall dem Gericht nicht bekannt sein, könnten Sie bitte erklären, wer Mookie Myers ist?«

»Mookie Myers ist ein verurteilter, in Haft sitzender Drogendealer, der des Besitzes von Drogen zum Zweck des Verkaufs überführt wurde.«

»Und um welche Drogen hat es sich da gehandelt?«

»Um Kokain«, erwiderte Kempe.

»Wie Sie wissen und wie das Gericht bestimmt auch weiß, versehen Drogendealer ihr Produkt mit einem Stempel, um es zu kennzeichnen. Wie hieß sein Produkt?«

»Dragon King.«

»Danke. Und können Sie mir sagen, wo sich das Kokain von Mookie Myers gerade befindet?«

Amy sprang von ihrem Stuhl auf und verspürte schon da ein mulmiges Gefühl in der Magengegend. Wie konnte es nur sein, dass Honeywell davon wusste? Aber natürlich, sie hätte es sich denken können. Sheriff Powers hatte mehrere Beamte nach den fehlenden Drogen befragt. So etwas blieb nie lange geheim. Honeywell lebte seit ewigen Zeiten in Augusta County und kannte so gut wie jeden im Bezirk. Die Sache musste ihm irgendwie zu Ohren gekommen sein.

Das war also die Strategie der Verteidigung: Das Büro des Sheriffs von Augusta bloßzustellen, den Sachverhalt durcheinanderzubringen und darauf zu hoffen, dass auf diese Weise ein Freispruch herausspringen würde. Amy musste sofort dagegenhalten, um den Schaden zu begrenzen.

»Einspruch!«, rief sie. »Das sind zwei unterschiedliche Fälle. Es ist völlig egal, ob die Drogen, die im Haus von Ms Barrick gefunden wurden, einmal Mookie Myers oder dem Osterhasen gehört haben. Entscheidend ist allein die Tatsache, dass Ms Barrick diese Drogen besessen hat.«

»Im Gegenteil, Euer Ehren, das ist überhaupt nicht egal«, widersprach ihr Honeywell. »Denn das führt zum Kernpunkt des Falls und zum Kernpunkt der Verteidigung. Und der Kernpunkt ist die Frage, wie eine Frau, die weder eine Vorstrafe noch eine Vorgeschichte als Drogenkonsumentin hat, in den Besitz einer derart großen Menge von Kokain gekommen sein soll. Wie Sie wissen, Herr Richter, haben wir viel Spielraum, um alternative Theorien zur Straftat aufzustellen, und wir werden Zeugen aufrufen, die genau diese alternativen Theorien liefern werden. Das schließt auch Mr Myers ein, den wir vorgeladen haben und der sich hier im Gericht befindet, um auszusagen.«

»Tut mir leid, Ms Kaye«, sagte Robbins. »Mr Honeywell hat recht. Das muss ich ihm erlauben. Einspruch abgelehnt. Fahren Sie fort, Mr Honeywell.«

»Danke, Euer Ehren. Also, Mr Kempe, wissen Sie, wo sich das Kokain aus dem Fall Mookie Myers gerade befindet?«

Kempe warf einen Blick zur Staatsanwaltschaft, doch Amy konnte nichts mehr für ihn tun. Er saß in der Falle. Die Wahrheit zu sagen bedeutete, diesen Fall zu gefährden und seine

Dienststelle zu blamieren. Die Unwahrheit zu sagen bedeutete, einen Meineid zu begehen.

»Nein«, antwortete er schließlich.

»Haben Sie es vernichtet?«, fragte Honeywell.

»Nein.«

»Ist es in der Asservatenkammer?«

»Nein.«

»Wo ist es dann«, drängte Honeywell.

»Ich weiß es nicht«, gab Kempe zu.

»Ist es im Besitz des Büros des Sheriffs von Augusta County?«

»Ich weiß es nicht.«

»Sie wissen es nicht«, sagte Honeywell, um noch einmal ordentlich Salz in die Wunde zu streuen. »Ist es üblich für das Büro des Sheriffs von Augusta County, nichts zu unternehmen, wenn Kokain unerklärt abhandenkommt?«

»Nein.«

»Haben Sie eine Untersuchung durchgeführt, als Sie den Verlust entdeckt haben?«

»Ja.«

»Und was ist dabei herausgekommen?«

Kempe verzog das Gesicht, während er nach der kürzesten Antwort suchte. »Wir sind zu keinem Ergebnis gekommen«, sagte er schließlich.

»Also könnte das Kokain überall sein, richtig?«

»Ich schätze ja.«

»Also könnte es sogar im Haus meiner Mandantin deponiert worden sein?«

»Einspruch!«, rief Amy. »Das Wort ›deponiert‹ ist im Zusammenhang mit einem Drogenprozess äußerst brisant. Dafür gibt es hier keine Grundlage.«

»Ich formuliere die Frage um«, sagte Honeywell. »Ist es möglich, dass das Kokain aus dem Fall Myers dasselbe Kokain ist, das im Haus von Ms Barrick gefunden wurde?«

»Ich weiß es nicht.«

»Jetzt kommen Sie schon. Sie haben doch selbst zugegeben, dass Sie nicht wissen, wo das Kokain von Myers ist, und dass es überall sein könnte. Ist es also denkbar, dass es seinen Weg in das Haus von Ms Barrick gefunden hat?«

»Ja, ich denke schon.«

»Und ist es auch denkbar, dass ein Mitarbeiter der Polizei, vielleicht sogar einer der Beamten, die den Durchsuchungsbefehl im Haus meiner Mandantin durchgeführt haben, das Kokain aus der Asservatenkammer entwendet hat?«

»Einspruch! Reine Spekulation«, sagte Amy.

»Ich frage lediglich, ob die *Möglichkeit* besteht«, entgegnete Mr Honeywell. »Das ist keine Spekulation, sondern einfach nur das Herstellen von Zusammenhängen.«

»Einspruch abgelehnt«, sagte Robbins. »Beantworten Sie die Frage!«

»Ich weiß es nicht«, sagte Kempe.

»Aber wenn Sie nicht wissen, wo das Kokain ist oder wer es entwendet hat, dann müssen Sie doch einräumen, dass diese Möglichkeit besteht.«

»Ja«, presste Kempe mit unglücklicher Miene hervor.

»Danke, Detective«, sagte Honeywell. »Keine weiteren Fragen.«

»Ms Kaye«, sagte der Richter. »Haben Sie noch weitere Fragen an den Zeugen?«

Das hatte sie ganz bestimmt.

»Ja, Euer Ehren«, sagte Amy, stand auf und sah Kempe an, der mittlerweile zusammengesackt auf seinem Stuhl saß.

»Detective Kempe, gibt es irgendeinen Beweis dafür, dass das Kokain, das aus der Asservatenkammer verschwunden ist, dasselbe Kokain ist, das im Haus von Melanie Barrick gefunden wurde?«

»Nein«, antwortete er und straffte den Rücken.

»Tatsache ist doch, dass ständig neues Kokain in dieses Land kommt, aus allen Ecken der Welt. Richtig?«

»Ja.«

»Wenn also an einem Ort in Augusta County Kokain verschwindet und an einem anderen Ort wiederauftaucht, ist das kaum mehr als ein Zufall, oder?«

»Ja.«

»Und woher dieses Kokain auch immer stammt, Sie haben es trotzdem im Haus der Angeklagten gefunden. Korrekt?«

»Ja.«

Und genau darauf kam es dem Gesetz an.

Eine Tür war weit aufgerissen worden, die Amy hatte geschlossen halten wollen, ja. Und es würde dem Büro des Sheriffs zweifellos ein paar unglückselige Schlagzeilen bescheren dank der Journalisten, die im Gerichtssaal saßen.

Trotzdem war Amy weiterhin davon überzeugt, als sie die Beweisführung der Staatsanwaltschaft abschloss, dass das keine weiteren Folgen haben würde. Das Gesetz, die Beweise – und vor allem der Richter – waren noch immer auf ihrer Seite.

56. KAPITEL

Hätte ich dieses Foto von Mr Honeywell nicht gesehen – des jungen, schneidigen Mr Honeywell –, hätte ich ihn vielleicht nicht wiedererkannt.

Die Jahre schienen von ihm abzufallen, als er dem Beamten des Sheriffs das Fell über die Ohren zog. Obwohl er äußerlich noch immer genauso faltig und verschrumpelt aussah, versprühte er Energie und Vitalität.

Als er fertig war, traten meine Augen wahrscheinlich genauso hervor wie seine. Er hatte so gut wie nichts mehr mit dem Anwalt gemein, den ich vor mehreren Wochen im Gefängnis auf dem Bildschirm gesehen hatte und der mir wie eine völlige Enttäuschung vorgekommen war. Das hier war kein kleines Licht, das leicht einzuschüchtern war, sondern ein Anwalt, vor dem man sich besser fürchten sollte.

Und wie sich herausstellte, hatte er noch mehr Überraschungen auf Lager. Er wolle, so sagte er in einer kurzen Ansprache, erhebliche Zweifel an meiner Schuld bei Richter Robbins säen.

Dann kündigte er seinen ersten Zeugen an.

»Euer Ehren, ich möchte Ben Barrick in den Zeugenstand rufen.«

Ich hatte mit allen möglichen Namen gerechnet. Doch mit dem Namen von Ben am allerwenigsten. Mr Honeywell hatte zwar in seiner Nachricht erwähnt, dass er mit ihm in Kontakt stand, doch mir war nie in den Sinn gekommen, dass das bedeuten könnte, er würde vor Gericht erscheinen.

Ben betrat den Gerichtssaal. Der Beamte, der ihn hereingeholt hatte, begleitete ihn. Warum war er nicht in Philadelphia oder Elizabeth oder wo auch immer er gerade sein neues Leben begann? Außerdem, was hatte er dem Gericht schon Wichtiges zu erzählen?

Meine Gefühle waren gemischt. Er hatte mich verlassen. Danach hatte ich nur diese dürftige SMS und diese rätselhafte Nachricht auf meiner Mailbox erhalten. Unsere Ehe war eindeutig vorbei.

Trotzdem.

Er war hier. Er sagte für mich aus. Und er war noch immer mein Ben. Der attraktive Kerl mit dem perfekt geformten Oberkörper, der mit mir geflirtet hatte, als ich damals bei Starbucks arbeitete. Der Mann, der in der schönsten Zeit meines Lebens mit mir gelacht und der mich in der schlimmsten Zeit meines Lebens im Arm gehalten hatte. Ich konnte diese Erinnerungen nicht auslöschen.

Er sah in seinen Professorenkleidern und der Malcom-X-Brille immer noch so aus wie der alte Ben, als er sich dem Zeugenstand näherte. Ich dachte, dass sein Verrat den Zauber vielleicht gebrochen hätte. Aber nein. Ich vermisste ihn noch immer fürchterlich und war einfach nur glücklich, dass er da war.

Seine linke Hand umklammerte eine Ledermappe. Er hob die rechte Hand und schwor, die Wahrheit zu sagen und nichts als die Wahrheit. Dann nahm er im Zeugenstand Platz.

»Mr Barrick, in welcher Beziehung stehen Sie zur Angeklagten?«

»Wir sind seit neun Monaten verheiratet.«

»Wie lange waren Sie vorher zusammen?«

»Vier Jahre.«

»Leben Sie gemeinsam?«

»Ja, bis Melanie ins Gefängnis kam.«

»Hat die Angeklagte in der Zeit, seitdem Sie mit ihr zusammen sind, je Drogen genommen oder verkauft?«

»Nein. Nie. Sie hat nicht einmal ein Aspirin genommen, als
sie mit unserem Sohn schwanger war.«

Unser Sohn.

»Als die Beamten des Sheriffs Ihr Haus durchsucht und ein
halbes Kilo Kokain gefunden haben, da waren Sie … Würden
Sie dem Gericht bitte schildern, wie Sie reagiert haben.«

»Ich war sprachlos, entgeistert, suchen Sie sich ein Wort aus.
Ich wusste, dass die Drogen nicht ihr gehörten. Das war einfach
völlig unmöglich.«

»Waren es Ihre Drogen?«

»Nein.«

»Sind Sie vorbestraft oder der Polizei als Drogenkonsument
bekannt?«

»Nein.«

»Da Sie sich sicher waren, dass die Drogen nicht Ihrer Frau
gehörten, was haben Sie unternommen?«

»Ich habe versucht, den Sachverhalt logisch zu analysieren.
Wenn die Drogen nicht Melanie gehörten, wem dann? Und wie
waren sie in unser Haus gelangt? Ich sah mich gezwungen, etwas
zu tun.«

»Sie haben also eigene Nachforschungen angestellt?«

»Ja.«

»Sind Sie darin geschult?«

»In gewisser Weise schon. Ich habe bis vor kurzem an meiner
Dissertation in Geschichte geschrieben. Meine Recherchen haben sich zwar eher auf die Vergangenheit als auf die Gegenwart
konzentriert, doch ist die Vorgehensweise ähnlich.«

»Ich verstehe«, sagte Mr Honeywell. »Können Sie dem Gericht bitte Ihre Nachforschungen hinsichtlich des Kokains, das
in Ihrem Haus gefunden wurde, schildern?«

»Ich habe mich darauf konzentriert, herauszufinden, woher die
Drogen stammten. Denn wenn ich ihren Ursprung zurückverfolgen könnte, würde ich im Umkehrschluss auch erfahren, wie

sie im Schacht unserer Klimaanlage gelandet waren. Natürlich kam ich an die Drogen selbst nicht heran. Doch dank des Staatsanwalts, Mr Dansby, gab es ein Bild des gefundenen Kokains in der Zeitung, wovor er posierte. Ich konnte eine digitale Kopie des Fotos von *The News Leader* kaufen, das ich vergrößerte.«

Er zog mehrere Kopien des Fotos aus der Ledermappe hervor.

»Das ist Beweisstück Nummer eins der Verteidigung, Euer Ehren«, sagte Honeywell. »Wir haben Kopien für alle gemacht.«

Der Gerichtsdiener händigte dem Richter und Amy Kaye ein Foto aus.

»Wie man sieht, wurde das Kokain für den Verkauf in Tüten verpackt und mit einem Stempel versehen«, sagte Ben. »Dieser Stempel zeigt einen Drachen mit einer Krone auf dem Kopf. Darunter steht ›DRAGON KING‹ geschrieben.«

»Warum ist das wichtig?«

»Weil das mein erster Anhaltspunkt war. Ich habe mit Kokainkonsumenten hier in Staunton gesprochen. Natürlich hat mir keiner einen Namen verraten, aber ich erfuhr, dass Dragon King die Ware war, die Mookie Myers verkauft hatte. Hervorragende Qualität. Alle waren begeistert und bedauerten, dass sie nicht mehr erhältlich war.«

»Nicht mehr erhältlich? Seit wann?«

»Offenbar seit Mr Myers im Gefängnis saß«, antwortete Ben. »Die meisten wussten nicht, woher Mr Myers seine Ware bezogen hatte, als ich danach fragte. Nur einer, mit dem ich mich anfreunden konnte und der Mitleid mit mir hatte, weil er wusste, dass meine Frau eingesperrt worden war, erzählte mir, dass Mr Myers einmal angedeutet hätte, sie von einem Dealer namens Gotham erhalten zu haben. Dieser Gotham würde irgendwo in New Jersey leben, möglicherweise Camden.«

Camden. Von dort stammte die erste Hotelrechnung auf der Kreditkartenabrechnung, die mich so wütend gemacht hatte.

»Ich verstehe«, sagte Mr Honeywell. »Was haben Sie mit dieser Information gemacht?«

»Ich bin nach Camden gefahren, habe mich als Drogendealer ausgegeben und nach Gotham gefragt. Nach mehreren Tagen fand ich heraus, dass Gotham seine Geschäfte von Elizabeth aus betrieb. Also bin ich dorthin gefahren. Mir gelang es, mit einem Mann in Kontakt zu treten, der sich Gotham nannte.«

»Wie haben Sie das geschafft?«, fragte Mr Honeywell.

»Indem ich mich erneut als eine Person ausgab, die daran interessiert war, Geschäftspartner von Gotham zu werden. Ich hatte einen gewissen Geldbetrag dabei, den ich herumzeigen konnte. Das half.«

Ich dachte an Ben, an seine Plattensammlung, an unseren Entsafter. Offenbar hatte er alles, was er besaß und was von Wert war, zu Geld gemacht und dann noch sein Konto geplündert. Noch ein Grund, warum er die Kreditkarte benutzt hatte. Er wollte dieses Bargeld so wenig wie möglich antasten.

Jetzt war auch nachvollziehbar, warum er seine Professorenkleidung dagelassen hatte. Er wusste, dass er sie bei seinem Vorhaben nicht brauchen würde. Da waren leicht angestaubte Hip-hop-Klamotten angebrachter.

»Haben Sie die Leute in New Jersey davon überzeugen können, dass Sie der richtige Mann sind?«

»Ja. Das Thema der Rasse ist heikel, ich weiß, Mr Honeywell. Doch sie spielt eine entscheidende Rolle in diesem Land. Ich bin mir sicher, dass es meine Hautfarbe war, die mir Zutritt zu dieser Welt verschafft hat. Außerdem habe ich einfach behauptet, dass ich Mr Myers kennen würde. Vor allem aber sprach ich so wie sie.«

»Sie sprachen so wie sie?«

»Ja. Trotz meines Erscheinungsbilds und meiner Ausdrucksweise hier in diesem Gerichtssaal, bin ich als Schwarzer in Alabama aufgewachsen, in ärmlichen Verhältnissen. Ich weiß genau, wie ich unter meinesgleichen sprechen muss. So wie ich weiß, mich in einem Gerichtssaal zu präsentieren. ›Wie ein Weißer reden‹ nennen meine Leute das, was ich gerade mache. Psychologen nennen es, glaube ich, ›Code-Switching‹.

Was ich damit sagen will, ist, dass ich mich problemlos als Landei von Virginia ausgeben konnte, das in die große Stadt kam, um ins Geschäft einzusteigen. Die Drogendealer, die ich kennengelernt habe, schienen mir unkomplizierter und auch argloser zu sein, als das Fernsehen es uns glauben machen will. Ich habe eine Woche mit ihnen verbracht. Es war relativ einfach, zu denen durchzudringen, die das Sagen haben, und sie davon zu überzeugen, dass ich in ihrem Sinne seriös war.«

»Ich verstehe. Sie haben es also geschafft, mit Gotham in Kontakt zu treten?«

»Ja«, erwiderte Ben und rückte seine Brille zurecht.

Die Geschichte nahm mich mittlerweile völlig gefangen. Allein die Vorstellung, dass mein studierter Ehemann sich als Möchtegern-Drogendealer ausgab, war kaum zu glauben. Trotzdem wusste ich, dass er sowohl das Köpfchen als auch offensichtlich den Willen dazu besaß.

Den Willen, die Unschuld seiner Frau zu beweisen. Der Frau, die er liebte.

Ich hatte ihm bereits im Stillen verziehen, dass er mich verlassen hatte. Er ging die ganze Zeit davon aus, dass ich im Gefängnis war. Deshalb hinterließ er mir keine Notiz. Deshalb beinhaltete seine Nachricht auf der Mailbox die Zeile: »Ich hoffe, dass du die Nachricht irgendwann abhörst.« Deshalb begann seine SMS mit den Worten: »Ich weiß, dass du dich nicht bei mir melden wirst.«

Er wusste nicht, dass Marcus die Kaution für mich gestellt hatte, und hielt daher eine Kontaktaufnahme für unmöglich. Und ich war natürlich zu wütend und zu verletzt gewesen, um ihn anzurufen. Als er dann Mr Honeywell von seinen Nachforschungen berichtete, der ihm hätte sagen können, dass ich auf Kaution freigelassen worden war, saß ich schon wieder im Gefängnis wegen des Mords an Coduri.

»Was ist passiert, als Sie Gotham trafen?«, fuhr Mr Honeywell fort.

»Er bestätigte mir, dass Mr Myers einer seiner Partner gewesen sei, der die Ware in Elizabeth bezogen hätte. Gotham bedauerte, dass Mr Myers mittlerweile in Haft saß, und fragte, ob ich sein Geschäft übernehmen wolle. Ich erkundigte mich nach Dragon King, da ich es für seine Erfindung hielt. Doch er wusste nichts davon und meinte, es müsste Mr Myers' Werk sein. Das schob ich als Ausrede vor, um Gothams Firma zu verlassen, ohne dass ich Drogen kaufte. Ich erklärte ihm, dass ich nur an Dragon King interessiert sei.«

»Was haben Sie dann gemacht?«

»Ich fuhr zurück nach Virginia und stattete Mr Myers einen Besuch im Gefängnis ab. Als ich ihm erzählte, dass man meiner Frau den Besitz von Drogen anhängen wolle, bedauerte er das, meinte aber, er hätte seine eigenen Probleme. Ich erklärte ihm, dass es sich bei den Drogen um Dragon-King-Ware handelte.«

»Wie hat Mr Myers darauf reagiert?«

»Er wurde sehr lebhaft und war aufgebracht. Dragon King war sein ganzer Stolz, er hatte den Stempel selbst entworfen. Es gab nur ein Exemplar davon, das er wie seinen Augapfel hütete, als er noch im Geschäft war. Er wusste, dass seine Kunden seine Ware schätzten und dass andere Dealer möglicherweise versuchten, seinen Stempel zu kopieren. Ich zeigte ihm das Bild, das wir mittlerweile als Beweisstück Nummer eins der Verteidigung bezeichnen. Er war sehr erzürnt, dass ein anderer die Lorbeeren für sein Werk einheimste.«

»Hat Mr Myers sonst noch etwas gesagt?«

»Eigentlich nicht. Er war zu wütend, und unser Gespräch war damit beendet. Dann bin ich nach Staunton zurückgekehrt, und

Sie haben mir erzählt, dass die Drogen von Mookie Myers aus der Asservatenkammer verschwunden wären.«

»Zu welchem Ergebnis sind wir dann gekommen?«

»Na ja, diese Drogen aus der Asservatenkammer mit diesem einzigartigen Stempel scheinen wohl dieselben Drogen zu sein, die in meinem Haus aufgetaucht sind. Sie müssen aus der Asservatenkammer entwendet worden sein.«

»Und wer könnte sie entwendet haben?«

Ben hielt seinen gleichbleibenden Ton bei. »Ich weiß es nicht.«

57. KAPITEL

Amy Kaye wusste es auch nicht.

Doch als Barricks Zeugenaussage sich ihrem Ende näherte, dämmerte ihr, wie sie es herausfinden konnte.

Mittlerweile schien klar zu sein, dass die aus der Asservatenkammer verschwundenen Drogen dieselben Drogen waren, die die Beamten des Sheriffs in Melanie Barricks Haus gefunden hatten. Die scheinbar wilde, weithergeholte Theorie der Verteidigung stellte sich jetzt, wie es aussah, als durchaus realistisch heraus. Ben Barricks Zeugenaussage hatte sie zweifellos davon überzeugt.

Was aber nicht hieß, dass seine Frau unschuldig war. Es bedeutete lediglich, dass da noch jemand beteiligt sein musste. Und das musste derselbe Mann sein, dem Amy seit drei Jahren hinterherjagte, wie sie entsetzt feststellte.

Alles passte in ihr Bild der momentanen Sachlage. Einem Beamten des Sheriff-Büros, der Frauen in Augusta County vergewaltigte – und *ausschließlich* hier –, war es gelungen, die Drogen aus der Asservatenkammer zu stehlen.

Die Verteidigung versuchte, den Richter davon zu überzeugen, dass der Beamte diese Drogen Melanie Barrick untergejubelt hatte. Amy fand diese Vermutung an den Haaren herbeigezogen. Was hätte der Beamte denn davon? Nichts.

Nein, der Beamte wollte die Drogen doch zu Geld machen. War es da nicht eher denkbar, dass er jemanden gesucht hatte, der die Drogen für ihn verkaufte, da er das nicht selbst machen konnte? Er kannte Melanie Barrick, musste sie über mehrere Wochen hinweg verfolgt haben, ehe er sie vergewaltigte.

Die Wahrscheinlichkeit, dass sie – eine gebildete weiße Frau und Mutter – ins Fadenkreuz der Polizei geriet, war äußerst gering.

Außerdem war sie völlig pleite – wie er wahrscheinlich herausgefunden hatte. Und deshalb verzweifelt.

Es bestand zwischen ihr und ihm keinerlei offensichtliche Verbindung. Das machte sie zur perfekten Komplizin.

Und warum sollte Melanie Barrick mit ihrem Vergewaltiger zusammenarbeiten?

Ganz einfach. Sie wusste nicht, dass er ihr Vergewaltiger war.

Amy spann den Gedanken weiter. Melanie Barrick würde also fleißig Drogen verkaufen und dem Beamten seinen Anteil abgeben. Alle würden daran verdienen. Dann erschien aber Richard Coduri auf der Bildfläche, der erfahrene Drogeninformant, und gab Skip Kempe – für den er schon vorher gearbeitet hatte – den Tipp. Kempe ermittelte brav und fand all die notwendigen Beweise, um Melanie Barrick anzuklagen.

Das schloss Kempe als Drahtzieher aus. Das war auch Melanies Vermutung.

Amy spann den Gedanken noch weiter. Barrick, die jetzt in großen Schwierigkeiten steckte, bat ihren Partner um Hilfe. Er wusste, dass die Sache für ihn schlimmer ausgehen würde als für Barrick, wenn sie ans Licht geriet. Ein Beamter des Sheriff-Büros, der mit Drogen dealte, würde ebenfalls wegen Verfehlung im Amt angeklagt werden. Das könnte ihm noch einmal acht Jahre einbringen, wenn der Richter entschied, die Strafen so auszusprechen, dass sie hintereinander abzusitzen waren.

Also brachte der Beamte – ein Mann, dessen Y-Chromosom unter dem Mikroskop des staatlichen Labors leuchtete – Coduri um. Was den scheinbar seltsamen Tatbestand erklärte, dass der in Zimmer 307 entdeckte Fingerabdruck mit dem übereinstimmte, den der Mann bei der Vergewaltigung von Lilly Pritchett hinterlassen hatte.

Das war eindeutig sein schlimmster Fehler. Dieser Fingerabdruck. Die Fingerabdrücke der Beamten, die Tatorte untersuchten – und Amy ging davon aus, dass das zum Tätigkeitsfeld aller Beamten gehörte –, waren in einer Datenbank erfasst, falls sie aus Versehen ihre eigenen Abdrücke hinterließen. Warum hatte Justin Herzog keine Übereinstimmung gefunden, als er den Fingerabdruck durch das System jagte? Weil er die Fingerabdrücke der Beamten in einer anderen Datenbank aufbewahrte.

Um den Vergewaltiger zu finden, Coduris Mörder und Melanie Barricks Komplizen, musste sie also Herzog nur diese Datenbank durchsuchen lassen.

Amy hätte am liebsten sofort ihr Handy gezückt und Herzog eine E-Mail geschickt, doch Richter Robbins würde ihr so ein Verhalten nie durchgehen lassen. Er würde explodieren. Ihm war sogar zuzutrauen, dass er sie wegen Missachtung des Gerichts über die Mittagspause hinweg einsperrte, nur um ihr eine Lektion zu erteilen.

Also zwang sie sich zu warten.

Außerdem musste sie einen Prozess weiterführen. Ihre Aufgabe hatte sich ja nicht geändert. Im Gegenteil. Eine Verurteilung war jetzt noch wichtiger geworden als je zuvor. Denn sie könnte diese Verurteilung als Druckmittel benutzen und Melanie Barrick dazu bringen, im nächsten Prozess gegen ihren Partner auszusagen.

Als sie Ben Barrick ins Kreuzverhör nahm, ging sie vorsichtig vor. Er war hervorragend im Zeugenstand – intelligent, verbindlich, redegewandt. Sie versuchte, ihm ein- oder zweimal ein Bein zu stellen, merkte aber, dass ihr Vorhaben nach hinten losging. Ihre Fragen ermöglichten ihm lediglich, seinen Bericht zu untermauern.

Doch was brachte das? Erneut sehr wenig. Denn die Schilderung des Ehemanns änderte nichts an der Tatsache, dass dieses Kokain im Haus seiner Frau gefunden worden war, neben ihrem

Handy. Sie wusste, dass Richter Robbins, ein ehemaliger Staatsanwalt, diese Tatsache nicht vergessen würde.

Nachdem sie ihr Kreuzverhör beendet hatte, rief die Verteidigung Mookie Myers in den Zeugenstand. Er schien den Platz dort offensichtlich nur sehr ungern einzunehmen. Honeywell versuchte, in ihn einzudringen, ihn vielleicht so wütend zu machen, dass er zu reden begann.

Doch Myers war kein Dummkopf. Auch wenn er mit Ben Barrick im Gefängnis geredet hatte, war er doch zu gerissen, um seine Worte in einem Gerichtssaal offiziell zu wiederholen. Sobald Honeywell sich einem Thema näherte, das die Staatsanwaltschaft möglicherweise in die Bredouille bringen könnte – oder Barricks Zeugenaussage bestätigte –, antwortete Myers: »Auf Anraten meines Anwalts verweigere ich die Aussage gemäß dem fünften Zusatzartikel.«

Er hielt die Klappe. Wie es sich für einen guten, kleinen Ganoven gehörte.

Als Amy schließlich die Möglichkeit erhielt, Myers ins Kreuzverhör zu nehmen, lehnte sie ab. Das war nicht nötig. Myers hatte der Verteidigung nichts gebracht. So sollte es bleiben.

Honeywell rief daraufhin Bobby Ray Walters, Barricks Nachbarn, in den Zeugenstand. Er legte ein Videoband vor. Die Aufzeichnung war von minderer Qualität und zeigte, wie Richard Coduri am Montag, den 5. März, um 13.01 Uhr, also einen Tag vor der Hausdurchsuchung, die Einfahrt von Melanie Barrick entlangfuhr. Sechzehn Minuten später verließ er ihr Grundstück.

Die Verteidigung versuchte offensichtlich anzudeuten, dass Coduri derjenige war, der die Drogen deponiert hatte. Das Band bestätigte aber eigentlich nur Kempes Aussage. Amy konnte das Kreuzverhör problemlos in die Richtung lenken, dass weder Walters noch sonst jemand wusste, was Coduri in diesen sechzehn Minuten gemacht hatte. Vielmehr war es durchaus möglich, dass er zu Barricks Haus gefahren war, um Drogen zu kaufen, so, wie Detective Kempe es ausgesagt hatte.

Amy hielt es außerdem für einen Riesenfehler, dass die Verteidigung Coduri in dieses Verfahren einbrachte. Das erzürnte einen sowieso schon aufgebrachten Richter nur noch mehr.

Vielleicht unterbrach Robbins deshalb den Prozess für eine Mittagspause, als Walters aus dem Zeugenstand entlassen worden war. Amy hätte sich kein besseres Timing wünschen können. Der Richter würde die ganze Zeit an den armen, toten Richard Coduri denken, während er sein Thunfischsandwich aß.

Doch Amy hatte aus einem noch viel wichtigeren Grund diese Pause herbeigesehnt. Als die letzten Zipfel von Robbins' Robe aus ihrer Sicht verschwanden, zog sie ihr Handy hervor und tippte eine Nachricht an Justin Herzog. Sie ermahnte ihn, die Angelegenheit mit der notwendigen Diskretion zu behandeln, und bat ihn, die Fingerabdrücke von Person B aus dem Fall Pritchett und der unbekannten Person aus Zimmer 307 mit denen von Mitarbeitern des Büros des Sheriffs zu vergleichen.

Sie markierte die Nachricht als dringend und drückte dann auf Senden.

58. KAPITEL

Als ich nach der Mittagspause wieder in den Gerichtssaal gebracht wurde, hatte Ben sich zu Teddy und Wendy in die dritte Reihe gesetzt. Er hielt die Daumen hoch, um mich aufzumuntern. Teddy winkte mir zu. Wendy lächelte verlegen.

Meine Eltern saßen mittlerweile bei ihnen. Ein genauer Blick in das Gesicht meines Bruders musste ihnen verraten haben, wen sie da vor sich hatten. Ich konnte nur ahnen, wie das Familientreffen aussehen würde, das da seine Formen annahm.

Ich drehte mich um und setzte mich neben Mr Honeywell.

Kurz darauf ging die Verhandlung weiter. Mittlerweile erwartete ich derart raffinierte juristische Schachzüge von meinem Anwalt, dass ich etwas enttäuscht war, als er erklärte: »Ich rufe Marcus Peterson in den Zeugenstand.«

Ich wusste nicht, wofür das gut sein sollte. Natürlich war Marcus ein ausgezeichneter Leumundszeuge, der aussagen könnte, dass ich nicht dem Typ entspräche, der mit Drogen dealte. Doch was würde das schon bringen?

Die Tür zum Gerichtssaal öffnete sich, und Marcus trat herein. Er sah mich nicht an, als er am Tisch der Verteidigung vorbeiging, und erschien besonders jungenhaft. Sein Jackett war ihm etwas zu groß. Als er vereidigt wurde und im Zeugenstand Platz nahm, hatte ich das Gefühl, als wäre es ihm unbehaglich zumute.

»Danke, dass Sie hergekommen sind, Mr Peterson«, sagte Mr Honeywell. »Mir ist durchaus bewusst, dass das sehr viel Mut Ihrerseits verlangt.«

Mut? Um zu sagen, dass ich ein netter Mensch sei, der keine Drogen verkaufte?

431

»Danke«, sagte er mit seiner sanften Stimme.

»Wann haben Sie die Angeklagte, Ms Barrick, kennengelernt?«

»Zweitausendelf. Ich habe damals als Geschäftsführer in der Starbucks-Filiale hier in Staunton gearbeitet und sie als Barista eingestellt.«

»Wie würden Sie Ihre Beziehung zu Ms Barrick beschreiben?«

»Meinen Sie, wie Ms Barrick und andere sie verstehen oder wie ich sie verstehe?«, fragte er hintergründig.

»Beides, wenn Sie möchten.«

»Sie und andere halten uns für gute Freunde, würde ich sagen. Mehr nicht.«

»Doch das ist nicht die ganze Wahrheit, oder?«, sagte Honeywell.

»Nein, nicht wirklich.«

»Können Sie dem Gericht bitte erklären, was Sie meinen?«

»Tja, also ich habe mich bei unserem ersten Treffen in Melanie Barrick verliebt.«

Oh.

Ich spürte, wie ich rot wurde. Genau das hatte Ben schon viele Male gesagt. Ich fand es peinlich – sowohl für Marcus als auch für mich –, dass die Sache jetzt vor Gericht zur Sprache kam.

Und ich verstand noch immer nicht, was das mit einem Drogenfall zu tun hatte.

»Haben Sie sich ihr gegenüber je offenbart?«

»Nein. Anfangs nicht, weil ich ihr Chef war und eine solche Beziehung nicht angebracht gewesen wäre. Später dann nicht, weil sie da bereits mit Ben Barrick zusammen war. Außerdem … habe ich immer gewusst, dass sie nicht so fühlte wie ich. Für sie war es nur Freundschaft. Mehr nicht.«

»Also sind Sie mit ihr befreundet geblieben?«

»Ja. Ich habe mir gedacht, sie als gute Freundin zu behalten sei besser als gar nichts.«

»Sie sind aber ebenfalls verheiratet, nicht?«

»Ja, aber das hat, ehrlich gesagt, nie eine große Rolle gespielt. Ich hätte meine Frau sofort verlassen, wenn auch nur die geringste Chance bestanden hätte, mit Melanie zusammenzukommen.«

»Weiß das Ihre Frau?«

»Wahrscheinlich. Ich habe es zwar immer geleugnet, doch sie müsste ziemlich dumm sein, wenn sie nicht wüsste, dass ich sie belogen habe.«

Er schilderte alles sehr sachlich und direkt. Ich konnte den Schmerz hinter seinen Worten nur erahnen.

»Als Ms Barrick dann schwanger wurde und geheiratet hat, hat sich das auf Ihre Gefühle ausgewirkt?«

»Nein. Beziehungsweise doch. Ich war noch verliebter in sie. Melanies Schwangerschaft mitzuerleben ... war bittersüß. Was natürlich auch an den Umständen lag, die mir bekannt waren. Doch ich wusste auch, dass sie sich auf das Kind freute. Mutter zu werden erfüllte sie in einer Weise, die völlig neu für sie war.

Doch vor allem ... liebte ich einfach ihren Anblick. Diese Schwangerschaft verlieh ihr ein Strahlen. Ich träumte davon, wie es wäre, wenn ... wenn ich der Vater des Kindes wäre. Ich wünschte mir nichts sehnlicher, als ein Kind mit ihr großzuziehen. Ich glaube ..., dass ich einfach immer nur mit ihr zusammen sein wollte, egal was sie machte. Sie ist einfach so rein ... und so perfekt.«

Es war eigenartig grausam, ihm zuzuhören, wie er all das beichtete. Ich hatte einem Freund unendlich viel Schmerz zugefügt, ohne dass es überhaupt meine Absicht war. Kelly saß glücklicherweise nicht im Gerichtssaal. Ich hätte mich ihr gegenüber schrecklich geschämt.

Mr Honeywell, der sich bei Marcus' Worten durch keine derartige Lawine von Gefühlen kämpfen musste, fuhr mit seiner Befragung fort.

»Doch als sie dann schwanger war und heiratete, konnten Sie

nicht mehr so häufig mit ihr zusammen sein, wie Sie wollten, richtig?«

»Richtig.«

»Was haben Sie dann gemacht?«

»Ich habe sie heimlich beobachtet.«

Mir drehte sich der Magen um.

»Und wie?«, fragte Mr Honeywell.

»Ich habe ihr einen Teddybären geschenkt, in den ich eine Kamera installiert hatte, und ihn in das Regal ins Kinderzimmer platziert.«

O Gott. Ich griff nach dem Tisch und spulte in meinem Kopf all das ab, was ich in den letzten drei Monaten in diesem Kinderzimmer gemacht hatte; die vielen Male, die ich meinen Oberkörper entblößt hatte, um mein Kind zu stillen, ohne mir darüber Gedanken zu machen, dass Mr Snuggs da oben im Regal saß und einen ungestörten Blick auf den Schaukelstuhl hatte; die vielen intimen Momente, die ich glaubte mit Alex allein zu haben.

Hatte Marcus jedes Mal dabei zugesehen und einen Kick bekommen, wenn er meine nackten Brüste sah? Mir war schon jetzt zu übel, um überhaupt darüber nachzudenken.

»Wie haben Sie die Bilder dieser Kamera nachverfolgt?«, fragte Mr Honeywell.

»Ich hatte ein iPad, von dem meine Frau nichts wusste. Von dem niemand etwas wusste. Die Bilder der Kamera wurden dorthin übertragen. Wenn meine Frau nicht zu Hause war, habe ich das iPad hervorgeholt und Melanie beobachtet.«

»Dieses iPad hat alles aufgezeichnet, richtig?«

»Ja.«

»Sind Sie auch auf diese Weise in den Besitz des Bildmaterials gekommen, das Sie dem Gericht gleich zeigen werden?«

»Ja«, antwortete Marcus.

»Euer Ehren, das ist Beweisstück Nummer zwei der Verteidigung«, sagte Mr Honeywell und zog drei DVD-Hüllen aus seiner Aktentasche. »Diese Aufnahmen stammen von Mr Petersons iPad. Ich selbst habe auch erst am Freitag davon erfahren. Das Material ist unbearbeitet. Ich möchte es gern auf dem Fernseher dort drüben abspielen.«

»Bitte sehr«, sagte Richter Robbins.

Die Enthüllungen machten mich derart sprachlos, dass ich mich auf meine Atmung konzentrieren musste, um nicht in Ohnmacht zu fallen. Marcus wandte sein Gesicht zum Fernseher hin, so dass ich nur sein Profil sah. Ich spürte diesen seltsamen Widerstreit in mir: Auf der einen Seite konnte ich seinen Anblick kaum ertragen, auf der anderen Seite starrte ich ihn trotzdem die ganze Zeit an.

All die Jahre war ich völlig ahnungslos gewesen. Ich dachte an die vielen Male, die wir zusammen verbracht hatten, allein. Wo wir zusammen getrunken oder einen Film gesehen hatten. Nicht ein einziges Mal waren seine Hände irgendwohin gewandert, wo sie nicht hätten hinwandern dürfen.

Offensichtlich bevorzugte er es, mich von weitem zu schänden.

Der Fernsehschirm schaltete sich ein. Das Band lief ab. Nach einem kurzen Moment tauchte Alex' Kinderzimmer auf.

»Wann wurde dieses Band aufgezeichnet?«

»Am 5. März, um 13.07 Uhr«, antwortete Marcus.

»Woher wissen Sie das so genau?«

»Die Datei hat einen Zeitstempel.«

Zwanzig Sekunden lang passierte nichts. Die Bilder zeigten das Kinderzimmer von einem der oberen Regale, wo Mr Snuggs gesessen hatte. Dann betrat Richard Coduri den Raum – mit ringförmiger Narbe – und legte einen Seesack ab.

Er öffnete den Reißverschluss des Seesacks und zog einen Karton hervor, den er im Schrank versteckte.

»Herr Richter, ich bin mir sicher, dass Sie Richard Coduri erkennen, den Informanten der Staatsanwaltschaft in diesem Fall«,

435

sagte Mr Honeywell. »Und dieser Karton da ist das Beweisstück Nummer sieben der Staatsanwaltschaft.«

»Ja, Mr Honeywell, danke.«

Coduri entnahm einen Tritt aus der Tasche und stellte ihn in der Mitte des Zimmers auf. Dann kramte er einen Schraubenzieher hervor, schraubte die Abdeckung des Lüftungsschachts fachmännisch ab und legte sie auf den Boden.

»Gut«, sagte Mr Honeywell und fuhr mit seiner Kommentierung fort. »Gleich werden die Beweisstücke Nummer eins bis sechs der Staatsanwaltschaft auftauchen.«

Coduri griff wieder in die Tasche hinein und entnahm ihr sechs Plastikbeutel mit weißem Puder und eine Rolle Klebeband. Er kletterte auf den Tritt, legte die Beutel nacheinander in den Schacht und befestigte sie mit dem Klebeband.

Im Gerichtssaal war es mittlerweile mucksmäuschenstill. Ich blickte zu Amy Kaye. Sie war so weiß wie das Kokain.

Als Coduri die großen Beutel in dem Schacht versteckt hatte, schraubte er die Abdeckung wieder auf. Zum Schluss riss er einen kleinen Beutel Kokain auf, verstreute einen Teil davon in Alex' Kinderbett und schüttelte den Rest in die Kuhle seiner Hand zwischen Daumen und Zeigefinger.

Er sniffte den Stoff. Dann stand er mitten im Kinderzimmer und genoss den Rausch der Droge.

Ich konnte es schon jetzt kaum erwarten, dieses Video dem Sozialamt zu zeigen.

Coduri verließ das Zimmer mit einem fast leeren Seesack über der Schulter. Dann wurde der Bildschirm schwarz.

Im Gerichtssaal rührte sich niemand. Es sprach auch niemand. Mr Honeywell ließ uns allen einen Augenblick Zeit, um zu verarbeiten, dass der Fall *Virginia gegen Barrick* gerade auf den Kopf gestellt worden war.

Schließlich fuhr er fort. »Fürs Protokoll, Mr Peterson, um wie viel Uhr endete das Band?«

»Um 13.14 Uhr«, antwortete er.

»Danke. Seit wann haben Sie von dem Band gewusst?«

»Seit dem Tag, an dem es aufgezeichnet wurde.«

»Haben Sie Ms Barrick davon erzählt?«

»Nein«, erwiderte Marcus mit erstickter Stimme.

»Warum nicht?«

Jetzt brach Marcus völlig zusammen. »Weil ich gewusst habe, dass unsere Freundschaft vorbei sein würde, wenn sie von der Kamera erführe.«

»Haben Sie ihr davon erzählt, als sie verhaftet wurde?«

»Nein.«

»Warum nicht?«

»Aus demselben Grund.«

»Obwohl sie im Gefängnis saß?«

»Ich habe gedacht, dass etwas …, dass sie freigesprochen werden würde. Ich habe nie geglaubt, dass man sie für eine Drogendealerin halten könnte. Ich habe immer damit gerechnet, dass der Sheriff oder die Staatsanwaltschaft zur Vernunft kommen und die Anklage fallenlassen würden. Dann hätte ich ihr … nichts davon erzählen müssen. Und wir wären einfach weiter das geblieben … was wir immer waren.«

»Was hat Ihre Meinung dann geändert?«

»Als nichts von dem geschah, habe ich gewusst … Da habe ich einfach gewusst, dass ich … Aus dem Grund bin ich am Freitagnachmittag zu Ihnen gekommen. Der Gedanke, dass …«

Er konnte nicht mehr weitersprechen, so sehr weinte er. Die letzten Worte, die er hervorpresste, bevor Richter Robbins den Prozess unterbrach, waren: »Ich liebe dich, Melanie. Ich liebe dich noch immer. Ich habe dich immer geliebt und werde dich immer lieben.«

Vielleicht war ich grausam. Doch ich drehte mich weg, als er sprach.

59. KAPITEL

In den achtzehn Jahren als Staatsanwältin hatte Amy Kaye schon einige überraschende Zeugenaussagen der Verteidigung gehört, die sie mitunter sogar völlig unvorbereitet trafen.

Aber so etwas wie das hatte sie noch nie erlebt. Nicht einmal annähernd.

Beweise wie diese Videoaufzeichnung schafften es normalerweise nicht bis zum Prozess. Die Verteidigung zeigte sie üblicherweise vorab der Staatsanwaltschaft, die dann die Anklage fallenließ.

Doch Amy verstand, warum Honeywell in seiner Rolle als Verteidiger so gehandelt hatte. Ihm war am Freitagnachmittag ein Geschenk gemacht worden. Da der Prozess am Montagmorgen stattfand, war die Chance auf eine vorherige Freilassung seiner Mandantin äußerst gering. Warum sollte er also der Staatsanwaltschaft die Möglichkeit geben, dieser Videoaufzeichnung etwas entgegenzusetzen?

Dann doch lieber die Bombe im Prozess platzen lassen, den Freispruch bekommen und als Held vom Platz hinken.

Amy war froh, dass Robbins die Verhandlung unterbrochen hatte. Angeblich wollte er dem Zeugen Zeit geben, sich zu sammeln. Amy selbst brauchte auch einen Moment, um Luft zu holen. Sie war zu fassungslos, um die Geschehnisse vollständig zu verarbeiten.

Sie blickte auf ihr Handy, ob Nachrichten eingegangen waren. Mit noch größerem Erstaunen registrierte sie, dass Justin Herzog zurückgeschrieben hatte.

Amy,

ich weiß nicht, in welchem Zusammenhang deine Anfrage steht, aber Person B/die unbekannte Person vom Howard Johnson, gehört nicht zu unseren Leuten. Ich habe den Fingerabdruck durch unsere Tatortdatenbank gejagt. Dort sind sämtliche Beamte gespeichert, die an einem Tatort hier im County gearbeitet haben. Kein Treffer.

Viel Glück

Justin

Amy starrte auf das Telefon. Sie war mittlerweile völlig demoralisiert. Wieder einmal hatte sie geglaubt, dass sie kurz davorstünde, diesen Vergewaltiger zu schnappen. Und wieder hatte sie sich geirrt. In allem.

Melanie Barrick war keine Drogendealerin. Sie war eindeutig hereingelegt worden. Und der Mann, der die Drogen in ihrem Haus deponiert hatte, war mittlerweile tot – höchstwahrscheinlich von seinem Komplizen umgebracht, dessen Identität weiterhin ein Rätsel blieb, wie schon in den vergangenen drei Jahren.

Amy wusste nur eins ganz genau. Nämlich dass sie Barrick nicht weiter anklagen konnte. Weder für diese Tat noch für den Mord. Ein Auftragsmordszenario zu erdenken wäre sowohl ungerechtfertigt als auch völlig an den Haaren herbeigezogen. Es würde nur ein fürchterliches Beispiel dafür sein, wie unfähig die Staatsanwaltschaft war, sich geschlagen zu geben.

Als der Gerichtsdiener um Ruhe im Gerichtssaal bat, und Marcus Peterson in den Zeugenstand zurückkehrte, wusste Amy, was sie zu tun hatte.

Sie musste diese Farce beenden.

»Willkommen zurück, allerseits«, sagte Richter Robbins. »Ihr Zeuge, Ms Kaye.«

»Euer Ehren, angesichts der Beweise, die die Verteidigung soeben vorgelegt hat, besteht meines Erachtens kein Grund, diesen Prozess fortzuführen«, sagte sie. »Die Staatsanwaltschaft würde Sie gerne bitten, sämtliche Anklagen abzuweisen.«

Im hinteren Teil des Gerichtssaals brach Freudentaumel aus. Melanie Barricks Familie klatschte und jubelte.

Der Richter hob eine Hand. »Ruhe im Gerichtssaal. Ruhe, bitte!«

Er wartete, bis die Anwesenden im Zuschauerraum sich wieder beruhigt hatten. Dann fuhr er fort. »Ist die Staatsanwaltschaft sich da sicher?«

»Ja, Euer Ehren.«

»Ich gehe davon aus, Mr Honeywell, dass das im Sinne Ihrer Mandantin ist, oder?«

Honeywell rappelte sich hoch. »Euer Ehren, wenn man bedenkt, was meine Mandantin hat durchstehen müssen, bitte ich, die Anklagen rechtskräftig abzuweisen.«

»Ich glaube, dem können wir zustimmen, oder Ms Kaye?«

»Auf jeden Fall, Euer Ehren.«

»Gut«, sagte Robbins. »Wenn also niemand mehr etwas zu dieser Angelegenheit ...«

»Doch, Euer Ehren. Da ist noch eine Sache«, warf Amy ein. »Und solange wir alle hier noch versammelt sind, könnte ich das eigentlich zu Protokoll geben.«

»In Ordnung. Fahren Sie fort!«

»Wie Ihnen bekannt ist, liegt gegen Ms Barrick ebenfalls eine Anklage wegen Mordes vor«, sagte Amy. »Angesichts des Videos und einiger objektiver Beweise, auf die das staatliche Labor mich hingewiesen hat, wird die Staatsanwaltschaft diese Anklage nicht weiterverfolgen. Sollte vonseiten des Gefängnisses ansonsten nichts gegen Ms Barrick vorliegen, sehe ich auch keinen Grund dafür, dass sie weiter in Haft bleibt.«

»In Ordnung«, sage Robbins und schlug seinen Hammer. »Die Verhandlung ist beendet.«

»Erheben Sie sich!«, rief der Gerichtsdiener.

Amy drehte sich um und sah, wie Melanie Barricks Familie zu dem Raumteiler eilte. Es trat noch jemand nach vorne.

Aaron Dansby, der gewählte Staatsanwalt von Virginia.

»Was zum Teufel sollte das denn?«, fragte er. »Warum hast du die Mordanklage fallengelassen?«

»Hast du nur Stroh im Kopf?«, entgegnete Amy. »Du hast doch das Video gesehen, oder? Es gibt nicht den geringsten Beweis gegen diese Frau. Sie im Gefängnis zu behalten wäre ein Hohn.«

»Aber sie hat Richard Coduri umgebracht. Sie sollte nicht freigelassen werden, sondern verdammt noch mal die Todesstrafe bekommen.«

Dansby kochte vor Wut, als er sprach. Doch seine Stimme war anders.

Sie war eher ein Flüstern.

60. KAPITEL

Meine Arme waren um Ben geschlungen, der praktisch über den Raumteiler gesprungen war, um nach mir zu greifen. Teddy und Wendy waren in der Nähe, meine Eltern standen weiter hinten.

Ich schmolz dahin, als er mich umarmte. Das Gefühl war wunderbar. Es war ein Gefühl der Sicherheit, das ich schon lange nicht mehr verspürt hatte.

»Ich habe dich so sehr vermisst«, murmelte er.

In diesem Moment schreckte ich von einem Geräusch zusammen, das ich nie wieder hören wollte.

Es war dieses grausame, grausame Flüstern.

Ich hatte es so viele Male gehört – nicht nur in dieser entsetzlichen Nacht, sondern Tausende Male danach in meinem Kopf. Es verfolgte mich, egal ob ich wach war oder träumte. Ich würde es immer erkennen. Sosehr ich es mir auch wünschte, ich würde dieses Flüstern nie vergessen können.

Das Besondere an diesem Flüstern war, dass es nicht, wie üblich, in meinem Kopf herumspukte. Nein, es war hier. In diesem Gerichtssaal. Es kam von einem Mann, der nur wenige Meter von mir entfernt stand.

Mein Körper versteifte sich. Ben rückte von mir weg.

»Was ist los?«, fragte er.

Ich konnte ihm nicht antworten. Mein Mund schien wie gelähmt zu sein. Der Mann schimpfte Amy Kaye leise aus. Ich starrte ihn an und umklammerte Ben noch fester.

Dann sah ich die Augen des Mannes und hatte nicht mehr den geringsten Zweifel. Ich hatte schon viele, viele Male in diese Augen geblickt; auch diese Augen würde ich nie vergessen können.

Sie waren blaugrau. Hinreißend. Die Art von Augen, in die man sich verlieren konnte.

Die Augen meines Sohnes.

Und dann hatte ich mit einem Mal die Antwort auf meine Frage, die mich von Beginn an so verwirrt hatte: Warum Alex? Warum der ganze Aufwand, um dieses Kind zu stehlen, wenn man doch so viele andere Kinder haben konnte mit weitaus weniger Mühe?

Wer hatte ein besonderes Interesse an Alex?

Die Antwort war jetzt klar:

Der Mann, der mich vergewaltigt hatte.

Alex' leiblicher Vater.

»He, alles okay?«, fragte Ben. Ich war froh, dass er mich noch immer im Arm hielt, denn sonst wäre ich vielleicht umgefallen.

Der Mann war bereits auf dem Weg aus dem Gerichtssaal. Amy Kaye folgte ihm. Sie schienen eine Auseinandersetzung zu haben. Oder genauer gesagt, er schien wegen irgendeiner Sache wütend zu sein.

Ich zwang mich dazu, aus meiner Schockstarre herauszukommen, griff nach Mr Honeywell, der leise seine abgenutzte Aktentasche packte, und zog an seinem Ärmel.

»Dieser Mann«, sagte ich. »Der da gerade den Gerichtssaal verlässt. Wer ist das?«

Mr Honeywell drehte sich bedächtig um, so wie es seine Art war, und musterte den Mann, der gerade durch die Schwingtür des Gerichtssaals verschwand.

»Ach, der?«, sagte er, als wäre der völlig nebensächlich. »Das ist Aaron Dansby, der Staatsanwalt des Augusta County. Eigentlich habe ich gedacht, dass er diesen Fall übernimmt. Wenn Reporter anwesend sind, vertritt er eigentlich immer die Staatsanwaltschaft.«

Natürlich kannte ich den Namen aus der Zeitung. Ich hatte bloß noch nie ein Gesicht dazu gesehen.

Ergab jetzt nicht alles einen Sinn? Ich hatte stets angenommen, dass der Mann, der mich vergewaltigt hatte, ein Sonderling oder Herumtreiber war, irgendein asozialer Außenseiter, der am Rand der Gesellschaft lebte.

Aaron Dansby war das genaue Gegenteil. Er stammte aus einer bekannten Familie, deren Mitglieder schon über Generationen hinweg zu den wichtigsten Bürgern des Augusta County gehörten. Außerdem war er nicht nur Anwalt, sondern Bezirksstaatsanwalt und damit verantwortlich für die strafrechtliche Verfolgung sämtlicher Verbrechen in Augusta County.

War er deshalb so lange ungestraft davongekommen? Er war praktisch in das Amt des Staatsanwalts hineingeboren worden und mit direktem Zugang zu den wichtigen juristischen und politischen Kreisen aufgewachsen. Dann übernahm er tatsächlich das Amt, wodurch es ihm möglich war, die Schwerpunkte in den Ermittlungen zu lenken, Beweise zu manipulieren und seinem Verfolger immer einen Schritt voraus zu sein.

Vielleicht war er aber auch einfach nur zu raffiniert, um überhaupt geschnappt zu werden. Das Flüstern hatte dazu beigetragen. Auf diese Weise konnte keines der Opfer seine Stimme erkennen, wenn er zum Beispiel in einem Wahlkampfspot sprach.

Und es gab Opfer. Plural. Amy Kaye hatte es zwar nie bestätigt, doch ihre Augen hatten sie verraten, als ich sie fragte: *Ich bin nicht das einzige Opfer, stimmt's?*

Wahrscheinlich waren es viele. Ich fragte mich, ob die anderen auch so waren wie ich. Jung. Konfus. Ahnungslos. Machtlos.

Hatte eine davon einmal eine Anschuldigung in seine Richtung gemacht? Oder hätte das nichts gebracht? Hätte er diese Anschuldigung – aufgrund seines Einflusses und seiner familiären Verbindungen – im Keim ersticken können, ehe sie Flügel hätte bekommen können?

Jetzt war mir alles klar. Dansby hatte mich wahrscheinlich weiterhin im Auge behalten und über den Sommer und Herbst hinweg mitbekommen, wie mein Bauch wuchs. Er wusste, dass dieses Kind womöglich sein Kind war.

Der Umzug in unser Haus war leicht herauszufinden, da Hauskäufe amtlich dokumentiert wurden. Wenn überhaupt, machte unser neuer Wohnort sein Leben nur einfacher. In der Desper Hollow Road gab es weniger Zeugen, die ihn dabei beobachten konnten, wie er mir nachstellte.

Als Alex dann geboren wurde, ein gesundes, begehrenswertes Kind, dessen Vater er war, unternahm er seinen ersten Schritt. Ich kann mir sehr gut vorstellen, wie das Sozialamt reagierte, als Aaron Dansby und seine Frau – das junge, wohlhabende, angesehene Paar – ihr Interesse bekundeten, ein Kind zu adoptieren. Die Pflegefamilien, die ich kennengelernt hatte, waren nicht einmal annähernd vergleichbar gewesen. Das Sozialamt konnte es wahrscheinlich kaum erwarten, Dansby ein Kind zu geben.

Das Problem für ihn war, mich von Alex zu trennen. Doch wie schwer sollte es schon für einen Staatsanwalt sein, einem Menschen den Besitz von Drogen anzuhängen?

Offensichtlich hatte Dansby uneingeschränkten Zugang zur Asservatenkammer. Er konnte also jederzeit den Raum betreten, ohne dabei Verdacht zu erregen. Außerdem waren ihm die Sicherheitsvorkehrungen im Büro des Sheriffs bekannt, und er wusste, wie er sie umgehen konnte.

Darüber hinaus hatte er in Richard Coduri einen bereitwilligen Komplizen gefunden: einen erfahrenen Drogeninformanten, der für die entsprechende Bezahlung so gut wie alles machte. Dansby beauftragte Coduri damit, die Drogen in mein Haus zu schmuggeln, dem Büro des Sheriffs den Tipp zu geben, dass ich mit Drogen dealte, und dem Sozialamt zu erzählen, dass ich mein Kind verkaufen wollte.

Dansby glaubte, dass Coduris Identität anonym bleiben würde. Als diese Anonymität durch Mr Honeywells Vorgehen in Gefahr geriet, schaltete er Coduri aus. Ihm war klar, dass man mich für die Mörderin halten würde. So würde ich wegen zweier Verbrechen ins Gefängnis kommen – und für immer mein Kind verlieren.

»Hallo?«, sagte Ben. »Hast du mich gehört?«

Mir fehlten erneut die Worte. Die Situation war so verwirrend, dass ich mich in einem tranceähnlichen Zustand befand. Ich verspürte weder Wut, Erleichterung, Genugtuung noch ein anderes Gefühl, das ich mir, in dem unwahrscheinlichen Fall, die Identität meines Vergewaltigers tatsächlich einmal zu erfahren, vorgestellt hatte.

Ich wollte einfach nur meinen Sohn zurückhaben. Mehr nicht.

Mein Blick wanderte zu Mr Honeywell. Selbst mein Anwalt, der einer der Menschen war, die mir gerade das Leben gerettet hatten, würde mich für betrunken oder zugedröhnt halten oder für beides, wenn ich jetzt mit der Neuigkeit herausplatzte, dass Aaron Dansby der Mann war, der mich vergewaltigt hatte. Aaron Dansby gehörte den höchsten politischen Kreisen an, ganz zu schweigen davon, dass er der höchste Strafverfolgungsbeamte von Augusta County war.

Nein. Zuerst brauchte ich Beweise.

Und mir war bereits klar, wie ich an diese Beweise herankommen könnte. Ich musste lediglich zu Dansbys Haus fahren. Sollte Alex dort sein, hätte ich die notwendige Bestätigung.

Ein Bild von Dansby oder seiner Frau, auf dem sie Alex im Arm hielten, würde alles beweisen.

61. KAPITEL

Erst als ich aus dem Gefängnis entlassen war und wir nach Hause fuhren, erzählte ich Ben, was ich herausgefunden hatte.

Selbst mein sonst so unerschütterlicher Mann war entsetzt. Als er sich schließlich vom Schock erholt und meine Worte verdaut hatte, stimmte er meiner Schlussfolgerung zu.

Doch die praktische Ausführung unseres Vorhabens ließ ihn hadern.

Er fragte mich, wie wir ein Bild machen wollten, wenn unsere Fotoausrüstung lediglich aus den Kameras unserer Handys bestand, die nicht einmal einen Zoom hatten.

Ich wusste keine Antwort darauf, bis wir an Bobby Rays Wohnwagen und dem Schild LECHELN SIE! SIE WERDEN GEFILMT! vorbeifuhren.

»Vielleicht kann Bobby Ray uns helfen. Was meinst du?«, fragte ich.

»Keine schlechte Idee«, antwortete er.

Teddy und Wendy erwarteten uns bereits. Sie hatten die Haustür mit einem Schild dekoriert. WILLKOMMEN ZU HAUSE MELANIE stand darauf geschrieben.

Ich dankte ihnen für den warmherzigen Empfang und erzählte ihnen, was wir zu erledigen hatten. Doch auch sie besaßen keine anständige Kamera. Ich übertrug ihnen die Aufgabe, Dansbys Adresse im Internet zu recherchieren. Ben und ich marschierten zu Bobby Ray und klopften an die Tür seines Wohnwagens.

»Hallo«, begrüßte er mich. »Du hast den Prozess gewonnen?«

»Ja. Dank deiner Hilfe. Wenn du nicht gewesen wärst, würde ich eine lange Zeit im Gefängnis sein.«

»Kein Problem! Ich halt' das so, wie es auf einem meiner T-Shirts steht: ›Legst du dich mit mir an, legst du dich mit der ganzen Wohnwagensiedlung an‹«, sagte Bobby grinsend. »Ich würd' es dir ausleihen, aber da ist eine der Flaggen drauf, die du nicht magst.«

»Danke«, sagte ich. »Aber eigentlich bin ich hergekommen, um dich noch mal um einen Gefallen zu bitten.«

Ich erklärte ihm, was wir bewerkstelligen mussten. »Ja, klar. So 'ne Kamera hab' ich. Kann wunderbar zoomen. Dauert nur 'n bisschen, bis ich sie abmontiert hab'. Doch dann kann's losgehen.«

»Großartig«, sagte Ben. »Da ist noch eine Sache.«

»Klar. Schieß los!«

»Kannst du uns eine Waffe leihen?«

Ich konnte kaum glauben, was mein pazifistischer Mann da eben gesagt hatte. Ben verabscheute Waffen. Ständig beklagte er die mangelnde Waffenkontrolle, durch die es möglich war, dass insbesondere in den Großstädten junge Afroamerikaner sich gegenseitig umbrachten.

Bobby Ray steckte seine Hände in die Hosentaschen.

»Äh, ehrlich gesagt, nein.«

»Nein?«, fragte Ben ungläubig.

»Erzähl das bloß niemandem!«, sagte er. »Aber ich bin vorbestraft. Wenn man mich mit 'ner Waffe erwischt, könnte ich in Riesenschwierigkeiten geraten. Ich lass' die Leute immer nur glauben, dass ich 'n Arsenal von Waffen hab', damit sich keiner mit mir anlegt.«

Zwei Stunden später saßen wir fünf – Ben, Teddy, Wendy, Bobby Ray und ich – eingezwängt in Bens Auto und fuhren durch das schönste Viertel von Staunton.

Wir hatten beschlossen, zu warten, bis die Sonne unterging. In der Dunkelheit würde man uns nicht so schnell bemerken.

Wir hatten eine Kamera dabei, aber keine Waffe. Ich wollte nicht wissen, wie Dansby reagierte, wenn er entdeckte, dass wir um sein Haus herumschlichen.

Die Adresse, die Teddy herausgefunden hatte, hieß Dogwood Road. Es war eine Straße mit großzügigen Häusern. Das Haus der Dansbys war ein Backsteinbau im griechischen Stil mit hochragenden weißen Säulen, das auf einer Anhöhe lag.

»Fahr weiter!«, sagte ich zu Ben. »Park nicht direkt davor! Ich will nicht, dass uns da drinnen jemand sieht.«

Ben fuhr weiter.

»Okay, wie sieht der Plan aus?«, fragte Bobby Ray, als wir anhielten. Die Kamera lag auf seinem Schoß.

»Schleich so nah wie möglich mit der Kamera heran und benutz dann den Zoom! Sobald du eine Aufnahme von einem Kind gemacht hast, ist dein Job erledigt.«

»Ich soll mich also zu dem Haus stehlen und durch die Fenster fotografieren?«

»Ja, wenn du das kannst.«

»Tut mir leid, aber ich betret' hier nicht unbefugt 'n Grundstück. Ich bin noch immer auf Bewährung.«

Ich sah Teddy an. Ich hätte das Foto selbst gemacht, doch Teddy war größer, sollten die Fenster hoch sein, und schneller, sollte er abhauen müssen. Außerdem war die Wahrscheinlichkeit geringer, dass er aufschrie, wenn er Alex sah.

»Okay, verstanden!«, sagte er.

»Sei vorsichtig, ja? Geh kein Risiko ein! Wenn du glaubst, dass man dich gesehen hat, verschwinde, okay?«

»Klar! Aber die erwarten uns ja nicht.«

Bobby Ray erklärte Teddy kurz, wie die Kamera funktionierte. Dann stieg mein Bruder aus dem Auto, lief die Straße hinauf und querte den Garten eines Nachbarn.

Im Wagen wurde es still. Es gab nichts zu sagen.

Ich war in einem anderem Körper oder Geist. Am Morgen

war ich noch in Einzelhaft aufgewacht und hatte nur über eine Zahnbürste verfügt. Jetzt hatte ich vielleicht schon bald den notwendigen Beweis, um dieses schreckliche Komplott zu beenden.

Ben umklammerte meine Hand. Ihn wiederzuhaben war eigenartig, und ich wusste nicht genau, wie unser Leben aussehen würde. Ganz abgesehen von seiner Karriere, die in Trümmern lag, gab es da noch die vielen Lügen, die er mir aufgetischt hatte.

Doch das könnten wir alles klären. Er wollte noch immer mein Mann sein. Das wusste ich jetzt. Und ich wollte noch immer seine Frau sein.

Vielleicht genügte das ja, um neu zu beginnen.

Wir hatten die Seitenfenster heruntergelassen, so dass wir im Auto die nächtlichen Geräusche hörten. Viele waren es nicht. Ein einzelner Wagen, irgendwo in der Nachbarschaft, und ein paar zirpende Grillen.

Die Ruhe dauerte nicht lange an.

Vielleicht drei Minuten später hörten wir das Brummen vieler herannahender Motoren.

Drei Streifenwagen der City of Staunton rasten an uns vorbei. Anschließend ein Mannschaftswagen, gefolgt von zwei Wagen der Virginia State Police, mehreren Autos des Sheriffs von Augusta County und einem Zivilfahrzeug – einem Subaru.

»Was zum …«, begann Ben.

»Teddy«, sagte ich.

Wir sprangen alle aus dem Wagen.

Die Polizeiautos bogen in die Einfahrt von Dansbys Haus. Ich lief los.

Da hörte ich einen Schuss.

Er kam aus der Richtung von Dansbys Haus.

»Teddy!«, schrie ich und erhöhte mein Tempo.

Wie hatte ich Teddy nur losschicken und in eine derart gefährliche Situation bringen können? Was war ich bloß für eine große Schwester? Ich hatte mein Handeln von meinem Eifer leiten lassen und nicht von meinem gesunden Menschenverstand.

Ich erreichte Dansbys Einfahrt und rannte weiter. Aus dem Innern des Hauses drangen Schreie. Die Eingangstür stand offen. Polizisten kauerten mit gezogener Waffe in der Diele. Draußen hatten noch mehr Polizisten hinter ihren Wagen Stellung bezogen.

Dann sah ich einen verschwommenen Fleck, der seitlich vom Haus davonjagte

Es war Teddy.

Ein halbes Dutzend Waffen richteten sich plötzlich auf ihn. Die Polizisten wussten in dem Chaos nicht, wer Freund oder Feind war, und sie gingen kein Risiko ein.

»Hände hoch! Hände hoch! Bleiben Sie stehen!«, hallten die Stimmen der Beamten durch die Nacht.

Teddy warf die Hände hoch und fiel auf die Knie. Im nächsten Augenblick umringten ihn drei Beamte, packten ihn und zerrten ihn hinter einen der Wagen.

»Teddy!«, schrie ich. »Teddy!«

Ich rannte zu ihm.

»O Gott. O Gott«, sagte er.

Er weinte. Ich hatte meinen Bruder schon in allen möglichen jämmerlichen Zuständen erlebt – so euphorisch und so gedrückt, wie ein Mensch nur sein konnte. Doch so aufgelöst hatte ich ihn noch nie gesehen.

Er war derart hysterisch, dass ich die Worte, die er keuchend ausstieß, erst nicht verstand. Dann artikulierte er sich klarer.

»O mein Gott. Helfen Sie ihr! Bitte, helfen Sie ihr!«

»Beruhigen Sie sich!«, sagte einer der Polizisten, der neben ihm hinter dem Streifenwagen kniete. »Wem sollen wir helfen?«

»Er hat auf sie geschossen«, schaffte es mein Bruder hervorzubringen. »Er hat auf sie geschossen.«

»Wer hat auf sie geschossen?«, fragte der Polizist.

»Dansby. Er hat auf seine Frau geschossen. Ich habe sie im Wohnzimmer beobachtet. Als die Streifenwagen in die Einfahrt bogen, kam er ins Zimmer und hat ... und hat ihr von hinten in den Kopf geschossen.«

Teddy legte entsetzt die Hände vors Gesicht. Er verlor völlig die Fassung.

»Ihr Kopf, er ist ...«, sagte er.

Dann brach er zusammen und übergab sich. Ich kniete neben ihm.

»Teddy!«, rief ich. »Ich bin's, Melanie.«

Ich legte eine Hand auf seinen Rücken, auch wenn ihn das wahrscheinlich nicht beruhigen würde.

»Erbitten dringend einen Notarzt«, krächzte es aus dem Funkgerät. »Wir haben eine verletzte weiße Frau, Schussverletzung am Kopf. Keine Atmung. Kein Puls.«

»Verstanden«, antwortete der Beamte in der Zentrale.

Dann ertönte eine andere Stimme durch den Äther.

»Brauchen einen Unterhändler für Geiselnahmen. Der Verdächtige hat sich zusammen mit einem Kind in einem Zimmer oben verbarrikadiert. Er sagt, dass er das Kind umbringen wird, wenn wir versuchen, hereinzukommen.«

62. KAPITEL

Nachdem Amy den Gerichtssaal verlassen hatte, brauchte sie ungefähr vierzig Minuten, um es herauszufinden.

Länger als ihr vielleicht lieb war. Aber immer noch kürzer als eine Folge von *Dancing with the Stars*.

Seine Wut über ihre Entscheidung, die Anklagen gegen Melanie Barrick fallenzulassen, gab den Ausschlag. Er schob wie immer alle möglichen Gründe vor – seine Wiederwahl wäre möglicherweise gefährdet, die Partei würde es missbilligen, Verbrechen müssten hart bestraft werden, und so weiter –, doch die Heftigkeit seines Ausbruchs war bemerkenswert. Sie konnte sich nicht daran erinnern, dass ein anderer Fall ihn schon mal derart aufgewühlt hätte.

Ihr fiel die Asservatenkammer ein. Wer besaß Zutritt zu diesem Raum, außer den Beamten des Sheriffs? Selbstverständlich die Mitarbeiter des Büros des Staatsanwalts von Augusta County.

Dann fiel ihr der Fingerabdruck ein. Und die Tatsache, dass er nicht in der Datenbank vorhanden war. Amys Fingerabdrücke und die der anderen Staatsanwälte waren dort gespeichert. Irgendwann waren dort sämtliche Fingerabdrücke von Mitarbeitern einer polizeilichen Behörde gespeichert worden.

Außer denen eines einzigen Mannes.

Denen des gediegenen Mr Dansby. Des Kerls, der sein Gesicht in die Kameras hielt, sobald sich ihm die Möglichkeit dazu bot, der aber nie an einem Tatort erschien und sich die Hände mit harter Ermittlungsarbeit schmutzig machte.

Das erklärte auch, warum sich seine Taten auf das Augusta County beschränkten. Denn wer hatte das Amt des Staatsanwalts von Virginia vor Aaron bekleidet? Sein Vater. Hatte er etwa seinen Sohn gedeckt? Diese Frage blieb offen.

Die Chronik der Vergewaltigungen passte auf jeden Fall in Dansbys Biographie. Die ersten drei Fälle aus den Jahren 2002 und 2003. Da beendete er gerade die Schule. Die wenigen Fälle aus dem Zeitraum zwischen 2004 und 2010. Da studierte er. 2011 kehrte er zurück, und die Vergewaltigungen häuften sich.

Das passte alles. Doch sie musste dieses Mal hundertprozentig sicher sein.

Dansby war nach dem Prozess noch nicht ins Büro zurückgekehrt. Amy konnte also ungehindert in sein Dienstzimmer gehen, die letzte Ausgabe der Zeitschrift *Southern Living* und noch ein paar andere Gegenstände mitnehmen, auf denen sich bestimmt seine Fingerabdrücke befanden.

Sie fuhr damit zum Büro des Sheriffs. Justin Herzog freute sich, ihr zu helfen. Sein feinfühliges Nervenzentrum bestätigte ihr, dass die Fingerabdrücke mit denen der Person B und der unbekannten Person aus Zimmer 307 übereinstimmten.

Amy ging davon aus, dass auch das staatliche Labor ihr schließlich bestätigen würde, dass sich Dansbys DNA ebenfalls unter den Fingernägeln von Richard Coduri befand.

Rechtlich betrachtet besaß sie schon jetzt alle notwendigen Beweise. Also rief sie Richter Robbins an, der zwar schon seinen Feierabend genoss und seinen dritten Scotch trank, aber trotzdem sofort einverstanden war, den Haftbefehl gegen Aaron Dansby zu unterschreiben.

»Ich habe den Mistkerl noch nie gemocht«, sagte er in einem leicht lallenden Ton.

Anschließend brachte Amy ihr hübsches Paket – die Fingerabdrücke und den Haftbefehl – zu Jason Powers, den sie am neunzehnten Loch des Golfplatzes antraf. Ein Grinsen breitete sich auf seinem Gesicht aus, als sie ihm die Sachlage erklärte. Powers rief Jim Williams an, Chef der Polizei von Staunton, der sein Kriseninterventionsteam aktivierte. Gemeinsam mit dem Kriseninterventionsteam des Augusta County stellten sie in Windeseile einen Plan auf, wie sie Dansbys Haus stürmen konnten.

Seitdem bekleidete Amy eher die Rolle einer Zuschauerin als die einer Beteiligten. Sie begleitete die Polizeieinheiten zu Dansbys Haus und beobachtete aus der Ferne, wie sich eine bunte Mischung aus Uniformen und Abzeichen postierte. Ab und zu erhielt sie einen aktuellen Lagebericht – und erfuhr, dass Dansby sich ausgerechnet mit einem Kind im Haus verbarrikadiert hatte.

Amy hatte gerade den neuesten Bericht erhalten – die Verhandlungen waren scheinbar ins Stocken geraten –, als sie an einem Streifenwagen vorbeiging.

Bis dahin hatte sie sich abseits vom Geschehen aufgehalten und die Polizisten ihre Arbeit machen lassen. Sie erkannte Melanie Barrick in dem Streifenwagen.

»Was macht *sie* denn hier?«, fragte Amy einen der Beamten.

»Das ist angeblich ihr Kind da drinnen«, antwortete er. »Sie hat versucht, in das Haus zu gehen. Vier Beamte waren notwendig, um sie daran zu hindern. Da wir nicht gewusst haben, was wir mit ihr machen sollten, haben wir sie …«

Er nickte zu dem Wagen, wo Melanie Barrick in Handschellen auf dem Rücksitz saß.

Ihr Kind. Natürlich.

Das Kind, das man kurz nach der Hausdurchsuchung der Obhut der Mutter entzogen hatte, war Dansbys Sohn. Deshalb hatte er überhaupt erst Richard Coduri beauftragt, Melanie Barrick diese gestohlenen Drogen unterzujubeln. Er musste ihr ein so schwerwiegendes Verbrechen anhängen, dass sie den Jungen nie wiederbekommen würde.

Und wie hatte er das Sozialamt davon überzeugt, ihm den Jungen zu geben? Das dürfte nicht schwer gewesen sein. Seine Adresse und sein Familienname waren da wohl völlig ausreichend gewesen.

»Wie lange ist sie schon in dem Auto?«, fragte Amy.

»Ähm, ich weiß nicht so genau. Ein paar Minuten vielleicht.«

Amy und der Beamte unterbrachen kurz ihre Unterhaltung aus Respekt vor der toten Claire Dansby, die gerade in einem Tuch eingehüllt auf einer Trage zum Krankenwagen gebracht wurde. Dann bat Amy, dass er sie zu Melanie Barrick in den Streifenwagen ließ. Sie verdiente zumindest Gesellschaft.

»Hallo«, sagte Amy sanft, als sie neben Melanie auf den Sitz glitt.

»Was geschieht da drinnen gerade?«, fragte Barrick.

»Aaron hat sich in einem Zimmer verschanzt. Ihr Sohn ist bei ihm. Der Unterhändler für Geiselnahmen steht vor der Tür des Zimmers und spricht gerade mit ihm. Aaron hat deutlich gemacht, dass er Ihrem Sohn etwas antun wird, wenn jemand versucht, hereinzukommen.«

»Hat er irgendwelche Forderungen gestellt, oder …«

»Ich weiß es nicht. Ich darf nicht in das Haus hinein. So wie ich das verstehe, reden sie nur miteinander. Mir ist nicht bekannt, ob Dansby etwas Konkretes verlangt hat.«

»Wie wird die Sache dann ausgehen?«

»Wir wissen es nicht. Scharfschützen sind postiert, und das Kriseninterventionsteam steht bereit. Doch das sind unsere letzten Mittel. Fürs Erste müssen wir geduldig sein. Vor allem sind wir darum bemüht, Ihr Kind da lebend rauszuholen.«

Barrick blickte zum Haus.

»Tut mir leid wegen der, äh …«, sagte Amy und deutete mit dem Kopf zu den Handschellen.

»Ja«, sagte sie. »Mir auch.«

»Und es tut mir auch leid, dass ich es nicht früher herausgefunden habe.«

»Ich habe auch eine Weile gebraucht. Ich kann Ihnen keine Vorwürfe machen.«

Die beiden starrten mehrere Sekunden auf das Haus.

»Hat er noch andere Kinder gezeugt?«

»Nicht dass ich wüsste«, sagte Amy. »Zumindest nicht in Augusta County. Allerdings habe ich bis vor wenigen Augenblicken auch noch nichts von Ihrem Kind gewusst.«

Keine der beiden Frauen war in dem Moment überhaupt in der Lage, die Möglichkeit in Betracht zu ziehen, dass Aaron Dansby noch mehr Kinder hatte – eine seltsame Großfamilie, verbunden durch die Brutalität des Vaters.

Kurz darauf näherte sich ein kahlköpfiger Mann dem Streifenwagen. Er trug eine kugelsichere Weste.

Amy spürte, wie sie zurückwich. War etwas geschehen? Würde er etwa die Nachricht überbringen, die Amy für den Rest ihres Lebens verfolgen und der Frau neben ihr den Boden unter den Füßen wegreißen würde?

Der Mann stellte sich als Matt Ezzell vor, Polizeibeamter von Staunton und ausgebildeter Unterhändler für Geiselnahmen. Er interpretierte den besorgten Blick der Frauen korrekt und begann mit der wichtigsten Information.

»Dem Kind geht es gut«, sagte er.

»Gott sei Dank!«, stieß Melanie hervor und fasste sich ans Herz.

»Wir sprechen ununterbrochen mit Dansby. Manchmal antwortet er, manchmal nicht. Ehrlich gesagt, kriegen wir nicht viel aus ihm heraus.«

»Was will er denn überhaupt?«, fragte Amy.

»Deshalb bin ich hier«, antwortete Ezzell und blickte Melanie Barrick eindringlich an. »Er will, dass Sie zu ihm kommen. Er sagt, dass er nur mit Ihnen reden wird und mit niemandem sonst.«

63. KAPITEL

Die Polizei konnte meine Sicherheit nicht garantieren. Ezzell erklärte mir mindestens viermal, dass da oben alles passieren könnte. Dass Dansby bereits seine Frau umgebracht hätte und dass er vielleicht versuchen würde, mich so nahe heranzulocken, um auch noch mich umzubringen.

Das war mir egal. Alex war in Gefahr. Alles andere zählte nicht.

Als ich ihn schließlich davon überzeugt hatte, dass mich nichts abschrecken würde, nahm er mir die Handschellen ab und brachte mich zum Haus. Die Beamten, die mich kurz zuvor noch daran gehindert hatten, hineinzustürmen, teilten sich vor mir wie das Rote Meer, steifbeinig und grimmig dreinschauend.

Ich betrat das Haus und sah nach links. Die Couch und der einstmals cremefarbene Teppich hatten jetzt Blutflecken. Der beißende Geruch von Schießpulver hing in der Luft.

»Was genau soll ich denn machen?«, fragte ich, als wir an der Treppe stehen blieben.

»Reden Sie einfach mit ihm!«, antwortete Ezzell. »Ziel ist es natürlich, dass er sich friedlich ergibt.«

»Nein«, widersprach ich. »Das ist *Ihr* Ziel. Mein Ziel ist es, dass er mir meinen Sohn wiedergibt.«

Ob ich das auf friedlichem Weg erreichte, war mir völlig egal.

»Sprechen Sie ihn mit seinem Vornamen an«, fuhr Ezzell fort. »Dadurch entsteht das Gefühl von Vertrautheit. Sobald Sie ihn zum Reden gebracht haben, sorgen Sie dafür, dass er weiterredet. Denn solange er redet, schießt er nicht. Versuchen Sie, ein gutes Verhältnis zu ihm aufzubauen. Er soll denken, dass Sie eine Freundin sind und ihn mögen. So wird er eher bereit sein, aufzugeben.«

Der Gedanke, aufzugeben, schien mir eher in Ezzells Kopf vorzukommen als in dem von Dansby.

Amy Kaye stand wenige Schritte hinter mir. Ich drehte mich um zu ihr, bevor ich die Treppe hinaufging.

»Sorgen Sie bitte dafür, dass Alex zu Ben kommt, sollte mir irgendetwas zustoßen«, sagte ich. »Ben ist sein Vater. Das ist mein Wunsch. Ist das klar?«

»Ja«, antwortete Amy.

»Versprochen?«

»Versprochen.«

»Danke«, sagte ich.

Dann stieg ich die Treppe hinauf, die einen Treppenabsatz hatte und anschließend in die entgegengesetzte Richtung weiter verlief. Wenige Sekunden später erreichte ich den Flur im ersten Stock, den Männer in kugelsicheren Westen säumten. Sie trugen Helme und kauerten hinter Plastikschilden.

»Er ist da geradeaus«, sagte Ezzell.

Ich schritt zu der Tür und klopfte dagegen.

»Aaron«, sagte ich in dem ruhigsten Ton, den ich aufbringen konnte. »Ich bin's, Melanie Barrick.«

»Gut. Sind Sie allein?«

»Nein. Hier sind noch Polizisten.«

»Immer noch? Verflucht!«, stieß er wütend hervor. »Sagen Sie Ihnen, dass sie abhauen sollen, verdammt nochmal.«

»Das machen wir, sobald wir das Kind haben«, rief Ezzell.

»Keine Chance!«, blaffte Dansby. »Außerdem rede ich nicht mit Ihnen. Das habe ich Ihnen schon gesagt.«

Ezzell und ich sahen uns an.

»Fragen Sie ihn, was er will«, sagte Ezzell leise.

»Was wollen Sie, Aaron?«, fragte ich.

»Ich will allein mit Ihnen reden, ohne diese bewaffneten Trottel, die hier reinstürmen, sobald ich Ihnen die Tür aufmache. Ich rede nur mit Ihnen allein. So läuft es oder gar nicht.«

Alex begann zu weinen. Der Laut bohrte sich in mein Innerstes – in jenen Teil, der nur Alex' Mutter war und sonst nichts –, und fraß sich wie ein Feuer durch mich hindurch.

»Ich gehe hinein«, sagte ich zu Ezzell. »Ziehen Sie Ihre Männer ab, bitte!«

Er schüttelte den Kopf. »Hören Sie, Alex und ich sind ein Gesamtpaket«, fuhr ich fort. »Wenn er Alex hat, kann er genauso gut auch mich haben. Ich bin lieber in Gefahr, aber zusammen mit meinem Kind, als hier mit Ihnen in Sicherheit.«

»Ja, das begreife ich, aber ich kann nicht …«

»Bitte!«, unterbrach ich ihn und legte meine Hand sanft auf seinen Arm. »Bitte, lassen Sie mich da hineingehen.«

»Los schon, Ezzell!«, rief Dansby. »Ziehen Sie Ihre Männer ab, und lassen Sie sie herein.«

»Das geht nicht«, rief Ezzell zurück. »Ich kann Ihnen keine weitere Geisel geben.«

»Ihre Aufgabe ist es, Leben zu retten«, wandte Dansby ein. »Ich kenne Ihre Ausbildung. Das sollten Sie nicht vergessen. Alles andere ist zweitrangig. Außerdem mache ich es Ihnen leicht. Entweder ziehen Sie Ihre Männer ab und lassen Melanie herein, oder ich werde das Kind erschießen. Sie haben genau zehn Sekunden Zeit, sich zu entscheiden. Zehn …«

Ich warf mich gegen die Tür. »Nein, Aaron, bitte!«, kreischte ich.

»Neun«, erwiderte er.

Mein Schreien hatte sich bereits in Hysterie gesteigert, als ich an dem Türgriff herumzerrte.

»Acht«, fuhr er fort.

Ich hämmerte mit den Fäusten gegen die Klinke und benutzte meine Hände wie eine Feuerwehraxt. Die Schläge waren so hart, dass der Schmerz von meinen Armen bis hin zu den Schultern ausstrahlte. Der Türgriff gab nicht nach. Ich schrie wie am Spieß.

»Sieben«, sagte er.

Alex weinte noch heftiger. Tat Dansby ihm etwa weh? Ich wurde noch hysterischer und trat gegen die Tür. Doch das Schloss hielt meiner Attacke stand.

»O Gott, bitte! Tun Sie was! *Tun Sie was!*«, brüllte ich Ezzell an.

»Sechs«, fuhr Dansby fort.

Ich nahm Anlauf in dem schmalen Flur und warf mich gegen die Tür. Sie gab keinen Zentimeter nach.

»Fünf«, zählte Dansby weiter.

Hak die Tür ab, sagte ich mir und lief zu Ezzell. Ich packte ihn bei den Schultern.

»Vier.«

»*Bitte! Bitte!*«, schrie ich.

Ezzells Blick schoss von der Tür zu seinen Männern. Dachte er etwa darüber nach, den Befehl zum Angriff zu geben? War es dafür nicht schon zu spät? Ich erriet nicht, was in seinem glatzköpfigen Schädel vor sich ging.

»Drei.«

Ich trommelte mit den Fäusten gegen seine kugelsichere Weste und flehte ihn an. Aus meinem Mund kamen nur gestammelte, unsinnige Halbsätze.

»Zwei.«

»Okay, okay, Aaron! Sie haben gewonnen«, rief Ezzell schließlich. »Hören Sie auf zu zählen! Sofort! Wir verschwinden. Melanie kommt herein. Wir brauchen nur einen Augenblick, um uns zurückzuziehen.«

Ich hörte auf, gegen Ezzells Brust zu trommeln. Meine Hände pochten. Ich weinte und hyperventilierte gleichzeitig.

Ezzell wies seine Männer an, sich über die Treppe zurückzuziehen. Ich versuchte, mich zu sammeln. Ich *musste* den Verstand behalten. Alex brauchte mich.

Zumindest hatte mein Sohn aufgehört zu weinen. Sonst hätte ich mich wohl nicht mehr in den Griff bekommen.

»Sie ziehen sich zurück«, sagte ich mit brüchiger Stimme in Richtung Tür. »Sie ziehen sich zurück. Tun Sie Alex nichts an!«

Ich atmete noch immer stoßartig. Ezzell trat noch einmal an meine Seite.

»Alles in Ordnung?«, fragte er. »O mein Gott, das hier ist eine Katastrophe.«

»Katastrophen«, keuchte ich, »sind immer näher, als man denkt.«

Er schaute mich fragend an und hielt so lange Blickkontakt, dass ich den Zweifel, das Bedauern und die vielen anderen Emotionen in seinen Augen sah, die offenbarten, dass er es für eine schreckliche Idee hielt, mich allein in dieses Zimmer zu lassen.

»Schnell, hauen Sie ab!«, sagte ich.

»Okay«, sagte er und drückte ein letztes Mal meinen Arm. »Viel Glück!«

Er marschierte los und lief die Treppe hinunter. »Okay, Dansby«, rief er, als er im Erdgeschoss angekommen war. »Wir haben uns zurückgezogen. Doch sobald ich einen Schuss höre, sind unsere Verabredungen gegenstandslos. Dann kommen wir nach oben, und wir werden nicht mehr miteinander reden. Ist das klar?«

Aus dem Schlafzimmer kam keine Antwort. Ich trat zu der Tür und klopfte leise dagegen.

»Ich bin's«, sagte ich. »Ich bin jetzt allein.«

»Sind Sie bewaffnet?«

»Nein.«

»Das sollten Sie auch besser nicht sein. Denn sollte jemand dieses Zimmer mit einer Waffe betreten, erschieße ich erst dieses Kind und stelle anschließend Fragen.«

»Ich habe keine Waffe. Ich schwöre es.«

»Okay«, sagte er. »Sie können hereinkommen. Die Tür ist offen.«

Ich stieß einen tiefen Seufzer aus. Selbst meine schlimmsten Albträume hätten sich ein Szenario wie das hier nicht ausdenken können. Ich war völlig auf mich allein gestellt und betrat ein Zimmer, in dem sich mein Vergewaltiger befand.

Dansby war bewaffnet. Mein einziger Schutz waren meine verzweifelten Gebete.

Ich drehte den Türgriff langsam um und trat ein.

Die Glühbirnen des Deckenventilators leuchteten und hüllten den Raum in ein grelles Licht.

Links war eine Kommode. Sie stand schräg im Raum. Dansby schien sich wohl erst dahinter verbarrikadiert und das Möbelstück dann wieder weggeschoben zu haben, damit ich das Zimmer betreten konnte. Ein Schrank war rechtwinklig vor den Eingang eines großen begehbaren Kleiderschranks oder eines Badezimmers gerückt.

Eine Matratze lehnte vor dem einen und ein Boxspringbett vor dem anderen Fenster.

Weder Dansby noch Alex waren zu sehen.

»Schließen Sie die Tür!«, hallte seine Stimme aus dem anderen Raum. »Ich will hören, wie sie zugeht.«

»Okay«, sagte ich und schlug die Tür geräuschvoll zu.

»Schließen Sie die Tür ab!«

»Verschlossen«, sagte ich nach einer Sekunde.

»Strecken Sie Ihre Hände aus! Ich will Ihre Hände sehen.«

»Okay«, sagte ich und streckte sie aus.

Sein Kopf blitzte hinter dem Schrank hervor, als wäre er ein verängstigtes Waldwesen, und verschwand genauso schnell wieder dahinter. Dann trat Dansby hervor. Er hielt Alex an seinen Körper gepresst. Das Gesicht meines Sohnes war nach vorne gerichtet. Dansby hielt eine Waffe gegen seine winzige Schläfe.

Der Anblick meines kleinen, hilflosen Jungen, an dessen Kopf diese hässliche, schwarze Pistole gedrückt war, ließ mich fast ohnmächtig werden. Ich musste mich an der Kommode abstützen.

»O Gott, bitte, Aaron, nein!«, sagte ich.

»Keine Bewegung!«, rief er.

»Ich gehe nirgendwohin. Können Sie bitte die Pistole von Alex' Schläfe nehmen? Er ist Ihr Sohn, verdammt noch mal! Ihr Sohn!«

»Das weiß ich«, erwiderte er. »Halten Sie Ihre Hände nach oben!«

Ich hielt die Hände etwas höher, damit er mich auf Waffen kontrollieren konnte.

»Heben Sie Ihr Kleid hoch!«, wies er mich an.

»Wie bitte?«

»Ich will sehen, ob eine Waffe darunter steckt. Heben Sie's langsam hoch! Ganz langsam!«

Ich griff mit beiden Händen nach dem Saum meines Kleids und hob es hoch zur Taille.

»Ganz hoch!«, befahl er.

»Das geht nicht. Das Kleid hat einen Gürtel.«

»Okay«, sagte er. »Dann lassen Sie es wieder herunterfallen, aber Ihre Hände bleiben oben!«

Während ich seine Anweisungen befolgte, betrachtete ich meinen Sohn genauer. Sein Gesicht war runder und sein Kopf gleichförmiger geworden. Doch eigentlich hatte er sich nicht so sehr verändert, wie ich vermutet hatte.

Er hatte die Augen seines Vaters. Aber es waren auch seine eigenen Augen.

Er war noch immer mein Kind. Mein wunderschönes, wunderschönes Kind.

»Kann ich ihn halten?«, fragte ich.

»Nein«, antwortete Dansby.

Dansby wiegte seinen Oberkörper hin und her, um Alex zu beruhigen. Eine eigenartige Geste angesichts der Tatsache, dass er eine Waffe gegen seine Schläfe drückte. Ein Spuckefaden hing an Alex' Mund herunter. Seine Hände lagen auf Dansbys Arm, die winzigen Finger waren gespreizt, um sich abzustützen. Er ließ nicht erkennen, ob ihm bewusst war, dass seine Mutter gerade den Raum betreten hatte. Erinnerte er sich an mich? Oder gab es in den Schaltkreisen seines Gehirns, das sich noch immer ausbildete, keinen Platz mehr für eine Person, die er seit mehr als einem Monat nicht mehr gesehen hatte?

Ich verscheuchte den Gedanken und konzentrierte mich auf Dansby.

»In Ordnung. Ich bin also hier«, sagte ich. »Sie haben eine Waffe. Ich nicht. Die Polizisten da unten aber haben ganz viele Waffen. Was passiert jetzt?«

»Wir reden«, sagte er.

»Worüber?«

»Egal«, sagte er. »Ich habe schon immer mit einer meiner Frauen reden wollen. Insbesondere mit Ihnen. Ich habe viel an Sie gedacht. Das ist für Sie wahrscheinlich schwer zu glauben, doch ich habe im letzten Jahr wahrscheinlich mehr an Sie gedacht als Sie an mich. Ich … ich habe Sie wirklich gern.«

Das interessierte mich überhaupt nicht. Ich wollte nicht, dass er mich mochte. Ich wollte nicht, dass er an mich dachte. Ich wollte nicht einmal im selben Raum oder im selben Universum mit ihm sein.

Doch Ezzells Anweisungen – *Sorgen Sie dafür, dass er weiterredet … bauen Sie ein gutes Verhältnis zu ihm auf* – fielen mir wieder ein.

»Wenn Sie mich so gern mögen, warum haben Sie mich dann vergewaltigt?«, fragte ich. »Warum haben Sie überhaupt Frauen vergewaltigt?«

»Gute Frage. Warum. Diese Frage habe ich mir auch schon oft gestellt.«

»Und wie lautet die Antwort?«

»Ich weiß es nicht. Ich ... ich habe es einfach tun müssen.«

»Schwachsinn«, entgegnete ich. »Sie haben sich immer wieder aufs Neue dafür entschieden, wenn Sie in das Schlafzimmer einer dieser Frauen eingedrungen sind und sie zum Sex gezwungen haben.«

»Ich weiß, ich weiß. Ich will damit nicht sagen, dass mich irgendwelche dunklen Stimmen dazu getrieben haben. Die Sache ist die, dass ... dass ich nur bei diesen Begegnungen mit ... mit Frauen wie Ihnen richtig lebendig bin. Wir haben allen erzählt, dass Claire keine Kinder bekommen könnte. In Wahrheit aber bin ich impotent, wenn ich mit ihr zusammen bin – genauer gesagt, war das mit allen Frauen so, mit denen ich je ausgegangen bin. Es funktioniert nur bei Frauen, in deren Häuser ich einbreche. Nur das erregt mich genug. Dann habe ich nie Probleme mit meiner Manneskraft. Wie Sie ja wissen.«

Er erlaubte sich ein geschmackloses Lächeln, ehe er fortfuhr.

»Claire war natürlich klar, dass ich ... ein Problem im Bett hatte. Sie war bereit, alles zu tun. Wir haben es sogar mit Rollenspielen versucht, in denen sie vortäuschte, dass ich sie vergewaltigte. Doch es hat nicht funktioniert. Mein erforderliches Requisit erkannte immer den Unterschied.«

»Hat Ihre Frau von den ..., also hat sie gewusst, was Sie nachts machten?«

»Nein«, stieß er verächtlich hervor. »Claire? O Gott, nein. Sie hat geglaubt, ich würde unter Schlaflosigkeit leiden. Ich habe vorgeschoben, dass es mir helfen würde, zum Park zu fahren und einen Spaziergang zu machen. Die vermeintliche ›Fahrt zum Park‹ fand mindestens zweimal in der Woche statt. In Wahrheit habe ich mich immer nach meiner nächsten Begegnung umgesehen. Claire hat keine Ahnung gehabt.«

»Hätten Sie nicht versuchen können, eine Therapie zu machen?«

»Soll das ein Witz sein?«, schnaubte er. »Ich bin ein Dansby. Glauben Sie etwa, dass Senator Dansby je eine Therapie gemacht hat? Oder der Kongressabgeordnete Dansby? Oder der Gouverneur Dansby?«

Ich konnte mir diesen Unsinn nicht länger anhören. »Also, in Zukunft werden Sie sehr viel Therapie bekommen«, sagte ich.

»Wie meinen Sie das?«

»Ich meine, im Gefängnis. Es ist aus, Aaron. Das ist Ihnen ja wohl klar, oder? Sie werden hier nicht einfach herausspazieren können. Das werden die Männer da unten nicht zulassen. Sie können also ebenso gut aufgeben. Lassen Sie uns die Sache beenden, ohne dass jemand verletzt wird. Geben Sie mir Alex!«

»Nein!«, entgegnete er. »Nein, so wird es nicht zu Ende gehen.«

»Doch«, widersprach ich. »Doch, Aaron. Legen Sie einfach die Waffe hin. Geben Sie mir Alex und gehen Sie mit erhobenen Händen aus dem Zimmer. Lassen Sie mich unseren Sohn so gut wie möglich großziehen. Er ist Ihr eigen Fleisch und Blut. Geben Sie ihm eine Chance. Ich bin mir sicher, dass Sie in ein Gefängnis in der Nähe kommen werden, wenn Sie jetzt aufgeben. Das wird Ihre Familie bestimmt erreichen können. Wir werden Sie besuchen, Alex und ich.«

Das war natürlich eine Lüge. Vielleicht eine zu offensichtliche, denn Dansbys Blick – der bis dahin auf den Boden gerichtet war – wanderte wutentbrannt zu mir.

»Und das soll ich Ihnen glauben?«, stieß er hervor und umklammerte die Waffe noch fester. »Halten Sie mich für so dumm?«

»Nein«, antwortete ich mit dünner Stimme. »Nein ... Ich ... Ich meine es ernst. Alex ist ... Er wird wissen wollen, wer sein

Vater ist. Natürlich wäre es seine Entscheidung, aber wir würden Sie auf jeden Fall besuchen, wenn das sein Wunsch sein sollte.«

»Sie lügen!«, sagte er, und seine Stimme wurde lauter. »Lügen Sie mich nicht an! Nicht Sie!«

»Kommen Sie, Aaron. Sie müssen daran denken, was das Beste für Alex ist.«

»Das bin ich! Ich!«, beharrte er. »Darum geht es hier. Darum wollte ich Sie hierhaben. Nur …«

Er schüttelte den Kopf und knirschte mit den Zähnen.

»Es ist nur jammerschade, dass Alex nicht mit zwei Elternteilen aufwachsen wird«, sagte er. »Das wollte ich für ihn.«

Er nahm die Waffe von Alex' Kopf weg und richtete sie auf mich. Ich starrte in die Öffnung des Laufs, der nur wenige Meter von mir entfernt war. Dansby atmete schwer, und seine Hand zitterte, doch ich war mir sicher, dass er mich aus der Distanz treffen würde.

Ich wappnete mich. Mein Blick war weiter auf seinen Finger am Abzug gerichtet. Ich würde nicht stehen bleiben und mich von ihm erschießen lassen. Ich war nicht hier, um zur Märtyrerin zu werden. Sobald er abdrücken würde, würde ich mich hinter die Kommode werfen. Ich durfte mich nur nicht zu früh bewegen.

»Aaron, bitte!«, rief ich und hoffte, noch ein bisschen Zeit schinden zu können.

»Tut mir leid. Tut mir wirklich leid«, flüsterte er.

Und dann legte er den Kopf in den Nacken, hielt sich die Waffe unters Kinn und drückte ab.

64. KAPITEL

Der Lärm war ohrenbetäubend. Hellrotes Blut spritzte aus Dansbys Kopf gegen die dahinterliegende Wand.

»Alex!«, schrie ich.

Ich hechtete nach vorne und bekam ihn in dem Moment zu fassen, als er langsam aus dem Griff seines sterbenden Vaters glitt.

Das Geräusch hatte ihn erschreckt. Er riss den Mund auf und begann zu schreien. Die Polizisten brüllten. Ich hörte bereits, wie sie die Treppe hinaufhechteten.

»Wir sind okay«, rief ich. »Alex und ich sind okay. Er hat sich erschossen. Dansby hat sich erschossen.«

Sie sollten auf keinen Fall hereinstürmen und dabei die Finger nervös am Abzug halten. Ich öffnete die Tür genau in dem Moment, als sie sie aufbrechen wollten.

»Alles in Ordnung mit Ihnen?«, fragte ein Polizist, der einen Schutzschild vor sich hielt.

»Ja. Ja. Ich … Ich muss nur *von hier* weg«, stieß ich hervor und zeigte mit dem Daumen in Dansbys Richtung, ohne mich umzudrehen.

Ich hatte kein Bedürfnis zuzusehen, wie das Leben aus ihm schwand. In meinem Kopf schwirrten schon genug schreckliche Bilder von ihm herum.

Vielleicht würde sich das noch ändern, doch ich verspürte weder sofortige Genugtuung, noch hatte ich das Gefühl, als wäre durch seinen Tod ein Kapitel abgeschlossen. Aaron Dansby hinterließ eine leere Stelle in mir. Rache würde sie nicht ausfüllen. Obwohl die Emotionen noch zu neu waren, um sie genau zu erfassen, wusste ich bereits, dass sie viel komplexer gelagert waren.

Ich wollte mich jetzt nur noch um meinen Sohn kümmern. Alex weinte. Die Schüsse und das Geschrei hatten ihn erschreckt. Ich musste ihn von diesem Gemetzel wegbringen.

Ich lief nach unten, wo zahlreiche Menschen mit Dienstmarken mich fragten, ob ich verletzt sei oder Hilfe bräuchte oder sonst medizinisch versorgt werden müsste.

»Mir geht's gut. Ich möchte einfach nur von hier weg«, sagte ich immer wieder und wiegte Alex beschützend in den Armen.

Schließlich trat ich aus dem Haus. Ich sah weder Ben noch Teddy. Eigentlich sah ich niemanden, da immer noch ein Meer von Blaulichtern blinkte und mich blendete.

»Ms Barrick, kommen Sie hierher«, hörte ich eine Frau sagen.

Ich wusste nicht, wer mich da rief oder wohin ich genau gehen sollte, doch ich folgte dem Klang der Stimme, der mich in die Nähe eines Krankenwagens führte. Eine Frau mit einer eckigen Brille und einem straff gebundenen Pferdeschwanz begrüßte mich.

Tina Anderson, die Mitarbeiterin des Sozialamts.

»Ms Barrick, ist alles in Ordnung mit Ihnen?«

»Ja, mir geht's gut. Uns geht's gut«, erwiderte ich, und drückte Alex enger an mich.

»Die Rettungssanitäter müssen Ihren Sohn untersuchen.«

»Nein«, entgegnete ich. »Keine Untersuchungen. Keine Sanitäter. Ihm ist nichts zugefügt worden. Ihm ist noch nie etwas zugefügt worden.«

Alex weinte jetzt heftiger, so dass sein Kopf sich langsam rötete. Anderson streckte die Hände nach ihm aus.

»Ms Barrick, Ihr Sohn befindet sich rechtlich in der Obhut des Sozialamts«, sagte sie. »Sie haben mir Ihren Sohn zurückzugeben.«

»Nein«, rief ich und schirmte Alex mit meinem Körper ab. »Lassen Sie uns in Ruhe! Lassen Sie uns einfach …«

»Tina, ich glaube, das kann warten«, sagte jemand.

Es war die tiefe, autoritäre Stimme einer Frau.

Es war die Stimme von Nancy Dement, der Leiterin des Sozialamts.

Sie tauchte aus der Dunkelheit auf, trat zu ihrer Kollegin und legte sanft eine Hand auf ihren Rücken.

»Ich habe mit Amy Kaye gesprochen, der stellvertretenden Staatsanwältin. Wir sehen uns später!«, sagte sie zu Tina Anderson und wandte sich dann zu mir. »Das Sozialamt wird die Klage gegen Sie wegen Missbrauchs fallenlassen. Warum fahren Sie nicht mit Ihrem Sohn nach Hause und schlafen sich aus. Wir sehen uns dann morgen im Gericht, wenn wir die Sache offiziell verkünden.«

Ich war ihr so dankbar, dass ich nicht einmal einen vollständigen Satz gestottert bekam.

Das System besaß also doch noch eine Seele.

Alex hielt das für den richtigen Augenblick, seinem Unmut erneut Ausdruck zu verleihen, und das noch vehementer als zuvor.

»Der Trubel hier überfordert ihn. Gibt es irgendwo ein ruhigeres Fleckchen?«, fragte ich und blickte mich nach einem Ort um, wo wir beide ungestört wären.

Nancy Dement entdeckte ihn zuerst. »Der Krankenwagen da drüben ist gerade leer.«

»Großartig«, sagte ich. »Danke.«

Ich kletterte hinein, und Dement machte die Tür hinter mir zu. Die vielen Reize, die auf Alex eingestürmt waren – das Blaulicht der Polizeiwagen, die herumlaufenden Menschen –, verschwanden. Er hörte fast augenblicklich auf zu schreien.

Im vorderen Bereich des Versorgungsraums befand sich ein Notsitz, auf den ich mich setzte. Alex lag in meiner Armbeuge. Ich beruhigte ihn noch immer, obwohl er bereits still war. Seine großen, blaugrauen Augen blickten durch den Raum auf der Suche nach einem interessanten Gegenstand. Zweimal betrachtete er mich, doch das Dach des Krankenwagens und die

Wände schienen ihn eher zu faszinieren als die seltsame Person, die ihn im Arm hielt.

Ich merkte, dass ich den Atem anhielt. Endlich waren wir wieder vereint. Das war der Moment, wonach ich mich so sehr gesehnt hatte. Die Vorfreude darauf hatte mir die Kraft gegeben, die schlimmste Zeit meines Lebens zu ertragen.

Doch war dieses Wiedersehen nur für mich von Bedeutung? War ich für dieses Kind nur ein weiteres Paar warmer Arme? Hatte mich die Trennung zu einer Fremden für meinen Sohn gemacht?

Sein Blick blieb schließlich an mir hängen. Er musterte mich ausdruckslos, seine Miene ließ nicht erkennen, was er dachte.

Doch dann breitete sich langsam dieser schlitzohrige Ausdruck in seinem Gesicht aus, vom Mund bis hin zu den Wangen. Seine Lippen zuckten, als hätte er bereits begriffen, wem er da in die Augen sah, würde es aber noch nicht zeigen wollen. Schließlich konnte er sich nicht mehr beherrschen, und sein Mund verzog sich zu diesem riesigen, zahnlosen Grinsen.

Ich werde dieses Lächeln nie vergessen, selbst wenn ich einmal unter Demenz leiden sollte, denn es wird nicht in meinem Gedächtnis abgespeichert sein.

Sondern in meinem Herzen, zusammen mit unseren wichtigsten Erlebnissen.

»Alex, mein Junge«, gurrte ich.

Er lächelte noch breiter.

»So ist es richtig«, sagte ich, und meine Sicht verschwamm, da ich Tränen in den Augen hatte. »Ich bin deine Mama. Erinnerst du dich an mich? Ich bin deine Mama.«

Natürlich erinnerte er sich.

Er war ein Kind, entstanden in einem Tiegel des Schreckens und in unsicheren Verhältnissen geboren. Seine Mutter war arm, und ihre Eltern hatten sie als Kind verlassen. Doch von alldem wusste er nichts. Und das musste er auch nicht. Denn Kinder sind nichts anderes als eine Chance für die Welt, noch einmal von vorne zu beginnen.

Für Alex war lediglich wichtig, dass eine Verbindung zwischen uns entstanden war. Im Augenblick seiner Empfängnis war sie rein körperlicher Natur gewesen. Doch sie war gewachsen, hatte sich zu einer stärkeren und tieferen Beziehung entwickelt – genau wie dieser winzige Zellhaufen gewachsen war und sich zu diesem erstaunlichen Wesen entwickelt hatte, das jetzt glücklich in meinem Arm krähte.

Dieses Band zwischen Mutter und Sohn war nicht durchtrennt worden, trotz allem, was geschehen war.

Und ich wusste, dass es auch nie durchtrennt werden würde.

DANKSAGUNG

Ich habe vor ein paar Jahren damit begonnen, mir jeden Tag ein paar Minuten Zeit zu nehmen, um darüber nachzudenken, wofür ich dankbar bin. Dieses kleine Ritual nenne ich »meine tägliche Verabredung mit der Dankbarkeit«.

Oft geht mir dabei durch den Kopf, wie glücklich ich bin, meinen Lebensunterhalt mit dem Schreiben von Büchern zu verdienen – ich habe wirklich den tollsten Beruf der Welt. Genauso glücklich bin ich, dass ich meine Bücher mit diesem tollen Team von Dutton verlege.

Da ist zuallererst meine Lektorin zu nennen, Jessica Renheim, die dieses Buch und seinen Autor auf wunderbare Weise betreut hat. Dem Team gehören ebenfalls meine wunderbaren Presseagentinnen Liza Cassity und Becky Odell an; die Marketingprofis Carrie Swetonic und Elina Vaysbeyn (sollte man mich je auf Facebook Live sehen, dann wegen Elina); Umschlaggestalter Christopher Lin; Korrektorin LeeAnn Pemberton; und Christine Ball, die diese Mannschaft souverän überwacht.

Ich freue mich außerordentlich, sowohl beruflich als auch privat, mit einer so außergewöhnlichen Gruppe von Menschen zusammenzuarbeiten.

Alice Martell von der Martell Agency, deren Rat in meinem Leben unerlässlich geworden ist, lieh diesem Buch ebenso ihren geübten Blick als Lektorin wie Angus Cargill von Faber & Faber, dessen Einfühlungsvermögen und stets gespitzter Bleistift äußerst geschätzt werden.

Zahlreiche Experten haben ihr Wissen beigesteuert, was die in diesem Roman vorkommenden verfahrensrechtlichen Aspekte betrifft. Ich möchte ihnen allen danken – und sie von jedwedem Fehler, den ich möglicherweise fabriziert habe, schon jetzt freisprechen.

Mein juristisches Lehrpersonal bestand aus dem fabelhaften Michael Hurd, Staatsanwalt des Middlesex County (der ein sehr viel besserer Anwalt ist als Aaron Dansby, nur um das einmal festzuhalten); dem wunderbaren Team von Shevon Scarafile und Greg Parks sowie Michael Soberick Jr., der stets dazu taugt, um Ideen in den Raum zu werfen.

Sandra Conyers, Richterin am Jugendgericht, Rebecca Morgan, Leiterin des Sozialamts des Middlesex County, und Carla Hook, Anwältin, erlaubten mir, sie mit allen möglichen Fragen zu bombardieren. Unsere Kinder zu schützen ist eine schwere und oft undankbare Aufgabe. Wir können uns glücklich schätzen, wenn derart fürsorgliche Menschen ihre Berufung darin gefunden haben.

Chris Anderson von CP Anderson Trucking half mir, Diamond Trucking zu erschaffen. Der Rechtspsychologe Scott A. Johnson sprang ein, wenn bei der Erstellung von Täterprofilen in den Lehrbüchern nichts mehr zu finden war.

Außerdem hätte ich diesen Roman nicht ohne Nikkita Parrish schreiben können, dessen Hartnäckigkeit und Mut eine Inspiration sind.

Ich muss mich auch bei meinen Freunden im Hardee's bedanken, dass sie mir weiterhin jeden Morgen den Ecktisch so großzügig überlassen. Insbesondere gilt mein Dank der wahren Melanie Barrick, bei der die Morgenschicht so reibungslos verläuft; und Robert Young, meinem guten Freund und ebenso begeisterten Teetrinker.

Natürlich wäre meine Arbeit völlig bedeutungslos, gäbe es nicht Sie, verehrte Leser. Ich betrachte die Zeit, die Sie sich für meinen Roman nehmen, als Geschenk. Und dieses Geschenk weiß ich mehr zu schätzen, als ich es in passende Worte kleiden kann. Ach ja, und Ginnie Edwards Burger? Hiermit verspreche ich dir schriftlich, dass ich eines Tages den Lake Erie in Pennsylvania besuchen werde.

Zum Schluss danke ich meinen Schwiegereltern, Joan und Allan Blakely, und meinen Eltern, Marilyn und Bob Parks, die stets für mich da sind.

Doch der Hauptquell meiner Freude bleiben meine Frau und meine Kinder. Meine tägliche Verabredung mit der Dankbarkeit beginnt und endet damit, dass ich an ihre Gesundheit, ihr Glück, ihre Sorgen und ihre Erfolge denke. Sie machen mich glücklicher, als ein Mensch es verdient.

Brad Parks
Nicht ein Wort
Thriller

Es hätte ein normaler Mittwochnachmittag werden sollen. Bundesrichter Scott Sampson will seine Kinder Sam und Emma zum Schwimmen begleiten. Doch seine Frau textet ihm, dass sie die beiden von der Schule abholt. Um genau 16.52 Uhr kommt Alison nach Hause. Allein. Und sie hat auch keine SMS geschrieben. Stattdessen klingelt das Telefon. »Ihre Kinder sind in unserer Gewalt!« sagt eine Stimme. Wenn Scott sie wiedersehen will, hat er genaue Instruktionen zu befolgen. Wie weit wird er gehen, um das Leben seiner Kinder zu retten?

Aus dem Amerikanischen
von Irene Eisenhut
496 Seiten, Klappenbroschur

Weitere Informationen finden Sie auf
www.fischerverlage.de

AZ 596-29780/1

Brad Parks
Kein falscher Schritt
Thriller

Er ist Schauspieler. Aber erfolglos. Eigentlich will er den Beruf an den Nagel hängen. Doch dann erhält er ein Angebot, das er nicht ablehnen kann. Das FBI will ihn für eine hohe Summe ins Gefängnis einschleusen, damit er den ehemaligen Geldwäscher eines Drogenkartells aushorcht. Dieser soll hochbrisante Dokumente besitzen, mit denen man das gesamte Kartell zerschlagen könnte. Doch Johnny hat seine Rolle unterschätzt, der Arm des Kartells reicht weiter als gedacht. Jetzt hängt alles davon ab, dass Tommy seine Rolle perfekt spielt, denn sonst wird es seine letzte sein.

Aus dem
amerikanischen Englisch
von Helga Augustin
432 Seiten, Klappenbroschur

Weitere Informationen finden Sie auf
www.fischerverlage.de

AZ 596-00067/1